ASHTANGA YOGA
FILOSOFÍA DEL YOGA

ASHTANGA YOGA
FILOSOFÍA DEL YOGA
Una auténtica explicación del
Yoga Sutra de Patañjali

Gregor Maehle

Ediciones Kayvalia

Ashtanga Yoga: Filosofía del Yoga

© Gregor Maehle 2020
Todos los derechos reservados

Este libro tiene derechos de autor. A excepción de cierta cantidad destinada al estudio privado, la investigación, la crítica o la revisión, tal como se indica en la Ley de derechos de autor, ninguna parte puede ser reproducida a través de ningún proceso sin el permiso por escrito del autor.

 Publicado por Kaivalya Publications
PO Box to 181
Crabbes Creek, 2483, NSW, Australia

1a edición en inglés: 2006
1a edición en español: 2020

Impreso por Kaivalya Publications
Diseño de portada: Jimena Ibáñez A.
Diseño y maquetación: Jimena Ibáñez A.
Texto original en inglés.
Traducción al español: Pagsi Jiménez Rodríguez
Corrección de pruebas:
ISBN 9 780648 893202

Se ha hecho todo lo posible por contactar con los titulares de los derechos de autor del material citado, pero no ha sido posible en todos los casos.

El material de este libro está destinado a la educación. Por favor cuente con el consejo médico antes de empezar cualquier ejercicio de estos y aprenda yoga bajo supervisión personal. Este libro no reemplaza el consejo de un médico ni de un profesor cualificado. El autor y el editor rechazan cualquier responsabilidad por lesiones u otras pérdidas derivadas de la ejecución de los ejercicios descritos en este libro.

Al primero y más importante de todos los maestros, conocido con varios nombres, como Brahman, el Tao, el Señor y la Madre, el cual, una vez que todos los nombres quedan relegados, permanece aún como el incomprensible, luminoso, vibrante, silencioso, vasto vacío en mi corazón.

AGRADECIMIENTOS

Extiendo mi agradecimiento:

A los profesores que han influido en mi trabajo.
A Yoga *Shastra* Pundita Shri B. N. S. Iyengar de Mysore, estudiante de T. Krishnamacharya y K. Pattabhi Jois, quienes me enseñaron la filosofía del yoga.
A Shri A. G. Mohan, estudiante de T. Krishnamacharya, quien contestó a mis últimas preguntas con respecto al *Yoga Sutra*.
A mi esposa, Monica Gauci, por recorrer este camino del yoga conmigo, por animarme a continuar con este proyecto en momentos de duda.
A Pagsi Jiménez Rodríguez por la traducción.
A mi editor y diseñador, Allan Watson, quien, con su versátil experiencia, hizo una contribución más que significante a la editio princeps.

También:

A Steve Dance - ilustraciones gráficas y diseño de la cubierta.
A Adrian Kart - fotografía.
A los siguientes editores y autores, que han dado permiso para el uso de su material:
Advaita Ashrama, Kolkata
Sri Ramakrisna Math, Chennai
Hohm Press, Prescott, Arizona
Sri A. G. Mohan, Chennai
Motilal Banarsidass, Delhi
Monasterio Kapil Math, Madhupur

Finalmente, a todos en 8limbs Ashtanga Yoga en Perth, Australia, por su trabajo durante los más de dos años en los que estuve involucrado en escribir este texto.

CONTENIDOS

Agradecimientos	VI
Invocación	VIII
Prefacio	IX
La Historia y el Linaje del Yoga	1
Fase 1 - Naturalismo	1
Fase 2 - Misticismo	1
Fase 3 - Filosofía	2
Fase 4 - Tecnología	4
La importancia de las cuatro eras para el practicante de hoy	6
Involución versus evolución	6
Filosofía: El *Yoga Sutra*	9
Capítulo I: Sobre el *Samadhi*	9
Capítulo II: Sobre la Práctica	71
Capítulo III: Sobre los Poderes	141
Capítulo IV: Sobre la Liberación	189
Glosario	225
Biografías	231
Bibliografía	233
Índice	243
Sobre el autor	249

INVOCACIÓN

Om
Vande gurunam charanaravinde
sandarshita swatma sukhavabodhe
nih shreyase jangalikayamane
samsara halahala mohashantyai

Abahu purushakaram
shankhachakrasi dharinam
sahasra shirasam shvetam
pranamami patañjalim
Om

Me inclino ante los pies de loto del maestro supremo,
quien revela la felicidad de la autorrealización,
quien como el doctor de la jungla, elimina el engaño,
provocado por el gran veneno de la existencia condicionada.

Ante Patañjali me postro, quien
(representando a la serpiente del infinito)
tiene miles de cabezas blancas, radiantes,
quien en su forma humana sostiene una concha
(que representa el sonido),
un disco (que representa la luz) y una espada
(que representa la discriminación).

PREFACIO

En el año 3102 a. C., el emperador Yudishthira renunció a su trono y esperó la muerte de Krishna y el comienzo de la era oscura (Kali Yuga). Debido al materialismo y a la corrupción crecientes de esa época, los antiguos sabios (*rishis*) se retiraron a la parte más alejada de los Himalayas.

Sin embargo, como ha señalado el profesor védico, David Frawey, los *rishis* no han desaparecido totalmente: "observan a la humanidad desde la distancia". Depende de nosotros que regresen o no, y con ellos gran parte del conocimiento, de la sabiduría y de la inteligencia de la humanidad. Con nuestros esfuerzos combinados debemos intentar marcar el comienzo de una nueva era dorada (Satya Yuga).

Este libro es un intento de propiciar un renacimiento del antiguo *dharma* y colaborar en devolver al yoga la gloria de la que gozó anteriormente.

Que todos los seres experimenten aquello que es auspicioso.

Gregor Maehle
Perth, Australia
Noveno día de la quincena brillante en la mansión lunar de Phalguni, año 5108, Kali Yuga.

LA HISTORIA DEL LINAJE DEL YOGA

La historia del yoga puede ser entendida en términos de cuatro fases. Estas podrían ser, a su vez, subdivididas en aras de mayor precisión, pero eso nos envolvería en demasiado detalle para nuestros presentes propósitos. A las cuatro fases de la historia yóguica las llamo: "naturalismo", "misticismo", "filosofía" y "tecnología".

Fase 1 - Naturalismo

En los albores del tiempo, la gente vivía en armonía con sí misma y con la naturaleza. La persona promedio tenía contacto con la verdad inherente a nosotros, nuestra esencia divina. La religión o filosofía no era muy necesaria porque las personas veían la verdad, la belleza y el valor dentro de ellas mismas y a su alrededor.

Las escrituras compiladas en esta fase se llamaban los *Vedas*, de los cuales el más importante es el *Rig Veda*. Este comprende himnos sobre la apreciación de la vida, del cuerpo que se nos ha dado y de la Tierra en la que vivimos. Es debido a que la gente vivió una vida sencilla y natural que yo le llamo a esta era "naturalismo".

Durante la era del naturalismo, la mayoría de las personas usaban la mente como un músculo: la flexionaba solo cuando había algún trabajo que hacer. Cuando no había trabajo para la mente, esta permanecía suspendida (*nirodha*). En esta época, la gente residía naturalmente en su verdadera esencia[1]. Esta suspensión de la mente es característica de la fase del naturalismo.

Sin embargo, con el paso del tiempo, el período armonioso del naturalismo comenzó a decaer: la gente perdió el contacto con su verdadera naturaleza y, simultáneamente, el poder de la casta de sacerdotes aumentó.

Hacia el final de esta fase védica, la religión se convirtió en no más que una vieja institución, y la gente tuvo que pagar a los sacerdotes incluso para mantener algún tipo de contentamiento.

Fase 2 - Misticismo

La segunda fase comenzó cuando un gran número de personas volvieron sus espaldas a la sociedad y se fueron al bosque para buscar dentro de ellas mismas la felicidad perdida. Muchos habían perdido la mente suspendida (*nirodha*) y ahora tenían una mente unidireccionada (*ekagra chitta*). La desventaja de la mente unidireccionada comparada con la mente suspendida es que piensa constantemente. Sin embargo, en contraste con la mente que predomina hoy día, tiene

---

1. *Yoga Sutra* I.3.

la gran ventaja de todavía ser capaz de pensar sobre un tema hasta llegar a una clara solución.

Durante esta fase, había muchos maestros llamados *rishis* (videntes) quienes habían alcanzado la libertad a través de la meditación, y muchos estudiantes se reunían alrededor de ellos. De hecho, si creemos en varios pasajes del *Ramayana* y del *Mahabharata*, algunos de los bosques fueron en esa época tan densamente poblados como las ciudades.

En esta fase muchos todavía podían acallar sus mentes a través de la meditación. A menudo el solo escuchar al maestro incitaba a la gente a despertarse. Los maestros que vivían durante este período eran *nirodhas*, es decir, enseñaban desde una mente suspendida. Ellos ofrecían una revelación espontánea sobre la esencia de la realidad. Se necesita un estudiante cuya mente sea al menos unidireccionada (*ekagra*) para entender espontáneamente a tal maestro. En otras palabras, el estudiante necesita tener un "alma madura". Pongo esto entre comillas porque el ser verdadero es eternamente libre e inmutable. No aumenta ni disminuye en madurez.

Las escrituras compiladas en aquellos días eran los *Upanishads*, que eran diálogos místicos entre el maestro y el estudiante. "*Upanishad*" significa sentarse cerca del maestro, mientras que "misticismo" significa que lo oculto o lo inexpresable está siendo expresado. El mero uso de la palabra "oculto" indica que, para entonces, ya habíamos perdido en gran medida el conocimiento de nuestra verdadera naturaleza, mientras que en la era védica, la era del naturalismo, nada estaba oculto. Gradualmente, la era del misticismo declinó.

Fase 3 - Filosofía

Cuando la era de la filosofía surgió, la mayoría de las personas habían perdido su habilidad para enfocarse y ahora tenían una mente distraída (*vikshipta chitta*). Una persona con una mente distraída no puede entender al maestro con una mente suspendida (*nirodha chitta*). La mente distraída, que también se llama mente confusa u oscilante, necesita un maestro con una mente unidireccionada para explicarle sistemáticamente lo que debe hacer. Un individuo con una mente distraída no puede comprender espontáneamente la verdad.

Un maestro que estuvo a la altura del desafío fue el *Rishi* Kapila, quien creó la primera filosofía sistemática de la humanidad, el *Samkhya*. Dado que la verdad ya no se podía encontrar espontáneamente, tuvo que ser alcanzada en pasos sistemáticos. El gran logro de Kapila fue que creó el sistema de meditación que guió a los estudiantes hacia la libertad usando un método completamente científico racional, totalmente libre de cualquier influencia religiosa. Su aparición marcó el inicio de la era o fase de la filosofía.

Durante esta fase aparecieron muchos grandes maestros quienes ofrecieron soluciones muy diferentes. Aunque superficialmente en desacuerdo, todas las soluciones o todos los sistemas que ellos ofrecieron fueron cristalizaciones de una única verdad proferida por los *rishis* de los *Upanishads*. La mayoría de las nuevas escuelas de filosofía que emergieron posteriormente, como el Budismo, el Yoga, el Vedanta y el Tantra, usaron el Samkhya de Kapila como su base y se construyeron a partir de este.

Casi mil años después de Kapila vino otro gran maestro, Patañjali. Muy poco se conoce sobre su vida, pero la mitología nos ofrece una historia sobre él. Una vez el Señor Shiva dio un discurso sobre el yoga a su consorte, Uma. Dado que era altamente secreto, se escogió una selva remota como lugar para la ocasión. Apenas Shiva había terminado su discurso cuando escuchó un ruido en los arbustos. Al investigar encontró a la serpiente de mil cabezas, la serpiente del infinito, Ananta, tratando de escapar. Shiva aprehendió a Ananta y le dijo que, como castigo por escuchar secretamente, era sentenciada a ir adonde los humanos e impartirles su nuevo conocimiento.

Poniéndose en camino inmediatamente para su nueva labor, Ananta se aproximó a una aldea. Tan pronto como vieron a la serpiente de mil cabezas, algunos aldeanos salieron corriendo horrorizados mientras que otros empezaron a arrojar piedras contra ella. Cuando Ananta regresó adonde el Señor Shiva y le contó lo que había sucedido, Shiva explicó que los humanos se asustaron por la apariencia de una serpiente de mil cabezas, y le sugirió que tomara la forma humana. Siguiendo su consejo, y habiendo tomado el nombre de Patañjali, Ananta fue fácilmente aceptado por los humanos. Dado que él es visto como una manifestación de la serpiente del infinito, Patañjali es tradicionalmente representado como mitad humano, mitad serpiente.

A Ananta se le considera como el perfecto yogui. Uno de sus trabajos es proveer de una cama suave para el Señor Vishnu. A veces Vishnu puede ser increíblemente pesado por lo que la cama necesita ser muy fuerte. Al mismo tiempo, se debe proporcionar una cama muy suave para el Señor. Ananta era muy apta para esta labor dual, gracias a sus espirales que son suaves y fuertes a la vez. De esta forma Ananta ejemplifica el significado del *Yoga Sutra II.46*, "*sthira sukham asana*" - la postura necesita la cualidad dual de firmeza y suavidad.

Sin embargo, Patañjali no solo fue el autor del *Yoga Sutra*. El *Rishi* Vyasa dice en un himno alabando a Patañjali:

> Inclinémonos ante el más eminente de todos los sabios, Patañjali
> quien instruyó el yoga para dar claridad de la mente y
> quien instruyó la gramática para dar claridad del habla y
> quien instruyó la medicina para dar salud al cuerpo.

Patañjali también fue el autor del *Mahabhasya*, el *gran comentario* sobre la gramática de Panini. El *Charaka Samhita*, uno de los principales tratados del *Ayurveda*, también es atribuido a Patañjali.

No obstante, las escuelas occidentales creen que estas tres obras fueron escritas por tres individuos, siendo la razón para creer esto el hecho de que ellas aparecieron en diferentes siglos. La visión tradicional es que muchos de los grandes maestros, como Patañjali, fueron de hecho *siddhas* o seres perfeccionados que eran inmortales o que podían manifestarse cuando lo deseasen. Si aceptamos que Patañjali consiguió transformarse de la serpiente de mil cabezas, la serpiente del infinito, a un ser humano, no es difícil creer que fuera capaz de manifestarse donde y cuando lo desease.

Algún tiempo después de Patañjali llegó el siguiente maestro en el linaje, Vyasa. Él parece haber sido inmortal, dado que de otra forma no es posible explicar cómo pudo haber producido tan vasto cuerpo de escrituras. Su nombre de nacimiento era Krishna Dvaipayana, pero es conocido como *Veda* Vyasa o simplemente Vyasa. Veda Vyasa significa "el divisor del *Veda*". Al inicio de la cuarta era, Kali Yuga, cuando la memoria de la humanidad se había degenerado tanto que nadie podía memorizar el vasto conjunto del *Veda*, Vyasa lo dividió en cuatro (*Rig*,

Yajur, Sama, Atharva) y distribuyó las partes a los diferentes *gotras* o linajes familiares que se encargaron de protegerlos. Por eso, se atribuye a Vyasa la preservación de los *Vedas*.

Se dice que Vyasa creó los 100.000 versos del *Mahabharata*, la más extensa pieza literaria producida por la humanidad[2], como también el *Bhagavad Gita* y el *Brahma Sutra*, los tratados filosóficos más influyentes en la India de hoy. Se cree que él también compiló los treinta y seis *Puranas*, que consisten principalmente de material mitológico.

La razón por la cual Vyasa sigue siendo tan importante para nosotros hoy día es que es el autor del comentario fidedigno del *Yoga Sutra*, el *Yoga Bhasya*. Él es tan importante que su comentario y el *Yoga Sutra* juntos son considerados como un solo libro. Si no hubiera sido por el comentario de Vyasa, los sutras bastante crípticos de Patañjali ya no podrían ser entendidos. En otras palabras es debido a Vyasa que sabemos lo que Patañjali quiso decir.

Todos los comentadores históricos que vinieron después de Vyasa, con la excepción del Rey Bhoja, aceptaron su anotación, en vez de comentar el *Yoga Sutra* directamente. Vyasa fue posiblemente el maestro más importante en la historia de la India y la tradición le atribuye divinidad. Se dice que él viene en cada era del mundo para restaurar el conocimiento ancestral. Vyasa fue un genio integral y lo podríamos llamar el Leonardo Da Vinci de la filosofía de la India.

Hoy en día, por sorprendente que parezca, encontramos autores del siglo XX que escriben, en sus interpretaciones del *Yoga Sutra*, que están en desacuerdo con Vyasa u otras autoridades antiguas. Como practicantes del mundo actual debemos permitirnos estar en "desacuerdo" con tales gigantes místicos y sobresalientes intelectuales solamente cuando hayamos alcanzado su estado. De lo contrario, será difícil cosechar el fruto preciado del yoga.

Otro lado importante de Vyasa que tenemos que entender es que él escribió los textos fidedignos sobre las escuelas de pensamiento aparentemente opuestas. Por ejemplo, fundó la escuela filosófica del Vedanta al compilar el *Brahma Sutra*, pero contribuyó a la escuela rival, la del Samkhya/Yoga al compilar el "Comentario sobre el *Yoga Sutra*". Los académicos occidentales encuentran difícil de entender la noción de que una misma persona pudiera escribir comentarios sobre escuelas de pensamiento opuestas, y usualmente proponen que hubo dos o más Vyasas. La verdad es que la mayoría de los maestros del Vedanta, como Gaudapada, Shankara y Vachaspati Mishra, escribieron comentarios sobre el Yoga - que, visto superficialmente, es una escuela de pensamiento opuesta - mientras que los maestros del Yoga proporcionaron comentarios sobre el Vedanta. La razón de esto es que todos los sistemas filosóficos son solo representaciones de una única verdad enseñada en los *Upanishads* - son versiones de la verdad pero nunca la verdad misma. Un verdadero místico sabe esto. Aunque pudiera tener un sistema favorito, aún es capaz de llegar a la verdad con otros sistemas y puede hacer una contribución a ellos.

Los académicos que no han tenido una experiencia mística no pueden entender esto: ellos todavía están atrapados en el juego de lo correcto y lo incorrecto. De acuerdo con la lógica de la consciencia, se pueden sostener simultáneamente la tesis (una cierta posición), la antítesis (la posición opuesta), la síntesis (la incorporación de ambas) y la negación de todas las posiciones, dado que ninguna de ellas puede ser verdadera. Verdadera es solo la consciencia, la cual no tiene una posición ni un bueno o malo, solamente es observación consciente (*awareness*). Si se comprende esto verdaderamente, se alcanza la meta del yoga.

El siguiente maestro concluye la era de la filosofía. Su nombre es Adi Shankara, pero a menudo es llamado Bhagavatpada Shankara (en honor a su maestro), Govinda Bhagavatpada, o Shankaracharya, el último de los cuales significa el maestro Shankara. Él fundó cuatro monas-

---

2. Anteriormente en este mismo ensayo, el *Ramayana* fue mencionado junto con el *Mahabharata*. Fue escrito después del *Mahabharata*, pero se sitúa en un tiempo mucho más anterior.

terios cuyos abades aún hoy llevan el título de Shankaracharya. Algunas escrituras atribuidas a Shankara fueron de hecho escritas por abades; a pesar de eso, él sí dejó atrás un vasto cuerpo de escrituras.

Shankara fue un verdadero genio. Cuando él tenía doce años, su maestro le asignó la labor de escribir comentarios sobre los principales *Upanishads*, y ellos continúan siendo fidedignos. Su principal trabajo es el *Brahma Sutra Bhasya*, un comentario sobre el *Brahma Sutra*. Hoy Shankara es conocido sobre todo como el maestro del Advaita Vedanta, que es su principal tema.

La gran contribución de Shankara al Yoga es su comentario acerca del comentario de Vyasa sobre el *Yoga Sutra* de Patañjali, llamado *Vivarana*[3]. Una de sus mejores descripciones de la filosofía del Yoga es una expresión digna de la genialidad de Shankara. Con él la era de la filosofía llegó a su fin, y el mundo experimentó una mayor caída.

Fase 4 - Tecnología

En la era del naturalismo la mayoría de las personas tenían una mente suspendida (*nirodha chitta*), en la era del misticismo una mente unidireccionada (*ekagra chitta*) y en la era de la filosofía una mente distraída (*vikshipta chitta*). En la última era, la persona promedio tiene una mente encaprichada (*mudha chitta*).

"Encaprichada" aquí significa obsesionada con el cuerpo, la riqueza, la apariencia y las relaciones familiares. Conectados con estas están el materialismo y la vanidad. Lo importante aquí es que la mente encaprichada se identifica con el cuerpo. El materialismo es la filosofía que reduce a los seres humanos a sus cuerpos. La obsesión por la riqueza resulta de la preocupación por los caprichos del cuerpo, mientras que la vanidad es la preocupación por la apariencia externa. La obsesión con las relaciones familiares significa relacionarse más con las personas que comparten nuestra piscina de genes.

A esta última fase se denomina la era de la tecnología. La palabra sánscrita tantra significa "técnica". Dado que la filosofía y, en gran medida, el misticismo y el naturalismo ahora habían sido olvidados, los nuevos tipos de enseñanza se relacionaron solamente con técnicas: cómo uno hace las cosas.

Las escrituras de esta era se llaman *tantras* y hay entre 700 y 800 de ellas. Describen principalmente la técnica y no dan énfasis a la filosofía. Los occidentales conocen las *tantras* principalmente por las incursiones a la técnica sexual explícita, pero reducir las *tantras* a esos raros pasajes no les hace justicia. Sin embargo, sí nos muestra cómo trabaja la mente encaprichada occidental. Muchos tratados de yoga escritos después de Shankara, como el *Shiva Sutra*, el *Hatha Yoga Pradipika*, el *Shiva Samhita* y el *Gheranda Samhita*, para nombrar algunos, son de hecho *tantras*.

La escuela filosófica del Yoga fue mantenida durante la era de la técnica por un número de maestros. Vachaspati Mishra, quien comentó el comentario de Vyasa y todos los otros sistemas tradicionales de filosofía, hizo contribuciones sobresalientes en el siglo X. Vijñanabhikshu, quien también comentó el Samkhya y el Vedanta, escribió uno de los comentarios más importantes, el Yoga *Vartikka*, en el siglo XV. Una de las más recientes contribuciones es el excelente comentario acerca del comentario de Vyasa escrito por Hariharananda Aranya en el siglo XX. Todos estos escritos fueron consultados en la preparación del presente texto.

---

[3]. Se denomina subcomentario a un comentario sobre un comentario.

La importancia de las cuatro eras para el practicante de hoy

De acuerdo con los *Puranas*, la humanidad comenzó en la era de oro (la era védica) y, a través de eras progresivas de degeneración, estamos ahora en la era oscura (Kali Yuga). Si vemos el desarrollo de las escrituras yóguicas podemos reconocer estas etapas.

En la era de oro laspersonas tenían una mente suspendida (*nirodha chitta*), lo cual significa que pensaban solamente cuando era necesario y en otros momentos residían en el corazón, la fuente divina. En la segunda era la gente tenía una mente unidireccionada (*ekagra chitta*) y, a través de unas pocas instrucciones dadas por un maestro que tenía la mente suspendida, podía regresar a la fuente. En la tercer era, la mente de la gente descendió a un estado confuso (*vikshipta chitta*). Los maestros que enseñaron en este período trabajaron en llevar a los individuos de nuevo al estado unidireccionado. En la cuarta era, el período en que vivimos ahora, las mentes de las personas han degenerado al estado encaprichado, materialista (*mudha chitta*). Los maestros de hoy primero nos tienen que enseñar que hay un centro sagrado, inmortal y eterno, el cual la mente confusa es todavía capaz de recordar, pero que la mente encaprichada ha olvidado.

Para el estudio de la filosofía esto significa que primero debemos entender aquello que fue enseñado por los maestros que también vivieron como nosotros en la era de la mente encaprichada. Ellos son Vachaspati Mishra, Vijñanabhiksu y Hariharananda Aranya. Con este entendimiento, desvelamos las enseñanzas de los maestros de la era de la filosofía (mente confundida) como Patañjali, Vyasa y Shankara. Después de interiorizarlas, podemos entender maestros más anteriores como Yajñavalkya, Vasishta y Kapila (mente unidireccionada). Si entendemos su simple mensaje del corazón, habremos llegado a casa en la mente suspendida, donde nuestra verdadera esencia es reconocida.

Involución versus evolución

Podemos decir que, a un nivel individual el yogui tiene que revertir el desarrollo histórico que la raza humana ha experimentado. De forma similar, podemos decir que el yogui tiene que revertir el movimiento de evolución del universo a nivel individual. La filosofía del Samkhya describe el proceso de evolución del mundo como un movimiento hacia abajo y hacia afuera. Aquí la evolución empieza con lo más elevado y lo más sutil, el estado antes del Big Bang (*prakrti*).

Esta fuente de naturaleza (*prakrti*) evoluciona en la inteligencia. De la inteligencia viene el ego. Del ego viene el espacio. Del espacio viene el aire. Del aire viene el fuego, del fuego viene el agua, del agua viene la tierra. Cada evolución se vuelve más tosca y más grosera que la anterior más sutil.

En el cuerpo humano, estos pasos están representados a través de los *chakras*, con la inteligencia pura refiriéndose al *Sahasrara chakra*, el yo soy puro o el ego al *Ajña chakra*, el espacio al *Vishuddha chakra*, el aire al *Anahata chakra*, el fuego al *Manipura chakra* y el agua al *Svadhisthana chakra*. Finalmente el elemento tierra está representado a través del *chakra* más bajo, el *Muladhara*. Todo este proceso se llama evolución, pero viene con una degeneración de la observación consciente (*awareness*). Cuando se llega al *Muladhara*, el mundo es manifiesto y el autoconocimiento se pierde. Este movimiento de evolución se dirige hacia abajo y hacia afuera.

El proceso yóguico de involución revierte esto en un movimiento hacia adentro y hacia arriba. Vamos hacia adentro y hacia arriba a través de los *chakras* de tierra, agua, fuego, aire y espacio, y luego reabsorbemos el ego en la inteligencia y la inteligencia en su origen, *prakrti* (naturaleza). Entonces, residimos en el estado prístino de la consciencia y la observación consciente (*awareness*), que es el estado de libertad y éxtasis.

1. Panini es la autoridad principal en la gramática clásica del sánscrito. En su *Ashtadyayi* enumeró dos mil raíces de palabras y, de estas, con la ayuda de reglas llamadas guna y vriddhi, podemos formar verbos, sustantivos, terminaciones y similares. Según los académicos occidentales Panini vivió cerca del 500 a. C.; sin embargo, según la tradición india, vivió hace más de seis mil años. Patañjali escribió un comentario sobre el *Ashtadyayi* de Panini llamado el *Gran Comentario* (*Mahabhasya*). En la India, se entiende en general que Patañjali el maestro de yoga y

FILOSOFÍA: EL *YOGA SUTRA*

Capítulo 1: Sobre el *Samadhi*

अथयोगानुशासनम् ॥ १ ॥
I.1 Ahora, entonces, la enseñanza fidedigna del yoga

La palabra *atha*, traducida aquí como "ahora, entonces", marca el inicio de un tratado fidedigno. El *Brahma Sutra*, por ejemplo, comienza con el aforismo "athato brahmajñinasya" que significa: "Así, entonces, la investigación sobre la consciencia." El tratado de Patañjali sobre gramática, el *Mahabhasya*, empieza con *"atha sabdanusasanam"*, que significa: "Ahora, entonces, la investigación sobre el sonido." Lo que está implícito con el uso de *atha* es que el autor no está transmitiendo el conocimiento de alguien más sino que él ha logrado la maestría del tema expuesto en el texto. En otras palabras, el autor está en posición de hacer tal declaración. Esto se ve reflejado en el hecho de que todas las siguientes generaciones de yoguis han aceptado a Patañjali como una autoridad.

Luego se define el término *yoga*. Según Panini[1], el término *yoga* se puede derivar de cualquiera de dos raíces, *yujir yoge* y *yujir samadhau*. Si la derivamos de *yujir yoge* significa "unión" o "traer junto". El *Bhagavad Gita* acepta este significado. El *Gita* enseña que hay una realidad profunda subyacente a todos los fenómenos, que es el Ser Supremo. Aquí, yoga significa unirse o fusionarse con esta realidad subyacente o profunda. Todas las escrituras y todos los sistemas de meditación que proponen una verdad contenida en todas las apariencias y, por consiguiente, usan yoga como unión, se llaman no dualistas (es decir, no dos) o monistas (de *mono* - uno).

La segunda raíz de la cual podemos derivar el término *yoga* es *yujir samadhau*, la cual le da el significado de "contemplación" o "absorción". Este es el significado que sigue el *Yoga Sutra*. El concepto básico del *Yoga Sutra* es que hay dos realidades separadas, la naturaleza (*prakrti*) y la consciencia (*purusha*). Aquí yoga significa la contemplación que nos permite discriminar entre las dos. Las escrituras y los sistemas de meditación que distinguen entre dos categorías esenciales y, por tanto, consideran el yoga como contemplación, se llaman dualistas. Esto será explicado con más detalle posteriormente.

Sabemos que el *Yoga Sutra* emplea el segundo significado de la palabra *yoga* (esto es, el significado de absorción/contemplación) debido a la clara declaración hecha por el *Rishi* Vyasa. En su comentario sobre el *Yoga Sutra - Yoga Bhasya* - Vyasa explicó cada sutra con tal claridad que ningún malentendido fuese posible. Es principalmente a través del trabajo de Vyasa que conocemos el significado de los sutras. Se ha dicho que el comentario de Vyasa es tan importante que este y los sutras de Patañjali juntos son considerados prácticamente como un solo libro.

---

[1] Patañjali el gramático son la misma persona, aunque algunos académicos occidentales dudan de esto. En el presente texto nosotros seguimos respetuosamente la visión tradicional de la India. Es en el contexto de esta tradición que el yoga debe entenderse.

Para el estudiante de yoga de hoy día es vital que comprenda que la escuela histórica del yoga no consiste simplemente de los sutras de Patañjali sino también del comentario de Vyasa y varios otros subcomentarios. Los subcomentarios fidedignos son aquellos de Vachaspati Mishra (siglo X d. C.), Shankara (siglo VIII d. C.), y Vijñanabhikshu (siglo XV d. C.). El comentario fidedigno del siglo XX, hecho por Hariharananda Aranya, es sobresaliente en su profundidad. Todos los maestros de yoga después de Vyasa aceptaron su comentario y escribieron subcomentarios sobre él.[2]

El *Rishi* Vyasa declara en su comentario sobre el sutra I.1 que yoga significa absorción / contemplación (*yogah samadhih*). También explica que la contemplación es un potencial de la mente (*citta*). Este potencial está latente en la mayoría y necesita ser entrenado y desarrollado. El yoga, entonces, es la ciencia del entrenamiento de la mente y es para aquellos que están en necesidad de este entrenamiento. Existen aquellos que no necesitan este entrenamiento sino que pueden ver la realidad verdadera en todas las apariencias. Ellos pueden omitir el *yoga* y, en vez de eso, ir directamente al Vedanta, que es la ciencia de la consciencia, explicada por el *Rishi Vyasa* en el *Brahma Sutra*.

Se aconseja a aquellos que no se dan cuenta de su verdadera esencia, que inicien los estudios del yoga. El yoga es el proceso que prepara una mente nublada para el autoconocimiento. En otras palabras, el estudio del yoga comienza al admitir nuestra ignorancia y saber que primero tenemos que cambiarnos a nosotros mismos antes de poder ver la verdad.

Ninguno de los dos caminos descritos en el *Brahma Sutra* y el *Yoga Sutra* es correcto o incorrecto. Más bien, ellos aplican para estudiantes diferentes. Para el alma avanzada se recomienda el camino del *Brahma Sutra* (el Vedanta). Para un estudiante más confundido se recomienda primero el esclarecimiento de la mente a través del Yoga.

Vyasa continúa diciendo que la mente (*chitta*) ocurre en cinco estados diferentes. Cada persona tendrá una tendencia dominante hacia uno de estos estados, pero el cambio gradual es posible. Es muy importante que entendamos muy bien estos cinco estados. De este entendimiento se produce una gran comprensión del camino del yoga, de sus enseñanzas y de cómo fue concebido desde el principio este conocimiento.

Los cinco estados de la mente son la mente perturbada (*kshipta*), encaprichada (*mudha*), distraída (*vikshipta*), unidireccionada (*ekagra*) y suspendida (*nirodha*). Para explicar estos cinco estados debemos examinar brevemente las tres cualidades de la mente.

Como se mencionó antes, el yoga afirma que hay dos entidades separadas que son reales y eternas - la naturaleza (*prakrti*) y la consciencia (*purusha*). La idea más próxima en la ciencia occidental para explicar *prakrti* es el estado antes del Big Bang o el estado antes del universo manifestado. *Prakrti* ha sido también traducida como "creación" (aunque *prakrti* misma es eterna e increada) o "procreadora" - la matriz que procrea, que da lugar a todo.

Se dice que *prakrti* es puesta en acción por la proximidad o cercanía de la consciencia (*purusha*) y que manifiesta el mundo con la ayuda de sus tres cualidades (*gunas*). Estas son:

Tamas - pesadez, inercia, masa.

Rajas - movimiento, energía, dinámica.

Sattva - luz, inteligencia, sabiduría.

Juntas, las tres *gunas* forman todos los fenómenos y objetos. En cierto modo, podemos compararlas con las partículas elementales protón, neutrón y electrón en la ciencia occidental, que milagrosamente forman todos los 118 elementos y por tanto toda la materia. Sin embargo,

---

2. Con la excepción del Rey Bhoja (siglo X) quien escribió su explicación (llamada *Raja Martanda*) directamente sobre los sutras de Patañjali.

no podemos estirar demasiado esta comparación, dado que las *gunas* forman también el ego y la mente.

Con el estado perturbado (*kshipta*) de la mente, *rajas* predomina. Esta mente está asociada con la hiperactividad, el movimiento excesivo y un pensamiento persiguiendo al siguiente. Se dice que este tipo de mente solo puede lograr la concentración a través de odio intenso, como cuando uno destruye a sus enemigos imaginarios. La mente perturbada es muy inadecuada para el yoga y alguien dominado por una mente así rara vez incursiona en el yoga. Si, a pesar de todo, lo hace, es usualmente solo con la esperanza de ganar poderes mágicos para vencer a sus enemigos.

Con el segundo, estado encaprichado (*mudha*) de la mente, *tamas* predomina. Esta mente suele ser torpe, estupefacta, ilusa y encaprichada con el cuerpo, la riqueza, la familia, la tribu o la nacionalidad. Debido a que la *guna tamas* hace a la mente pesada, uno no puede ver más allá de cualquier objeto de identificación obvio como los recién mencionados.

La mente encaprichada no es adecuada para el yoga y la única manera de que pueda concentrase es a través de la codicia intensa. Si alguien con tal modo mental incursiona en el yoga, es usualmente por ganancia física (para que el cuerpo luzca mejor) o ganancia monetaria (poder trabajar más o lograr más).

Con el tercer estado de la mente, la mente distraída (*vikshipta*), ninguna guna predomina. Más bien, cualquiera de las tres (*rajas*, *tamas* o *sattva*) asume el mando, dependiendo del impulso. Este estado de la mente se puede llamar también confundido u oscilante y es típico de las personas que se identifican con la "Nueva Era". Ellas ven todo como verdadero y significativo y creen que "todos deben vivir de acuerdo con su verdad." Si algo pasa, "estaba destinado a ser", aunque posiblemente estábamos simplemente demasiado desenfocados para lograr determinado resultado.

Aquellos dominados por la mente distraída son agnósticos oportunistas - creen que hay muchas verdades y que no se puede conocer la única verdad. Más bien, el modo mental de la persona simplemente se ajusta según las circunstancias a fin de mantenerse cómoda. La mente distraída tiene destellos de la verdad pero con el siguiente obstáculo se sale de su curso y se aferra a otra idea.

Cuando estamos bajo el dominio de la mente distraída, solemos aferrarnos a creencias, dado que no podemos reconocer de forma permanente la realidad o verdad profunda. Este tipo de mente no es adecuado para el yoga más elevado, como el *samadhi*, ya que puede lograr la concentración solo de forma aleatoria y la pierde rápidamente.

El hecho de que el yoga sea una ciencia que nos permite percibir directamente y comprender la capa más profunda de la realidad significa que aferrarse a creencias es contradictorio con la indagación yóguica. Si nos aferramos a creencias, siempre vamos a superponerlas en la realidad y entonces nunca llegaremos a la conclusión correcta. Hablando en forma realista, la mayoría de los estudiantes de yoga comienzan con mentes distraídas y pasan la mayor parte de la vida yóguica tratando de transformar la mente distraída al estado enfocado.

En el cuarto - unidireccionado (*ekagra*) - estado de la mente, *sattva* predomina. A través del yoga, la mente se vuelve más y más sáttvica. La inteligencia pura ocurre cuando la mente alcanza el estado de *sattva* pura. Esta inteligencia es necesaria para ver la realidad como es. Según el sutra III.55: Cuando la inteligencia es tan inmaculada como la consciencia, esto conllevará a la liberación.

Alguien que nace en el estado unidireccionado puede llegar a ser libre después de un período comparativamente corto de práctica y estudio. Este estado de mente es apto para el *samadhi* basado en un objeto (*samprajñata samadhi*), el cual es el tipo de *samadhi* más bajo. A través de este tipo de *samadhi* muchos de los grandes maestros concibieron y compilaron sus enseñanzas. Sin embargo, la proeza no debe acobardarnos. Como el maestro Vijñanabhikshu dijo: "La transformación de la mente solo puede lograrse gradualmente y no de una sola vez".

El último estado de la mente es *nirodha*, "suspendido". En este estado no hay predominancia de ninguna cualidad. En vez de eso, la mente es reabsorbida en su fuente, que es la naturaleza (*prakrti*). Alguien en este estado mental descansa permanentemente en su verdadera naturaleza, que es la consciencia. Este tipo de *samadhi* logrado aquí es el *samadhi* sin objeto (*asamprajñata samadhi*), el cual es la forma más elevada. La mente suspendida (*nirodha chitta*) es la meta del yoga. Los maestros que tuvieron este tipo de mente concibieron los *Upanishads*, que son las escrituras más eminentes de todas. Debido a que la mente no interfiere con la inteligencia los *nirodhas* pueden ver el fondo de sus corazones y escuchar la verdad divina. Por esta razón, los *Upanishads* son considerados una revelación y de autoridad divina.

En este primer sutra se introduce el tema del yoga. Hay muchos términos y conceptos importantes y pueden ser confusos al comienzo. Si este es el caso, es mejor volver y leer la descripción de este sutra otra vez antes de ir al siguiente. No se sienta intimidado si la lectura parece laboriosa al principio. El resultado hace que el esfuerzo valga la pena.

योगश्चित्तवृत्तनिरोधः ॥२॥
I.2 Yoga es la suspensión de las fluctuaciones de la mente

En este segundo sutra, Patañjali define el yoga. Se requiere poca reflexión para darse cuenta de que, a la luz de esta definición, la lectura del yoga como unión no tiene sentido. Más que unión, el yoga es definido aquí como el esfuerzo o la disciplina que transforma la mente en una superficie clara capaz de reflejar cualquier cosa que se dirija a ella.

Considere lo siguiente. Si la superficie de un lago está quieta, usted puede usarla como un espejo para reflejar objetos. Si usted arroja una piedra en el lago, aparecen ondas que distorsionan las imágenes reflejadas. El lago representa la mente y las ondas son las fluctuaciones de la mente o las olas mentales. Si bien estas olas mentales pueden ser apropiadas para el propósito de supervivencia, ellas son un obstáculo si queremos reconocer nuestra esencia más íntima. Las olas mentales tienen que cesar y la mente tiene que acalmarse para que podamos reflejar nuestro centro más profundo. Cuáles son exactamente las fluctuaciones u olas mentales es el tema a ser abordado en los sutras I.5 - I.11.

Volvamos ahora al concepto de la mente de Patañjali. La palabra sánscrita *chit* se refiere a aquello que es consciente. El térmito *achit*, con el prefijo de negación "a", se refiere a lo que es inconsciente. Al usar el término *chitta* (y no *antahkarana*, que los seguidores del *Samkhya* suelen usan), Patañjali expresa la noción de que la mente es inconsciente, o en otras palabras, la consciencia no está contenida en la mente.

---

3. G. Feuerstein, *The Yoga Tradition*, Hohm Press, Prescott, Arizona, 2001.
4. S. Dasgupta, *Yoga as Philosophy and Religion*, Motilal Banarsidass, Delhi, 1973, p. 6.
5. G. Feuerstein, *The Yoga Tradition*.

En muchos sentidos Patañjali no presenta una filosofía propia, sino una psicología o lo que Georg Feuerstein llama una psicotecnología.[3] Cuando de cuestiones filosóficas se trata, Patañjali acepta completamente los hallazgos del Samkhya, con un excepción (Ishvara), la cual discutiremos en otro momento. Las similitudes entre el Yoga y el Samkhya son tan sorprendentes que S. Dasgupta dice: "El Samkhya de Kapila y el Yoga de Patañjali son tan similares que se pueden considerar como dos modificaciones del mismo sistema."[4]

El fundador del Samkhya fue el Sabio Kapila que vivió, según los académicos occidentales, cerca del 1300 a. C.[5] La tradición lo ubica mucho más antes que eso. Samkhya significa orden, número o enumeración, y es el primer intento de la humanidad de explicar toda la creación como un sistema coherente. Por esto, me gusta llamarla la madre ancestral de todas las filosofías sistemáticas.

Durante el tiempo de Patañjali y el tiempo del *Bhagavad Gita*, el Samkhya era aún la filosofía dominante. Hoy día ha pasado de moda un poco, pero es importante recordar que la mayoría de las filosofías de la India de hoy, como el Vedanta, el Yoga, el Budismo, y el Tantra, usaron el Samkhya como base y sobre la cual se desarrollaron. Si entendemos el Samkhya, entenderemos fácilmente todos los enfoques posteriores.

Desafortunadamente, se perdió la escritura compilada por Kapila, el *Shastitantra*. A fin de llenar los vacíos que Patañjali deja, debemos recurrir al *Samkhya Karika* de Ishvara Krishna, que fue escrito mucho después que el texto de Kapila. El *Samkhya Karika* es un requisito absoluto para todo estudiante de yoga.[6] Con solo setenta y tres aforismos, es comparativamente corto, lo que lo hace relativamente accesible. En el *Samkhya Karika* la mente se llama *antahkarana*, que significa el instrumento interno. Opuesto a este está el instrumento externo, el cuerpo.

El instrumento interno está formado por tres componentes:

1. MANAS

Esta es la mente o el principio pensante. La palabra "man" (vocable en inglés que significa hombre) se deriva de *manas*. Ella recolecta información que recibe a través de los sentidos, la compara con datos previos y toma una decisión sobre lo que el objeto cognocido* probablemente sea. Pero una cuerda en la oscuridad se puede confundir con una serpiente o un poste en la distancia con un hombre. La mente procesa apresuradamente los datos sensoriales con el propósito de la supervivencia, y en este proceso la precisión se pierde. Por ejemplo, si estamos atravesando una calle y escuchamos un fuerte ruido mecánico aproximándose, nos movemos rápidamente. La mente nos dice que probablemente el ruido provenga de un camión y que, por tanto, no debemos esperar e investigar más profundamente qué es en realidad. En tal situación es más probable que reaccionemos antes de que nos demos cuenta de que el sonido es realmente un avión sobrevolando o una maquinaria de construcción cercana. La mente nos dice constantemente cómo reaccionar y, como resultado, casi nunca tomamos el tiempo para detenernos y entender lo que realmente está pasando.

2. AHAMKARA

Este es el ego o la egoidad. *Aham* significa yo y *kara* significa moldeador o hacedor. Juntos significan el yo hacedor. El ego es el agente que se adueña de las percepciones del principio pensante. El ego dice, "soy 'yo' quien está percibiendo el camión acercándose y soy 'yo' quien tiene que dirigirse a la seguridad de la calzada, de lo contrario 'yo' moriré."

---

6. Ver G.J. Larson, *Classical Samkhya*, 2a ed. rev., Motilal Banarsidass, Delhi, 1979; o Samkhya Karika of Isvara Krsna, trad. Sw. Virupakshananda, Sri Ramakrishna Math, Madrás.
* N. del T. Cognocido(a): participio pasado antiguo de conocer; utilizado por el autor para significar "percibido e identificado". Remitirse al glosario para ver el significado de cognición.

3. BUDDHI

Este es el intelecto o la inteligencia, el término se deriva de la raíz del verbo *budh*, que significa despertar. En yoga, el intelecto significa la sede de la inteligencia. En nuestro ejemplo, la inteligencia es el agente que, por ejemplo, se las ingenia para comprender el mineral de hierro y el fuego a tal punto que puede concebir un motor de combustión interna y construir un camión. El intelecto (*buddhi*) es la locomotora del yoga. El yoga es el proceso de refinado, afinamiento y mejora del intelecto hasta que podamos darnos cuenta de la consciencia (*purusha*) misma. Esto se verá con más detalle en el tercer y cuarto capítulos del *Yoga Sutra*.

El último término en este sutra es *nirodha*. Se suele traducir como "control" o "restricción", lo cual no tiene sentido en el contexto del yoga. Esto también puede llevar a los estudiantes a un camino equivocado. Si restringimos o controlamos la mente, debe haber una entidad que la controle. Esta entidad debe ser activa, entonces no puede ser la consciencia, la cual no interfiere en el mundo sino que es un testigo puro. Además, esta entidad debe tener fuerza de voluntad a su disposición para suprimir la mente. La única entidad disponible para desempeñar tal acto es el ego. El proceso de supresión, control y restricción de la mente fortalecerá al ego. Sin embargo, el ego es el que se interpone en el camino de la realización de la consciencia.

El camino para darnos cuenta de la consciencia es a través de la suspensión, el sosiego y el cese pasivos de las olas mentales, lo cual es posible únicamente a través de perspicacia (*insight*), sabiduría, inteligencia y conocimiento. El sutra I.16 declara que el estado de *nirodha* es producido por una completa rendición, que es el desapego supremo (*paravairagya*). Por lo tanto, traduciremos *nirodha* como la suspensión o el cese, dado que no implica un agresor externo como el término "control".

El estado de la mente suspendida (*nirodha chitta*) produce el *samadhi* sin objeto o supraconsciente (*asamprajñata samadhi*). El sutra II.45 afirma que el *samadhi* también resulta de la entrega al Ser Supremo. Shri T. Krishnamacharya, el maestro de Shri K. Pattabhi Jois, creía que esta era la principal forma para alcanzar el *samadhi*.

Todas estas nociones muestran que el *samadhi* es un acto de rendición, desapego, realización y comprensión a través del apaciguamiento, aquietamiento, suspensión y silencio de las olas mentales. Usar términos como control, supresión y restricción para explicar *nirodha* implica la agitación de la mente mediante el uso del ego y de la fuerza de voluntad. Efectuada de esta forma, la meditación no llevará a la liberación sino a la egomanía.

En este segundo sutra, Patañjali también dice que solo la máxima forma de *samadhi* constituye el yoga propiamente dicho. Las dos formas de *samadhi*, el inferior o *samadhi* con objeto (*samprajñata samadhi*) y el superior o *samadhi* sin objeto (*asamprajñata samadhi*) son tan diferentes que Patañjali pudo haberlas dividido en dos ramas separadas. Sin embargo, en vez de separarlas, en este sutra él define el yoga como el *samadhi* sin objeto y en el sutra III.3 define el *samadhi* con objeto. El *samadhi* sin objeto puede ser entendido de la siguiente forma: Esta máxima forma de *samadhi* es nuestro estado verdadero y natural - la consciencia morando en la consciencia. No es una experiencia; más bien es eterna, increada, sin principio y sin fin. No se puede practicar ni producir. Es nuestro centro, nuestro origen y nuestro destino. Es nuestra morada ahora mismo, pero debido a la ignorancia no lo sabemos. Esta máxima forma de *samadhi* es la meta, es el verdadero yoga.

Las ocho ramas, que incluyen el *samadhi* con objeto, son pasos que nos llevarán de vuelta a nuestra fuente. Por esta razón, aquí se define el yoga como el estado natural de la suspensión de la mente (*nirodha*), y en el sutra III.3 se define el *samadhi* como el reconocimiento de un objeto como es exactamente. En resumen, podemos decir que el *samadhi* sin objeto (*asamprajñata samadhi*) es la meta y el verdadero estado del yoga. La práctica del *samadhi* con objeto (*samprajñata samadhi*) es el camino hacia esa meta.

तदादरष्टुःस्वरूपेऽवस्थानम् ॥ ३ ॥
I.3 Entonces el que ve mora en su propia naturaleza.

La meditación es el acto de involución o de ir hacia adentro. El primer paso en la meditación es observar nuestro cuerpo. De esta observación, comprendemos que el observador o el que ve y lo visto son diferentes. Ahora sabemos que no somos el cuerpo, sino más bien que tenemos un cuerpo.

El siguiente paso es observar la mente. Tan pronto se establece esta observación, rechazamos la identidad con la mente porque nosotros, el que ve o el observador, debemos estar fuera de lo visto. A partir de aquí comenzamos a observar la próxima capa más profunda, el ego. Al inicio esto es desafiante, pero con la experiencia y práctica de meditación pronto podemos observar, aislar y estudiar la facultad dentro de nosotros que dice "yo". Usando la metáfora de una computadora, el ego (*ahamkara*) es el sistema operativo con el cual las aplicaciones cuerpo y mente (*manas*) se ejecutan. El cuerpo y la mente funcionan únicamente contra el telón de fondo del ego. De hecho, según el Samkhya, el cuerpo y la mente evolucionan a partir del ego.

Cuando somos capaces de observar el ego, llegamos a entender que no somos él, sino de nuevo un agente subyacente más profundo. Esta siguiente capa es la inteligencia (*buddhi*). En nuestra metáfora, la inteligencia es como el hardware de la computadora. Este hardware puede existir por sí mismo, pero el sistema operativo (ego) y las aplicaciones (cuerpo y mente) no pueden funcionar sin el hardware. De acuerdo con el Samkhya, el ego evoluciona a partir del intelecto (*buddhi*). El intelecto viene antes y es una capa más profunda que el ego. No conoce la noción del "yo". El intelecto es inteligencia pura.

Ahora podemos dar un paso más con nuestra meditación. La inteligencia, ya afilada, puede ser observada. Entonces, el intelecto puede darse cuenta de que un agente externo lo está observando. Este agente externo se llama la consciencia (*purusha*) o el ser (*atman*) y consiste únicamente de observación consciente (*awareness*). Dado que la observación consciente no tiene forma o cualidad, no podemos observarla o verla. Esta consciencia es el observador, la capa final y más profunda. Esto fue confirmado como hecho por los antiguos *rishis* y maestros liberados. Puede ser ensayado y probado por cualquier meditador.

El sutra ahora dice que, cuando se está en el estado del verdadero yoga y las fluctuaciones de la mente se acalman, el que ve, que es la observación consciente, mora en su propia naturaleza. Sería más fácil entender si Patañjali hubiera dicho entonces el observador se experimenta a sí mismo, pero eso sería un uso incorrecto de palabras por la siguiente razón.

Un ser humano es una interfaz entre la consciencia (*purusha*) por un lado y la manifestación (*prakrti*) por el otro. Dado que la consciencia, que es nuestro centro, percibe pero no puede ser percibida, nos proyectamos hacia afuera, al mundo de los fenómenos. Entonces creemos que somos los fenómenos, como por ejemploel complejo egoico cuerpo/mente.

Morar en nuestra esencia significa simplemente dejar de proyectarnos hacia afuera. Proyectarse hacia afuera significa identificarse con lo percibido. Abandonar esta proyección es morar en el centro, lo que implica mirar pasar el mundo y nuestro complejo cuerpo/mente. La naturaleza del que ve es la observación consciente. Morar en nuestra naturaleza como observación consciente significa simplemente conocer que somos observación consciente y no perder esto de vista.

Si usted no entendió el párrafo anterior, reléalo hasta que lo entienda. Él guarda el secreto del yoga. Algunas veces las ideas analizadas y el uso de terminología concisa pueden causar dificultad para el lector, pero si no expongo los hechos de forma precisa, la esencia de las enseñanzas se perderá. En las palabras del desaparecido Profesor S. Dasgupta: "He intentado resistir la tentación de hacer feliz al inglés con el riesgo de sacrificar la exactitud del sentido filosófico; y muchas ideas de la filosofía de la India son de tal naturaleza que una representación de ellas en un inglés exacto suele volverse irremediablemente difícil."[7]

Lo que sigue ahora es un resumen del concepto de este sutra:

En nuestro centro hay un estado de éxtasis y de observación consciente permanentes e infinitos, que se llama nuestra verdadera esencia, la verdad, el estado natural, la consciencia, o el ser. No percibimos este estado porque nos identificamos erróneamente con la actividad mental. Una vez que la actividad mental (*vrtti*) cesa, regresamos a nuestro estado natural.

Vyasa hace una declaración importante en su comentario cuando dice que la consciencia siempre mora en sí misma, a pesar de que aparenta no hacerlo. Vijñanabhikshu ilustra esto en su subcomentario *Yoga Varttika* a través del siguiente ejemplo. Si miramos un cristal y no hay un objeto cerca, veremos el cristal tal cual es. Si colocamos una rosa roja cerca del cristal, este tomará el color de la rosa hasta el punto que, cuando miremos a través del cristal, veremos solamente la rosa. Sin embargo, la verdad es que el cristal no cambió su naturaleza durante este proceso.

De igual forma, la consciencia mora en sí misma durante el *samadhi* sin objeto (*asamprajñata*). La verdad es que ella siempre mora en sí misma, pero aparenta no hacerlo. Como el cristal, ella aparenta estar coloreada por los objetos. Y, como el cristal, cuando quitemos el objeto, nos damos cuenta de que ella es inmutable.

---

7. S. Dasgupta, *Yoga as Philosophy and Religion*.

वृत्तसारूप्यमितरत्र ॥४॥
1.4 Otras veces él aparenta asumir la forma de las modificaciones de la mente.

Las "otras veces" mencionadas ocurren cuando el que ve no mora en su verdadera naturaleza como consciencia. Más bien, en esas veces el observador aparenta asumir la forma de lo que sea el contenido de la mente.

Como se explicó en el sutra anterior, tenemos que recordar que esto solo aparenta ser así. En realidad, el cristal no se altera mientras refleja la rosa roja. Pero dado que el cristales incoloro, lo que percibimos cuando vemos a través de él es el color y la estructura de la rosa y no el cristal. En otras palabras, la calidad de la rosa roja parece estar superpuesta en el cristal en la medida en que creamos que el cristal es la rosa roja.

De igual forma, cuando las olas de pensamiento causan ondas en la superficie del lago de la mente, el color y la forma de esos objetos se superponen en nuestra verdadera esencia, que es la observación consciente (*awareness*) o la consciencia. La mente atrae objetos como el metal al imán y causa impresiones erróneas. Dado que estos objetos y pensamientos poseen color, forma, estructura y calidad, la observación consciente que ilumina estos objetos percibe erróneamente que tiene esos atributos. Esta es la causa de la miseria y el sufrimiento humanos.

El otro día vi una calcomanía en el parachoques de un vehículo que decía: "Yo escucho a las pequeñas voces en mi cabeza." Tenemos millones de pensamientos cada día y la psicología moderna ahora acepta que no tenemos uno sino miles de egos y personalidades. De hecho, cada momento nos cambia y una personalidad ligeramente diferente, *vasana*, se manifiesta.

Nuestros muchos pensamientos y personalidades diferentes son como pequeñas voces en nuestras cabezas. Ellos pueden volverse un problema si asociamos de manera errónea estos pensamientos con el yo soy (*asmita*), que también se llama ego. Por ejemplo, los miles de pensamientos que tenemos cada día no nos causan problemas siempre y cuando no nos apeguemos a ellos o nos adueñemos de ellos. Hasta un santo podría pensar en asesinar o usar heroína, pero él no se apropia de estos pensamientos porque no se apega a ellos. El problema empieza cuando una persona se identifica con el pensamiento de asesinato o de adicción a la heroína. Solo cuando esto ocurre, sigue la acción. Esta identificación o este apego es el conocimiento incorrecto (*viparyaya*) de considerar que somos los fenómenos. Este conocimiento incorrecto puede persistir solo cuando no se cognoce* (re-cognoce) el conocimiento correcto (*pramana*) - que somos únicamente observación consciente.

La manera más rápida para mantener nuestras comunidades seguras, nuestras prisiones vacías y nuestros jueces y policías sin trabajo es enseñar a la gente la meditación y la filosofía yóguica. Si sabemos permanentemente que somos eternos e infinitos y que tenemos una observación consciente inmutable - todo lo cual es libertad total - entonces la identificación con las actividades de la mente se interrumpe.

Si esta identificación persiste, no hay nada que nos impida escuchar las voces en nuestras cabezas. Las voces le dijeron a Adolf Hitler que matara a seis millones de judíos; voces similares le dijeron a Josef Stalin que matara a veinte millones de su propio pueblo. El hombre blanco escuchó estas voces y mató a millones de personas de color en todo el mundo. Las voces le dijeron a los cristianos que mataran a millones de "infieles" con la Inquisición y las Cruzadas.

---

*N. del T. Cognocer: verbo activo antiguo de conocer; utilizado por el autor para significar "percibir e identificar". Remitirse al glosario para ver el significado de cognición.

Todos estos actos se pueden resumir en la declaración de J. Krishnamurti "La historia de la mente es la historia de atrocidades."

Todos estos actos fueron y continúan siendo cometidos hoy día porque nos identificamos con las voces en nuestras cabezas. Debido a que la mente es una herramienta de supervivencia, siempre trata de dominar a otras con el fin de anticipar un ataque. La mente nos lleva a la competición y a la guerra. Proyectarnos y volvernos uno con las fluctuaciones de la mente lleva a la esclavitud mental. En el sentido yóguico, la esclavitud mental no significa ser manipulado por alguien más, sino más bien, ser engañado por la mente de uno mismo. Somos esclavos de nuestras propias mentes. Estas son palabras fuertes, pero su uso se justifica por una breve mirada retrospectiva en la galería de víctimas que el régimen del terror de la mente ha cobrado.

La consciencia, por otro lado, es sin cualidades. La consciencia en mí es la misma consciencia que la consciencia en otra persona. La realización de la consciencia conduce a la paz y al deseo de hacer el bien para todos.

वृत्तयः पञ्चतय्यः क्लिष्टाक्लिष्टाः ॥५॥
1.5 Hay cinco tipos de olas mentales, las cuales pueden ser problemáticas o no problemáticas.

Antes de este sutra Patajali definió los conceptos de libertad y esclavitud de la mente. Ahora podemos pasar a analizar el término "fluctuaciones" (*vrtti*). Aquí es importante explicar las ideas principales que Vyasa expuso en su comentario y los términos que él esperaba que el lector conociera.

En el segundo capítulo del *Yoga Sutra*, Patañjali describe los cinco modos diferentes de sufrimiento (*kleshas*). Ellos son la ignorancia, el egoísmo, el deseo, la aversión y el miedo. Vyasa comienza su comentario con dos observaciones importantes. La primera es que las olas mentales problemáticas surgen de estos cinco modos de sufrimiento (*kleshas*). Es importante entender que ellas no surgen de la paz, de la alegría y del contentamiento. Su segunda observación es que los tipos problemáticos de olas mentales son aquellos que dan origen a la impresión subconsciente (*samskara*). Veamos el concepto de impresión subconsciente en el yoga.

Si nos enfadamos, esta emoción deja una impresión en nuestro subconsciente. La siguiente vez que enfrentemos una situación similar, la mente la comparará con los datos acumulados en el pasado, y en este caso el subconsciente nos dirá que "nos enfademos otra vez". Si la vez anterior lastimamos a alguien por estar enfadados, la tendencia será que lo hagamos una vez más. La diferencia entre una impresión (como la recién descrita) y un recuerdo es que no podemos acceder a la impresión conscientemente. Cada experiencia o emoción tiene la tendencia de repetirse o manifestarse una y otra vez, debido a que deja una impresión y una tendencia en el subconsciente. Esto es un gran problema para los delincuentes reincidentes.

Para el yogui, estas impresiones subconscientes son muy importantes porque las impresiones (*samskaras*) que creamos hoy determinan nuestras acciones futuras. Estas impresiones se originan de las *vrtti*, pero pueden producir nuevas olas mentales. Las fluctuaciones continúan produciendo nuevas impresiones subconscientes, y de esta forma, como dice Vyasa, la rueda de las olas mentales e impresiones subconscientes sigue girando.

Por esta razón, el yogui se concentra en hacer su mente unidireccionada (*ekagra*) o suspendida (*nirodha*). Unidireccionada significa que solo aquellas olas de pensamiento que son conducentes al yoga están presentes; suspendida significa que no hay olas de pensamiento.

Las olas mentales problemáticas son las que nos llevan a percibir la realidad erróneamente (*viparyaya*). Esto, a su vez, produce la ignorancia (*avidya*), el egoísmo (*asmita*) y el sufrimiento (*duhkha*). Las olas mentales no problemáticas son las que llevan a percibir la realidad de forma correcta (*pranama*). Esto lleva al conocimiento discriminativo (*viveka khyateh*) y a la libertad (*kaivalya*).

परमाणविपर्ययवकिल्पनदिरास्मृतयः ॥६॥
1.6 Las cinco fluctuaciones de la mente u olas mentales son: la percepción correcta, la percepción incorrecta, la conceptualización, el sueño profundo y la memoria.

La diferencia entre las fluctuaciones de la mente (vrtti) y las impresiones subconscientes (samskaras) es que las fluctuaciones son conscientes y pueden ser accedidas y recordadas conscientemente. El porqué el sueño sin sueños está incluido será explicado más adelante.

El *Mandukya Upanishad* habla sobre cuatro estados de la mente - el estado de vigilia, el de sueño con sueños, el de sueño sin sueños, y el trascendental que en yoga se llama asamprajñata *samadhi*. Si el estado de sueño sin sueños o el de sueño profundo se menciona en este sutra, ¿por qué no también los estados de vigilia y de sueño con sueños? La respuesta es simple. El *Mandukya Upanishad* es una escritura sagrada vedántica que trata principalmente sobre la consciencia o el estado trascendental. Los otros tres estados de la mente - vigilia, sueño con sueños y sueño sin sueños - son descritos como ilusorios e irreales.

Por otro lado, el *Yoga Sutra* es un tratado que estudia la mente y por eso brinda instrucciones sobre cómo cambiarla a fin de hacerla apta para darse cuenta de la consciencia. Para este propósito, Patañjali dividió los estados de vigilia y de sueño con sueños en sus principales componentes.

En el estado de vigilia deberíamos percibir correctamente, pero en general existe una mezcla de precepción correcta e incorrecta con conceptualización. El estado de sueño con sueños es principalmente una conceptualización entremezclada con percepción correcta e incorrecta.

La razón por la cual esta división es importante quedará más clara después de la descripción de las olas de pensamiento individuales.

प्रत्यक्षानुमानाअगमाःप्रमाणानि॥७॥
1.7 La percepción correcta (pramana) está compuesta por percepción directa, inferencia y testimonio válido.

La percepción correcta se refiere al proceso mediante el cual cierto objeto se presenta y la mente lo identifica correctamente. La cognición es la percepción y el subsecuente proceso de identificación. La mente identifica mediante la comparación de objetos cognocidos en el pasado con el presente objeto. Podemos llegar a la cognición correcta de tres formas:

La primera y más importante es la percepción directa (*pratyaksha*). La percepción directa es de dos tipos: la percepción a través de los sentidos y la percepción suprasensorial. La percepción sensorial significa que percibimos directamente un objeto con nuestros sentidos y lo identificamos correctamente.

Esto rara vez ocurre ya que la mente modifica toda la información sensorial. Por ejemplo, cuando los rayos de luz entran en nuestro ojo a través de la lente, atraviesan, y el objeto se presenta al revés en la retina. Por esta razón los bebés tienen dificultad en agarrar objetos; pero, con la información entrando en la mente vía el sentido del tacto, la mente eventualmente decide dar vuelta a las imágenes recibidas por el ojo. En otras palabras, los dos sentidos proporcionan una imagen no idéntica de la realidad y la mente simula lo que cree que sea más probable.

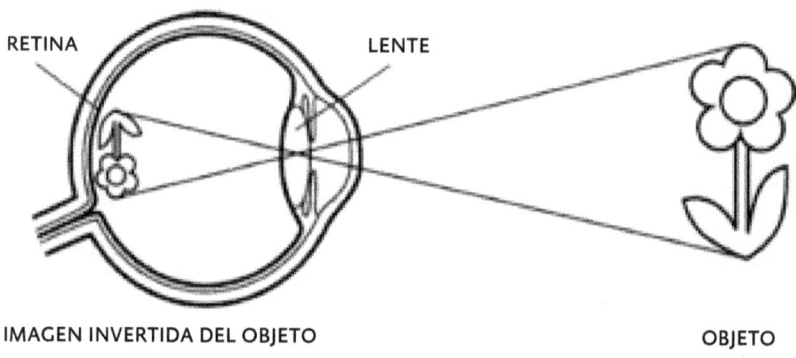

Otro ejemplo: hay un punto ciego en la retina donde el nervio óptico entra en el ojo. Mover un papel blanco que contenga un punto negro a lo largo de nuestro campo de visión puede hacer esto evidente: en algún punto, el punto negro desaparece. Esto sucede porque la mente no recibe datos sensoriales de esta área, entonces rellena el punto ciego con lo que sea que, ella cree, esté ahí. En este caso, lo rellena con el color circundante, que es el blanco.

Esto ilustra la forma en cómo la mente trabaja. Ella simula la realidad de acuerdo con lo que cree que sea más probable. Según la mente, será lo que recopiló a su alrededor o en el pasado. En el yoga llamamos a esto colorear los objetos con base en el pasado y el ambiente.

Así es exactamente cómo ocurren el racismo, el sexismo, el nacionalismo y otros tipos de prejuicios. Si hemos oído hablar de gente de cierta raíz étnica comportándose de determinada forma, al encontrar a algunas de estas personas la mente proyectará dicho comportamiento sobre ellas y estará menos abierta a darse cuenta de que son individuos que podrían comportarse completamente diferente.

Un segundo tipo de percepción directa es más importante para el yogui. La percepción sensorial no nos ayuda cuando queremos percibir la realidad profunda (*Brahman*) o la consciencia (*purusha*) o inclusive simplemente los objetos-tal-cual-son. (El término el "objeto-tal-cual-es" significa un objeto percibido como realmente es, sin que la mente proyecte en él.) Dado que la mente modifica la información sensorial, la verdad dentro de nosotros no se puede percibir por medio de los sentidos.

La mente produce un mapa del mundo en nuestras cabezas. Pero, necesariamente el mundo no puede estar contenido en ese mapa. Si usted compara por un momento la ciudad en la que vive con el directorio de calles, entiende que el directorio de calles es solo una simulación pobre de la realidad. Es útil para desplazarse, pero no es la ciudad en sí misma.

Si queremos experimentar nuestra verdadera naturaleza, tenemos que llevar la mente por un atajo hacia lo que se llama la experiencia mística o el *samadhi*. En el *samadhi*, la realidad se experimenta directamente, sin estar sujeta a la manipulación de la mente. Más acerca de esto en otro momento. Por ahora, volvamos a los tres tipos de percepción correcta.

El segundo tipo de percepción directa es la inferencia o deducción (*anumana*). De la presencia del humo, se puede deducir el fuego. De un coco cayendo de una palmera podemos deducir la fuerza de la gravedad. De la existencia de la vida, deducimos la presencia de la consciencia, y del miedo a la muerte, la anterior experiencia de muerte. La deducción usa el razonamiento y la lógica correcta. La efectividad de la deducción depende de la calidad del intelecto.

Como todas las manifestaciones de la naturaleza (*prakrti*), el intelecto está hecho de pesadez (*tamas*), frenesí (*rajas*) y sabiduría (*sattva*). Se puede usar la inferencia con éxito solo si el intelecto está dominado por sattva. Puede volverse sabio (sáttvico) con la práctica del yoga y el estudio de las escrituras.

El tercer tipo de percepción correcta es el testimonio válido (*agama*). Es de dos tipos: el testimonio de un experto y el testimonio de los textos sagrados. Si no podemos experimentar un hecho directamente y no podemos deducirlo a través del razonamiento, la salida es preguntar a alguien que tenga la experiencia de primera mano. La investigación criminal, por ejemplo, depende fuertemente de testigos. El testigo solo es útil si observó directamente.

Si queremos saber sobre el yoga, tenemos que buscar el testimonio de un experto en yoga. Tal persona es llamada *yoga-acharya* (*yogacharya*). *Acharya* significa:

Aquel que ha estudiado las escrituras sagradas necesarias.
Aquel que ha practicado los métodos sugeridos.
Aquel que ha tenido éxito en los métodos.
Aquel que puede comunicar lo que ha experimentado.

Entre otras cosas, esto significa que un maestro del Vedanta que ha experimentado *samadhi* pero que no ha estudiado ni practicado yoga no es una autoridad en Yoga. Es importante señalar esto porque los estudiantes suelen creer que el tener una experiencia mística de repente lo vuelve una autoridad en todo. Curiosamente, algunas veces los mismos místicos lo creen.

Por otra parte, si un maestro del Vedanta ha tenido una experiencia mística y ha estudiado y practicado yoga, él es una autoridad en el Vedanta y el Yoga. Este es el caso de los maestros Vyasa y Shankara. Si vemos nuestra definición de *yogacharya*, entendemos que hoy será difícil encontrar a tal persona. De hecho, son muy escasas.

Si queremos percibir la realidad como es y no podemos experimentar el *samadhi*, nuestro intelecto no está desarrollado para la inferencia, y si tampoco podemos encontrar un yogacharya, entonces solamente el segundo tipo de testimonio válido nos puede ayudar.

Este es el testimonio de las escrituras sagradas (*shastra*). Pero no todas las escrituras servirán. Las escrituras sagradas que tratan sobre la liberación son llamadas *moksha shastra*. Hay muchas *moksha shastras*, las más importantes probablemente sean los *Upanishads*, el *Bhagavad Gita*, el *Brahma Sutra* y el *Yoga Sutra*, pero hay muchas otras. De todas estas, el *Yoga Sutra* es el *shastra* fidedigno del yoga (escritura que trata sobre el yoga).

Si queremos aprender sobre el yoga, no hay manera de obviar el *Yoga Sutra*. A parte de ser el único testimonio fiable si no conocemos un maestro de yoga liberado, el estudio del *Yoga Sutra* tiene varias consecuencias interesantes.

A través de este estudio y su subsecuente aplicación, pronto seremos capaces de reconocer quién es el auténtico *yogacharya*. Este estudio también hará al intelecto sáttvico, para que podamos usarlo para la deducción. Sin embargo, lo más importante es que a su debido tiempo el estudio conduce al *samadhi*, que es la visión directa de la realidad (*pratyaksha*). Esto significa que el estudio de los textos sagrados llevan a las tres formas de cognición correcta.

वपिर्ययोमथ्थियाज्ञानमतद्रूपप्रतष्ठिठम्॥८॥

I.8 La percepción incorrecta es la superposición errónea de una imagen en un objeto

En el caso de la percepción incorrecta, percibimos un objeto y luego la mente compara la información sensorial con los datos recopilados en el pasado e identifica el objeto de forma incorrecta.

Por ejemplo, vemos un poste en la distancia pero creemos que es un hombre. Vemos una cuerda tendida en el suelo en la oscuridad y creemos que es una serpiente. Percibimos nuestro cuerpo y creemos que es nuestra verdadera naturaleza. El problema con la percepción incorrecta es que tan pronto como se incurre en el error, la percepción correcta ya no está disponible. La mente llega a sus conclusiones muy rápidamente para asegurar la supervivencia.

Tan pronto como decidamos que la cuerda es una serpiente nos retiraremos a algún lugar seguro y no indagaremos más profundamente. En muchos casos, estamos felices con nuestro primer juicio sobre una situación, el cual suele ser un prejuicio basado en la experiencia pasada de una circunstancia similar.

Muchos casos de percepción incorrecta son insignificantes, pero muchos otros terminan causando las cinco formas de sufrimiento - la ignorancia, el egoísmo, el deseo, la aversión y el miedo.

Como ejemplos, el color de la piel, la nacionalidad, el género, el estatus social y la religión son, según el yoga, atributos que pertenecen a la naturaleza (*prakrti*) y, por tanto, no nuestra verdadera esencia que es la consciencia. Si los percibo incorrectamente como aspectos esenciales de mi ser, si me identifico con ellos, soy susceptible a tener conflictos con individuos o grupos que tienen diferentes atributos. No hay nada de malo en pertenecer a cierto grupo desde que no me olvide de mi verdadera esencia como consciencia. Si considero la pertenencia a un grupo social como mi identidad verdadera y más interna, automáticamente seré lanzado a un conflicto con individuos que no pertenezcan a él. Si reconociéramos que la identidad social o nacional no tiene nada que ver con lo que somos realmente, el conflicto llegaría a su fin. Dado que la percepción incorrecta crea esta y otras muchas formas de sufrimiento, ella debe ser superada.

Lo bueno de la percepción incorrecta es que se destruye si se logra la percepción correcta. En nuestro ejemplo de la serpiente, si encontramos a alguien que nos diga que lo que pensábamos que era una serpiente es una cuerda, y regresamos a echar un segundo vistazo y vemos que realmente es una cuerda, en ese momento desaparece la imagen de la serpiente superpuesta incorrectamente. El objeto, en este caso la cuerda, no cambia; solo nuestra simulación del objeto es la que cambia de serpiente a cuerda y de incorrecta a correcta. Incorrecta y correcta no pueden coexistir.

शब्दज्ञानानुपातीवस्तुशून्योवकिल्पः ॥९॥
I.9 La conceptualización es el conocimiento de palabras que están vacías de objetos

Las percepciones incorrecta y correcta se basan en la percepción de un objeto real. Cuando conceptualizamos hacemos uso de las palabras pero no hay ningún objeto al cual ellas se refieran. Cuando hablamos de la bondad o maldad de una cierta persona, nos referimos a un conjunto de acciones desempeñadas por esa persona, y a partir de eso creemos que estamos percibiendo la bondad o maldad. En realidad, no existe tal cosa como la bondad o maldad: solo hay un cúmulo de decisiones individuales buenas o malas.

Si una empresa decide dotarse de una nueva identidad o imagen corporativa, la estrategia consistiría en obtener un nuevo logo, ejecutar una nueva campaña publicitaria, dar un nuevo color a la flota de vehículos y poner un nuevo tono a la contestadora automática. Todo esto junto podría formar el concepto de imagen corporativa, pero de hecho no existe un objeto de imagen corporativa en sí misma. Solo hay eventos individuales, que se resumen en un concepto.

Nuestro idioma depende fuertemente de las conceptualizaciones. Hasta cierto punto ellas son útiles, pero suelen ser confusas. A menudo escuchamos la afirmación de que algo estaba o no estaba "destinado a ser". Esto implica una vaga noción de destino, que es un simple concepto. No hay nada en la naturaleza que se refiera al concepto de destino.

Otra frase que se escucha con frecuencia es, "es todo por el bien". Uno podría decir con la misma exactitud, "es todo por el mal". Asignar bondad o maldad a un hecho aleatorio es una simple conceptualización en un intento por adaptarse al cambio. Aunque los conceptos son útiles para ponernos en marcha, eventualmente ellos tienen que ser abandonados en el yoga a fin de experimentar la verdad. Como un ejemplo de un concepto útil, Vyasa menciona la consciencia. La consciencia es una simple palabra. No existe un objeto relativo a la consciencia. La consciencia es el experimentador, el que ve, que es observación consciente (*awareness*) pura. La observación consciente es aquello mediante el cual los objetos son percibidos. No puede ser percibida, dado que no es un objeto. Si fuera un objeto, no podría ser la observación consciente, que es pura y sin atributos. Esto será explicado en detalle más adelante.

Por ahora será suficiente entender que la palabra "consciencia" es un concepto, dado que no existe un objeto al cual se refiera. La consciencia es el sujeto y por esta razón no puede ser un objeto de percepción. No obstante, sin el concepto de la consciencia la liberación misma no sería accesible para la mayoría. Sin este concepto, el maestro nunca podría explicar al estudiante qué buscar.

El concepto de consciencia, junto con el concepto de liberación, se disolverán tan pronto como residamos en la consciencia. Residir en la consciencia no está contenida en las palabras "residiendo en la consciencia". Sin embargo, si no usamos las palabras no podremos comunicarnos.

अभावप्रत्यययालम्बनातमोवृत्तिर्निद्रि ॥१०॥

I.10 El sueño profundo es aquella fluctuación de la mente en la cual la experiencia de vigilia y la de sueño con sueños son anuladas

Que el sueño sin sueños sea considerado como una fluctuación separada podría parecer extraño al principio, pero hay varias razones para ello. Vyasa explica que cuando nos despertamos, decimos cosas como "dormí profundamente", "dormí mal", o "mi sueño fue pesado". Esto indica que hay un recuerdo donde ya sea la ligereza (*sattva*), la actividad (*rajas*) o la pesadez (*tamas*) fue predominante en nuestra mente. En otras palabras hay cognición de un estado mental durante el sueño y reconocimiento de él después. Si no hubiera tal cognición en primer lugar, no podríamos recordar la calidad de nuestro sueño después.

Entonces, ¿cómo se puede describir el estado de la mente durante el sueño? Patañjali responde diciendo que, en este estado mental, tanto el mundo de vigilia como el de sueño con sueños son anulados. Ya he mencionado el *Mandukya Upanishad*. Aquí la sílaba sagrada OM se describe como teniendo cuatro cuartos (4/4). El primer cuarto del OM, la A, representa el estado de vigilia; el segundo cuarto, la U, representa el estado de sueño con sueños; el tercero, la M, representa el sueño sin sueños; y el cuarto, el silencio después del OM, representa el estado trascendental o cuarto estado (*turiya*). El maestro Gaudapada explicó el *Upanishad* en su *Mandukya Karika* y creó la base del sistema de Advaita (no dualista) Vedanta.

Gaudapada dice que el estado de vigilia es irreal porque es anulado en el estado de sueño con sueños, mientras que el estado de sueño con sueños es irreal porque es anulado en el estado de vigilia. Cuando estamos despiertos, creemos que la experiencia del sueño con sueños es irreal; cuando estamos durmiendo, creemos que el mundo de vigilia es irreal. Por tanto, Gaudapada concluye, ambos son irreales. En el estado del sueño profundo, tanto el estado de vigilia como el de sueño con sueños no existen, mientras que durante la vigilia o el sueño con sueños, el estado de sueño profundo es inexistente. De esta forma, dice Gaudapada, los tres son ilusorios.

Una idea similar es expresada en una adivinanza que el antiguo maestro taoísta Chuang Tzu le dio a sus estudiantes. Después de despertar de una siesta vespertina, contó a sus estudiantes que acababa de soñar que era una mariposa. Su pregunta fue si él realmente era Chuang Tzu, el que soñó que era una mariposa, o si él era más bien una mariposa que ahora estaba soñando que era Chuang Tzu.

La pregunta no podía responderse de manera convincente, dado que todas las pruebas que apoyaban la proposición de que Chuang Tzu era realmente Chuang Tzu solo podía derivarse del estado de vigilia. Sin embargo, la experiencia del estado de vigilia era anulada por la experiencia del sueño de ser una mariposa. Entonces Chuang Tzu pidió a sus estudiantes que trajeran pruebas de su verdadera identidad de una tercera realidad, imparcial e inalterable. Como nadie pudo, Chuang Tzu no fue convencido de que él era realmente Chuang Tzu.

Es la realidad imparcial e inalterable en la que Gaudapada está interesado. Esta realidad verdadera es, según él, el estado trascendental (*turiya*), el cual está siempre ahí. En él hay observación consciente de los otros tres estados, pero en estos tres no hay observación consciente del cuarto estado, el estado trascendental. En el yoga podríamos llamar al estado trascendental el *samadhi* sin objeto, pero aparte de eso, Patañjali no está de acuerdo con Gaudapada sobre la irrealidad de los tres estados. Sin embargos, ambos concuerdan en que los estados de vigilia y de sueño con sueños pueden ser anulados en el estado de sueño sin sueños.

Patañjali dice que la fluctuación del sueño sin sueños es un obstáculo que se debe superar eventualmente, dado que se opone al *samadhi* sin objeto (*asamprajñata*) permanente. Para que la liberación ocurra, el *samadhi* sin objeto debe volverse permanente. Si la fluctuación del sueño profundo estuviera aún presente, haría al *samadhi* sin objeto impermanente.

अनुभूतविषयासंप्रमोषःस्मृतिः॥११॥

I.11 La memoria es la conservación, en nuestra mente, de los objetos experimentados previamente

La definición yóguica de memoria o recuerdo (*smrti*) pertenece únicamente a aquellas condiciones mentales a las cuales podemos acceder conscientemente. Aquellas inconscientes son tratadas como impresión subconsciente (*samskara*).

La memoria es cualquier evocación de las cuatro fluctuaciones anteriores, que son la percepción correcta, la percepción incorrecta, la conceptualización y el sueño.

El sueño es una fluctuación que se deduce al acceder a la memoria. Dado que usualmente estamos inconscientes cuando dormimos, no la experimentamos directamente. Conocemos este estado de la mente por la memoria.

La percepción correcta, la percepción incorrecta y la conceptualización se llaman así solo cuando la condición ocurre inicialmente; después de eso se llaman memoria o recuerdo. Dado que con la percepción correcta y la incorrecta el objeto está presente, podemos fácilmente distinguirlas de la memoria.

La conceptualización, que no se refiere a un objeto, de hecho suele traslaparse con la memoria. A menos que concibamos un concepto al instante, este usualmente contiene creencias memorizadas.

अभ्यासवैराग्याअभ्यांतन्नरोधः ॥१२॥
I.12 La suspensión de estas fluctuación es mediante la práctica y el desapego.

Después de la definición inicial de yoga (sutra I.2), todos los términos involucrados (yoga, mente, fluctuaciones) han sido definidos, a excepción del término suspensión, que es el comentado ahora.

Patañjali dice aquí que las olas mentales cesarán mediante la aplicación combinada de la práctica y del desapego. La palabra importante aquí es "y", dado que la aplicación de solo uno de los dos conduce a extremos de la mente. Si solamente practicamos, entonces tenderemos a desarrollar creencias como "nuestra práctica es la única práctica correcta", "solo el Ashtanga Yoga es el yoga correcto", "solo el estilo Mysore es la forma correcta para una clase de yoga", "solo el Dios que yo alabo es el verdadero Dios", "el capitalismo es el único sistema económico adecuado" y "la democracia es el único sistema político apropiado".

Todas estas declaraciones tienen en común la creencia de que hay una sola verdad que excluye las otras. En el yoga llamamos a esto una actitud solar. Domina cuando el *prana* fluye a través del canal de energía solar (*pingala*), que comienza en la fosa nasal derecha. También podemos llamarla una tendencia al fundamentalismo. Ella nos impide reconocer que una posición diferente a nuestra válida visión podría ser correcta también. Es una trampa de la mente que cree haber entendido la realidad al imponer un determinado túnel de realidad extrema sobre ella.

Sin embargo, caemos en la trampa opuesta si no practicamos pero solamente aplicamos el desapego. Desarrollamos creencias como "todos los caminos llevan a la misma meta", "todo es yoga", "todo es santo y sagrado", "todo el mundo tiene que vivir su propia verdad", "todo el mundo tiene que hacer su propia voluntad" y "todas las declaraciones, filosofías y religiones son válidas". Estas declaraciones tienen en común la creencia de que hay muchas verdades que anulan la única verdad. En el yoga llamamos a esto una actitud lunar, dominante cuando el *prana* fluye en el canal de energía lunar (*ida*), que empieza en la fosa nasal izquierda. Una actitud lunar nos hace entregar nuestras herramientas antes de que las usemos y por eso no seremos capaces de cambiar. De acuerdo con la actitud lunar, no tengo que cambiar porque estoy bien como soy; de hecho, todo el mundo está bien. El extremo lunar hace imposible que reconozcamos los puntos de vista incorrectos, y especialmente nos inhabilita a rechazar juicios y valores - que podrían estar bien en general, pero que no son los correctos para nosotros.

Si todo el mundo está bien, ¿por qué el 50% de la humanidad vive en pobreza? ¿Por qué vivimos por miles de años en guerra permanente? ¿Por qué nuestras prisiones y nuestras salas psiquiátricas de hospitales están llenas, y por qué el planeta Tierra se sacude en un intento por quitarse de encima a la humanidad enloquecida? Podemos llamar a la actitud lunar relativismo. Dado que todo es verdadero solo desde un cierto ángulo, no tendremos que preocuparnos de nada realmente. El relativismo es una trampa de la mente, que cree que ha descifrado la realidad al imponerle un túnel de realidad extrema. La realidad según el yoga es no estar en cualquiera de los extremos de la mente. Es descansar en el centro, no desafiado por los extremos de la mente.

El centro tiene muchos nombres en el yoga, como *Brahman*, *purusha* y *hrdaya*, el corazón. Uno de los nombres es *sushumna*, el canal central de energía. Cuando el prana fluye en el canal central de energía, la mente está libre de los extremos solar y lunar, lo que significa que las olas de pensamiento están suspendidas. Para alcanzar este estado, Patañjali sugiere la aplicación combinada de la práctica y del desapego. Esto es paradójico, dado que los dos son opuestos en muchas formas. Deben serlo, de lo contrario la mente descifraría lo que está sucediendo, y entonces eso sería solo otra simulación de la realidad y no la verdad.

Para que la paradoja permanezca intacta tenemos que evitar dos actitudes. Una es practicar el desapego. El desapego es lo opuesto a la práctica: es soltar nuestro aferramiento a las cosas. Uno no puede practicar el soltar; uno solo suelta y se entrega. El otro es practicar el desapego de nuestra práctica. Si usted se desapega de su práctica, queda solo el desapego y vuelve a caer en el relativismo. Esto es solo otro truco de la mente.

तत्रस्थितौयत्नोऽभ्यासः ॥१३॥

I.13 La práctica es el esfuerzo para llegar a la estabilidad en el estado suspendido.

Después de señalar la estrategia dual para suspender las olas mentales, ahora Patañjali define sus dos aspectos, comenzando con la práctica. Podríamos tener destellos del estado suspendido (*nirodha*) pero eso no es suficiente. Tenemos que llegar a la estabilidad en él. Estabilidad significa que *nirodha* fluye pacíficamente, de acuerdo con Vyasa. El esfuerzo para permanecer en esa tranquila fluidez se llama práctica (*abhyasa*). El esfuerzo necesita tener las cualidades de vigor y entusiasmo. Podríamos sorprendernos al escuchar a un maestro del Vedanta, Vyasa, que es el autor del *Brahma Sutra*, recomendar esfuerzo, vigor y entusiasmo para permanecer en la tranquila fluidez. Pero Shankara, otro maestro del Vedanta, confirma la afirmación de Vyasa, al declarar que el esfuerzo, el vigor y el entusiasmo son sinónimos aquí.[8]

Los sutras de Patañjali y el comentario de Vyasa nos recuerdan también el siguiente verso de Shankara: "El aspirante debe practicar cuidadosamente esto (la meditación), lo cual revela su éxtasis natural hasta que, estando bajo su control total, surge espontáneamente..."[9]

Los tres maestros muestran una sutil y profunda comprensión de cómo el "éxtasis natural", la "fluidez tranquila", el "estado suspendido", llega espontáneamente cuando es precedido por el esfuerzo, la práctica y el vigor. Esto nos enseña dos hechos. Uno es que en otros tiempos la diferencia entre el Vedanta y el Yoga era mucho más pequeña de lo que nos quieren hacer creer los maestros del Vedanta de hoy en día. Lo segundo es que "solo estar espontáneamente en el momento sin hacer ningún esfuerzo artificial", enseñado por algunos maestros contemporáneos y que acomodó las creencias de la generación hippie tan confortablemente, no está basado en las enseñanzas de Vyasa y Shankara, los fundadores de la escuela del Vedanta. Solo ser natural espontáneamente es un estado muy avanzado que llega después de años de práctica y estudio. No es seguir nuestros caprichos, lo cual es solo esclavitud de la mente. Como después será explicado en más detalle, la libertad interior (*samadhi*) se logra mediante estructura y disciplina externas, lo cual se llama práctica. La falta de estructura y disciplina externas defendida por algunos maestros modernos, quienes claramente atraen a masas de oyentes, lleva al dogmatismo y a la limitación interiores.

सतुदीर्घकालनैरन्तर्यसत्काराअदरासेवतितोदृढभूमिः ॥१४॥

I.14 Uno se establece firmemente en la práctica solo después de llevarla a cabo por un largo tiempo, sin interrupción y con una actitud de devoción

Podría ser que practiquemos durante algún tiempo y después, de repente, descubramos que nuestro condicionamiento pasado abruma nuestros esfuerzos de práctica. Puede ser que desarrollemos súbitamente ira, codicia, orgullo, lujuria y envidia, y nos preguntemos cómo esto puede ser después de todo este yoga. ¿Cómo podemos evitar sucumbir a tales impulsos?

Patañjali sugiere establecernos firmemente en la práctica. No puede suceder de repente: al principio estamos destinados a tener una práctica de yoyo. Puede ser que logremos un buen progreso en un momento y en el siguiente nos encontremos de vuelta en nuestro viejo condicionamiento. Para establecerse realmente, uno necesita practicar por un largo tiempo, sin interrupción y de manera devota.

¿Qué significa un largo tiempo? Un año no es un largo tiempo. Una década es más al punto. Varias décadas sería más realista. Los antiguos *rishis* suelen retratarse con largas barbas, y se dice que han alcanzado la libertad del cautiverio (*bondage*) después de toda una vida de estudio y práctica. Es cierto que algunos maestros han alcanzado increíble sabiduría a una edad temprana: por ejemplo Shankara escribió el *Brahma Sutra Bhasya* cuando tenía doce años. El

---

8. *Shankara on the Yoga Sutras*, trad. (al inglés) T. Legget, 1a ed. india, Motilal Banarsidass, Delhi, 1992, p. 27.
9. *Aparokshanubhuti of Sri Sankaracharya*, v. 125, trad. (al inglés) Sw. Vimuktananda, Advaita Ashrama, Kolkata, 1938, p. 68.

que esto no sea el curso normal de los eventos se refleja en el hecho de que él es considerado de origen divino en la India.

El yogui promedio no puede esperar establecerse en la verdad con pocos años de práctica. Un "largo tiempo" significa comprometerse a practicar por el tiempo que sea necesario y no perturbarse por cualquier altibajo. El *Bhagavad Gita* explica que todas las acciones son desempeñadas solamente por el Ser Supremo y, por tanto, los frutos o resultados de esas acciones pertenecen solo a Él. Si puedo admitir que el que está practicando no soy yo, entonces no esperaré resultados.

De acuerdo con Patañjali, *prakrti* (naturaleza) es la que practica y nosotros solo miramos. Según el *Bhagavad Gita*, el Ser Supremo es el que gestiona a *prakrti* y, de esta forma, desempeña todas las acciones. En ambos enfoques, si renunciamos a la idea de llegar siempre a algún lugar con el yoga, entonces hemos alcanzado nuestro destino, el momento presente, ahora. Ya no importa cuán larga sea la práctica, pues ya hemos llegado.

Practicar sin interrupción significa efectuar nuestra práctica formal diariamente. Algunas personas muy astutas dicen: "sí, pero si estás cansado, exhausto y no tienes el tiempo o la energía para hacer tu práctica, llevarla a cabo tendrá un efecto perjudicial de todos modos". Este es un pensamiento razonable, pero nos deberíamos preguntar por qué estamos exhaustos y por qué no tenemos energía y tiempo. Posiblemente, dedicamos mucho tiempo corriendo detrás del dinero o nuestra vida social absorbe mucha energía. O bien, podríamos haber comido muy tarde o demasiado el día anterior o no haber descansado lo suficiente. H. Aranya dice que la práctica interrumpida significa una práctica constante. Él no se está refiriendo a nuestra práctica formal sino a la atención y la vigilancia plenas.

El último de los tres parámetros de Patañjali para establecerse en la práctica es practicar con una actitud de devoción. Un ejemplo de práctica con mala actitud es practicar porque uno piensa que tiene que hacerlo, por cualquier razón, pero en realidad odia lo que uno hace. Esto puede ser porque:

Pensamos que tenemos que poner nuestro cuerpo en forma, para que otros nos deseen. Pensamos que cuando llevamos a cabo posturas con mayor pericia que otros, somos superiores a ellos. (Lo mismo puede ser dicho sobre la práctica de meditación y *samadhi*). Practicamos porque queremos obtener cualquier tipo de ventaja sobre otros, sea esta física, mental o espiritual.

Practicar con devoción significa permanecer agradecido por ser capaz de practicar del todo. Es una gran fortuna haber encontrado el yoga en nuestra vida. Muchas personas nunca han escuchado acerca de él o nunca han sido introducidos a él de forma apropiada; otros viven en un país devastado por la guerra o en crisis económica, ambos de los cuales hacen difícil la práctica de yoga.

De nuevo, si nuestro cuerpo está lisiado o nuestra mente está perturbada, el yoga será más difícil. Es bueno tener estos puntos en perspectiva. Si ninguno de ellos aplican a nosotros, estamos en una posición afortunada y solamente necesitamos mantener una práctica y una actitud entusiasta hacia él.

दृष्टानुश्रविकविषयवितृष्णस्यवशीकारसंज्ञावैराग्यम् ॥१५॥

I.15 El desapego es la maestría de no desear objetos vistos o de los que se ha oído hablar

Tras hablar sobre la práctica, Patañjali ahora define el otro aspecto del aquietamiento de la mente. Si practicamos pero mantenemos vivos nuestros deseos, en algún punto necesariamente usaremos los poderes adquiridos en nuestra práctica para satisfacer esos deseos.

En el siglo XX empezaron a adquirir relevancia profesores que sugerían que debíamos satisfacer todos nuestros deseos tan pronto como ellos llegasen a la mente. De esta satisfacción, se decía, procedería la quietud mental. El problema aquí es que los deseos están localizados en la mente. El corazón no necesita de esta satisfacción dado que él es la plenitud hecha manifiesta.

La mente, por el contrario, reacciona como un niño mimado. Con cada demanda satisfecha, tres nuevas aparecen. Al final, el mundo entero es visto como una máquina gigante para suministrar satisfacción sensorial y aplacar nuestra codicia.

La felicidad no se encuentra en la satisfacción externa, sino solamente en la quietud del corazón. Si satisfacemos los deseos de la mente, damos dos mensajes incorrectos:

> Profesamos que la felicidad permanente se encuentra en la satisfacción de los deseos de la mente, cuando de hecho la libertad está solamente en el interior.
> Al sucumbir a las demandas de la mente, aumentamos su poder sobre nosotros.

Mientras más comprendamos que no dependemos en absoluto de la satisfacción de las demandas y de los deseos de la mente, más libres y felices seremos. Ser esclavo de nuestros deseos, como la gula, tiene un efecto debilitador en nuestra psique. Por otro lado, la comprensión de que no dependemos de estímulos externos para la libertad trae una increíble fuerza y claridad mental. Esto se puede ver por ejemplo en las vidas de Nelson Mandela y Mahatma Gandhi.

Se dice que el desapego se desarrolla en cuatro pasos, que pueden ser descritos de la siguiente manera:

1. Aceptar la idea de que la satisfacción de los deseos no nos hace libres sino que crea más deseos.
2. Tener éxito en soltar algunos apegos pero otros no.
3. Soltar todos los apegos a un nivel superficial. La semilla continúa ahí en la mente y puede germinar otra vez si se presenta el objeto correcto.
4. Lograr la maestría del desapego. Este es el nivel del que Patañjali habla. Se alcanza gradualmente.

Se logra el desapego de dos tipos diferentes de objetos. La primera categoría corresponde a los objetos vistos. Estos son los cuerpos de otros, la buena comida, el alcohol, las drogas, el dinero, los bienes raíces, la ropa y todos los tipos de riqueza y poder a los que podríamos apegarnos.

La segunda categoría consiste en objetos de los que se ha oído hablar. Estos son los logros yóguicos y todos los poderes yóguicos descritos en el tercer capítulo del *Yoga Sutra*. Enunciados aquí están también logros en *asana*, logros en meditación, logros en *samadhi* y en conceptos como iluminación. Entonces, al final, el deseo de lograr el *samadhi* obstruirá el camino al *samadhi*. Desear significa estar en el futuro con nuestra mente; *samadhi* significa soltar el concepto de futuro.

तत्परंपुरुषख्यातेःगुणवैतृष्ण्यम्॥१६॥
I.16 El desapego supremo, el cual procede del conocimiento de la consciencia, es no ansiar las manifestaciones de las *gunas*

La máxima forma de desapego no puede alcanzarse. Procede espontáneamente cuando se conoce la consciencia (*purusha*). Entonces, todo a lo que estábamos apegados previamente parece pálido y gastado comparado con la gloria de nuestra verdadera esencia. Según la filosofía del Samkhya, todo lo que sabemos y podemos saber es manifestado por las tres cualidades (*gunas*) de la naturaleza (*prakrti*). Las *gunas*, en varias combinaciones, manifiestan el mundo denso visible, el mundo sutil invisible, nuestro cuerpo, nuestra mente, nuestro ego y nuestro intelecto. Las únicas dos categorías (*tattvas*) de la existencia que no son producidas por las *gunas* son las dos categorías inmanifiestas, que son la naturaleza o el fundamento del mundo (*prakrti*) del cual surge todo, y la consciencia (*purusha*) que todo lo observa.

Como un bailarín que aparece en el escenario después de que la audiencia se ha sentado, *prakrti* manifiesta el mundo a través de sus *gunas* cuando la consciencia la mira. Esta proyección del mundo se llama experiencia, la cual resulta en cautiverio (*bondage*). Nos volvemos cautivos porque creemos erróneamente que somos los fenómenos, proyectados cuando en realidad somos la consciencia eterna.

De cierto modo podemos decir que nos volvemos lo que creemos o sabemos que somos. La consciencia (*purusha*) es siempre libre pero, dado que nos olvidamos de nuestra propia esencia, comenzamos a creer que somos los fenómenos (el mundo, el cuerpo, la mente, etc.). Esto se llama cautiverio y nos lleva al sufrimiento. Siempre tratamos de lograr la felicidad a través de la permanencia, pero todos los fenómenos son transitorios. Nuestras parejas, amigos y familia morirán; nuestro propio cuerpo se debilitará y nos fallará; nuestra casa y nuestro vehículo se desintegrarán; toda la riqueza que hemos acumulado algún día terminará en las manos de alguien más. Una vez que se experimenta el cautiverio por algún tiempo (según algunas fuentes ortodoxas treinta billones[*] de encarnaciones) y hemos tenido suficiente, finalmente nos realizamos como consciencia, que es libertad. De esta realización de la consciencia, cesan todas las ansias de los fenómenos que son manifestaciones de las *gunas*. Esto se llama el desapego supremo.

Por más que lo intentemos, nunca podemos producir esta forma de desapego. Ella solo resulta al tener la experiencia mística. Luego, las *gunas*, con sus manifestaciones, se nos caen como una inmensa roca desplomándose de la cima de una montaña, y nunca regresan.[10]

---
[*] N. del T. El autor usa la palabra inglesa trillion que equivale a 10^{12} (1.000.000.000.000), esa misma cifra se denomina billón en español.
10. Vyasa sobre el sutra II.27.

वितर्कवचिाराअनन्दास्मितिरुपानुगमात्संप्रज्ञातः ॥१७॥

I.17 El *samadhi* con objeto (*samprajñata*) está asociado con la deliberación, reflexión, éxtasis y yo soy (*asmita*).

Después de señalar los medios para aquietar la mente, ahora Patañjali definirá los dos tipos de *samadhi*. En el primer *sutra* (I.1) aprendimos que el término yoga tiene la misma raíz que *samadhi* (*yujir samadhau*). Vyasa usa yoga y *samadhi* como sinónimos y suele hablar de *samprajñata* yoga en vez de *samprajñata samadhi*.

En el segundo sutra, Patañjali definió el yoga como la suspensión (*nirodha*) de las olas de pensamiento. Esto significa que el verdadero estado de yoga es el más alto *samadhi* sin objeto (*asamprajñata*) el cual también es la meta del yoga. El primer *samadhi* es el camino al segundo *samadhi*. La mayoría de los sutras de Patañjali tratan sobre el primer *samadhi* como un camino para el segundo *samadhi*, que es la liberación.

El primer *samadhi* se llama *samprajñata*. *Sa* significa "con", *prajña* se suele traducir como "sabiduría" o "perspicacia". Es la capacidad del intelecto de percibir los objetos como realmente son. En este contexto *prajña* significa cognición, ser consciente de un objeto. La mejor traducción para el *samprajñata* es *samadhi* cognitivo, pero también podemos llamarlo *samadhi*-con-objeto. Esto significa que, en este *samadhi*, el intelecto está cognociendo. "Cognociendo" significa que el intelecto está enfocado en, o es consciente de, los objetos.

El tipo más elevado de *samadhi* es el *asamprajñata samadhi* - el *samadhi* supracognitivo - en donde uno está más allá de la cognición de los objetos y descansa en la consciencia sola. Podemos llamarlo también *samadhi* sin objeto. Algunas traducciones han usado la expresión "*samadhi* inconsciente", lo cual es bastante confuso dado que somos uno con la consciencia misma en ese estado. La generación del poder de la flor llamó a este estado "consciencia cósmica", que lo describe más acertadamente que el "*samadhi* inconsciente". Dado que estaremos hablando mucho sobre estos dos *samadhis*, el uso constante de palabras como "cognitivo" y "supracognitivo" resultaría alienante, de manera que he reemplazado estas palabras por *samadhi* "con objeto" y "sin objeto", que son más agradables. Sin embargo, mantengamos en mente las traducciones más precisas.

En este *sutra*, Patañjali define el *samadhi* con objeto. Al hacerlo él describe cuatro niveles de profundidad que pueden ser experimentados dependiendo de cuán superficial o interno sea el objeto sobre el cual estemos meditando.

El primer paso se llama deliberativo (*vitarka*), una forma muy modesta de *samadhi*. De hecho, suele llamarse *vitarka dhyana* - meditación deliberativa. Los límites entre la meditación y el *samadhi* no son rígidos sino fluidos. El *samadhi* deliberativo significa que nos estamos enfocando en un objeto físico, que en el yoga se llama objeto denso. El uso del término "objeto" puede ser confuso - todo en el yoga, excepto la observación consciente pura, se llama objeto. Incluso la inteligencia y el ego son objetos. La observación consciente no es un objeto porque es el sujeto, el observador.

Supongamos que vamos a practicar el *samadhi* deliberativo sobre la luna, que es un objeto denso. Deliberación significa que durante el *samadhi* hay una constante discusión sobre todos los conceptos relacionados con la luna. Por ejemplo, mientras nos enfocamos en la luna, pensamos sobre su luz plateada, su imagen en un lago, su consistencia, su superficie, su órbita, su influencia sobre las mareas y sobre nuestros fluidos corporales y su relación con la locura. Eso es todo. Patañjali ha puesto el primer listón muy bajo. Si nuestra mente ha logrado identidad (*samapatti*) con el objeto luna, mientras delibera solamente sobre conceptos relacionados con la luna y no sobre cualquier otro objeto, esto ya es, técnicamente, *samadhi* en el sentido de Patañjali.

El siguiente paso se efectúa después de que se logra el primero. En el *samadhi* reflexivo nos enfocamos en objetos sutiles. Estos son objetos que no tienen apariencia física, como el sonido, el loto del corazón, la luz en la cabeza o una idea. En el primer *samadhi* estábamos deliberando, lo que significa que estábamos practicando un pensamiento profundamente concentrado basado en un solo objeto. En el *samadhi* reflexivo estamos reflexionando o contemplando, que es un tipo de actividad mucho más profunda y sutil. Es más como volverse reflexivo para que el verdadero significado surja. Este tipo de *samadhi* se usa si queremos entender el verdadero significado detrás de los conceptos del *Yoga Sutra*. No podemos agarrarlos o forzarlos a estar bajo nuestro control, pero podemos reflexionar hasta que el verdadero significado es revelado.

El tercer tipo de *samadhi* con objeto se llama *samadhi* de éxtasis (*ananda*). Una vez que los objetos sutiles son comprendidos, llega el éxtasis. Surge porque con esta comprensión llega un destello de la libertad. Podríamos decir que aquí entendemos por primera vez que algún día seremos libres. De ahí surge la felicidad espontánea. Si hacemos *samadhi* en ese objeto, en ese sentimiento de felicidad, eso es entonces el *samadhi* de éxtasis. Es un *samadhi* sobre la experiencia misma.

El cuarto tipo de *samadhi* con objeto es sobre el yo soy. ¿Quién es el que dice, "estoy experimentando éxtasis"? En el cuarto tipo, es en ese yo soy que nos concentramos. Al principio puede que suene extraño meditar acerca del yo soy, que es una función de la egoidad. Pero eso no significa que meditamos "¡qué ego maravillosamente grande tengo!": la meditación sobre la egoidad significa algo diferente. En el yoga, primero aprendemos a observar el cuerpo. Una vez que se establece esta observación, entendemos que no somos el cuerpo sino que somos un agente observador independiente del cuerpo. De lo contrario, no podríamos observar el cuerpo. El siguiente paso es que comenzamos a observar nuestros pensamientos. Eventualmente, del estar establecidos en esa observación, entendemos que no somos nuestros pensamientos, dado que podemos desasociarnos y observarlos como los pensamientos de un extraño. ¿Quiénes somos, entonces, si no somos el cuerpo ni la mente (*manas*, el principio pensante)? El agente que reclama la propiedad del cuerpo y de la mente se llama *ahamkara* - el ego. Su función, que es combinar o mezclar el que ve (la consciencia pura) y el proceso de ver (la mente), se llama la egoidad o el yo soy (*asmita*).

En el último de nuestros *samadhis* con objeto, se medita en este yo soy puro. Éste necesita estar puro: no puede estar mezclado con nociones como "yo soy genial" o "yo soy malo". Si el *samadhi* sobre la noción pura del yo se mantiene, sin que surja ninguna discusión o pensamiento sobre quién o qué somos, ocurrirán varias revelaciones fundamentales. Una es que la egoidad se basa en la ignorancia, en el no conocernos a nosotros mismos. Si profundizamos en la egoidad, encontramos que surge del intelecto/inteligencia. Una vez que hemos encontrado la inteligencia, en ella emergerá el conocimiento discriminativo sobre qué es real e irreal. A partir de este, eventualmente surgirá la realización de la consciencia (*purusha*), que es la liberación. Este último estado es descrito en el siguiente *sutra*.

वरिामप्रत्यायाभ्यासपूर्वःसंस्कारशेषोऽन्यः ॥१८॥
I.18 El otro [*asamprajñata samadhi*] resulta de la práctica de aquietar las fluctuaciones de la mente y solo deja impresiones subconscientes residuales

Ahora Patañjali define el segundo y superior *samadhi*, que en este texto se refiere al *samadhi* sin objeto (*asamprajñata samadhi*).

El *sutra* toma la definición del sutra I.2 y profundiza en ella. Cada vez que las olas mentales están suspendidas (*nirodha*) por un período prolongado estamos en el *samadhi* sin objeto. Por otro lado, si el *samadhi* sin objeto se vuelve permanente, la mente queda suspendida permanentemente, lo cual es la liberación.

Solo el *samadhi* sin objeto puede conferir este efecto, porque siempre que la mente descansa sobre un objeto, como es el caso del *samadhi* con objeto (*samprajñata*), las olas mentales estarán enfocadas (*ekagra*) pero no suspendidas (*nirodha*). Por tanto, el *samadhi* con objeto no produce la liberación.

Del mismo modo que una piedra lanzada a un lago producirá olas que distorsionarán la superficie, un objeto en la mente, incluso si unidireccionada (ekagra), producirá olas de pensamiento que agitarán la superficie del lago de la mente. Entonces, la mente no se puede usar para reflexionar sobre nuestra propia naturaleza. Solo el *samadhi* sin objeto es el que nos mostrará nuestra verdadera esencia.

Vyasa dice que el desapego supremo mencionado en el sutra I.16 es el medio para este *samadhi*. Esto es una paradoja. El *sutra* I.16 establece que este desapego supremo resulta de conocer a la consciencia. Pero conocer a la consciencia misma es posible solamente a través del *samadhi* sin objeto.

Acerca de esta paradoja, se debe entender lo siguiente.

La experiencia mística, que es un *samadhi* sin objeto temporal, no se puede forzar o alcanzar. No es el caso de que si se hace esto o aquello, la experiencia mística resultará. Dado que la experiencia mística depende fuertemente del condicionamiento subconsciente del buscador o, debemos decir, la falta del mismo, en ningún punto podemos estar seguros de qué produce exactamente la experiencia en una persona en particular. Eso reverbera en el *Yoga Sutra* a través de muchas técnicas diferentes sugeridas. Por otro lado, el elemento de imprevisibilidad con relación a la experiencia mística ha llevado a la creencia de que es conferida a través de la gracia divina.

Una vez que se tiene la experiencia, uno sabe que nada de lo que ha hecho en la vida podría haberla producido. El ser humano es demasiado pequeño para manifestar tal magnificencia. La única cosa que podemos hacer es conducirnos hacia una posición de manera que lo indescriptible pueda suceder.

El desapego supremo y la práctica del aquietamiento de la mente son ayudas, pero no pueden ser llamadas la causa eficiente. Más bien, son una invitación. Cuando el invitado (*asamprajñata samadhi* o un destello de esto) llega, se conoce la consciencia. De este conocimiento resulta el desapego supremo, lo que lleva a morar permanentemente en la consciencia (liberación).

Sin embargo, antes de que eso suceda, tenemos que echar otro vistazo a la mente. Como he señalado, la mente consiste de actividad consciente, llamada fluctuaciones u olas de pensamiento (*vrtti*) y de actividad inconsciente, llamada impresión subconsciente (*samskara*). Las impresiones subconscientes son el resultado de nuestros pensamientos y de nuestras acciones. La experiencia mística (un destello o un *asamprajñata samadhi* de corta duración) suspende la mente o resulta de la suspensión de la mente, pero no destruye nuestro condicionamiento subconsciente. Por esta razón, cuando el *samadhi* termina, la mente se manifestará nuevamente a partir del condicionamiento remanente (*samskaras*).

No debemos desanimarnos cuando esto ocurra. Es pedir demasiado que el condicionamiento sea erradicado por una hora inicial de *samadhi* sin objeto. Tenemos que continuar nuestro camino con convicción.

Cuando el *samadhi* sin objeto se vuelva permanente, eliminará el condicionamiento o destruirá lo que llamamos las semillas del sufrimiento. De las semillas germina una nueva acción de ignorancia y el ansia de la manifestación de las gunas, que es el ansia de vida. Por eso, se llama *nirbija samadhi* - *samadhi* sin semilla.

Más sobre esto después.

भवप्रत्यययोविदेहप्रकृतिलयानम्॥१९॥

I.19 Entre aquellos incorpóreos y aquellos absortos en *prakrti*, existe la intención de manifestarse

En este *sutra* y el siguiente, se tratan dos tipos de *samadhi* sin objeto (*asamprajñata*). El sutra I.20 describe el *samadhi* sin objeto como aquel precedido por la práctica yóguica y producido con la intención yóguica, que es la liberación.

De cierta forma, la liberación implica salir o ir más allá del reino de la manifestación. El *Samkhya Karika* describe la realización final como la noción del *na asmi* - el no yo. Esto no significa que el yo es anulado o eliminado, como se enseña en el Budismo. Según el Yoga, el yo y el egoísmo, como la mente, son eternos y nunca cesarán. Lo que significa es que una vez que el yogui se realiza como consciencia (*purusha*), cesa su afiliación con el yo, el ego y la mente. Dado que se supera la noción ignorante del "yo" y de "yo soy un individuo, una identidad separada en este mundo", no podremos decir entonces que "yo" soy consciencia. Solo podremos decir que la consciencia es.

Pero incluso decir "la consciencia es" es parcialmente incorrecto, dado que la consciencia contiene la noción de existencia, no existencia, ninguna y más allá de ambas. Entonces, el *Samkhya Karika* dice solamente el "no yo". Esto no significa que yo soy aniquilado sino más bien que me he reconocido como aquello que ya no puede ser descrito como el yo.

Conocer el no yo implica que hemos ido más allá de querer continuar como individuos separados, manifiestos. ¿Por qué querríamos permanecer como una gotita si podríamos ser todo el vasto océano? Solamente el miedo y la ignorancia de no querer soltar los grilletes del yo nos detienen.

Un verdadero yogui, aquel que ha estudiado, comprendido, practicado y conocido el yoga, soltará la intención de "manifestarse", que es lo opuesto al no yo. Manifestarse significa mantener el deseo de la continuidad como un individuo separado, a pesar de que uno debería saber que es mejor no hacerlo. En el contexto tradicional, esto significa que uno continuará renaciendo de la ignorancia. El verdadero yogui soltará este deseo, ya que la manifestación interfiere en el éxtasis de la consciencia pura.

Uno de los muchos mensajes encriptados en este *sutra* es: "entre aquellos que no han practicado los métodos yóguicos con intención yóguica, existe el deseo de futura encarnación". Luego, ellos son subdivididos en dos categorías, los incorpóreos y los absortos en *prakrti*. Ambos son estados místicos muy avanzados que se pueden sostener por un largo período de tiempo. Pero dado que las impresiones subconscientes (*samskaras*) no son eliminadas en estos estados, y puesto que el yo no es superado, aquellos que experimentan tales estados eventualmente volverán a caer en las garras de la mente y del ego.

La primera categoría descrita en este sutra comprende a aquellos incorpóreos. Ellos son seres poderosos que existen sin la necesidad de un cuerpo físico. Tradicionalmente se les entiende como dioses, por ejemplo. Cuando se usa el término "dioses" en la India, no debemos confundirlo con el Dios cristiano o Alá en islam o el Brahman de los *Upanishads*, porque todos esos términos solo se usan en singular: solo puede haber un Dios. Los dioses de la India védica pueden ser comparados con los dioses de los griegos (Zeus, Cronos, Hina, Afrodita, Apolo, etc.), los dioses de los romanos (Júpiter, Saturno, Marte, Venus, Mercurio, etc.) o los antiguos dioses germánicos (Thor, Wotan, Loki, Odín, Freya, etc.).

Los dioses védicos son representaciones de las fuerzas de la naturaleza. Varuna, como Neptuno, representa el océano; Indra, como Thor, representa el trueno; Agni, como Loki, representa el fuego. Los dioses védicos ciertamente tienen un interés o una intención de manifestarse. Cuando leemos los antiguos mitos de la creación, entendemos que las vidas de los "dioses" eran bastante humanas, de hecho, similares a aquellas lideradas por algunos de los personajes en telenovelas recientes. Definitivamente ellos son muy diferentes a Dios, Alá o Brahman, que no tienen ningún interés, ninguna intención y que no necesitan manifestarse, dado que el Uno es, en sí mismo, existencia pura.

De acuerdo con la comprensión de Patañjali y Vyasa, los dioses están en estados poderosos y extremadamente prolongados de *samadhi asamprajñata*. Pero puesto que sus impresiones subconscientes residuales (*samskaras*) no se han borrado, y dado que ellos viven en un estado de placer duradero, ellos no ansían la libertad. El ansiar la libertad depende de que se proporcione la mezcla correcta de placer y dolor, como es el caso de un humano. Una vez que el mérito de los dioses se haya agotado ellos volverán a caer en un estado condicionado y menos poderoso.

La otra categoría mencionada es *prakrtilaya*, que significa aquellos absortos en la naturaleza (*prakrti*). De nuevo, este es un estado muy avanzado de *samadhi* sin objeto. *Prakrti* es la fuente inmanifiesta del mundo que da lugar a todo este vasto universo. Sin embargo, dado que *prakrti* es inmanifiesta, no es un objeto. Expresiones como "yo era uno con el todo", "yo era uno con la fuente de todo" y "yo estaba en todo" se refieren a ese estado. Algunos maestros contemporáneos han tenido esta experiencia y ahora la enseñan, pero esto no llevará a la liberación y esto no es el yoga tradicional.-20

Ahora sabemos que hay diferentes estados místicos, y algunos de ellos son calles sin salida. Al reflexionar atentamente y comprender la verdad yóguica, permaneceremos en el camino directo a la libertad. El siguiente sutra explica cómo.

शरद्धावीर्यस्मृतिसमाधिप्रज्ञापूर्वकइतरेषाम्॥२०॥
I.20 En el caso de los otros (los yoguis), este [*asamprajñata samadhi*] es precedido por la convicción, el entusiasmo, el recuerdo, el *samadhi* y la sabiduría (*prajña*)

El *asamprajñata samadhi* (sin objeto) está dividido en dos categorías. En el sutra I.19, Patañjali describió aquellos que albergan una intención de manifestarse (*bhava pratyaya*) y, por tanto, aquellos que no alcanzan la liberación pero que retornan a la existencia condicionada. Estos no son verdaderos yoguis y ellos no alcanzaron este *samadhi* a través del método yóguico propiamente dicho.

En el presente *sutra*, Patañjali describe aquellos que alcanzan el *samadhi* sin objeto a través del esfuerzo prescrito (*upaya pratyaya*), que es la práctica yóguica. Ellos son los verdaderos yoguis. Se describen aquí cinco pasos que se deben combinar con el desapego supremo, mencionado anteriormente.

El primer paso es la convicción (*shraddha*). La convicción se logra al analizar nuestra propia situación y luego estudiar y aplicar la filosofía yóguica. Solo si comprendemos por completo la filosofía yóguica a nivel intelectual, estaremos totalmente convencidos. Un sentimiento vago de que "esto podría funcionar" o de que "esto pudiera ser lo correcto para mí" no será suficiente. Uno necesita ser capaz de pensar, "Esta es mi situación ahora mismo. Estoy limitado. Soy un esclavo de mi mente. Debido a esto, soy ignorante y sufro. Incluso si ahora me siento bien, el sufrimiento podría estar a la vuelta de la esquina en forma de mi muerte, enfermedad, muerte de un ser querido, calamidades imprevistas y demás. Entonces, debo soltarme y alcanzar la liberación. Para este propósito, tengo que erradicar mi condicionamiento. Esto es posible al emprender los pasos y las ramas del yoga con la actitud correcta. Al practicar esos métodos lograré la liberación como otros lo han hecho antes de mí."

Si entendemos el yoga de esta forma, paso a paso, esto se llama convicción. Si uno no está muy claro para pensar de esa manera, es necesario emprender más estudios de la filosofía yóguica como el *Yoga Sutra*.

El segundo requisito es el entusiasmo o la energía (*virya*). Aun después de haber comprendido el yoga, uno todavía podría ser víctima de la actitud negativa, como: "entiendo pero no quiero poner la energía en eso". La actitud correcta para el yoga es estar preparado para dar todo sin tener expectativas. Si tenemos el entusiasmo correcto, al cual el *Rishi* Vasishta llama "el verdadero autoesfuerzo", no hay destino diferente del que creamos. El camino yóguico sí necesita energía. Después de todo, tenemos que liberarnos de nuestro condicionamiento (*samskara* y *vasana*). ¿Cuánta energía invertimos al crearlo y durante cuánto tiempo? Necesitaremos energía y entusiasmo para deshacer todo esto.

El tercer requisito es el recuerdo. Cuando tenemos convicción y entusiasmo, somos capaces de comenzar el camino del yoga. Pero algunas veces nos perderemos o iremos a parar a un callejón sin salida. En los momentos de confusión, es importante recordar qué estamos haciendo. ¿Cuál es mi propósito? ¿Cómo llegué aquí? ¿Adónde quiero llegar a partir de aquí? ¿Cómo?

Con frecuencia tendemos a perder nuestra intención especialmente cuando comenzamos a tener éxito con el yoga. Podría ser que estemos felices de ceñirnos al *asana* o al *pranayama* ya que nos sentimos cómodos en eso. Podría ser que perdamos interés en el yoga porque notamos que nuestro profesor o aquellos a nuestro alrededor no son sinceros. Podría ser que nos desanimemos porque no obtuvimos una experiencia del verdadero yoga. En todos estos casos, es importante recordarnos a nosotros mismos y recordar nuestro propósito, nuestra meta y el método correcto. Este recuerdo nos hará mantener el rumbo.

El cuarto requisito es el *samadhi*. Aquí, como en otros muchos lugares en el *Yoga Sutra*, el término *samadhi* se refiere al *samadhi* con objeto (*samprajñata*). Si tenemos convicción, entusiasmo y recuerdo, solo necesitamos aplicar las ocho ramas del yoga que culminan en la práctica del *samadhi* con objeto.

Todo el mundo que cumple las condiciones hasta aquí, después de la debida práctica, experimenta al menos los peldaños más bajos del *samadhi* con objeto descrito en el *sutra* I.17 (*vitarka*). En muchas formas, el *samadhi* con objeto es el tema principal del *Yoga Sutra*. Sus varias fases serán descritas después. El *samadhi* con objeto es el camino al *samadhi* sin objeto.

El requisito final es la sabiduría (*prajña*). No hay una buena traducción al español para esta palabra. Significa con precisión "completo conocimiento sobre los objetos", que quiere decir que vemos las cosas como realmente son, sin que nuestra mente las modifique. El término *prajña* está contenido en el *sam-prajña-ta* (con objeto) *samadhi*, porque estamos cognociendo los objetos en este *samadhi*. La sabiduría (*prajña*) o la habilidad de reflejar claramente las cosas como son[11], es el fruto y resultado del *samadhi* con objeto. Del *prajña* surge el conocimiento discriminativo. Del percibir los objetos (incluyendo la mente, el ego y el intelecto) como realmente son, aprendemos que no somos estos objetos. Aprendemos que el ser, la consciencia, nuestra verdadera esencia, no está contenida en nada que podamos observar. Esto se llama conocimiento discriminativo (*viveka khyateh*) o conocimiento de la diferencia entre lo que es eterno y transitorio, el ser y el no ser, lo esencial y lo no esencial, lo puro y lo manchable.

Estos cinco requisitos - la convicción, el entusiasmo, el recuerdo, el *samadhi* y la sabiduría - son necesarios para tener éxito en el *samadhi* sin objeto. Solo cuando el *samadhi* sin objeto es precedido por estos, conduce a la liberación (*kaivalya*).

तीव्रसंवेगानामासन्नः ॥२१॥

I.21 Para aquellos que practican con ardiente intensidad, el *samadhi* está cerca

El *samadhi* podría estar muy lejos al principio, pero Patañjali dice que si practicamos intensamente estará cerca. Vyasa agrega que quien practique intensamente experimentará el *samadhi* y sus frutos, que la es liberación. Vijñanabhikshu presta su apoyo al citar del *Vishnu Purana*: "Aquel que alcance el *samadhi* (alcanza) la liberación en esa misma vida."[12]

Entonces no hay excusa ni tiempo que perder. La tradición ortodoxa dice que necesitamos el regalo del último nacimiento para ser liberados en esta vida. El regalo del último nacimiento se puede adquirir únicamente a través del esfuerzo en vidas pasadas.

Sin embargo, no es posible determinar desde fuera qué clase de práctica alguien ha hecho previamente. El conocimiento de una persona no puede ser atribuido a partir de las apariencias

---

11. Sutra I.41.
12. *Yogavarttika* of *Vijmamabhiksu*, vol. 1, trad. T. S. Rukmani, Munshiram Manoharlal, Nueva Delhi, 1998, p. 122.

externas. Algunos de los más grandes maestros vivieron como mendigos en cuerpos impedidos externamente. Otros, a propósito, se hicieron feos o se comportaron de una manera repulsiva para poder vivir y practicar en paz.

मृदुमध्याधिमात्रत्वात्ततोऽपिविशेषः ॥२२॥
I.22 Aquellos ardientes se subdividen a su vez en leves, moderados e intensos

Tenemos en total nueve subcategorías en términos de su intensidad y cercanía al *samadhi*. Es un pasatiempo indio crear categorías y dividirlas en subcategorías. Shankara dice en su subcomentario que el propósito del sutra es "dejar claro que (todos) los yoguis, tarde o temprano alcanzan su objetivo, (por tanto) esto debe alentar al espíritu alegre en ellos."[13] La única diferencia es cuán rápido se alcanza este objetivo.

ईश्वरप्रणिधानाद्वा ॥२३॥
I.23 O de la devoción a *Ishvara*

Según Vyasa, este sutra responde a la pregunta de si hay otras maneras diferentes a las señaladas hasta ahora por medio de las cuales se alcanza el *samadhi*. El *samadhi* puede alcanzarse mediante la devoción a *Ishvara*, una declaración que es repetida varias veces en el *Yoga Sutra*. "*Ishvara*" es un término general para el Ser Supremo o Señor. No implica ninguna afiliación a alguna religión en particular. Los devotos pueden llenar el nombre para la divinidad como ellos la adoren, sea esta Dios, Jehová, Vishnu o cualquier otra cosa.

Es muy interesante que Patañjali mencione aquí la devoción al Ser Supremo. Aunque el principal tema del *Yoga Sutra* es la instrucción técnica de los métodos del yoga llamados Raja Yoga y Ashtanga Yoga, el camino de la entrega (Bhakti Yoga) también es descrito y tolerado.

En este sentido el *Yoga Sutra* es una imagen espejo del *Bhagavad Gita*, que trata principalmente sobre el Bhakti Yoga pero también acepta el camino del Ashtanga Yoga. Un tercer camino, el camino del conocimiento (Jñana Yoga), también es aceptado por ambas escrituras. La India tuvo una cultura polifacética muy tolerante en sus días dorados, y la gente observó que la liberación era posible al usar cualquier de los tres caminos. Usualmente esto llevó a que los tres fuesen mencionados, aun si una escritura como el *Yoga Sutra* se enfocase principalmente en uno de ellos.

Meditar permanentemente sobre el Ser Supremo constituye el camino de la devoción. Aquí se deben entregar todas las acciones y pensamientos y se debe desarrollar un sentimiento de intenso amor por el Ser Supremo. Este intenso amor (*bhakti*) atraerá la gracia del Ser Supremo, quien concederá el *samadhi* y la liberación al yogui. Hay escuelas de yoga que aceptan

---
13. T. Leggett, *Shankara on the Yoga Sutras*, p. 106.

este camino como el único camino apropiado para hacer yoga. Especialmente hoy en la India, muchas de las escuelas de yoga imparten bhakti, incluyendo las escuelas Vaishnava y Shivaísta. (T. Krishnamacharya fue un vaishnava y K. Pattabhi Jois fue un shivaísta). Opuestos a estas escuelas están aquellos del Samkhya - el Yoga de Patañjali y el Advaita Vedanta de Shankara - los cuales dan más énfasis a la práctica de la meditación y a la autorrealización. Los *Upanishads* y el *Brahma Sutra* contienen ambos enfoques.

No obstante, la inclusión del Ser Supremo (*Ishvara*) es uno de los puntos donde Patañjali se aparta del sistema del Samkhya. El Samkhya, sobre el que Patañjali inserta las técnicas del yoga, es un sistema de meditación que describe el mundo entero en veinticinco categorías. Patañjali mantuvo todas estas categorías y agregó una veintiseisava, que es *Ishvara*. Por eso, el sistema de Patañjali es algunas veces llamado "Samkhya con *Ishvara*".

Se dice que Kapila, el fundador del Samkhya, creó un sistema y un análisis del mundo que no dependían de *Ishvara*. Puede notarse también que Mahavira, el fundador del Jainismo, y Buda guardaron silencio con relación a *Ishvara*.

Por esto, en los círculos occidentales ellos son considerados como ateos, lo cual no eran. Un ateo es alguien que declara que Dios no existe. En ningún punto el Samkhya o Mahavira o Buda hicieron tal declaración. El Samkhya original nació de la idea de crear una explicación del mundo y un sistema de meditación separados de la religión. Se ha demostrado que el mundo se puede explicar sin recurrir a Dios. El sistema de meditación del Samkhya permite a la persona a liberarse incluso si ella no desee recurrir a un Ser Supremo.

Por esta razón, aquellas escuelas teístas que creen que solo la entrega a Dios puede llevar a la liberación han censurado al Samkhya. Ellas sienten que a nadie se le debería permitir la gran buena fortuna de la liberación sin reconocer personalmente al Ser Supremo. Sin embargo, el *Bhagavata Purana*[14] establece que el Ser Supremo se manifestó como *Rishi* Kapila para enseñar el Samkhya. Esto parece confirmar el hecho de que al Ser Supremo le agrada que las personas experimenten el *samadhi* a través de cualquier método que escojan. Tras haber alcanzado la realización de su propio ser a través del *samadhi*, ellas pueden seguir con la realización del Ser Supremo a través del *bhakti*.

Hay muchas formas de alcanzar el *samadhi*. No hay una única forma adecuada. Afortunadamente para nosotros, los fundadores de nuestra escuela - Patañjali, el autor del *Yoga Sutra*, y Vyasa, el autor del *Bhagavad Gita* - tuvieron la sabiduría para advertir que solo porque tengamos una forma particular de experimentar no implica que los demás necesiten experimentar de esa misma forma. El Bhakti Yoga es el camino correcto para los yoguis con una constitución emocional. El Buddhi Yoga es el camino para los yoguis con una constitución intelectual, y así sucesivamente. Decir que todos tienen que caminar la misma senda es no preocuparse por el bienestar de los estudiantes sino solo presionar por nuestros propios intereses para imponer la supremacía de nuestra propia opinión. Realmente es una forma de egoísmo y una falta de comprensión de que el mundo es demasiado vasto como para que quepa en nuestra propia cabeza.

Patañjali aceptó todas las ideas del Samkhya, pero como los métodos del yoga pueden conferir grandes poderes, sintió necesario colocar al yogui bajo el amparo del Ser Supremo. De esta forma, el ego de un yogui testarudo se mantendría bajo control.

---

14. *Srimad Bhagavatam*, trad. K. Subramaniam, 7a ed., Bharatiya Vidya Bhavan, Bombay, 1997, p. 52.

क्लेशकर्मविपाकाअशयैःअपरामृष्टःपुरुषवशिेषईश्वरः ॥२४॥

I.24 *Ishvara* es una forma distinta de consciencia (*purusha*) inafectada por los modos de sufrimiento, *karma*, su fruto y su residuo

Si la devoción al Ser Supremo verdaderamente produce el *samadhi*, ¿quién es este Ser Supremo que puede producir tales efectos? Entramos ahora en una serie de sutras en los cuales Patañjali define al Ser Supremo y su función en el Yoga. Primero, él dice que el Ser Supremo es un tipo de consciencia que se diferencia de otras. Todos los seres son consciencia, pero ellos se diferencian del Ser Supremo. ¿En qué forma?

Todos los otros seres son afectados por la ignorancia, el egoísmo, el deseo, la aversión y el miedo a la muerte. Estas formas de sufrimiento (*kleshas*) nos hacen actuar en una determinada manera que es condicionada y no libre. A partir de estas acciones condicionadas (*karma*) surgen ciertos frutos o resultados (*vipaka*) - el tipo de nacimiento, la duración de la vida y el tipo de experiencia. En otras palabras, nuestras acciones pasadas crearon la vida que estamos llevando ahora.

Además del fruto, nuestras acciones pasadas también han creado un residuo (*ashaya*). Si este está activo ahora, se le llama impresión subconsciente (*samskara*). Esto significa que está presente y determina nuestras acciones, pero no nos damos cuenta. Si está inactivo se le llama karmashaya, es decir, depósito kármico, en cuyo caso se volverá activo solamente en vidas futuras. Todo este círculo vicioso, que resulta en cautiverio (*bondage*) y esclavitud mental, está descrito en detalle en el segundo capítulo (II.3 - II.14).

Todos los seres están sujetos a estas fuerzas y el proceso de yoga está diseñado para liberarnos de ellas. El único ser que no es afectado por cualquiera de estas es el Ser Supremo. Vyasa dice que hay muchos seres que se han liberado de este círculo de renacimiento y cautiverio, la diferencia entre ellos y el Ser Supremo es que *Ishvara* nunca estuvo limitado. Vyasa ahora pregunta, ¿dónde está la prueba de la singularidad de *Ishvara*? La respuesta que da es: las escrituras sagradas. Las escrituras sagradas están inspiradas por el Ser Supremo y prueban su supremacía. Pero la siguiente pregunta es: "¿en qué se fundamenta la autoridad de las escrituras sagradas?"

Preguntas de este tipo pueden parecer aburridas al comienzo, pero son muy importantes. Siempre hay un lugar para la investigación sincera en el Yoga. Como yoguis no tenemos que aceptar todo a primera vista, ni siquiera la autoridad de las escrituras. La duda es buena y debe ser fomentada por el maestro. Si el estudiante no puede expresar duda, nunca podrá llegar a la convicción completa. Creer no es suficiente, tenemos que saber. Tenemos que llegar a un estado de completa convicción y comprensión acerca de estas cuestiones.

La respuesta aquí es: la autoridad de las escrituras se fundamenta en la inteligencia pura (*sattva*). Esto significa que cuando se alcanza el estado de *sattva* la autoridad de las escrituras se vuelve autoevidente. Esto también significa que las escrituras son una expresión de la inteligencia del Ser Supremo. Tengamos esta afirmación en mente; tendremos que verificarla más tarde.

Por supuesto, la inteligencia de las escrituras no es reconocida al comienzo. El intelecto tiene que hacerse predominantemente sáttvico para ser capaz de reconocer la *sattva* de las escrituras. Esto puede tomar toda una vida de práctica y estudio. Pero, cuando esto se logra, bien vale la pena el esfuerzo.

Si usted no quiere trabajar por tan largo tiempo, considere el siguiente razonamiento. Dé un vistazo al código del ADN, el cerebro humano, la música de J. S. Bach, las millones de formas de vida, el equilibrio sutil de la vida en la Tierra, el equilibrio sutil de las galaxias circulando alrededor de unas con otras. Observe el hecho de que los quarks forman protones, neutrones y electrones, mientras que esos forman átomos. Los átomos forman compuestos y los compuestos forman aminoácidos, los cuales de alguna forma albergan o manifiestan la vida - vida que ahora piensa por sí misma. Si usted puede decir que esto no refleja la Inteligencia Suprema sino que es un accidente sin propósito, entonces probablemente sea necesaria toda una vida de práctica y estudio de yoga para purificar el intelecto. De otro modo, usted tendrá al menos un entendimiento básico de la inteligencia del Ser Supremo, sea cual sea el nombre por el que lo llame.

Hay dos ideas más que necesitan ser discutidas en el contexto de este sutra. Vyasa dice que hay muchos *purushas* que han alcanzado el estado de liberación. Esto no es anulación (*nirvana*) y inexistencia como visto en el Budismo, pero un estado de consciencia pura extática, aunque incorpórea. De lo contrario, él hubiera dicho que antes de su liberación ellos eran *purushas*, en lugar de eso él dice que ellos aún lo son. Esto coincide con la noción yóguica de la realidad: nada que existe puede convertirse en inexistente; solo puede volverse inmanifiesto. Esto significa que un *purusha* que se ha liberado no se manifestará en un nuevo cuerpo en vidas futuras, sino que permanecerá inmanifiesto y libre.

La otra idea es bastante abstracta para ser considerada tan temprano en nuestro estudio, pero interesante para aquellos que practican investigación filosófica. Como hemos visto, de acuerdo con el Samkhya hay dos categorías básicas diferentes - la consciencia (*purusha*) y la naturaleza (*prakrti*). Los seres son realmente solo consciencia y todas las demás veintitrés categorías del Samkhya se desarrollan o evolucionan a partir de *prakrti*, la cual podemos llamar procreadora por esa razón. La primera evolución de la naturaleza es la inteligencia pura (*buddhi*). Vyasa dice que la autoridad de la escritura sagrada se fundamenta en la inteligencia pura. Esta inteligencia pura es la inteligencia del Ser Supremo, el verdadero autor del conocimiento sagrado. De esta forma, el Ser Supremo no es solo consciencia pura sino también inteligencia pura.

Se diferencia en ese respecto de otros seres que solo son purusha. Dado que buddhi es una evolución de prakrti, esto significa que el Ser Supremo consiste de *purusha* y *prakrti*.[15] O podríamos decir que el Ser Supremo cabalga a horcajadas en el abismo entre la consciencia y la naturaleza. Un devoto respondería, "por supuesto que lo hace", pero esto es un concepto revolucionario para el yoga, y la escuela del Yoga difiere aquí fuertemente de la escuela del Samkhya. Aquí hay implicaciones de gran alcance que no han sido contempladas verdaderamente. Uno solo puede sentir asombro por los maestros antiguos que practicaron tal profundo análisis.

तत्परनिरतिशयंसर्वज्ञबीजम् ॥२५॥

I.25 En el Uno (*Ishvara*), el todo conocimiento es insuperable

Todos los seres tienen cierta cantidad de conocimiento. Los grandes maestros, los yoguis y los sabios pueden tener increíble conocimiento. El Ser Supremo, dice Patañjali, supera a todos ellos a través de su todoconocimiento.

---

15. Comparar H. Aranya, *Yoga Philosophy of Patañjali with Bhasvati*, p. 58.

No podemos percibir el Ser Supremo directamente - aparte de excepciones como Arjuna, a quien se le dio, según el *Bhagavad Gita*, el ojo celestial. Aun entonces él no pudo lidiar bien con lo que vio y su cabello se puso de punta. Aparte de tales excepciones, el Ser Supremo se conoce a partir de la deducción y de las escrituras (*shastra*). Ambas necesitan de capacidad intelectual, que se puede obtener con el yoga.

Uno de los principales temas del Yoga de Patañjali es la conversión de la mente en intelecto. La diferencia es la siguiente:

La mente (*manas*) va de pensamiento en pensamiento como un mono loco que, después de haber bebido una botella de whisky y de ser picado por un escorpión, salta de rama en rama.

El intelecto (*buddhi*) irá directo a la raíz del problema, como una piedra lanzada a un lago, se hundirá directamente hasta el fondo.

Vyasa dice que, por compasión, el Ser Supremo dio las escrituras a otros seres para que estos puedan escapar del cautiverio. Él da un ejemplo interesante que no estará en consonancia con los vedantistas modernos.

El Ser Supremo, como el gran *rishi*, enseñó la doctrina a Asuri.

Ahora sabemos por medio del *Samkhya Karika* que Asuri fue el discípulo de Kapila, el fundador del Samkhya. El origen divino del Samkhya es de nuevo afirmado aquí (y, bastante sorprendente, aceptado aun por Shankara en su subcomentario Vivarana). Tan solo una rápida excursión por la historia aquí: el Samkhya, la filosofía antigua y más sistemática, es hoy día grandemente opuesta y "refutada" por los vedantistas. También fue opuesta y refutada por el principal proponente del Advaita Vendata, Shankara, y por su fundador, Gaudapada. Sin embargo - y esto es lo que muchos occidentales no pueden entender - Gaudapada escribió un comentario sobre el *Samkhya Karika*, y Shankara y Vyasa (que es el fundador de todas las escuelas del Vedanta a través de su autoría del *Brahma Sutra*) escribieron comentarios sobre el Yoga (que también fue una idea original del Samkhya). ¿Por qué y cómo?

Un místico que ha visto la verdad como es presentada en su escuela de pensamiento puede reconocerla en todos los sistemas auténticos. También sabe que, aunque un sistema puede aparentar estar libre de fallas (como el Advaita Vedanta de Shankara) nunca puede ser la verdad misma, sino solo una representación de ella. Una escuela de pensamiento, como el Yoga, el Samkhya o el Vedanta, no deriva su autoridad por su calidad de exactitud o inexactitud pues está sujeta a ser tanto correcta como incorrecta, sino más bien por su habilidad para conducir a la gente a la libertad.

सएषपूर्वेषामपिगुरुःकालेनानवच्छेदात् ॥२६॥

I.26 El Ser Supremo es el maestro de los otros maestros, pues el Uno no está limitado por el tiempo.

Hemos escuchado ya que las diferencias entre el Ser Supremo y los maestros liberados son que el Ser Supremo nunca estuvo limitado y que es todoconocimiento.

Si analizamos el pasado, un maestro de yoga siempre recibió su conocimiento de su maestro. Este maestro recibió el yoga de nuevo de su maestro y así sucesivamente, hasta que alcanzamos el inicio de los tiempos. El primer maestro no pudo haber obtenido su conocimiento de otro maestro, porque no había maestros antes de él. Dado que él no pudo haber tropezado accidentalmente con el conocimiento yóguico, este debió haber estado permanentemente en él sin ningún comienzo. Este primer maestro fue, por ende, el Ser Supremo. Puesto que el Ser Supremo no está limitado por el tiempo, todo el conocimiento existe en él eternamente. A partir de lo dicho recién, se deduce que el Ser Supremo está en todos los puntos del tiempo simultáneamente, ya sea en el remoto pasado, el presente o el futuro distante.

तस्यवाचकःप्रणवः ॥२७॥
I.27 La expresión del Uno es la sílaba sagrada OM

Shankara vincula este sutra con el I.23, donde se dice que el *samadhi* se puede alcanzar mediante la devoción al Ser Supremo. ¿Cómo se practica esta devoción? Se practica al repetir mentalmente la sílaba OM.

Para los occidentales es difícil entender la importancia del OM, pero en los *Upanishads*, que son las escrituras místicas más fidedignas de la India, el OM es el principal medio para alcanzar a Brahman (la consciencia infinita). Brahman es el absoluto impersonal del cual *Ishvara*, el Ser Supremo, es una personificación.

El *Katha Upanishad* dice, en el 2.16, "Se conoce a Brahman a través de la sílaba sagrada OM. Puesto que Brahman es OM, cuando se conoce al OM, se conoce a Brahman." El *Mundaka Upanishad*, en 2.3-4, lo dice de esta forma: OM es como el arco que lanza al ser individual o *atman* al blanco, que es Brahman, la consciencia infinita.

El *Mundaka* continúa diciendo (2.6) que meditar en el OM llevará al practicante a la luz brillante de la consciencia. El *Mandukya Upanishad* incluso llega a decir que Brahman y este universo entero son OM. "OM es todo lo que es, todo lo que ha sido y todo lo que será. Incluso todo lo que está más allá de estos tres modos de tiempo es también OM."[16]

El *Maitri Upanishad* explica que, así como una araña sube a través de su hilo por un encierro oscuro hacia la libertad, así el meditador obtiene su libertad a través del OM.[17] Dos técnicas de meditación, dice, llevarán a Brahman: el sonido y el silencio.

Brahman como sonido, que es OM, es el silencio hecho manifiesto.

A través de la meditación sobre el OM podemos experimentar el silencio de Brahman.

La meditación acerca del OM se efectúa en tres pasos. Primero se entona el OM audiblemente. Se dice que la vibración del sonido centra y acalla la mente. El segundo paso es entonar el OM solo mentalmente. Este es más poderoso que el paso 1. Provee a la mente de un foco constante y se puede efectuar todo el tiempo. Una buena ocasión para esto es durante el *pranayama*. El último paso es estar en silencio y simplemente escuchar para que el OM regrese. La meta es escuchar el sonido, que es emitido por el Ser Supremo. OM es el sonido de donde todos los otros sonidos emergen, y todos esos otros sonidos se vuelven a unir en el OM.

---

16. *Mandukya Upanishad*, I.1.
17. *Maitri Upanishad*, VI.22.

Todo esto puede sonar un asunto altamente abstracto para el recién llegado al yoga, pero cuando uno ha escuchado realmente el OM - ha escuchado cómo todas las voces juntas en este mundo producen este sonido - es una de las experiencias más inspiradoras y desconcertantes posibles. Literalmente uno ha escuchado al Ser Supremo. No hay más "yo creo" o "yo no creo" egoísta. La creencia, aunque la valoramos mucho, se ha vuelto irrelevante. ¡Porque uno sabe!

तज्जपःतदर्थभावनम्॥२८॥
I.28 La repetición de él y la contemplación de su significado deben efectuarse

Esta es una de las más antiguas y más importantes técnicas de meditación. Uno entona el OM mentalmente o en voz alta y luego contempla su significado. Su significado es que él es la expresión del Ser Supremo y, de este modo, el Ser Supremo es recordado. De esta forma, la mente se vuelve unidireccionada en el Ser Supremo. Este proceso es Bhakti Yoga, el yoga de la devoción.

A esto también se le llama *ishvara pranidhana*, que significa entrega al Ser Supremo. Es la última de las cinco observancias que conforman los niyama, la segunda rama del yoga.

ततःप्रत्यक्चेतनाधिगमोऽप्यन्तरायाभवश्च॥२९॥
I.29 El conocimiento del ser interior y la ausencia de obstáculos llegan a partir de esta práctica

El estudio del ser, *svadhyaya*, es la cuarta parte de las observancias (*niyamas*) que serán tratadas en el segundo capítulo del *Yoga Sutra*. El estudio del ser tiene dos dimensiones: el estudio de las escrituras sagradas y la repetición del OM. Repetir el OM y contemplar al Ser Supremo conducen al conocimiento del Ser Supremo. El Ser Supremo es consciencia (*purusha*), como nosotros en muchas formas pero diferente en los aspectos ya descritos. A través de la repetición del OM y de la contemplación de su significado, conocemos a la consciencia, que es nuestro propio ser.

En el sutra I.23 se dijo que la entrega al Ser Supremo puede producir el *samadhi* sin objeto (*asamprajñata*), que concede el conocimiento del ser si se experimenta ampliamente. Luego, de nuevo, en el sutra II.45, Patañjali dice que el *samadhi* llegará a partir del perfeccionamiento de la entrega al Ser Supremo. Aquí está implícito no solo el acto de hacer a la mente unidireccionada, lo cual produciría solo el más bajo *samadhi* con objeto, sino el acto de soltar, de ceder el control, de entregarse al Ser Supremo. Después de todo, no podemos forzar o lograr el máximo *samadhi*. El último y culminante paso requiere receptividad femenina de lo místico. Quien continúa deseando, queriendo y conquistando obstruye el *samadhi* sin objeto a través del ego.

Entonces, el presente sutra dice que meditar sobre el OM también intercepta obstáculos. Los obstáculos son distracciones de la mente. Al repetir OM la mente se vuelve unidireccionada y así no sucumbirá a las distracciones. Qué son las distracciones será descrito en el siguiente sutra.

Aquí termina una secuencia de siete sutras que tratan sobre el Ser Supremo. A excepción de otros tres que están dispersos por el resto de los cuatro capítulos del *Yoga Sutra*, Patañjali no aborda este tema otra vez.

Esto hace un total de diez sutras que forman cerca del 5% de todo el *Yoga Sutra*. Aunque Patañjali sintió necesario traer un cambio importante al sistema del Samkhya al agregar a *Ishvara*, es obvio que él consideró el bhakti como una forma alternativa de práctica. Sin embargo, en el Yoga de Patañjali el Ser Supremo no es el único ni el principal medio hacia la libertad, como en efecto pasó a ser en las posteriores escuelas de yoga, Shivaísta y Vaishnava. *Ishvara* en el yoga no es el creador del mundo y de los seres. Él no es la profunda realidad subyacente de todos los fenómenos, a la que el Vedanta llama Brahman. Él es simplemente el maestro. Por esta razón, las autoridades ortodoxas de la India dijeron que el Yoga de Patañjali podría llevar solo a la realización del ser y no a la realización de Dios. Ellos sintieron que Patañjali dejó a los yoguis demasiada libertad para usar alternativas a la meditación en Ishvara si estos así lo escogiesen.

Patañjali proponía el pluralismo. Él enseñó técnicas de misticismo, no religión.

I.30 Los obstáculos, que son la distracciones de la mente, son la enfermedad, la rigidez, la duda, la negligencia, la pereza, la complacencia sensorial, los falsos puntos de vista, la falta de alcanzar un estado y la inhabilidad para mantenerse en ese estado.

Los discutiremos individualmente dado que todos ellos son amenazas a nuestro desarrollo yóguico.

LA ENFERMEDAD

Si el cuerpo está fuera de equilibrio, esto influenciará nuestros niveles de energía y la frescura de la mente. La cualidad de la salud afectará las capacidades mentales. Por esta razón la práctica del *asana* fue siempre un prerrequisito para las formas meditativas superiores del yoga. La visión de algunas escuelas de meditación de que podemos descuidar el cuerpo y de que los ejercicios son innecesarios, es nueva, no nacida en la tradición.

LA RIGIDEZ

Es la aprehensión patológica de creencias como: Las mujeres deben renacer como hombres para efectuar el verdadero yoga. (Algunas de las más grandes mentes fueron mujeres, como Gargi en el *Brhad Aranyaka Upanishad*). Los extranjeros tienen que renacer como indios para ser liberados. (Algunos de los más grandes místicos nunca estuvieron en la India, por ejemplo Lao Tzu y Chuang Tzu). La gente de la casta baja tiene que renacer como brahmanes antes de que sean liberados. (Kabir fue de la casta baja).

La rigidez significa que la mente está abrumada por el embotamiento y la pesadez (*tamas*). No podemos adaptarnos a una nueva situación y no podemos aceptar que las cosas cambien. O a lo mejor mantenemos un punto de vista sin darnos cuenta de que lo opuesto también puede ser verdadero.

LA DUDA

La duda es la inhabilidad para ver la única verdad porque todo parece verdadero y "todo" es relativo. El intelecto entrenado tiene la capacidad de pensar en un problema hasta el final y llegar a una conclusión. Si el método usado es incorrecto, o el condicionamiento mancha el intelecto, la duda surgirá.

La duda usualmente ocurre cuando el *prana* se mueve en el canal lunar (*ida nadi*), mientras que la rigidez tiende a desarrollarse más si el prana se mueve en el canal solar (*pingala nadi*). El asana combinado con el *pranayama* están diseñados para equilibrar los dos.

LA NEGLIGENCIA

El yoga es un precioso regalo que puede llevarnos a inusuales alturas. No muchas personas tienen la oportunidad de usarlo realmente. Si mezclamos varios sistemas, en vez de seguir una fuente original, no debemos sorprendernos si el resultado es solo gimnasia.

LA PEREZA

Algunos estudiantes alguna vez le preguntaron al místico armenio Georg I. Gurdjieff, "¿Por dónde debemos empezar?" Su respuesta fue: "Comprométete a ti mismo a no morir como un perro infestado de sarna." Pueden parecer duras palabras, pero lo que quiso decir es que la mayoría de los humanos viven en un estado similar al animal. Según su punto de vista, había cierta urgencia para subir al estado verdaderamente humano y de despertar.

En términos de yoga, es de esperar toda una vida de estudio y práctica para el buscador promedio. Realmente no importa si el *samadhi* sin objeto llegue después de un año o después de cinco décadas. Como Shankara dijo, todos los yoguis alcanzan su objetivo a su propio tiempo.

LA COMPLACENCIA SENSORIAL

Esta es grande para nosotros los occidentales. Cada panfleto publicitario sugiere consentirnos, complacer nuestros sentidos, mimarnos y darnos gusto. La complacencia es un comportamiento que es tan patológico como el ascetismo, y Buda probó ambos. Como príncipe joven se daba gusto en sus tres palacios: tenía uno para la estación fría, uno para la estación caliente y otro para la estación lluviosa. Más adelante practicó la austeridad por seis años pero descubrió que, al igual que la complacencia, afectaba la ecuanimidad de su mente.

Por supuesto, la complacencia debilita el cuerpo y la mente. Los líderes más fuertes y poderosos fueron aquellos que se dieron cuenta de que no dependían de estímulos externos para ser felices.

La felicidad y la libertad verdaderas son posibles solamente al conocer lo que un seguidor del Vedanta llamaría nuestra propia divinidad. Si nos desconectamos de esta fuente eterna dentro de nosotros, si no nos conocemos a nosotros mismos, entonces sobreviene el terrible dolor y se manifiesta una sed persistente por la vida. Y tenemos que exprimir la felicidad y las excitaciones de la vida, muchas de las cuales duran tan solo momentos.

Si leemos panfletos publicitarios, su lenguaje sugiere que la complacencia podría producir éxtasis divino. La verdad es que ambos son completamente diferentes entre sí. El placer de los sentidos es solo eso; no hay nada místico sobre él. Mientras más dependemos de él, menos libres nos volvemos.

El ascetismo, por otro lado, es otro extremo de la mente. La implicación es que el simple contacto de los sentidos con los objetos es malo. Sin embargo, de este contacto resulta la experiencia y de la experiencia, a su debido tiempo, la liberación. Con la liberación, la sed por la experiencia cesa.

Es debatible si tiene sentido privarse de la experiencia aun cuando la causa de su necesidad, la ignorancia, todavía está intacta. Como Shankara mostró en su Comentario sobre el *Brahma Sutra*, el conocimiento de la realidad profunda (Brahman) no se puede producir por la acción, sea esta la complacencia o el ascetismo.

LOS FALSOS PUNTOS DE VISTA

Hay muchos falsos puntos de vista y no todo punto de vista correcto es apropiado para cada persona. Uno de los falsos puntos de vista más peligrosos es el materialismo, según el cual la consciencia de un ser humano puede reducirse a impulsos bioquímicos y bioeléctricos. Esto no solo abre camino a una sociedad materialista en la cual las personas son medidas en función del valor de los bienes que ellos han coleccionado, sino que también abre la puerta al fascismo y al genocidio.

Si negamos que todos los humanos tienen un centro eterno, espiritual, que es también llamado el ser o el alma, entonces solo queda su aspecto material. Dado que el aspecto material (cuerpo, mente, condicionamiento, etc.) nos permite juzgar y categorizar una persona como más valiosa o menos valiosa, podríamos fácilmente llegar a la conclusión de que algunos menos valiosos estorban a los más valiosos. La supremacía empieza con el materialismo que le niega a los seres humanos su aspecto divino y eterno.

Los falsos puntos de vista se evitan a través de una práctica de meditación y una investigación filosófica apropiadas, las cuales en conjunto desarrollan el intelecto.

LA FALTA DE ALCANZAR UN ESTADO Y LA INHABILIDAD PARA MANTENERSE EN ESE ESTADO

Estos figuran como dos obstáculos separados pero los trataré juntos puesto que ambos son hábitos de la mente. La gente de cierto tipo de personalidad, que llamaremos "exploradores", pueden lograr nuevas cosas fácilmente, pero pueden perderlas con igual facilidad. Aquellos de otro tipo de personalidad, tal vez "coleccionistas", son buenos en guardar las cosas, pero encuentran difícil salir y crear algo nuevo. Ambas personalidades están basadas en identificaciones creadas a través de los hábitos.

En el yoga, necesitamos desplegar ambas cualidades en varios momentos. Algunas veces un avance en nuestra práctica de meditación está al alcance, pero no lo conseguimos porque no creemos que seamos ese tipo de persona. El yogui de al lado le podría resultar fácil proseguir a estados místicos más avanzados pero pronto puede verse atrapado en el diario lodazal.

La verdad es que todo el mundo con un cerebro y un sistema nervioso o, en terminología yóguica, todo el mundo con una columna vertebral erguida (incluyendo los homínidos que permanentemente caminaban y se sentaban erectos, no los póngidos que solo caminan erectos ocasionalmente) califica para el *samadhi*. Tan solo nuestras creencias limitantes sobre nosotros mismos, como la culpa y la vergüenza, suelen ser las que nos detienen.

Estos son los nueve obstáculos que son las distracciones de la mente. Ellos dominan completamente los tipos de mente denominadas salvaje (*kshipta*) y encaprichada (*mudha*), y perturban la mente confusa, distraída u oscilante (*vikshipta*). Sin embargo, los obstáculos son superados por un practicante con una mente unidireccionada (*ekagra*), que es la mente del yogui propiamente dicho.

दुःखदौर्मनस्याङ्गमेजयत्वश्वासप्रश्वासाःविक्षेपसहभुवः ॥३१॥
I.31 El sufrimiento y la frustración, la inestabilidad del cuerpo, la inhalación y la exhalación resultan de las distracciones

De esos síntomas podemos determinar que varios obstáculos están presentes. Los obstáculos no se detienen simplemente al interceptar nuestra práctica de yoga, sino que se manifiestan como varias formas de sufrimiento y frustración en nuestra vida diaria.

Ellos también - y esto es muy importante para el lado físico del yoga - se manifiestan como inestabilidad del cuerpo y de sus patrones de respiración. Se puede deducir la presencia de obstáculos si uno tiene dificultades físicas en sentarse tranquilamente en meditación o en efectuar ejercicios de *pranayama*. Vyasa declara que estas dificultades no están presentes en aquel de mente concentrada (*ekagra chitta*).

La conexión entre los obstáculos mentales y la manifestación física es mutua. Si la mente está distraída, la fuerza vital (*prana*) estará dispersa, lo cual resultará en una respiración y postura inestables. Dado que los pensamientos y el *prana* se mueven juntos, podemos estabilizar los pensamientos al facilitar el flujo del *prana* o podemos corregir el cuerpo y la respiración a través de la meditación.

Para muchas personas el primer camino es más fácil, puesto que la meditación es difícil si la mente está distraída. Sin embargo, el foco en el *asana* y el *pranayama* (ejercicios de respiración) no solo aliviará los síntomas de una mente distraída, sino que también ejercitará la mente en concentración y, más importante, hará al flujo de prana uniforme. Esto a su vez calmará a la mente.

Desde el punto de vista yóguico, no es provechoso para un principiante comenzar con la meditación (*dhyana*). Según Patañjali, la meditación es un yoga más elevado, y si la mente no está preparada - si no está unidireccionada (*ekagra*) o suspendida (*nirodha*) - la meditación no llevará a ningún lugar. Si el cuerpo y la mente son preparados a través de las ramas más externas del yoga, la meditación será exitosa.

Con frecuencia se experimenta el "efecto de pared blanca" en la meditación - soñar despierto y dejar que la mente flote libremente sin ser capaz de enfocarse en el objeto de meditación. Tal meditación es perjudicial, pues ella aumenta el agarre de *tamas* y *rajas*. En la meditación la mente necesita estar brillante y luminosa y el intelecto agudo, de lo contrario la meditación llevará, en el mejor de los casos, a estados "incorpóreos" y de "absorción en *prakrti*", los cuales ya fueron discutidos en el sutra I.19. Un lama tibetano me dijo una vez que la meditación incorrecta podría llevar a la reencarnación como pez. Él también sugirió estudiar las expresiones faciales de los peces, para reconocer algunas de ciertos meditadores.

También K. Pattabhi Jois dijo que si la meditación es efectuada de forma incorrecta, no puede ser corregida. Debido a que el maestro no puede evaluar desde fuera si el estudiante está meditando correctamente o no, primero se debe estudiar la ejecución correcta del *asana* y del *pranayama*. Dado que ellos son ejercicios visibles o externos, ellos pueden ser corregidos, y la ejecución correcta lleva a la meditación correcta, decía él.

Sin embargo, algunas personas están en un estado de mente unidireccionada (*ekagra*) desde nacimiento o por hábito. (El yogui diría que esto fue producto del esfuerzo efectuado en encarnaciones previas.) En la opinión de Shankara estas personas estarían perdiendo su tiempo si se les insistiera en hacer *asana* y *pranayama*.

तत्प्रतिषिधार्थमेकतत्त्वाभ्यासः ॥३२॥

I.32 Para eliminarlos, está la práctica de un principio (*tattva*)

¿Cómo podemos eliminar las distracciones de la mente y los síntomas que las acompañan?

En el sutra I.29 Patañjali ya ha dicho que la contemplación del significado del OM, del Ser Supremo, puede superar los obstáculos. Ahora está hablando sobre la situación donde los obstáculos han surgido y la pregunta es cómo superarlos. Él dice, "Si los obstáculos ya surgieron entonces contrarréstalos siguiendo un método." Más adelante ofrece una lista de posibles métodos.

Si la mente ya está distraída y los obstáculos en efecto surgen, no queremos confundirla al practicar todos los métodos del yoga simultáneamente. Más bien, nos enfocamos en un solo método y, luego, cuando la mente se haya vuelto enfocada (*ekagra*), podremos movernos a un plan más elaborado del yoga superior. De lo contrario, seremos como el hombre que quiere escavar un pozo pero clava su pala en la tierra en cada locación una sola vez antes de ir al siguiente lugar. Una mente distraída tendrá la tendencia de moverse rápidamente de un método de yoga al otro - posiblemente pasando de un estilo a otro y después del Zen al Budismo Tibetano y luego al Sufismo y Taoísmo. Muy probablemente cualquiera de estos enfoques nos llevaría a la meta; diferentes métodos son apropiados para diferentes temperamentos. Pero ellos tienen una cosa en común: en el caso de la persona promedio, alcanzar la meta llevará varias décadas.

Al descubrir un nuevo método suele haber una emoción similar al enamorarse de una nueva pareja. Si continuamos cambiando de métodos y de pareja podríamos ser capaces de sostener la emoción por varios años, pero nunca descubriríamos lo que realmente son el yoga y el amor. El propósito de una relación es reconocer la consciencia en el otro;[18] el propósito del yoga es reconocer la consciencia en nosotros mismos.[19] Ambos son alcanzados al permanecer tenazmente con la misma pareja/el mismo método respectivamente.

Una lectura alternativa de este sutra fue propuesta por el comentario del siglo X de Vachaspati Mishra. Él hace la atrevida declaración de que *eka tattva* - el único principio - solo puede ser el Ser Supremo (*Ishvara*).

La mayoría de los comentadores que han venido después de él, especialmente el Rey Bhoja, Vijñanabhikshu y H. Aranya, rechazaron este punto de vista ya que tiene poco sentido en el contexto del *Yoga Sutra*. Autores con una fuerte formación devocional vaishnava usualmente han aceptado el comentario de Vachaspati, pero las evidencias en los siguientes sutras mostrarán que esta visión no es apoyada por la Escuela del Yoga.

मैत्रीकरुणामुदितोपेक्षाणांसुखदुःखपुण्यापुण्यवषियाणांभावनातःचित् तप्रसादेनम्॥३३॥

I.33 La claridad de la mente se produce al meditar en la amabilidad hacia el feliz, la compasión hacia el miserable, la alegría hacia el virtuoso y la indiferencia hacia el malvado

Shankara dice que este sutra es una de las prácticas de un principio (*eka tattva*) para aclarar la mente. Esta se opone a la opinión de Vachaspati de que *eka tattva* es solo meditar sobre el Ser Supremo, lo cual hace cuestionar la autenticidad del Vivarana, el subcomentario de Shankara sobre el *Yoga Sutra*.

El *Vivarana* fue descubierto solo en 1950 y su colofón dice que Bhagavat Shankara, un pupilo de Bhagavat Govindapada, lo escribió, mientras que el colofón del *Yoga Taravali* dice que fue compuesto por Shri Shankaracharya, un discípulo de Govinda Bhagavatpada. Algunos académicos han argumentado que Shankaracharya y Bhagavat Shankara son dos personas, y que Bhagavatpada vivió en algún lugar durante el siglo XIV. Si miramos el comentario sobre este sutra podemos ver claramente que el autor del *Vivarana* vivió antes del siglo IX.

Shankara se revela a sí mismo en el *Vivarana* como un académico extremadamente listo para la guerra. Como con todos sus otros comentarios, el *Vivarana* tiene la estructura de un diálogo con uno o varios oponentes imaginarios (*pratipakshins*). Cada vez que algún argumento realista o inclusive irrealista contra la posición de Patañjali, Vyasa o su propia posición llega a su atención, él lo ataca y refuta de forma preventiva a fin de evitar una futura confusión. Algunas veces uno siente que Shankara es demasiado cauto y ataca posiciones que son irrealistas, pero ciertamente él nunca dejó sin atacar una posición viable sostenida en su época y que él no compartiera.

En su comentario Shankara afirma que "la práctica de un principio" se refiere a los sutras mencionados después (I.33-39). En otras palabras, no comparte la opinión de Vachaspati de que "la práctica de un principio" se refiere solamente al Ser Supremo. Si Shankara hubiera sabido sobre la posición de Vachaspati, nunca la hubiera dejado pasar impune. De la posición

---

18. *Brhad Aranyaka Upanishad* II.4.4.
19. *Yoga Sutra* I.3.

de los sutras queda claro que Vachaspati no enuncia la visión de Patañjali, la cual Shankara hubiera señalado. De esto podemos deducir que el autor de *Vivarana* (Shankara) vivió antes que Vachaspati, quien vivió en el siglo IX.

Llegamos entonces al siglo VIII, que es la fecha usualmente dada para Shankara. Jonathan Bader ofrece otra información interesante en su *Meditation in Shankara's Vedanta*. Sugiere que los textos con autoría atribuida a Shankara Bhagavatpada son aquellos escritos por el Shankara original, mientras que algunos textos atribuidos a Shankaracharya son escritos por abades de los cuatro monasterios que Shankara fundó y quienes llevan el título de Shankaracharya.

Volvemos al sutra para observar que la mente distraída en la que los obstáculos están presentes tendrá la tendencia de reaccionar con envidia si alguien es exitoso. El síndrome de alta exposición de hoy día ejemplifica este fenómeno. Si alguien sobresale en algún aspecto, tendemos a buscar una forma para reducirlo al tamaño promedio. En vez de seguir esta tendencia, Patañjali sugiere meditar acerca de la amabilidad cuando uno encuentra a tales personas.

Por otro lado, si encontramos al oprimido, la mente distraída tiene la tendencia de atribuirle su difícil situación a su propio error, al karma que ha atraído o a su pensamiento o creencia en cosas incorrectas. En vez de perderse en esta tangente de la mente distraída, Patañjali recomienda meditar en la compasión.

Si encontramos a alguien que sigue un camino espiritual con gran virtud, de repente nos recuerda que debemos ser como ellos porque de hecho no somos así. Entonces, podría ser que nos volvamos celosos y busquemos una forma para desacreditarlos. Aquí Patañjali sugiere simplemente meditar en la alegría, la cual sería la reacción natural si nuestra mente estuviera clara.

La última sugerencia es probablemente la más difícil. Si encontramos a personas que aparentan ser malas o inclusivo malvadas, tenemos la tendencia de odiarlas. A menudo reaccionamos en esta forma porque eso nos hace recordar algo en nosotros mismos, pero que logramos ocultar mejor. En vez de odiar, que es solo una reacción de nuestro propio lado oscuro, Patañjali sugiere la indiferencia hacia esas personas.

Este método para contrarrestar las agravaciones de la mente es una técnica de meditación para aclarar y apaciguar la mente.

प्रच्छर्दनवधिारणाअभ्यांवाप्राणस्य ॥ ३४ ॥
I.34 O de la exhalación y retención de la respiración (*prana*)

Aquí está otro método mediante el cual se puede despejar la mente de obstáculos. Consiste en la retención de la respiración después de la exhalación. Cada vez que el término *prana* se usa en la escritura sagrada debemos tener presente dos connotaciones: significa tanto "respiración" o "aliento" como "fuerza vital".

Vyasa dice que se debe exhalar el aliento a través de las fosas nasales y luego retenerlo. La retención después de la inhalación no es apropiada en este contexto, dado que carga la mente y el cuerpo de energía; es más una meditación acerca de la plenitud. Mientras que la retención después de la exhalación es acompañada por la meditación sobre el vacío, en este caso el vacío de la mente.

H. Aranya dice que la simple retención externa nunca podría tener el efecto de aclarar la mente.[20] Más bien, uno necesita mantener la mente vacante o fija en la nada para alcanzar su purificación. Los ejercicios de respiración (*pranayama*) sin ninguna asistencia de la meditación, como un mantra o una visualización, son considerados como un tipo muy inferior de yoga.

"Decir 'yo no soy el mundo' es la verdadera inhalación", dice Shankara. "Decir 'yo soy solo consciencia' es la exhalación. La retención del aire es mantener ese pensamiento. Esto es el verdadero *pranayama*. Personas con inteligencia tenue solo torturan la nariz."[21]

विषयवतीवाप्रवृत्तरुित्पन्नामनःस्थतिनिबिन्धनी ॥ ३५ ॥
I.35 También el desarrollo de la percepción suprasensorial puede ayudar concentrar la mente

Como Vyasa explica, el conocimiento que adquirimos de las escrituras, a través de la deducción o de un maestro, no es nuestro hasta que es comprendido. Por tanto, la duda sobre las enseñanzas yóguicas puede persistir en el fondo de la mente. Para llegar a la convicción en el proceso yóguico, Patañjali sugiere aquí concentrarse en ciertos puntos de energía para adquirir la percepción suprasensorial. Una vez lograda esta hazaña, podemos confiar en que los otros aspectos de la práctica también llegarán a fructificar. Este tema será desarrollado en el tercer capítulo del *Yoga Sutra*, donde se aducen los poderes sobrenaturales para probar la validez del yoga.

La concentración en estos puntos mencionados en este sutra se tiene que mantener por varios días. H. Araya declara que la capacidad emergerá solamente si uno vive en soledad y en ayunos[22] - en otras palabras con muy poca presencia de estimulación sensorial y distracción externa.

Los puntos de energía mencionados por Vyasa son, por ejemplo:

La punta de la nariz - el olfato suprasensorial.
La punta de la lengua - el gusto suprasensorial.
El paladar - la vista suprasensorial.
El centro de la lengua - el tacto suprasensorial.
La raíz de la lengua - la audición suprasensorial.

वशोकावाज्योतष्मिती ॥ ३६ ॥
I.36 La estabilidad de la mente también se logra al percibir una luz radiante más allá del sufrimiento.

La luz de la que se habla aquí es la luz en el loto del corazón. Meditar acerca de la luz en el corazón o el sonido del corazón es una de las principales técnicas de meditación en el yoga.

---

20. H. Aranya, *Yoga Philosophy of Patañjali with Bhasvati*, p. 78
21. *Aparokshanubhuti of Sri Shankaracharya*, vv. 119-120, trad. Sw. Vimuktananda.
22. H. Aranya, *Yoga Philosophy of Patañjali with Bhasvati*, p. 82.

El *Yoga Taravali* y el *Hatha Yoga Pradipika* tienen como tema principal el escuchar el sonido sin golpe, el sonido del corazón (*anahata nada*).

En este sutra se menciona la luz en el corazón y el corazón es el origen de la mente. Como declaran los *Upanishads*, la mente y el intelecto se proyectan desde el corazón hacia afuera y, eventualmente, serán reabsorbidos en él. El sutra III.34 dice que contemplar el corazón llevará a la comprensión de la mente, mientras que el sutra III 33 declara que todo será conocido a través de la creciente luz del intelecto puro. La luz de la inteligencia pura o del intelecto puro se sitúa en el loto del corazón. Al meditar sobre esta luz, se logra la estabilidad de la mente.

Se dice que la luz está "más allá del sufrimiento" porque el sufrimiento surge de las varias formas de ignorancia (*avidya*). Cuando uno ve la luz en el corazón, que es el resplandor de la inteligencia pura, esta inteligencia disipará la ignorancia. Eventualmente, producirá el conocimiento discriminativo, que es el fin del sufrimiento. Sin embargo, en este sutra solo se ve la luz más allá del sufrimiento, que es un logro más modesto. Esto significa que obtenemos solo un anticipo furtivo de la inteligencia pura, suficiente para calmar la mente.

La otra forma de meditación sobre la luz en el corazón es meditar en la noción del "yo soy" (*asmita*). Este yo soy se produce de la inteligencia pura. Si reducimos todos nuestros pensamientos al yo soy - o, en otras palabras, si seguimos las huellas de nuestros pensamientos a la noción del yo soy - esto también aquietará la mente. Todos los pensamientos contienen la noción del yo soy. En el proceso de pensamiento están el pensador, la de acción del pensar y el objeto pensado. Para que el proceso de pensamiento suceda, la noción del yo soy debe estar ahí. Si permanecemos conscientes de esta noción, en vez de olvidarnos de nosotros mismos u olvidar que somos nosotros los que pensamos, entonces la mente se calmará.

वीतरागविषयम्वाचत्तितम्॥३७॥

I.37 La mente puede aquietarse al meditar en una persona que no tiene deseos

Así como una piedra arrojada a un lago crea ondas, así un objeto sobre el cual se reflexiona crea olas en la mente. Y así como la naturaleza de las ondas en un lago se determina por el tamaño de la piedra, así las olas de la mente se determinan por el tipo de objeto que encontramos. Solo cuando la mente esté en modo suspendido (*nirodha*), los objetos no causarán olas de pensamiento.

Uno de los mejores objetos sobre los cuales meditar es la mente de una persona que no tiene deseos. Dado que cada objeto deja su impresión en la mente, la mente de tal persona conduce al meditador hacia el no deseo. Esta es la razón por la cual los estudiantes experimentan una gran paz en la presencia de un maestro liberado. Algunas escuelas de pensamiento de la India han convertido esta observación en la doctrina de que solo la gracia del maestro lleva a la libertad. Por otro lado, algunos místicos han hecho énfasis en que no existe la iniciación sino la autoiniciación. Desde luego, ninguna persona puede hacernos libres, pues esto implicaría que el maestro puede manipular la ley del *karma*. También es cierto que hay una gran tendencia humana de mistificar a otros y de proyectar grandes poderes en ellos - y el deseo de que otros hagan el trabajo duro por nosotros.

Si un maestro es libre y el estudiante está muy abierto a esta influencia, la mente del estudiante puede acallarse en la presencia del maestro y esto ayuda a la meditación. Sin embargo, es crucial escoger a un verdadero maestro, uno que no tiene deseos. Si el maestro todavía tiene algún interés personal, esto agitará la mente del estudiante.

Aquí el sutra no indica explícitamente a maestros vivientes. Dado que los verdaderos sabios se han vuelto escasos en nuestra era, se puede recomendar que la meditación se lleve a cabo sobre los antiguos maestros, como Kapila, Vasishta, Yajñavalkya, Vyasa, Patañjali y Shankara. Si uno estudia de cerca las enseñanza de los maestros, eventualmente sentirá como si los conociera personalmente.

Los maestros antiguos eran grandes pensadores racionales y ejercitaban la lógica y el razonamiento vigorosos, pero es especialmente su compasión sincera la que podemos sentir aun después de dos mil años o más. Si un estudiante logra, a través del estudio, conectarse con el corazón de un maestro, la mente se tranquilizará fácilmente, aun cuando hayan pasado milenios entre ellos y nosotros.

स्वप्ननिद्राज्ञानाअलम्बनम्वा ॥ ३८ ॥
I.38 La mente también puede calmarse al meditar en un objeto del estado de sueño o en el estado de sueño sin sueños

Este es un sutra interesante. El conocimiento derivado a través de los sueños es muy estimado en muchas culturas incluyendo la aborigen australiana, la nativa americana y la tibetana. En estas culturas, las decisiones se suelen tomar solamente si se han soñado. El subcomentador Vachaspati Mishra sugiere que si uno tiene una visión divina en un sueño, debe usar esa visión para meditar.

Vijñanabhikshu toma otra visión diferente. Dice que la vida se debe ver como un largo sueño. El conocimiento derivado en el estado de vigilia es de índole onírica, y dado que esta comprensión lleva al desapego de todo en lo que creemos tan ferozmente, ella estabiliza la mente. Esta declaración es la reminiscencia del *Mandukya Karika*[23], en donde los estados de vigilia y de sueño son considerados irreales. El *Vijñana Bhairava*[24] describe una técnica de meditación que sigue la receta de Vijñanabhikshu. El consejo es soñar como si uno estuviese despierto y tratar los estados de vigila como si uno estuviese durmiendo. De esta manera la realidad es vista de repente - la realidad verdadera, la cual está más allá delos estados de sueño y vigilia.

La segunda parte del sutra trata sobre el sueño sin sueños. En este estado, la mente es temporalmente absorbida en el corazón, pero no hay observación consciente (*awareness*): la idea de no existencia prevalece. Dado que la mente está completamente calma a excepción de la fluctuación de inexistencia, la meditación acerca de este estado aquieta la mente. La meditación sobre el sueño profundo es efectuada de la siguiente forma: si al despertar hay

---
23. Un texto vedántico de Acharya Gaudapada.
24. Un antiguo texto de meditación tántrica.

una memoria en la mente como "dormí pesada y tranquilamente", usamos esta memoria como objeto de nuestra meditación.

Usualmente, el recuerdo está tan solo en la memoria de corto plazo, pero si lo recordamos varias veces a lo largo del día, entrará en la memoria de largo plazo. Entonces, estará disponible como un objeto de meditación en cualquier momento.

यथाअभिमितध्यानाद्वा ॥ ३९ ॥
I.39 La mente puede estabilizarse al meditar acerca de cualquier objeto apropiado

Este es un sutra enormemente malentendido. Si los occidentales escuchan "meditación sobre cualquier objeto apropiado", ellos entenderán que significa tan solo cualquier objeto. Nuestro mundo contemporáneo medita profusamente en el símbolo del dólar y en ideas como "yo soy el cuerpo", mientras que la industria publicitaria usualmente medita en la forma femenina. El problema de la sociedad moderna es una pobre escogencia de objetos de meditación y no la falta de meditación. Cualquier pensamiento que sea repetido frecuentemente constituye meditación sobre ese pensamiento. Para asegurarnos totalmente de no interpretar este sutra como una invitación para meditar sobre nuestros bienes raíces, portafolio de acciones, vehículo deportivo o billetera, Shankara cita los *Upanishads*: "Aun si uno deba obtener objetos, nunca permita absorberse en ellos de ninguna forma."[25]

En la antigua India un objeto de meditación apropiado significaba cualquier objeto deseado dentro de la categoría de objeto yóguico o sagrado. Shankara dice que debe ser un objeto para meditación propiamente dicho. Vijñanabhikshu dice que los objetos apropiados son imágenes de lo divino. Como ya sabemos, las imágenes colorearán nuestra mente. Obviamente, escogeremos solo imágenes que coloreen la mente en la dirección hacia la cual queremos que se desarrolle. La mente necesita hacerse sáttvica. Entonces, los objetos adecuados son aquellos alta o completamente sáttvicos.

Usualmente, los objetos consisten de varios entrelazados de las tres hebras o cualidades de la naturaleza, las *gunas*. S. Dasgupta describe las tres gunas como: cosa-de-masa (*tamas*), cosa-de-energía (*rajas*) y cosa-de-inteligencia (*sattva*).[26] Solamente los objetos que consisten predominantemente de inteligencia aquietan la mente. Los objetos tamásicos hacen a la mente torpe y los objetos rajásicos crean sufrimiento. Los objetos apropiados introducidos hasta ahora son el intelecto (*buddhi*), el yo soy (*asmita*), el Ser Supremo (*Ishvara*), el mantra OM, el loto del corazón y su sonido y luz, la mente de aquellos liberados, y así sucesivamente. Entre otros objetos apropiados están la respiración, un mantra, una flor de loto, el símbolo OM, un mandala y un *yantra* (geometría sagrada).

La consciencia no es un objeto adecuado, dado que no tiene forma y requiere una mente que esté vacía de obstáculos.

---

25. T. Leggett, *Shankara on the Yoga Sutra*, p. 151.
26. S. Dasgupta, *A History of Indian Philosophy*, vol. 1, 1a ed. india, Motilal Banarsidass, Delhi, 1975, p.

परमाणुपरममहत्त्वान्तोऽस्यवशीकारः ॥४०॥

I.40 La maestría se logra cuando la mente puede concentrarse en cualquier objeto, desde el átomo más pequeño hasta el cosmos entero

Una vez que la mente se aquieta a través de cualquiera de los métodos previamente descritos, uno escoge objetos más difíciles. Los objetos de meditación más pequeños son partículas elementales llamadas en el yoga los elementos sutiles (*tanmatras*). El objeto más grande sobre el cual meditar es el universo entero. Ambos son difíciles y no se deben abordar al comienzo. Una vez que uno puede sostener el foco en ellos, se medita en ambos simultáneamente, lo cual es difícil sostener por un tiempo prolongado. Cuando se logra, se llama maestría de la concentración (*dharana*) y la mente está ahora tranquila (*stithi*). Entonces, no se requieren ejercicios de *dharana* adicionales.

Luego de los obstáculos y cómo ellos son superados a través de la concentración, Patañjali ahora profundizará en los varios estados del *samadhi* con objeto.

क्षीणवृत्तेरभिजातस्येवमणेर्ग्रहीतृग्रहणग्राह्येषुतत्स्थतदञ्जनता समापत्तिः ॥४१॥

I.41 Cuando las olas mentales se reducen, como un cristal prístino, la mente parece reflejar verdaderamente cualquier objeto al cual se dirige, sea este lo percibido, el proceso de percepción o el que percibe. Este estado se llama identidad (*samapatti*)[27]

Este es uno de los sutras más importantes y, de nuevo, es uno de los más malentendidos.

"Cuando las olas mentales se reducen" a través de las prácticas descritas en los siete sutras anteriores, llegamos a un punto en el que la mente está enfocada o unidireccionada. En este estado, somos capaces de captar las cosas como ellas son realmente; en otras palabras, cognocemos los objetos correctamente o ganamos todo el conocimiento perteneciente a los objetos.

Seamos claros que esto no es el estado del autoconocimiento, dado que eso implicaría que las olas mentales han cesado completamente, que es el estado de suspensión (*nirodha*). Básicamente describimos aquí un tipo inferior (con objeto) de *samadhi*, diferente del *samadhi* avanzado, que lleva al autoconocimiento.

"La mente parece reflejar verdaderamente..." significa que la imagen del objeto creado en la mente parece ser idéntica con el objeto original. La palabra importante que hay que notar aquí es "parece". La identidad completa no es posible. Si meditamos sobre el universo entero, como sugerido en el sutra anterior, nuestra mente no sería capaz de reproducirlo. Inclusive en

---

27. Los términos *samadhi* y *samapatti* no son exactamente sinónimos. *Samapatti* es el estado en cual la mente está durante el *samadhi* con objeto. El *samadhi* con objeto es la técnica que se practica mientras la mente está en *samapatti*. No hay *samapatti* en el *samadhi* sin objeto, dado que la mente, por más refinada que pueda estar, nunca puede lograr la identidad con la consciencia.

la Tierra hay muchos sitios, como algunos lugares en el Desierto de Gobi, donde ningún ser humano ha pisado nunca; creer que podríamos reproducir el universo entero en nuestra mente es megalomanía. Aun así, la representación aparentemente real de un objeto es importante. Significa que comprendemos completamente un objeto, mientras que en nuestra vida diaria creamos para nosotros mismos solo una vaga simulación de un objeto.

La razón de esto yace en cómo trabaja la mente. La mente (*manas*) es un organizador de datos sensoriales. Cuando ella recibe los datos sensoriales de, digamos, el ojo, la compara con los datos recibidos de los otros sentidos. Como ya hemos señalado, cuando la luz entra en el ojo, ella se cruza en la lente y las imágenes son representadas al revés en la retina. Durante nuestra niñez, aprendemos a través del sentido del tacto que los objetos están al revés con relación a cómo los vemos, y en este punto la mente decide volver las imágenes al derecho, reconciliando así los datos ópticos con los datos táctiles. Esto ilustra cómo la mente manipula los datos sensoriales para llegar a un entendimiento factible.

Otro ejemplo: Si mantenemos por algunos momentos nuestra mano izquierda en agua fría como el hielo y nuestra mano derecha en agua caliente y luego las colocamos juntas en agua de temperatura ambiente, la mano izquierda señalará tibio y la derecha señalará frío. Ambas señales son incorrectas, dado que la temperatura es la misma para ambas manos. Los datos sensoriales se evalúan por comparación, usando puntos de referencia. Comparada con el agua fría, el agua a temperatura ambiente se siente tibia, y comparada con el agua caliente parece fría. Vemos aquí que la mente es coloreada por su experiencia previa y, a través de ella, su habilidad para duplicar auténticamente una condición presente queda comprometida.

Un tercer ejemplo: Sigmund Freud descubrió que las primeras personas que conocemos en la vida dejan un condicionamiento en la mente. Una niña al estar en contacto con su padre recibe una impresión, un condicionamiento. Puede ser que ella se sienta atraída a ciertos hombres porque ellos tienen semejanzas con su padre, o puede ser que los rechace por la misma razón. Lo mismo sucede con un niño con relación a su madre, y eso también ocurre con respecto al padre del mismo sexo. Lo importante de entender aquí es que, dado que la mente es coloreada por la experiencia pasada, la mente está manchada y por tanto no puede reflejar o duplicar fielmente un nuevo objeto.

Obviamente, desarrollaremos problemas en nuestras relaciones si intentamos revivir nuestras relaciones con nuestros padres. Si proyectamos a un padre o una madre en nuestra pareja, nunca descubriremos quién es realmente nuestra pareja. Si no soltamos la experiencia de que el agua estaba fría hace unos momentos, no seremos capaces de experimentar auténticamente qué temperatura es ahora.

La razón por la cual la mente trabaja de esta forma es que ella es un instrumento de supervivencia. La tarea de la mente es llegar tan pronto como sea posible, con la mayor exactitud posible, a una simulación de la verdad. Los desafíos típicos de la mente son: ¿es comestible el objeto delante de mí?, ¿lo que veo presenta alguna amenaza, por lo que debería huir? La mente no está preocupada por reconocer la capa más profunda de verdad de un objeto - su tal-cualidad, el objeto-tal-cual-es. El centro interesadoen esto es el intelecto. Mientras que la mente salta constantemente de un objeto al siguiente, el intelecto se acercará a un solo objeto hasta cognocerlo completamente. La definición tradicional del intelecto es: aquello que puede pensar en el mismo objeto por más de tres horas sin distracción. Una gran parte del trabajo del yogui es convertir la mente en intelecto. Escucharemos más sobre esto después.

Usualmente, la mente proyecta nuestro pasado hacia el presente. En vez de percibir la realidad como es en verdad, vemos una simulación de la realidad. Esta se equipara a nuestra creencia de cómo es la realidad y de cómo ella se relaciona con nosotros. Según Patañjali, la realidad no se relaciona con nosotros realmente: él dice que la naturaleza (*prakrti*) está eternamente separada de nosotros (*purusha*). Sin embargo, cómo la mente se relaciona con la realidad usualmente significa cómo podemos lucrar de ella u obtener una ventaja.

Entonces, un desarrollador conduciendo por un suburbio podría verlo principalmente como una fuente de ingreso. Un depredador sexual conduciendo por el mismo suburbio podría verlo como una posible fuente de víctimas. Una persona con una inclinación gustativa podría buscar restaurantes, mientras que un alcohólico recordará la ubicación de las licorerías. Puede ser que los cuatro fallen en registrar las características esenciales, debido a la superposición de sus metas en su experiencia, mientras se apresuran hacia aquello que es el destino seguro de todos nosotros, la muerte.

Digamos que es primavera y las flores de cerezo se han abierto; es bastante probable que muchos de los personajes mencionados arriba no las noten. La observación de las flores de cerezo es un negocio totalmente inútil. Ninguna ventaja monetaria o sexual se puede tener de ellas; tampoco podemos comerlas ni beberlas. Pero de una forma milagrosa, ellas pueden hacernos libres y tranquilos al momento de morir: Morimos con miedo porque nos aferramos a la vida. Nos aferramos a la vida porque nuestra sed más profunda no está saciada. Nuestra sed más profunda es tener la experiencia, el conocimiento o la realización de nuestra verdadera esencia. Se puede tener una realización de nuestro ser al ver las flores de cerezo. De hecho, un árbol de cerezo o un grupo de árboles de cerezo en pleno florecimiento es más impresionante que la explosión de la Estrella de la Muerte en *El Regreso del Jedi*.

Existen varias razones por qué no notamos cosas como esas. Una es que no tenemos que pagar un costo de entrada y no estamos esperando por dos horas y media a que algo increíble suceda. Pero la razón principal es que todas nuestras experiencias pasadas conspiran para ver el árbol de cerezo como: algo que se necesita demoler para dar paso a un nuevo punto de venta al por menor, en el caso del desarrollador; algo bajo el cual tener un encuentro sensual, en el caso de un depredador sexual; algo para comer más tarde (el cerezo), en el caso de una persona gustativa; y, eventualmente, algo para beber (licor de cerezo) en el caso del alcohólico.

Pero si logro dejar atrás todo mi pasado, el cual ha cubierto mis instrumentos de cognición (sentidos, mente, ego e inteligencia) con el polvo de las eras, y simplemente veo el cerezo florecer, entonces esta total abundancia, esta magnífica manifestación de pura belleza, que es una pérdida completamente sin sentido e inútil, deslumbrará mi mente hasta el silencio. En este completo silencio, eventualmente me daré cuenta de que soy yo quien mira el cerezo florecer. De este "yo estoy viendo el cerezo florecer", viene el "yo estoy viendo", de este viene el "yo estoy", de este viene el "yo", y de este viene "más allá de este yo", que es la consciencia. Solo la consciencia puede observar la total y pura belleza. Así es cómo los florecimientos de cerezo pueden llevar a la libertad.

Pero para que esto suceda la mente necesita ser capaz de reflejar verdaderamente los objetos sin que proyectemos en ellos nuestras necesidades (hacerse rico, procrear, comer o beber).

"Como un cristal prístino... cualquier objeto al cual se dirige..." De nuevo aquí podemos ver que Patañjali no habla sobre el autoconocimiento o el conocimiento de la consciencia sino sobre el conocimiento de los objetos, que son diferentes de nosotros. Aquí se usa la metáfora de un cristal, recordándonos la discusión en los sutras I.3-4. Si un cristal está absolutamente limpio y sin color y lo colocamos cerca de un objeto, digamos una rosa roja, entonces el cristal refleja claramente el rojo de la rosa. Mientras más puro el cristal, más auténtico será el reflejo. Desde un cierto ángulo se verá como si no hubiese cristal sino solo la rosa roja. Si hay bruma o nubes en el cristal, o si tiene un color propio, esto afectará su habilidad para reflejar un objeto.

Lo mismo se puede decir sobre la mente. Si entramos a una situación cargando todo nuestro pasado con nosotros, eso impedirá una duplicación fiel de un objeto nuevo en nuestra mente. Cuanto más pura y menos manchada esté la mente, más se podrá aprender la verdad sobre un objeto. Si la mente está manchada por la experiencia pasada, proyectaremos esa experiencia en nuestro objeto de meditación. Entonces, la mente llevará a cabo una simulación del objeto modificada por los datos que hemos recolectado en el pasado. Necesariamente, esta estará lejos del objeto de meditación en sí mismo. Solo cuando la mente está completamente tranquila es capaz de reproducir un objeto a tal punto que el duplicado es una copia casi idéntica del original. Solamente en este estado la mente es capaz de aprender la verdad sobre los objetos. El conocimiento en este estado se llama *prajña* - sabiduría.

Antes de lograr esto, la mente y el aparato sensorial no están cualificados para cognocer la verdad. Para ser precisos, tendríamos que cambiar oraciones como "vi a Juan" por " vi a alguien que creo que es Juan". Tales revisiones pueden ser muy importantes en una investigación de homicidio, por ejemplo. La simple oración "Juan es un comunista" podría cambiarse a "la persona que creo que es Juan parece adherirse gran parte del tiempo a un sistema complejo de creencias que usualmente es etiquetado como comunismo." Si reformuláramos nuestras oraciones de esta forma, de repente nos daríamos cuenta de lo poco que sabemos. *Prajña* (sabiduría) significa que podemos ver el nivel más profundo de un objeto.

"Sea este lo percibido, el proceso de percepción, o el que percibe." Estas son las tres categorías en las cuales los objetos de meditación se clasifican. Los percibidos son objetos que están claramente fuera de nosotros, como el mundo o el cuerpo. Meditaríamosen estos objetos primero. La capa siguiente y un poco más profunda es el proceso de conocimiento, que incluye los sentidos como la vista, la audición, el gusto y la mente que organiza los datos sensoriales. Todos juntos se llaman órganos o instrumentos de cognición.

Aquí el que percibe es el yo soy o la egoidad (*asmita*), el agente que se adueña de los datos sensoriales. Recordemos que Patañjali enumera entre los *samadhis* con objeto uno llamado *asmita*. Este *samadhi* está basado en el yo soy que se apropia de los fenómenos cognocidos. Si vemos a través de una ventana y contemplamos un paisaje hermoso, por una fracción de segundo solo está el paisaje por sí mismo; luego el yo soy se activa y dice "yo observo el paisaje, ¿ahora qué?, ¿qué hacemos con él?" Este es el que percibe.

Algunos autores modernos han torcido este sutra al decir, "Cuando las fluctuaciones se reducen entonces la mente se une con el que ve, el proceso de ver y lo visto". Esto terriblemente tergiversa la filosofía de Patañjali. Él dice que la unión entre el observador, el proceso de observación y lo observado constituye la ignorancia (sutra II.17) y el egoísmo (sutra II.6). En su visión, solo se puede lograr la libertad al comprender la eterna separación entre el que ve por un lado y el proceso de ver y lo visto por el otro. Si intento leer el *Yoga Sutra* con una noción vedántica, esto significa que mi mente está tan nublada por mi pasado vedántico que no puedo representar el objeto (el *Yoga Sutra*) fielmente tal cual es, sino solo mezclado con mi condicionamiento vedántico. Tal vez en el futuro, tendremos yoguis que lean el yoga dentro de las escrituras vedánticas, lo cual sería una lástima. Estos dos magníficos sistemas merecen algo mejor.

"Este estado se llama identidad (*samapatti*)." *Samapatti* es una forma baja de *samadhi* con objeto. Recordemos que Patañjali enumeró cuatro tipos de *samadhi* con objeto (*samprajñata*), llamados deliberación (*vitarka*), reflexión (*vichara*), éxtasis (*ananda*) y yo soy (*asmita*). Los dos primeros, deliberación y reflexión, forman la base de los varios tipos de *samapatti*. Esto será explicado en los siguientes sutras.

तत्रशब्दार्थज्ञानविकल्पैःसंकीर्णासवितर्कासमापत्तिः॥४२॥

I.42 El *samapatti* deliberativo (*savitarka*) es ese *samadhi* en el cual las palabras, los objetos y el conocimiento están mezclados a través de la conceptualización

Esta es la forma más baja de todos los *samadhis*. Su diferencia con la concentración (*dharana*) es que ya no tenemos que hacer un esfuerzo deliberado para evitar pensamientos que no tienen nada que ver con el objeto. La diferencia con la meditación (*dhyana*) es que nuestra mente ya representa el objeto fielmente, en tanto que en la meditación solo hay un flujo continuo de observación consciente hacia el objeto. Pero, mientras que en el profundo *samadhi* con objeto solo el objeto brilla sin ninguna distorsión, en este *samadhi* todavía hay una deliberación o discusión en curso.

Comparado con los otros *samadhis* este *samapatti* es un poco superficial. Pero, desde el punto de vista de la meditación (*dhyana*), este es un estado profundo, poderoso y creativo, debido al conocimiento y a la claridad que crea.

Si basamos nuestro *samapatti* por ejemplo en el *Mula Bandha*, entonces, además de la duplicación auténtica del *Mula Bandha* en la mente, la mente se dedica a la deliberación. La deliberación ocurre en forma de conceptualización (*vikalpa*). La conceptualización es una de las fluctuaciones de la mente. Por tanto, podemos decir que una parte de la mente está todavía divagando hasta cierto punto, mientras que la parte principal ya ha logrado la identidad con el objeto. El divague de la mente no significa, sin embargo, que estamos pensando en otras cosas. La mente está complemente absorta en el *Mula Bandha*, pero solo a un nivel superficial.

La conceptualización consiste de tres aspectos que están entremezclados. Ellos son el objeto *Mula Bandha* como lo percibimos ahora, la palabra *Mula Bandha* y el conocimiento sobre él, que hemos acumulado en el pasado, como por ejemplo que él fuerza la corriente *apana* hacia arriba. Lo importante aquí es entender que el objeto *Mula Bandha*, la palabra que lo denota y el conocimiento que tenemos de él son tres cosas completamente separadas.

La palabra *Mula Bandha* es un símbolo sobre el cual acordamos por convención. Si por alguna razón perdiéramos el lenguaje sánscrito, podríamos en el futuro llamarlo simplemente sello pélvico. La palabra podría cambiar en ese caso pero el objeto descrito permanecería inalterado. De forma similar, nuestro conocimiento sobre el *Mula Bandha* podría ser completo o incompleto, correcto o incorrecto, pero el objeto real no es alterado por el estado de nuestro conocimiento. De nuevo, podríamos activar el *Mula Bandha* incorrectamente, pero no cambiaríamos la palabra que usamos para referirnos a él.

En el *samapatti* deliberativo (*savitarka*) hay una mezcla de palabra, objeto y conocimiento, mientras que en los tipos de *samadhi* más profundos solamente el objeto estará ahí. Primero se practica este tipo de *samadhi*: la mente se calma en un estado superficial y, por tanto, no puede fusionarse completamente con el objeto. No obstante, este es un estado de entrenamiento importante que no debe menospreciarse. El *samapatti* deliberativo es la base o el primer paso para los *samadhis* superiores.

स्मृतिपरिशुद्धौस्वरूपशून्येवार्थमात्रनिर्भासानिर्वितिर्का ॥४३॥

I.43 Cuando la memoria se purifica, la mente parece estar vacía de su propia naturaleza y solo el objeto brilla. Esto es el *samapatti* supradeliberativo (*nirvitarka*)

Nuestra memoria está llena de datos que hemos obtenido de eventos pasados, de leer, o de escuchar a la gente, o que hemos alcanzado por inferencia (deducción).

En el *samapatti* deliberativo (*savitarka*), todo este conocimiento junto con las palabras que se refieren a él, están mezclados con el verdadero *samadhi*. En el *samapatti nirvitarka* (sin *vitarka*) no hay esa deliberación. Por esta razón lo llamamos *samapatti* supradeliberativo - más allá de la deliberación. A estas alturas la purificación de la mente ha sucedido, lo cual significa que la mente se ha vuelto unidireccionada. Los métodos para hacer la mente estable ya fueron descritos en los sutras I.33-39, y gran parte de los capítulos segundo y tercero del *Yoga Sutra* tratan de nuevo sobre este tema.

Aquí necesitamos comprender qué es *samapatti* supradeliberativo y cuáles son sus efectos. Sin esta comprensión, la práctica del Yoga de Patañjali no podrá dar resultados. La purificación de la memoria significa que la mente está tan enfocada que no continúa lanzando más aspectos, puntos de vista o datos que ha almacenado acerca de nuestro objeto de meditación. La naturaleza de la mente es traer todo este conocimiento para que podamos identificar el objeto. Pero tal discusión implacable evita que profundicemos y conozcamos el centro más interno de un objeto o el objeto-tal-cual-es. Mientras esta simulación del objeto esté presente, no se puede percibir el objeto-tal-cual-es.

En este último *samadhi* la mente aparenta estar vacía de su propia naturaleza que es proyectar constantemente el conocimiento almacenado hacia el momento presente. Esto se llama la purificación de la memoria. Se denomina "manchada" o "impura" a la memoria, porque el pasado deja una impresión sobre ella. Si digo que la memoria está purificada, eso no significa que se ha borrado. Significa que la proyección permanente del pasado hacia el presente se ha vuelto voluntaria. Ahora los yoguis pueden elegir si quieren ir al *samadhi* o usar la memoria para llegar a una conclusión. La memoria está a nuestra disposición, pero si no la necesitamos, como es el caso durante la meditación, somos libres para no usarla. Esto significa que nuestra mente parece estar vacía de su naturaleza que es el constante parloteo trivial.

El efecto es que, por primera vez, solo el objeto de meditación resplandece en la mente. Es visible sin estar mezclado con lo que creemos que sea. Esto es importante porque por primera vez podemos ver un objeto como realmente es. Significa estar verdaderamente vivos. En muchas formas habíamos sido solo cuerpos andantes antes de este punto; somos reales por primera vez en nuestras vidas. Puede que hayamos tenido un destello de la realidad pura e inalterada antes - tales destellos pueden ocurrir cuando tenemos una experiencia fuerte por primera vez como enamorarnos o tener una experiencia cercana a la muerte.

La segunda vez que la experiencia llega de visita, la mente sabe que está llegando, ha archivado la experiencia en algún lugar y ya no se deslumbra hasta quedar en silencio.

El *samadhi* es diferente de estos destellos porque es un proceso consciente que se puede repetir. Si se purifica la memoria y la mente está vacía de su propia forma, cada experiencia parece ser absolutamente nueva, fresca y asombrosa. El aburrimiento es imposible. El aburrimiento surge de una mente desenfocada: si la mente es libre para proyectar nuestro pasado hacia el presente, el presente se verá como el pasado y, por tanto, aburrido.

Digamos que estamos camino del trabajo a la casa. Parece aburrido porque hemos tomado este camino muchas veces y creemos que lo conocemos del pasado. Pero, ¿qué hay del cambio en la luz del sol todos los días, el color del cielo, el olor del aire, los cambios en el follaje y las flores, el vuelo de los pájaros? Todas estas cosas son completamente frescas y nuevas cada momento, y es solo porque proyectamos el ayer en el hoy que no las notamos. Por esta razón, seguimos los pequeños esquemas en nuestras cabezas y no escuchamos las muchas llamadas de aviso que la vida nos ofrece a cada momento. Si supiéramos que estamos muriendo y esta fuese la última vez que condujéramos por este camino, la situación sería muy diferente: de repente nos permitiríamos percibir todo claramente.

En muchos sentidos, este estado de *samadhi nirvitarka* se puede comparar con la inocencia y frescura de un niño - en lo que respecta a la frescura con la cual el presente se experimenta. La diferencia está en que toda la información almacenada en la memoria está disponible en caso de que se requiera, como cuando hay un desafío de supervivencia cerca. Sin embargo, en muchas situaciones la memoria es perjudicial porque frena nuestra vitalidad. Vivir desde la memoria hace que la vida parezca deslucida, aburrida y predecible. En el *samapatti* supradeliberativo uno tiene la frescura de un niño y la experiencia de una vida entera cuando se requiera.

Algunos movimientos contemporáneos han sugerido que la meditación es solo regresar al estado de la inocencia. Esta no es la visión yóguica. El propósito del *sampatti* supradeliberativo no es permanecer en un estado de inocencia infantil cuando el *samadhi* cesa. En el sutra I.20 Patañjali enumera la memoria como uno de los prerrequisitos para el *samadhi*, es decir que después de cada *samadhi* tenemos que recordar que somos yoguis, que no somos libres ahora, pero que estamos avanzando hacia la libertad a través del camino del yoga y que, por tanto, necesitamos proseguir de ese modo. Este *samadhi* es solo un peldaño en el camino hacia la liberación y no la meta misma. Nos da convicción (*shraddha*) y energía (*virya*) renovadas para ir hacia la liberación (*kaivalya*). Si no integramos este *samapatti* de forma significativa (*smrti*), nos estancaremos aquí.

एतयैवसविचारानिर्विचाराचसूक्ष्मविषयव्याख्याता ॥४४॥

I.44 Del mismo modo, también se explican el *samapatti* reflexivo (*savichara*) y el *samapatti* suprarreflexivo (*nirvichara*), los cuales se basan en objetos sutiles

Para recordar el sutra I.17, el *samadhi* con objeto (*samprajñata*) surge primero de la deliberación (*vitarka*) y después de la reflexión (*vichara*). En el yoga, "deliberación" y "reflexión" son definidos de la siguiente manera. El *samadhi* deliberativo (*vitarka*) significa la meditación en un objeto denso, como los *bandhas*, los *drishtis*, la secuencia de posturas, la respiración anatómica o externa, una flor de loto, el símbolo OM y demás. Aquí "denso" significa que el objeto tiene una apariencia manifiesta que es perceptible por nuestros sentidos.

El *samadhi* reflexivo (*vichara*) significa la meditación sobre un objeto sutil, como los sentidos, el proceso de cognición, la mente, el yo soy, los *chakras*, la respiración interna (*prana*), los *nadis* como el *sushumna*, la fuerza creativa (algunas veces llamada *shakti* o *kundalini*), el intelecto (*buddhi*), y así sucesivamente. Aquí "sutil" significa no perceptible por los sentidos, sino que se llega por inferencia, por ejemplo "de mi conducta puedo deducir que tengo un ego y una mente". Se llega a los objetos sutiles a través del testimonio, como las declaraciones de Patañjali, Vyasa y otras autoridades antiguas, y finalmente a través de la percepción directa por el ojo de la mente al circunnavegar los sentidos, que es el profundo *samadhi* con objeto.

Los dos *samapattis* descritos previamente están basados en objetos densos con discusión (deliberativo) o sin discusión (supradeliberativo) de los mismos. Los dos *samapattis* descritos ahora están basados en objetos sutiles. Seleccionemos por ejemplo el yo soy o la egoidad (*ahamkara* que, directamente traducido, significa el yo hacedor o aquello que agrega la noción del yo al proceso de cognición). En el *samapatti* reflexivo tengo un duplicado aparentemente preciso del ego en mi mente.

Superpuesta en esta imagen, mi mente todavía refleja todo lo que ha aprendido hasta ahora sobre el ego, lo cual puede ser, por ejemplo, la opinión de Freud o de Swami Vivekananda acerca del ego. Sobra decir que esta reflexión nos impide ir más profundo en nuestro *samapatti*.

En el siguiente *samapatti* más alto - suprarreflexivo - percibimos directamente al ego tal cual es y, a excepción de esto, la mente está completamente quieta. Por esta razón tenemos una visión y comprensión del ego infinitamente más precisas. La obtención de una visión suprarreflexiva del ego es un estado muy avanzado y poderoso del yoga. Casi que podríamos decir que hemos andado tres cuartas partes del camino hacia la libertad. En el Yoga de Patañjali existen realmente solo dos visiones superiores a esa: la visión del intelecto (*buddhi*) y la visión de la consciencia (*purusha*). La última se puede obtener solo en el *samadhi* sin objeto o más allá del objeto.

Algunas escuelas enumeran una tercera visión, que es todavía más elevada. Esta es la visión del Ser Supremo (*Ishvara*) o de la consciencia infinita (*Brahman*). Patañjali no dice nada aquí principalmente porque este es el tema del Vedanta y no del Yoga.

सूक्ष्मविषयत्वम्चालिङ्गपर्यवसानम् ॥४५॥
I.45 La jerarquía de la sutileza termina en la naturaleza (*prakrti*)

Según la filosofía del Samkhya, del cual el Yoga echa raíces, el mundo surge de una matriz inmanifiesta, eterna, increada y sutil, que es su causa material - *prakri* (naturaleza o procreadora). *Prakrti* es como el estado antes del Big Bang: nada está manifiesto pero existe el potencial infinito.

De acuerdo con el Samkhya, a partir de *prakrti* surge la inteligencia cósmica (*mahat* o *buddhi*). De esta surge la egoidad (*ahamkara*), de esta el espacio sutil, de este el aire sutil, de este el fuego sutil, de este el agua sutil, de este el elemento sutil de la tierra. Este proceso se llama evolución. En él hay un movimiento hacia abajo y hacia afuera que conduce a la ignorancia y al cautiverio. El yogui revierte este proceso y es entonces llamado involución. El movimiento es hacia adentro y hacia arriba, y lleva a la libertad y al éxtasis.

Los primeros objetos sutiles que escogeríamos para *samapatti* suprarreflexivo son los inferiores dentro de la jerarquía, como el elemento sutil de la tierra. Se llama la partícula elemental o potencial infratómico (*tanmatra*) de la tierra. A través del *samapatti*, la partícula elemental de la tierra regresa a su origen, la partícula elemental del agua. A través de *samapatti*s subsecuentes devolvemos el agua al fuego, el fuego al aire, el aire al espacio, el espacio a la egoidad (*ahamkara*), y finalmente la egoidad al intelecto (*buddhi*). El intelecto es el objeto de meditación culminante, y de él viene el conocimiento discriminativo (*viveka khyateh*).

Notemos que los objetos están ordenados de acuerdo con su sutileza. Esto significa que primero meditamos en los aparentes y, de último, en los difíciles de captar y que, por tanto, necesitan un intelecto más desarrollado. El intelecto es el objeto de meditación más sutil. *Prakrti* es más sutil aun que el intelecto, pero como la sutileza termina aquí, no se escoge como un objeto. *Prakrti* es el estado en el cual las tres cualidades (*gunas*) están en equilibrio y aquí el mundo es inmanifiesto. El estado inmanifiesto es alcanzado cuando reconocemos nuestra verdadera esencia como consciencia. Entonces, la mente condicionada, que es un producto de las gunas entrelazadas, se desconecta de nosotros y regresa a su fuente, *prakrti*. A estas alturas necesitamos soltar los objetos de meditación y, en su lugar, meditar acerca del sujeto (consciencia). Porque si continuamos aquí nos volveremos uno con prakrti, el lugar donde la sutileza termina. La identificación con *prakrti* (*prakrtilaya*) es también un alto estado místico, pero no lleva a la libertad permanente. Como ya fue discutido en el sutra I.19, prakrti lleva a nueva ignorancia, nuevo sufrimiento y nueva encarnación, y debe ser rechazada. El estado de prakrti es diferente de la consciencia, y la meta del yogui es identificarse con la consciencia y mantenerse lejos de *prakrti*, la cual porta la intención de manifestarse, opuesta al ser puro de la consciencia. La consciencia no se menciona bajo los objetos sutiles porque es el sujeto, el verdadero observador o el ser.

तएवसबीजस्समाधिः ॥४६॥
I.46 Todos estos son *samadhis* con semilla (*sabija*)

La semilla (*bija*) es el objeto sobre el cual meditamos. Todos los *samapattis* son formas de *samadhi* con objeto dado que dependen de un objeto externo para que surjan. El término *sabija samadhi* es sinónimo del término *samadhi* "con objeto" o "cognitivo" (*samprajñata*). La cognición significa que un objeto es percibido e identificado por la mente.

El tipo más alto de *samadhi* es el *samadhi* sin semilla (*nirbija*), que es sin objeto. No depende de un objeto para surgir. El término "*samadhi* ultracognitivo" (*asamprajñata*) es sinónimo de *samadhi* sin objeto (*nirbija*). En él hemos ido más allá de la necesidad de estabilizar nuestro *samadhi* a través de objetos.

La otra razón por la cual el *samadhi* con objeto es llamado "*samadhi* con semilla" es que en él las semillas de las impresiones subliminales (*samskaras*), las cuales producen el condicionamiento (*vasana*), quedan intactas. De esas semillas pueden brotar nueva ignorancia y nueva acción (*karma*), esta última basada en las formas de sufrimiento (*kleshas*). Pero en el *samadhi* sin semilla, esas semillas son quemadas y, por tanto, pierden su capacidad para germinar. Por consiguiente, la liberación solo es posible a través del *samadhi* sin semilla.

निर्विचारवैशारद्येऽध्यात्मप्रसादः ॥४७॥
I.47 Con el brillo del *samapatti* suprarreflexivo (*nirvichara*), el instrumento interno se purifica

Establecerse en el *samapatti* suprarreflexivo significa que nuestra mente tiene la habilidad de lograr identidad con un objeto sutil sin una discusión sucediendo en segundo plano Entonces, surge un brillo que purifica el instrumento interno de cognición - *buddhi*, el intelecto.

Autores modernos erróneamente traducen este sutra como: "Del *nirvichara samapatti* surge la claridad del auténtico ser." Patañjali y Vyasa esblecieron claramente una nomenclatura de *samadhis*, en la cual los *samadhis* con semilla o con objeto, como es nuestro ejemplo aquí, se refieren a objetos. Solo los *samadhis* sin semilla o sin objeto se refieren al ser (*atman*) o a la consciencia (*purusha*). El *samadhi* con objeto aquí mencionado no tiene el poder para revelar al ser, su propósito es purificar el instrumento interno de cognición, el intelecto.

El término usado en este *sutra* para el instrumento interno es *adhyatma* que significa "perteneciente a uno mismo". Vyasa ya usó este término cuando describió las tres formas de sufrimiento (*adhyatmika, adhibhautika, adhidaivika*). En este contexto se refiere al sufrimiento creado por uno mismo, como por ejemplo mediante nuestra propia ignorancia. Es claro que el sufrimiento no puede ser creado por nuestro verdadero ser (*atman*). Para empezar, la consciencia (*atman*) es totalmente pasiva y no influye en el mundo. Esta noción es enseñada por los *Upanishads*, el *Bhagavad Gita*, el *Brahma Sutra* y el *Yoga Sutra*. El ser no crea. Más aún, residir en el ser no es sufrimiento sino éxtasis y libertad. Por esto, el término *adhyatma* no se refiere al ser verdadero o divino sino solo a uno mismo, aquí, al instrumento interno.

A partir de la aplicación repetitiva del *samapatti* suprarreflexivo, la mente y particularmente el intelecto obtienen la capacidad de percibir los objetos como realmente son. Este tipo de conocimiento se llama prajña que significa entender y comprender los objetos en el nivel más profundo. Ahora la mente se ha convertido en una herramienta para conocer cosas, mientras que antes solo era capaz de creer, sospechar, medir o considerar. El conocimiento profundo sobre los objetos solo es posible con una mente que haya logrado tal habilidad. Entonces, se dice que los instrumentos internos están purificados, lo cual significa que las nociones erróneas ya no se pueden adherir a ellos. El porqué esto es tan importante lo aprenderemos en los próximos *sutras*.

ऋतंभरातत्रपरज्ञा ॥४८॥

I.48 Ahí, la sabiduría es verdadera (*rtambhara*).

Ahora se describe la cualidad de la sabiduría (*prajña*) lograda en el *samapatti* suprarreflexivo. Se dice que es verdadera (*rtambhara*). *Rta* es una terminología que ya había aparecido en el *Rig Veda*. Se refiere al orden sagrado. Lo que significa aquí es que uno ve las cosas al nivel más profundo, en su tal-cualidad, y no como creemos o queremos que sean.

Vyasa explica que *rtambhara* significa la verdad completa, sin estar mezclada siquiera con la más mínima falsedad. Explica que este yoga supremo es alcanzado en tres etapas: el estudio de las sagradas escrituras, la inferencia, y la práctica constante de la meditación. Esto resuena con el aforismo del Brhad Aranyaka Upanishad, según el cual la consciencia (*Brahman*) es alcanzada a través de tres pasos, ahí llamados: shravanna (escuchar repetidamente la verdad), *manana* (reflexionar en la verdad) y *nidhidhyasana* (conocer o estar establecido permanentemente en la verdad).

श्रुतानुमानप्रज्ञाअभ्यामन्यवषियावशिषार्थत्वात् ॥४९॥

I.49 Este conocimiento es diferente al conocimiento obtenido a través de las escrituras y la inferencia, dado que es acerca de una cosa particular

Nuestros idiomas son muy imprecisos. Existen millones de objetos particulares pero solo hay pocas palabras para describirlos. Si realmente usáramos una palabra distinta para cada objeto diferente, nuestro idioma sería inmanejable. Puesto que la inferencia y las escrituras sagradas usan el idioma, ellas describen las cosas solo de una manera general.

El conocimiento obtenido a través de los sentidos atañe solo a los objetos densos (cosas). Todos los objetos de meditación importantes, como la mente, el ego, el intelecto, el loto del corazón y el canal central de energía son objetos sutiles y, por ende, no son percibidos por los sentidos. Es por esta razón que necesitamos la inferencia y el testimonio de las escrituras sagradas. Pero incluso cuando las escrituras sagradas son comprendidas y el intelecto se ha hecho sáttvico para que podamos inferir correctamente los objetos sutiles, no es lo mismo que percibirlos directamente en *samadhi*. Antes de que seamos capaces de esta percepción directa, puede que todavía haya una duda persistente de si la inferencia o el testimonio es correcto. Pero aun si no hay ninguna duda, permanece el hecho de que el conocimiento no es realmente nuestro sino de segunda mano.

El místico Georg I. Gurdjieff dijo que el conocimiento es de índole física. Lo que quería decir es que el conocimiento teórico no ayuda mucho. Solo cuando el conocimiento se vuelve real, como si se tratara de un objeto físico que podemos tocar, nos transformará. Antes de eso, la filosofía es solo teoría.

Sin embargo, no es correcto decir que necesitamos experimentar la verdad para ser libres. Nunca ninguna experiencia nos conducirá a la libertad, puesto que la experiencia misma significa cautiverio (*bondage*). La experiencia está determinada por la impermanencia: cada experiencia tiene un comienzo y un fin. Cuando termina, es sucedida por una experiencia diferente. Si decimos que hemos experimentado la libertad, entonces no hemos experimentado la libertad real, siendo la libertad el fin de la experiencia. Por esta razón los antiguos maestros usaban términos como "residir", "darse cuenta" y "conocer". Una vez que conocemos o nos damos cuenta de la consciencia, ninguna experiencia sea buena o mala puede incidir en este hecho.

Por supuesto, no se puede obtener tal conocimiento mediante la lectura de libros. Pero, de igual forma, tampoco se puede crear a través de acciones, como el *asana*, el *pranayama* o la meditación. Ninguna cantidad de lectura o de ejecución de acciones producirá el conocimiento directo, solo el estudio y la práctica pueden despertar el potencial en nosotros para alcanzar el conocimiento. Como Shankara ha mostrado en su comentario sobre el *Brahma Sutra*, la consciencia (Brahman) no tiene causa. Es eterna e increada. Esto significa que el estado de Brahman dentro de nosotros no es creado por el estudio y la meditación, o, en otras palabras, el estudio y la meditación no son la causa directa de nuestra autorrealización. No obstante, ellos nos vuelven capaces para comprender aquello que ya somos (consciencia). Ellos son necesarios para la mayoría de las personas.

Las palabras forzosamente vagas de un maestro nunca serán suficientes para mostrarnos la verdad. Todas las enseñanzas, sean estas las escrituras sagradas, las enseñanzas personales o la interferencia, recurren a palabras. Las palabras canalizan la realidad dentro de un código lingüístico, pero este código es muy diferente de la realidad. Puede ser una bella descripción, pero no es la realidad misma. La realidad debe ser conocida directamente, solo entonces despertará verdaderamente al yogui. Este conocimiento directo de la realidad, sin la mediación de palabras, conceptos, maestros o escrituras sagradas, es producido por el *samapatti* suprarreflexivo (*nirvichara*). Es diferente en este sentido: aquí vemos un objeto en su totalidad, mientras que las palabras de un maestro o de las escrituras serán siempre un destello a través de los ojos de alguien más. Necesitamos ver por nosotros mismos para volvernos libres.

तज्जस्संस्कारोऽन्यसंस्कारप्रतिबन्धी ॥ ५० ॥

I.50 La impresión subconsciente producida de este conocimiento nos recondiciona.

¿Cómo es que no ayuda si un maestro nos dice la verdad? ¿Por qué tenemos que verla por nosotros mismos?

Las palabras de un maestro dejan una nueva impresión subconsciente en la mente - una impresión de libertad, sí, pero en una mente que está llena de impresiones de ignorancia y fantasía acumuladas durante eras. Necesariamente, eso no cambiará hasta que el estudiante haya acumulado una masa crítica de impresiones subconscientes de libertad; entonces las palabras agregadas de un maestro pueden inclinar toda la personalidad hacia la libertad. Para el estudiante condicionado promedio, esto no es posible. En ese estudiante las fluctuaciones (*vrtti*) de la mente surgen debido al condicionamiento pasado. La mera lectura, meditación o práctica de *asana* no cambian este condicionamiento.

Sin embargo, el conocimiento especial (*rtambhara*) logrado en el *samapatti* suprarreflexivo es tan fuerte que elimina las impresiones subconscientes (*samskaras*) de las fluctuaciones de la mente y las reemplaza por impresiones de verdad, autenticidad y conocimiento correcto. Podríamos decir que este es el secreto del éxito del yoga. Este proceso también se llama la conversión de la mente en intelecto. La "mente" es aquello que cree, duda, sospecha, etc.; el "intelecto", al contrario, es aquello que sabe. Por tanto, la mente necesita ser convertida en intelecto colocando repetidamente en ella las impresiones subconscientes del conocimiento correcto.

Solo cuando la mente alcanza la identidad (*samapatti*) con el objeto sin que suceda ninguna discusión, surge una comprensión directa lo suficientemente fuerte como para acabar con el viejo condicionamiento de fantasía y esclavitud mental. Cuando, a través de la aplicación repetitiva del *samapatti* superreflexivo, se eliminan suficientes impresiones subconscientes y se reemplazan por otras útiles, la mente tenderá a gravitar, todavía en los intervalos entre los *samadhis*, hacia un estado enfocado y unidireccional. En tal mente, los obstáculos están presentes solo en un grado decreciente, si es que están presentes del todo.

तस्यापनिरोधेसर्वनिरोधान्निर्बीजःसमाधिः ॥ ५१ ॥

I.51 Después de que esas han cesado también, la mente entera se suspende, y eso es *samadhi* sin objeto (sin semilla).

Patañjali termina el primer capítulo del *Yoga Sutra* llamado "el capítulo sobre el *samadhi*", recordándonos que el viaje no termina al ganar completo conocimiento a través del *samadhi* con objeto. Realmente solo se alcanza el yoga después de que surge la liberación. La liberación resulta del *samadhi* sin objeto.

Sin embargo, este *samadhi* final está más allá de ser logrado. Para alcanzarlo, el yogui tiene que ir más allá de la idea de hacer. Luego de obtener el conocimiento completo concerniente a los conocibles (objetos), tenemos que conocer lo incognoscible - el sujeto (consciencia). Esto se efectúa en dos pasos, o algunas autoridades enumeran tres. El tercer paso no es un paso que se realice activamente; sino que uno necesita entregarse a él. Para que ocurra esta transformación final, el yogui tiene que soltar la idea de ser el hacedor.

PASO I

Del completo conocimiento perteneciente a los conocibles (*prajña*) aflora, después de la debida contemplación, un estado más elevado aún. Se llama "conocimiento discriminativo" (*viveka khyateh*) y surge en el intelecto (*buddhi*). Después de que el intelecto ha penetrado todos los objetos en el *samadhi* con objeto, eventualmente se da cuenta de que la observación consciente (*awareness*) y la consciencia no son parte de él mismo (el intelecto) sino que forman una capa todavía más profunda -completamente independiente - llamada *purusha* o *atman*, la consciencia. Este conocimiento discriminativo solo puede brotar en toda su gloria cuando el intelecto se hace completamente sáttvico a través de la práctica del *samadhi* con objeto. El conocimiento discriminativo es la comprensión de que el intelecto no es el conocedor u observador y de que no puede conocer al que ve.

Entonces, ¿cómo es que podemos decir que esta comprensión profunda surge en el intelecto y no en la consciencia? La consciencia es por siempre libre, permanente y omnisciente, mientras que el intelecto conoce o no conoce un determinado objeto. Siempre que estamos observando algún conocimiento que surge o que es producido, estamos mirando el intelecto. La consciencia (*purusha*) nunca puede olvidarse de sí misma o recordarse a sí misma, puesto que es eterna, increada e inmutable.

PASO II

En el estado de conocimiento discriminativo, sabemos todo lo que no somos pero aún no residimos en nuestra verdadera esencia. Así como un imán atrae el hierro, así el intelecto y la mente gravitan hacia el conocimiento de los objetos. Para conocer nuestra verdadera naturaleza tenemos que soltar el "poseer" el conocimiento y los fenómenos. Tenemos que parar de proyectarnos hacia afuera, buscarnos fuera. La detención o el cese es más bien un no hacer y un soltar pasivos. Esto se llama *paravairagya* - el desapego supremo. A través del desapego supremo, a través del completo dejar ir, la mente se vuelve suspendida - cesa de funcionar como una unidad autónoma.

Aquí se eliminan todas las impresiones subconscientes, incluso aquellas de conocimiento completo (*prajña*) y unidireccionalidad (*ekagra*). Este estado se llama ahora *dharmamegha samadhi* (*samadhi* que disipa la nube de características) que es el *samadhi* supracognitivo (sin objeto). Ahora la mente está en suspensión (*nirodha*), lo cual significa que ya no somos esclavos de la mente. La usaremos cuando la necesitemos, en vez de que ella nos use.

PASO III

Si el *dharmamegha samadhi* se mantiene por un período prolongado, el intelecto se separa de la consciencia, las *gunas* regresan a su fuente, *prakrti*, y el observador reside permanentemente en sí mismo. Esta es la liberación (*kaivalya*). Es un estado de éxtasis y libertad eterno, inmutable y supraconsciente.

Capítulo II: Sobre la Práctica

तपःस्वाध्यायेश्वरप्रणधिानानक्रियियोगः ॥१॥

II.1 El Yoga de la Acción consiste en austeridad, autoestudio y entrega al Ser Supremo.

Después de dedicar el primer capítulo del *Yoga Sutra* al estudiante muy avanzado que es capaz de enfocar la mente, Patañjali dirige el segundo capítulo al estudiante novato que tiene una mente distraída y sugiere el Yoga de la Acción (Kriya Yoga). Este yoga se llama "activo" a diferencia del yoga avanzado, el cual aparenta ser inactivo desde fuera porque consiste principalmente de meditación.

En el Hatha Yoga el término *kriya* tiene una connotación diferente. Ahí se refiere a las *shatkarmas*, las seis acciones, que son ejercicios de purificación para el cuerpo. En el Tantra Yoga *kriya* describe los ejercicios de purificación para el cuerpo sutil que combinan la visualización, el mantra y la respiración.

En el Yoga de Patañjali, el Kriya Yoga consiste en la austeridad, el autoestudio y la entrega al Ser Supremo. El término "austeridad" (*tapas*) evoca imágenes de personas sentadas en camas de clavos o pararse en una sola pierna por diez años. Estos son extremos. En el sutra IV.1 Patañjali enumera *tapas* como una de las formas para lograr poderes sobrenaturales (*siddhis*). Si esa es la razón por la cual se practica *tapas*, y usualmente es, tiene que tomar estas formas extremas. Patañjali critica los poderes: son considerados como una distracción en el yoga. También el *Bhagavad Gita* critica *tapas* si toma la forma de autotortura.

En el yoga "austeridad" significa simplicidad. Detrás del término "simplicidad" yace mi aceptación de la verdad de que para ser feliz solo necesito saber quién soy verdaderamente. Al vivir una vida simple sin extremos y sin ceder a mis deseos constantemente, mi mente se concentra y enfoca. Por otro lado, si sigo el llamado de este mundo de "mímese", "consiéntase" y "complázcase", comunico a mi mente que no estoy a cargo de mi vida. Más bien, consolido la creencia de que tiene que haber un flujo constante de estimulación externa y satisfacción sensorial para mantener mi equilibrio mental - lo cual significa que no estoy a cargo de mi vida sino que soy un esclavo de mis necesidades y deseos.

Tapas es despertar a la verdad de que no necesito nada para ser feliz internamente, de que, de hecho, el seguir constantemente los estímulos externos me separa de mí mismo. La austeridad nos hará fuertes, en tanto que la gula y la decadencia nos debilitarán. Mientras más creamos que necesitamos ciertas cosas, más dependeremos de ellas. Cuanto más simples podamos ser, más libres seremos. La simplicidad hace al cuerpo fuerte y sano y a la mente calma y enfocada. Es la base del autoconocimiento puesto que significa renunciar a la mentira de que cualquier cosa puede hacernos felices permanentemente. Solo el autoconocimiento puede hacer eso.

Un gran ejemplo del enfoque mental a través de la austeridad es Mahatma Gandhi. Al negarse a comer y al estar encarcelado, su convicción y concentración más bien se volvieron más fuertes. La austeridad no significa que tenemos que vivir como indigentes: algunos de los más grandes yoguis de la India fueron emperadores y reyes. Podemos disfrutar de aquello que legítimamente nos pertenece, después de dar cierto porcentaje a la caridad, siempre y cuando sigamos las normas éticas.

El término *tapas* se deriva de la raíz *tap*, que significa cocinar. A través de la simplicidad y de la práctica se genera el calor interior, el cual es necesario para la purificación física y mental, siendo las emociones una categoría de la mente. La austeridad significa que somos capaces de efectuar la práctica aun en situaciones adversas. El simple hecho de hacer nuestra práctica de *vinyasa* cada mañana antes del trabajo es efectuar *tapas*.

La segunda de las tres acciones (*kriyas*) es *svadhyaya*, que significa el autoestudio o estudio del ser. Aquí no significa la investigación del ser como es practicada en el Jñana Yoga: esta máxima forma del yoga es recomendada solo para los estudiantes que han desarrollado completamente su intelecto. En cambio, el Kriya Yoga es el yoga preparatorio. Un principiante no puede llegar a la conclusión correcta sobre el ser a través de la investigación directa. En el Kriya Yoga el autoestudio significa el estudio de las escrituras sagradas. Estas se dividen en *shruti* y *smrti*. *Shruti* significa aquello que se ha oído y aplica a las escrituras reveladas, a saber los *Vedas*[1] y los *Upanishads*, que son consideradas de origen divino. *Smrti* significa aquello que ha sido memorizado. La palabra se aplica a las escrituras que están basadas en los textos revelados y que los explican con más detalle, como el *Bhagavad Gita*, el *Mahabharata*, el *Ramayana*, el *Brahma Sutra* y el *Yoga Sutra*.

El estudio de estas escrituras ayuda a remover el velo de la luz del conocimiento. Lo logra de varias formas. Primero, el escuchar la verdad repetidamente nos hace comprender esa verdad en la vida diaria. Segundo, la contemplación de la verdad escuchada vuelve al intelecto sáttvico. Georg Feuerstein dice que "el propósito de svadhyaya [estudio de las antiguas escrituras] no es el aprendizaje intelectual: es la absorción en la sabiduría ancestral. Es la ponderación meditativa de las verdades reveladas por los videntes y sabios que han recorrido aquellas regiones remotas donde la mente no puede seguir y solo el corazón recibe y es transformado."[2]

La otra forma de meditar en el ser, tradicionalmente recomendada, es la repetición del OM. Como a menudo dicen los *Upanishads*, OM es Brahman (la consciencia infinita). Para más información sobre el OM, ver sutras I.27-29.

El tercero y último aspecto del Kriya Yoga es *ishvara pranidhana*, la aceptación de la existencia de un Ser Supremo. Uno de los problemas del yoga es que otorga grandes poderes. Estos poderes están destinados a ser abusados si, como yogui, usted cree que el mundo está circulando alrededor suyo, que está ahí para satisfacer sus caprichos. Lamentablemente, esto es exactamente lo que la sociedad moderna nos entrena a creer. Se nos enseña que la vida se trata de la satisfacción de nuestros sueños y deseos, los cuales consisten principalmente en consumir, poseer y ejercer el poder. Con el fin de mantener bajo control nuestra codicia y lujuria del poder, Patañjali sugiere no colocarnos en el centro del universo sino aceptar que ese lugar ya está tomado por el Ser Supremo. Así, el yogui se coloca al servicio de este Ser. Para hacer esto, uno no necesita ser miembro de una religión particular; miembros de todas las religiones calificarían. Esto nos lleva a otra pregunta: ¿tengo que creer en el Ser Supremo para hacer yoga?

Cualquier creencia, sea cual sea, es contraproducente en el contexto de la práctica del yoga. Uno tiene una creencia en vez de saber. Por ejemplo, usted no diría que cree en su oído derecho: dado que usted conoce su oído no es necesaria ninguna creencia. El creer siempre excluye el saber. Cuando *jñana* (el conocimiento supremo) llega a través de la práctica, usted sabrá. No se conforme con creer.

---

1. Los *Vedas* son el más antiguo tipo de escrituras reveladas. Fueron considerados tan sagrados que hasta alrededor del 1900 d. C. no estaban escritos - esto los hubiera hecho impuros de acuerdo con la tradición - sino solamente consignados a la memoria. Originalmente, solo había un *Veda*, el cual debía ser memorizado por cada sacerdote brahmán. Al comienzo del Kali Yuga, el Rishi Vyasa previó que, debido a la degeneración de la capacidad mental humana, la gente ya no sería capaz de memorizar todo el *Veda*, así que lo dividió

Una vez que nos hemos reconocido como consciencia, la pregunta de si creemos en Dios o en el renacimiento resulta tan sin sentido como creer en nuestro oído derecho. La insistencia de Patañjali en el presente sutra para aceptar la existencia del Ser Supremo no es una creencia. Es una hipótesis de trabajo. Es como aceptar el 0 (cero) cuando usamos las matemáticas. Los matemáticos árabes introdujeron el 0, pero nadie lo ha visto nunca, nadie puede probar su existencia. Pero cuando lo usamos, nos abre horizontes previamente desconocidos.

La aceptación es lo opuesto al escepticismo. El escepticismo no es lo mismo que la duda. La entrega al Ser Supremo es una condición de entrada al yoga más elevado. Uno puede practicar el *Samkhya* (la investigación meditativa sobre el orden del universo) sin *ishvara pranidhana*, puesto que esta investigación no confiere poderes. Los poderes (*siddhis*) que vienen con el yoga hacen necesaria la aceptación de esta condición de entrada. A la entrega de nuestros poderes al Ser Supremo un budista la llamaría la actuación "por el bien de todos los seres."

Sin esta actitud estaremos tentados a usar nuestros poderes para satisfacer nuestras tendencias egoístas personales. Esto es magia negra. Los magos blancos y negros usan los mismos métodos y los mismos poderes, pero el mago negro idolatra su propio ego, mientras que el mago blanco sirve al Ser Supremo. Para más información sobre el rol del Ser Supremo en el Yoga, ver sutras I.23-29.

समाधिभावनार्थःक्लेशतनूकरणार्थश्च ॥२॥

II.2 El Kriya Yoga es efectuado para acercarnos al *samadhi* y reducir las aflicciones (kleshas)

Patañjali explica el propósito del Kriya Yoga. Se aconseja al principiante que se aleje de aquello que es perjudicial y aspire a aquello que es beneficioso. Las aflicciones (*kleshas*) son formas de sufrimiento. Son estados indeseados que nos rodean y llenan de oscuridad. Existen cinco formas de sufrimiento y Patañjali las definirá en los sutras siguientes.

Uno de los problemas cuando comenzamos el yoga es que, si bien podríamos tener un deseo sincero de comprometernos en la práctica, las aflicciones en forma de hábitos negativos, adicciones, sentimientos de inutilidad, malas influencias y emociones obstaculizadoras tienen una presión sobre nosotros tan grande que cometemos acciones negativas que producen más resultados negativos. Este es el círculo vicioso del *karma*. Si alguien está en una espiral descendente, decirle que cambie su comportamiento no suele ser suficiente. Su subconsciente, que está condicionado por el pasado, lo impulsa a actuar de una forma determinada.

Sin embargo, Vyasa escribe en su comentario sobre este sutra que el Kriya Yoga, si se lleva a cabo debidamente, secará las aflicciones de forma tal que no producirán sufrimiento futuro. Como las semillas que han sido tostadas, las aflicciones ya no podrán germinar más. Si se efectúa el Kriya Yoga por algún tiempo, los modos de sufrimiento aflojarán su control sobre nosotros para que, en algún punto, podamos practicar el yoga más alto.

No obstante, las semillas tostadas, aunque sean incapaces de germinar, continúan existiendo. Se ha observado que muchos grandes sabios tuvieron que pasar por mucho sufrimiento an-

---

en cuatro partes - el *Rig, Sama, Yajur* y *Artharva Veda*. Los *Vedas* contienen himnos, rituales y *mantras*. Incluso los académicos occidentales ahora comienzan a aceptar que los himnos más antiguos del *Rig Veda* datan de hace más de ocho mil años. La tradición sostiene que los *Vedas* son eternos y "escuchados" al inicio de cada era del mundo. Los Upanishads forman la parte final de los Vedas.
2. G. Feuerstein, The Yoga Tradition, p. 247.

tes de alcanzar la liberación. Algunos maestros e incluso deidades tuvieron muertes violentas. Buda, Milarepa y Sócrates fueron envenenados; Jesús fue crucificado; una flecha mató a Krishna; la cabeza de Vishnu se desprendió mientras él aprendía con su propio arco. J. Krishnamurti, Ramakrishna, Ramana Maharshi y el decimosexto Karmapa murieron de cáncer. Mogallana, uno de los principales estudiantes de Buda, fue asesinado a machetazos por asaltantes.

Esto planteó un gran problema para los académicos budistas, que preguntaron, "¿Por qué, si él fue un gran santo, atrajo tal violencia?". La respuesta es simple. Después de que las aflicciones (*kleshas*) han quedado infértiles por el fuego del conocimiento, no pueden producir nueva ignorancia. Sin embargo, el *karma* que había sido acumulado antes de eso y que ya está dando fruto (*prarabda karma*), ya no se puede cambiar y debe ser soportado. En el caso de Mogallana esto significa que las acciones que lo llevaron a ser asesinado fueron efectuadas mucho antes de haber conocido al Buda, pero los resultados de esas acciones habían comenzado a fructificar y, por tanto, ya no podían ser interceptadas, ni siquiera al momento de su liberación.

De esto podemos aprender que los reveses que sufrimos, aunque hayamos practicado por algún tiempo, no deben desalentarnos. Han sido causados por acciones que hicimos en el pasado. Nuestras acciones de hoy determinarán quiénes seremos en el futuro.

अविद्याअस्मितारागद्वेषाभिनिवेशः क्लेशाः ॥ ३ ॥

II.3 La ignorancia, el egoísmo, el deseo, la aversión y el miedo a la muerte son las aflicciones

En el sutra II.2 Patañjali sugirió la práctica del Kriya Yoga para reducir las aflicciones (*kleshas*). En este sutra, explica qué es exactamente lo que estamos reduciendo. Los cinco tipos diferentes de aflicciones son: la ignorancia, el egoísmo, el deseo, la aversión y el miedo a la muerte.

Avidya (ignorancia) es lo opuesto a *vidya*, que es el conocimiento verdadero o la ciencia verdadera. El término *brahma vidya* significa la ciencia de Brahman, mientras que *bharata vidya* (la ciencia de la India) se usa para describir toda la sabiduría antigua de la India. *Avidya* ha sido traducida como ignorancia, nesciencia, no-ciencia, incomprensión. El término *asmita* lo conocemos del primer capítulo. Puede ser llamado el sentido del yo, el yo soy o el egoísmo.

El deseo (*raga*) y la aversión (*dvesha*) son las dos formas de sufrimiento que Buda reconoció. Él enseñó que el sufrimiento viene del desear algo que está separado de nosotros (atracción) o de rechazar algo que está en contacto con nosotros (aversión). Instruyó que ambas formas de sufrimiento solo pueden existir porque no reconocemos a la Mente como el espacio. Escribo aquí mente con M mayúscula para distinguirla de la noción yóguica de la mente. Buda tomó el concepto de consciencia (Brahman) de los *Upanishads* y lo renombró Mente. Esta idea de la mente es muy diferente del concepto yóguico, el cual ve la mente ya sea como el agente pensante (*manas*) o como la suma total de agente pensante, ego e intelecto (*chitta*).

De acuerdo con Buda, si reconociéramos la Mente (Brahman, de los *Upanishads*) como el receptáculo que contiene el mundo y todos los seres, nos daríamos cuenta de que siempre estamos unidos con aquello que deseamos. Asi mismo, resulta claro que es fútil rechazar cualquier cosa, porque estamos conectados con todo a través de la Mente.

La última aflicción es *abhiniveshah*. Se puede traducir como el miedo a la muerte o el deseo de la continuidad.

Vyasa dice en su comentario que las aflicciones son las cinco formas de cognición incorrecta (*viparyaya*). Recordemos que la cognición incorrecta es una de las cinco fluctuaciones de la mente (*chitta vrtti*). Vyasa explica con más detalle que las cinco aflicciones, cuando están activadas, aumentan el trabajo de las *gunas*. Las *gunas*, las tres cualidades o hebras de la naturaleza, aumentan su actividad cuanto más nos apartemos del equilibrio, del centro del ciclón. Ellas nos implican más profundo en la creación y nos alejan de la consciencia. Luego, Vyasa continua diciendo que este aumento de las *gunas* abre la corriente de causa y efecto y produce la fructificación del *karma*. Nuestro cautiverio (*bondage*) consiste de esta cadena de causa y efecto y de producción del *karma*. Esta cadena llevará a más pensamiento negativo, acción negativa y esclavitud mental.

Vachaspati Mishra confirma en su subcomentario que se deben destruir las aflicciones porque son la causa del ciclo de renacimientos.[3] En su subcomentario Shankara añade que la libertad con respecto a la impureza de los *kleshas* deviene de la ausencia de la cognición incorrecta.[4]

Para concluir, podemos decir que las cinco aflicciones producen más *karma*, el cual nos impide volvernos libres. Las aflicciones surgen de la cognición incorrecta (*viparyaya*). Si este conocimiento incorrecto es reemplazado por conocimiento correcto, ellas cesarán y no se producirá más *karma*. La cadena de causa y efecto será rota por el conocimiento de que somos, de hecho, consciencia y no aquello con el cual nos identificamos.

Los siguientes cinco sutras describirán las aflicciones individuales y verificaremos la afirmación de Vyasa de que ellas surgen del conocimiento incorrecto. Estas conexiones no son simplemente filosofía árida, deben reflexionarse bien. Las *shastras* (escrituras sagradas) dicen que un yogui completo necesita escuchar solo una vez el mecanismo del cautiverio para liberarse. Aquel que está cerca de la culminación solo necesita frecuente reflexión para conocer la verdad. Sin embargo, la mayoría de nosotros tendremos que contemplar el tema con regularidad hasta lograr la claridad.

अविद्याक्षेत्रमुत्तरेषाम्प्रसुप्ततनुविच्छिन्नोदाराणाम् ॥४॥
II.4 La ignorancia es el origen de las otras, ya sea que estén latentes, atenuadas, interrumpidas o activas

Vyasa compara la ignorancia con un campo que proporciona la tierra fértil para las otras cuatro aflicciones, las cuales son el egoísmo, el deseo, la repulsión y el miedo a la muerte. Ellas pueden ocurrir en cuatro estados diferentes: latente, atenuado (diluido), interrumpido y activo. Estos son descritos aquí para recordarnos que, solo porque no estamos completamente bajo el dominio de una aflicción, no significa que no esté presente.

---

3. J. H. Woods, trad., *The Yoga System of Patañjali*, Motilal Banarsidass, Delhi, 1914, p. 106.
4. T. Leggett, *Shankara on the Yoga Sutras*, p. 178.

ESTADO LATENTE

Por ejemplo, podemos no ser conscientes de que el miedo a la muerte está presente en nosotros, porque nunca hemos tenido que temer por nuestra vida. Pero si se presenta el estímulo apropiado - una situación que amenaza la vida -, el miedo saldrá a la superficie. De esta manera, la aflicción, el miedo a la muerte, estaba en el estado latente. Una aflicción latente despertará cuando su objeto esté presente. Si la aflicción no sale a la superficie, aun en una situación que amenaza la vida, la aflicción no está presente, ni siquiera en forma latente.

ESTADO ATENUADO (DILUIDO)

Si, por ejemplo, estamos en una situación que amenaza la vida y reaccionamos con relativa serenidad porque, a través del estudio del *Bhagavad Gita*, hemos comprendido que no somos el cuerpo, sino más bien aquello que no puede ser quemado por el fuego, ahogado por el agua, traspasado por espinas y cortado por espadas, se dice que la aflicción está atenuada o diluida por el Kriya Yoga - en este caso, por el segundo aspecto del Kriya Yoga, que es *svadhyaya*, el estudio de la sagrada escritura.

ESTADO INTERRUMPIDO

Si una aflicción aún más fuerte deja sin efecto una aflicción presente, se dice que esta última está interrumpida. Por ejemplo, digamos que estamos cometiendo un asalto bancario y estamos tan ansiosos de poner nuestras manos sobre una bolsa llena de dólares, que no tenemos miedo de salir lastimados. En este caso el miedo está interrumpido por la codicia. No es que el miedo no esté presente, sino que está interrumpido o reprimido por la noción más fuerte de codicia o deseo.

ESTADO ACTIVO

Si el objeto está presente y estamos completamente tomados por la aflicción, esta se denomina activa. Este es el único estado en el cual los efectos de la aflicción se muestran por completo. Es importante comprender esto: significa que, de la totalidad de nuestro portafolio de aflicciones, solo es visible lo equivalente a la punta del iceberg que hundió el *Titanic*.

Hay un quinto estado de la aflicción que Patañjali no enumera porque ocurre solo en el yogui. Cuando el yogui ha logrado el conocimiento discriminativo (el conocimiento de que no somos las apariencias sino la consciencia en la cual ellas se muestran), entonces y solo entonces las semillas de las aflicciones ya no pueden propagarse más. En consecuencia, se dice que las semillas son tostadas en el fuego del conocimiento, el cual destruye su potencia para germinar. Este estado tostado se llama el quinto estado, el cual es diferente del estado latente de la aflicción. Si un objeto adecuado se presenta, la aflicción no surgirá.

अनित्‌याअशुचिदुःखानात्‌मसुनित्‌यशुचिसुखाअत्‌मख्यातिरविद्‌या॥५॥
II.5 La ignorancias es ver lo transitorio como eterno, lo impuro como puro, el dolor como placer, y el no ser como el ser

La ignorancia, que es el conocimiento incorrecto, no es solo la ausencia de conocimiento correcto. Es lo contrario de, e impide, la percepción del conocimiento correcto. Eso dice Vyasa.

Para explicar este mecanismo, se suele citar la historia de la cuerda y la serpiente, como ya ha sido explicada en este texto. En su trayecto por un camino al atardecer un hombre ve una cuerda tendida en la vereda y la confunde con una serpiente. Asustado, sale huyendo. La noción incorrecta de una serpiente lleva a la ignorancia del hecho de que es una cuerda. En su pueblo, encuentra a un hombre que recorrió el mismo camino en plena luz del día y recuerda la cuerda en la vereda. Este lo lleva de nuevo y lo despierta al hecho de que el objeto es en realidad una cuerda, no una serpiente. Cuando la cuerda es cognocida, el conocimiento incorrecto (*avidya*) es reemplazado por el conocimiento correcto (*vidya*) y la ignorancia desaparece.

Cada ser humano parece estar dotado de un deseo de llegar a ser feliz. Sin embargo, la felicidad verdadera solo se puede lograr morando en el verdadero ser (*purusha*). Dado que tenemos un vago recuerdo del éxtasis de la consciencia reconociéndose a ella misma, no podemos ser felices en la existencia animalística, robótica, que vivimos ahora. Anhelamos reconocernos a nosotros mismos pero, puesto que nos engañamos acerca de nuestra propia naturaleza, recurrimos a satisfacciones secundarias. Estas están eventualmente destinadas a volverse obsoletas y a fallar, porque sabemos en el fondo que la libertad permanente solo se puede encontrar en aquello que es eterno y puro. Aunque el estado de éxtasis se puede encontrar al reconocernos como consciencia, continuamos buscando realizarnos a través de la riqueza, el poder, las relaciones, el sexo, las drogas y demás, todos los cuales son efímeros.

En el centro de la ignorancia está la idea de que mi nación, mi tribu, mi personalidad, mi propiedad, mi familia, mis hijos, mi pareja, mis emociones, mi cuerpo, mis pensamientos, todo eso soy yo. Pero todo eso es transitorio, aun si dura toda una vida o unas cuantas vidas: todos los imperios caen eventualmente. La única cosa que realmente soy es la consciencia que contiene todas esas nociones, el ser que observa todo eso. Si me quedo con esto último, la ignorancia (*avidya*) ha sido reemplazada por *vidya*, conocimiento correcto. Entonces, las aflicciones (*kleshas*) ya no tienen tierra fértil y desaparecerán.

Los budistas recomiendan observar la naturaleza de todo lo que surge. ¿Cuál es la verdadera esencia de todo lo que surge en la mente? ¿Qué está en el centro de la ira, la felicidad, el odio, el amor, el miedo, el aburrimiento, la desesperación, la confusión? ¿Qué está no en la superficie sino en el centro mismo de eso? Los budistas lo llaman shunyata, la vacuidad. La técnica budista conduce al mismo resultado que con el método advaítico[5] de preguntar quién es el que está observando el mundo, que es el verdadero ser. Si se conoce esta esencia verdadera, la ignorancia llega a su fin.

¿Cómo conduce la ignorancia a las otras aflicciones? Considerar el no ser como el ser lleva al egoísmo (*asmita*). La aversión (*dvesha*) es un sentimiento negativo. Pese a ello, aquellos tomados por ella usualmente la "disfrutan", presumen de ella y la consideran una reacción perfectamente saludable. Si se experimenta lo impuro como puro, se produce el deseo (*raga*). Percibir lo impermanente (el cuerpo) como permanente (el ser) lleva al miedo a la muerte (*abhiniveshah*).[6]

---

5. Refiriéndose al sistema de Advaita (no dualístico) Vedanta.
6. H. Aranya, *Yoga Philosophy of Patañjali with Bhasvati*, p. 122

दृग्दर्शनशक्त्योरेकात्मतैवास्मिता ॥ ६ ॥
II.6 El yo soy (*asmita*) es percibir el que ve y el proceso de ver como uno.

Entender este sutra es de suma importancia. Aquí se anticipa lo que Patañjali dice en el sutra II.17: La causa del sufrimiento es la falsa unión del que ve con lo visto. Esto es justo lo contrario de lo que nos suele decir la errónea noción contemporánea (también llamada filosofía de la Nueva Era).

Según esta noción común, la clave para la felicidad es volvernos completamente uno con lo que sea que hagamos o percibamos. Otra frase bonita es: el yoga es la unión entre el cuerpo, la mente y el espíritu. Frases como estas son fáciles de vender puesto que cumplen con las expectativas de crédulas audiencias. Pero la verdad yóguica es desgarradoramente diferente. El sutra dice que cuando el observador, que es la consciencia (*purusha*), está identificado con el proceso de observación, significa egoísmo (*asmita*). Aquí el proceso de ver se refiere a la función de los instrumentos de cognición. Los instrumentos de cognición son los sentidos, la mente (*manas*) y la inteligencia (*buddhi*). Ellos no son conscientes de sí mismos sino que solamente reflejan la luz de la consciencia (*purusha*), así como la luna refleja la luz del sol. Ellos recopilan información, la procesan y la modifican (ese es el problema), y luego la presentan a la consciencia (*purusha*) para que esta la vea.

Debido a la facultad de los instrumentos de cognición de modificar lo que es visto, la filosofía yóguica no los considera capaces de percibir la realidad. La verdad que concierne a los conocibles (objetos) se define como la esencia de un objeto (*dharmin*) o el objeto-tal-cual-es. El percibir esta verdad se llama sabiduría (*prajña*). Esta sabiduría solo se puede percibir en el *samadhi* con objeto (*nirvichara samapatti*), en el cual el intelecto alcanza la identidad con el objeto circunnavegando la mente (*manas*) y los sentidos. La verdad aún más elevada concerniente al conocedor solo puede ser lograda al residir en la consciencia directamente, a través del estado místico (*samadhi* sin objeto).

La modificación de la información a través de los instrumentos de cognición fue discutida en el sutra I.7 usando el ejemplo del ojo - cómo el cerebro convierte la imagen invertida en la retina a una imagen hacia arriba y cómo rellena el punto ciego de la retina. Así es cómo todo nuestro proceso de cognición trabaja. Toda la información entrante es constantemente comparada con la información que ya está almacenada. Los datos conflictivos son eliminados, o bien, son integrados lentamente con el paso del tiempo.

Tenemos así una simulación constantemente cambiante de la realidad pero nunca una reproducción verdadera de la realidad en ese momento. Esto crea un estupendo sistema para dirigir un cuerpo físico dentro de un continuo de espacio/tiempo. Sin embargo, para experimentar lo que se llama la realidad profunda - la causa de todas las causas -, este sistema lleva invariablemente a un completo disparate.

Vyasa resume este sutra así: *Purusha* es la observación consciente (*awareness*) pura; buddhi (intelecto o inteligencia) es el instrumento que percibe. Considerar estas unidades totalmente independientes como una y la misma cosa se define como la aflicción del yo soy o el egoísmo (*asmita*). La libertad (*kaivalya*) es cuando se reconoce la verdadera naturaleza de estas entidades separadas.

सुखानुशयीरागः ॥७॥
II.7 El deseo (*raga*) es el aferramiento al placer.

La tercera aflicción funciona en tres pasos. Primero hay una experiencia de placer. Durante esta experiencia se forma una impresión subconsciente (*samskara*). Luego, se recuerda la experiencia placentera y se desarrolla un anhelo por ella. O uno trata de repetirla, lo cual pide una constante repetición y desencadena un patrón repetitivo, o uno sufre porque la repetición no es posible.

El hecho importante a observar aquí es que la experiencia placentera en sí misma no es el problema. Si estuviéramos satisfechos al tenerla una vez y pudiéramos dejarla ir, no habría ningún deseo de repetirla. También, cada vez que la misma experiencia ocurriera de nuevo, podríamos entrar en ella con la misma frescura inocente que cuando la tuvimos por primera vez. Esto sucedería en el caso del *jñanin* (aquel que tiene conocimiento). Porque un *jñanin* está plenamente satisfecho al residir en la consciencia, no hay vacío que necesite llenarse con experiencias de placer. Realmente, la búsqueda del placer está dedicada a lograr una experiencia de sí mismo - por ejemplo, conducir un vehículo a casi 300 km por hora, hacer puenting o cualquier otro deporte peligroso. Una vez que se ha visto la luz del ser, todas estas actividades no dejan ninguna nueva *samskara* y, por tanto, no piden su repetición.

Durante una experiencia de placer, hay una impresión de felicidad que llena el vacío dejado por no conocernos a nosotros mismos. Después, durante el momento en que no hay ninguna impresión fuerte en la mente, se recuerda la felicidad. Entonces, repetimos la experiencia solo para descubrir que ya no genera la misma felicidad. La felicidad fue causada por la mente que se maravilló momentáneamente por la nueva experiencia y que, por eso, se quedó en blanco por un corto tiempo. Con la mente en blanco, notamos el sol brillante del ser, posiblemente solo por uno o dos segundos.

Dado que la mente está preparada cuando se repite la experiencia, ya no quedará maravillada sino que envolverá la experiencia en un lindo paquete y la interpretará. Entonces, aumentamos la fuerza de la experiencia para obtener el mismo estado. Esta es la razón por la cual las personas llegan a extremos para tener una experiencia de ellas mismas - los consumidores de drogas constantemente aumentan la dosis, los millonarios construyen grandes imperios de negocios y los dictadores invaden un nuevo país. La mente nunca puede tener suficiente.

Existen dos prerrequisitos para que el patrón mecánico se desarrolle. Lo llamo aquí "mecánico" para dejar claro que es una conducta robótica, considerando que el sentido común de nuestra sociedad es que seguir nuestros propios deseos significa llegar a ser uno mismo verdaderamente. Para que el deseo se desarrolle es necesario que haya una experiencia de placer y que esta sea vivida por alguien que esté propenso a ella. Puede haber varias razones para la falta de propensión. Si el que experimenta se conoce a sí mismo como consciencia, ningún deseo se desarrollará. Si la propensión del experimentador es hacia el odio o el miedo, el deseo no puede desarrollarse. En este caso la aflicción llamada aversión domina o interrumpe la aflicción llamada deseo. Personajes absortos en la maldad suelen ser bastante ascetas y no propensos al placer. Adolf Hitler encaja en esta categoría.

Aquí es importante entender que el deseo (*raga*), y con él todas las adicciones, es una forma clara de incomprensión o ignorancia (*avidya*). Un drogadicto podría decir, "¡no puedo evitarlo, necesito la droga!". En esta afirmación, la necesidad de la droga, que es el anhelo por un placer recordado, está conscientemente conectada con la facultad del yo. Pero el yo real, el ser verdadero, no tiene ninguna conexión con la impresión subconsciente del placer, puesto que es observación consciente (*awareness*) pura, sin memoria. El yoga define la ignorancia como la experiencia de la observación consciente o consciencia atada a las experiencias como el placer.

Los sentidos, la mente y el intelecto - en suma, los instrumentos de cognición - producen la experiencia de placer, como por ejemplo la repetición de la experiencia con drogas. Sin embargo, soy solo la observación consciente pura/consciencia observante, la cual es completamente independiente de la experiencia. Necesito negar permanentemente mi verdadera esencia como consciencia e insistir en la identificación con los instrumentos de cognición para ser capaz de decir "necesito una droga (o riqueza, sexo, poder, fama o pericia en la práctica de *asana*)." Eso nos conduce a la conclusión de que la adicción o cualquier forma de deseo es un caso de egoísmo/yo soy (*asmita*), puesto que en la frase el "yo" está erróneamente identificado con los instrumentos de cognición y no con el verdadero ser.

Una vez que se conoce al ser/ a la consciencia, toda adicción decaerá por sí misma, ya que el deseo afloja sus garras y el egoísmo (*asmita*) es destruido.

Para resumir, la aflicción llamada deseo (*raga*) crea sufrimiento al producir un ansia de placer repetido debido a las impresiones subconscientes formadas cuando el placer ocurrió originalmente.

दुःखानुशयीद्वेषः ॥८॥

II.8 Se llama aversión (*dvesha*) a la aflicción que resulta del sufrimiento memorizado

En el caso de esta aflicción, el mecanismo que está trabajando es el mismo que en la anterior. La única diferencia es la experiencia sobre la cual se basa. La aflicción anterior estaba basada en el placer pasado, mientras que esta en el sufrimiento pasado.

Si, por ejemplo, fuéramos al dentista y sufriéramos mucho dolor, la experiencia sería almacenada en forma de impresión subconsciente (*samskara*) de dolor. Cada vez que tuviéramos que ir al dentista otra vez, el sufrimiento memorizado produciría una aversión. Entonces, podríamos pasar por un período de sufrimiento, posiblemente solo para descubrir que esta vez nuestros dientes están bien y que no se producirá nuevo dolor. En este caso habríamos sufrido con base en una experiencia pasada, puesto que la situación actual no nos produce dolor. Esta forma de sufrimiento anticipado se llama aversión (*dvesha*) en el yoga.

El sexismo, racismo y nacionalismo son formas de aversión derivadas del mismo mecanismo. Observamos algunos individuos comportándose en una forma determinada, la cual produce aversión en nosotros. A partir de eso inferimos que todo el grupo al cual esos individuos pertenecen actuará de la misma manera. Así, nuestra aversión se amplió hasta abarcar el grupo entero.

Los celos son otra forma popular de aversión. Algunas personas muestran síntomas muy fuertes de celos a tal punto que espían a sus parejas y no las dejan salir de casa en la noche, aun cuando ellas sean completamente fieles. En este caso la persona celosa en un vínculo amoroso podría haber sido engañada en una relación anterior, o podría tener problemas de abandono a raíz de no tener suficiente atención por parte de su pareja. En ambos casos, la causa es el sufrimiento pasado, proyectado erróneamente en una situación presente.

La aversión, como el deseo, hace imposible experimentar el presente, sino que nos hace actuar según un condicionamiento pasado. En casos extremos, caminamos por la vida como robots. Esto se refleja en el término "existencia condicionada" (*samsara* - no confundirla con *samskara*). Lo opuesto a la existencia condicionada es cuando experimentamos cada momento con frescura, como si fuera por primera vez.

La aversión es una forma de cognición incorrecta (*viparyaya*) - de nuevo, como el deseo. Debido a que considero que el ser o la consciencia pura está atado a las impresiones subconscientes de dolor, puedo decir, "yo soy celoso". Esto significa que me identifico con la emoción negativa; me he convertido en ella. Si en vez de eso digo, "yo, el observador, el cual es consciencia pura, inmaculada, inmutable, cognozco un sentimiento memorizado de abandono anterior," entonces no me conmociona el pasado sino que puedo escoger sentir lo que es presente, por ejemplo el amor hacia mi pareja.

Así como el deseo, también la aversión es destruida por el conocimiento discriminativo (*viveka khyateh*).

स्वरस्वाहविदिषोऽपसिमारूढोऽभनिविशः ॥९॥
II.9 El miedo a la muerte (*abhinivesha*), sentido incluso por el sabio, surge del deseo de mantener nuestra existencia

La última aflicción es miedo - particularmente el miedo a la muerte, que es la raíz de todos los miedos. De nuevo, es una forma de cognición incorrecta (*viparyaya*). El miedo surge debido a que percibimos erróneamente el cuerpo como si fuera el ser. Como sabemos que el cuerpo llegará a su fin, consideramos su muerte como si fuera nuestra destrucción. El residir en el ser verdadero, el cual es increado y, por tanto, indestructible, acabará con el miedo. O debiera ponerle fin por todos los medios.

Pero, como escribe Patañjali, el miedo a la muerte es sentido incluso por el sabio. Shankara comenta sobre el uso de la palabra "incluso" de esta forma: "La fuerza de la palabra incluso es que el miedo de la muerte es lógico solo en el ignorante que piensa que el ser es destructible.[7] Es ilógico en aquellos con la visión correcta que piensan que el ser es indestructible." Vyasa señala que esto significa que aun las personas que deberían saber que el ser es indestructible todavía tienen pensamientos como "que yo nunca sea inexistente, que siempre pueda vivir".

La aflicción de miedo a la muerte sigue el mismo mecanismo de las dos anteriores. Por ejemplo, podríamos caminar solos por una calle oscura y ser asaltados. Esto provoca en nosotros un miedo inmenso que produce una impresión subconsciente de miedo. Cada vez que se presente una situación similar en el futuro, en este caso caminar en una calle oscura, el mismo miedo podrá salir a la superficie otra vez aunque nadie nos esté amenazando. De nuevo, como en las aflicciones anteriores, la situación presente no es el problema (caminar

---

7. T. Leggett, *Shankara on the Yoga Sutras*, p. 194.

solo por una calle oscura) sino el recuerdo de una condición previa que nos hace actuar como lo haría un robot programado.

Del hecho de que todos los seres tienen miedo a la muerte, Vyasa deduce que todos han experimentado la muerte y, por tanto, la vida antes. La intensidad con la cual todos los seres se aferran a la vida solo se puede explicar al aceptar que todos hemos experimentado la muerte como un proceso a ser evitado a toda costa.[8] Shankara profundiza en el argumento de Vyasa de esta forma: "A menos que la felicidad (el placer) haya sido experimentada nadie oraría por ella. Sin la experiencia pasada de dolor, no habría el deseo de evitar el dolor. Asimismo, aunque la angustia ante la muerte no haya sido (en esta vida) experimentada por un hombre ya sea de forma directa o por inferencia, su pasión por la vida indica la experiencia previa de muerte, así como tampoco puede haber experiencia de nacimiento a menos que haya habido un nacimiento."[9]

La ciencia occidental negaría esa afirmación diciendo que el impulso de mantener nuestra vida está determinado por el instinto. El yoga rechaza esta interpretación porque nadie puede explicar cómo funciona el instinto a menos que a) sea una forma de memoria (esta es la forma en la cual el yoga explica el instinto, y lleva a una inferencia sobre vidas pasadas, como se mostró anteriormente), o b) opere a través de la existencia de una mente colectiva o subconsciente que es independiente y está localizada fuera del individuo. Pero esto último también es rechazado por la ciencia occidental, la cual cree que la mente no es más que impulsos bioeléctricos provocados a través de estímulos externos. Para probar su punto, los científicos argumentaron que los individuos se dormirían si son privados de estímulos externos como la visión, la audición y la fuerza de gravedad.

El neurólogo Dr. John Lilly, quien en la década de 1960 inventó el tanque de aislamiento, probó que esto era falso. En este dispositivo uno flota en un solución altamente salina, la cual elimina cualquier percepción de la gravitación. Asimismo, el tanque de aislamiento es a prueba de sonido y de luz, de manera que uno no tiene ningún estímulo sensorial. Lilly descubrió que, en vez de quedarse dormido, fue llevado a una experiencia meditativa. El tanque de aislamiento trabaja como un dispositivo de *pratyahara* (retracción de los sentidos). Cuando se retiene el combustible de los sentidos, la mente se calma y, por ende, la meditación se vuelve posible.

El constante flujo entrante de las impresiones sensoriales es lo que nos distrae de reconocer la realidad profunda subyacente. Como dice el sutra I.4: "Cuando no podemos percibir nuestra verdadera naturaleza nos identificaremos con los contenidos de la mente."

तेप्रतप्रिसवहेयाःसूक्ष्माः ॥१०॥

II.10 Los estados sutiles de las aflicciones son destruidos con la disolución de la mente

Este sutra es mal entendido en algunas explicaciones modernas. Se suele interpretar en el sentido de que proporciona una técnica para la destrucción del estado sutil de las aflicciones. Este sutra sugeriría, entonces, destruir el estado sutil de las aflicciones mediante la destrucción de

---

8- H. Aranya, *Yoga Philosophy of Patañjali with Bhasvati*, p. 126.
9. T. Leggett, *Shankara on the Yoga Sutras*, p. 194.

nuestra mente. Son interpretaciones como esta las que han dado al yoga la reputación de ser un tanto similar a un extraño culto de autoaniquilación. Ellas son inválidas por las razones siguientes:

- Destruir nuestra mente es una forma de violencia (*himsa*), la cual no es aceptable en el yoga.
- Si la mente, pese a todo, fuera destruida, convertiría al practicante en un vegetal. El yoga, en cambio, es un estado supraconsciente y no uno inconsciente.
- Destruir y torturar nuestra mente es tan malo como torturar nuestro cuerpo. En el *Bhagavad Gita* el Señor Krishna dice: "Aquellos que torturan el cuerpo me indignan, [que soy] el morador interno del cuerpo." Lo mismo se dice para la tortura de nuestra mente.
- La mente es eterna, dice Vyasa. Es sin principio ni fin, está más allá de la destrucción.
- Ramana Maharshi ha señalado acertadamente que para controlar nuestra mente necesitamos crear una segunda mente. Lo mismo ocurre cuando uno trata de destruir la mente: sería necesaria una segunda mente para destruir la primera mente.
- Torturar el cuerpo y destruir la mente tendrán solo un efecto: el aumento de nuestro ego.

Para esclarecer el contenido real de este sutra tenemos que examinar el comentario de Vyasa. Él explica que el "estado sutil de la aflicción" significa el estado en el cual el poder de la aflicción de propagar (su semilla) ha sido tostado o quemado. En otras palabras, la semilla ya no tiene poder para crear un nuevo brote de aflicciones.

Esto significa que, después de que las aflicciones se han hecho sutiles, el yogui no tiene que hacer nada más, puesto que la aflicción está esterilizada. Para resolver la cuestión completamente tenemos que dar una mirada al subcomentario de Vachaspati Mishra: "Aquello que está bajo el alcance de los esfuerzos del hombre (el estado latente, atenuado, interrumpido o completamente activo) ha sido descrito [en los sutras anteriores]. Pero como el sutil [el quinto estado] no está dentro del alcance de los esfuerzos del hombre, se le podría escapar."[10]

Shankara dice en su comentario *Vivarana*: "Entonces, ellos [los estados sutiles de las aflicciones] no necesitan ninguna práctica de meditación [puesto que ya están quemados]. No se necesita fuego para aquello que ya está quemado, ni molienda para lo que ya está pulverizado."[11]

Cuando tomamos en consideración esta información, el sutra se lee así: Las aflicciones, después de haber llegado al estado sutil, no requieren técnicas de meditación adicionales para destruirse. Ellas ya están tostadas y no pueden brotar más. Ellas (las aflicciones sutiles) serán eventualmente destruidas con la desaparición de la mente del yogui.

La desaparición de la mente está más allá de los esfuerzos del hombre. La mente naturalmente se disolverá en la naturaleza (*prakrti*) solo cuando el practicante experimente su última muerte.[12] Cuando los yoguis se han liberado no se esfuerzan por destruir el cuerpo, tampoco se esfuerzan por destruir la mente. Después de que la duración natural de su última vida ha llegado a su fin, el cuerpo y la mente y, con ellos, el estado seminal de las aflicciones, se disolverán si ninguna reaparición.

---

10. J. H. Woods, trad., *The Yoga System of Patañjali*, p. 119.
11. T. Leggett, *Shankara on the Yoga Sutras*, p. 195.
12. Comparar *Samkhya Karika*, v. 59.

ध्यानहेयाःतद्वृत्तयः ॥११॥

II.11 Los procesos mentales que surgen de las aflicciones han de ser contrarrestados por la meditación

Vyasa escribe en su comentario que las aflicciones tratadas en este sutra son aquellas en su forma manifiesta, a diferencia del sutra anterior, donde estábamos abordando las aflicciones en su forma sutil. Haciendo referencia al comentario de Vachaspati Mishra sobre el sutra anterior, ahora estamos "dentro del alcance de los esfuerzos del hombre." Esto significa que podemos y debemos hacer algo para cambiar el estado manifiesto de las aflicciones.

El presente sutra recomienda contrarrestar la forma manifiesta de la aflicción, también llamada su estado denso, mediante la contemplación y la meditación. Recordemos el sutra II.4, el cual indica que una aflicción puede estar latente, atenuada, interrumpida o totalmente activa. Todas esas cuatro fases, que representan el estado denso de las aflicciones, tienen que ser contrarrestadas por la meditación hasta que se hayan hecho sutiles. Después de eso, no se requieren más acciones.

La reducción de las aflicciones está dividida en tres etapas:

1. La dilución o atenuación a través del Kriya Yoga.
2. La reducción mediante la revelación meditativa (*meditative insight*), que es el estado al cual este sutra se refiere. Se dice que la aflicción se reduce meditando acerca del conocimiento discriminativo (*prasamkhyana*) - la habilidad para discernir qué es el ser y qué es el no ser.[13]
3. La tercera etapa de la reducción de las aflicciones es su desaparición total, la cual fue abordada en el sutra anterior. Las aflicciones solo desaparecerán completamente al momento de la disolución de la mente. Las dos primeras etapas, el Kriya Yoga y *prasamkhyana* están dentro de nuestro alcance. Sobre su relación, Vyasa dice que el Kriya Yoga es como remover con cepillo la suciedad gruesa de una prenda, y la revelación meditativa es como quitar las impurezas más finas, como manchas de grasa, al lavarlas con cuidado y esfuerzo.

¿Qué significa *prasamkhyana* desde el punto de vista práctico? Si experimento la aflicción del miedo, por ejemplo, voy a contemplar la fuente del miedo. La fuente del miedo es la noción equivocada de que el cuerpo es el ser verdadero, de que soy el cuerpo. Meditar sobre el conocimiento discriminativo significa meditar en lo que soy en vez de lo que no soy. El miedo desaparece cuando se adquiere el conocimiento correcto, el conocimiento de que soy realmente el ser y no el cuerpo.

Si experimento la aflicción de la aversión que es aferrarse al dolor, entonces voy a meditar sobre la fuente de la aversión. La fuente de la aversión es experimentar que nuestro verdadero está atado a las impresiones subconscientes (*samskaras*) del dolor. La experiencia de dolor se mantiene en el subconsciente, el cual es parte de la mente y ninguno de los dos tiene que ver con el ser verdadero. Aquí, la meditación también lleva a la relevación de que, si bien puede que haya experimentado dolor en el pasado, solo he sido testigo de él, pero no me he convertido en él. La entidad observante, la consciencia, es completamente inmaculada; no se transforma en absoluto en el proceso de observación. Esto significa que el dolor es una

---

13. Es difícil traducir *prasamkhyana*. Note que contiene los términos *Samkhya* y *khyateh*. Prasamkhyana se podría llamar el conocimiento razonado. Significa que usamos el intelecto y la lógica para liberarnos del sufrimiento.

sensación transitoria que no se mezcla con nuestra verdadera esencia, la cual es eterna. Dado que la consciencia emerge, por tanto, completamente pura de cualquier situación, la aversión no es necesaria.

क्लेशमूलःकर्माशयोदृष्टादृष्टजन्मवेदनीयः ॥१२॥

II.12 Mientras nuestras acciones estén basadas en las aflicciones, el *karma* brotará de ellas ahora y en el futuro

Esto significa que el *karma*, el cual está almacenado en la mente, tiene que experimentarse en esta vida y en vidas futuras, y está enraizado en las aflicciones. Cada vez que tenemos una experiencia, esta dejará impresiones en el subconsciente (*samskaras*). Cuando las impresiones se basan en el conocimiento verdadero o la percepción correcta, se dice que son no aflictivas. Esto significa que ellas no causarán sufrimiento futuro. Sin embargo, la mayoría de las impresiones surgen de la ignorancia y del egoísmo, como la noción de "yo soy el cuerpo" y la idea de que el propósito de la vida consiste en la acumulación de posesiones materiales. Esas impresiones sí constituyen un problema. Como están enraizadas en las aflicciones, ellas producirán *karma*, el cual se manifestará en forma de nuevo sufrimiento.

Estas impresiones subconscientes son de variada intensidad. Si la intención que produjo la impresión fue muy fuerte, dará resultados inmediatamente. De igual forma, un acto de gran villanía puede resultar en una repercusión inmediata. Lo mismo se aplica para un acto de gran virtud o sabiduría - la comprensión espontánea de la verdad puede resultar en la liberación inmediata.

Sin embargo, la mayoría de los actos, ya sean nocivos o virtuosos, son efectuados con una intención más suave. Aun si dañamos a otros, a menudo esa no era nuestra intención; en estos casos, la causa de tales actos fue más bien la falta de cuidado o atención. Cuando llevamos a cabo buenas acciones, con frecuencia puede ser que nuestra intención sea estar más cómodos, en vez de abrirnos paso al estado del ser puro. Todos estos actos, los cuales son efectuados con intensidad moderada, no producen la fructificación inmediata. Más bien, se acumulan y construyen una reserva de *karma* en la mente, llamada almacén kármico o depósito kármico (*karmashaya*).

Si las impresiones están acumuladas en el almacén kármico, puede surgir el sentimiento de que ellas no darán fruto, dado que el resultado no es inminente. Sin embargo, el presente sutra nos asegura que todo *karma* eventualmente producirá resultados que han de ser experimentados, sea en esta vida o en vidas futuras. Si las acciones originales que produjeron estas impresiones estaban basadas en las aflicciones (como ignorancia, egoísmo, deseo), entonces esos resultados se manifestarán otra vez en forma aflictiva, es decir, conducirán al sufrimiento.

Las impresiones subconscientes (*samskaras*) producen y cristalizan una mentalidad o un condicionamiento (*vasana*) correspondiente. Es importante entender la diferencia entre impresiones subconscientes y condicionamiento. Si me permito reaccionar violenta y abusivamente en una situación determinada, esto dejará una impresión. Después de la primera vez todavía podría tener la opción de cómo reaccionar. Después de impresiones repetitivas mi reacción se volverá más y más automática. Ahora las impresiones se refuerzan unas a otras hasta producir una tendencia llamada condicionamiento (*vasana*). Una vez que el condicionamiento basado en aflicción está asentado, siempre mostraré una tendencia a crear más sufrimiento. Aunque incluso ese condicionamiento se puede cambiar, es mucho más fácil interceptar si todavía estamos en la etapa de la impresión.

Cada vez que nos volvemos conscientes de que estamos actuando en función de una aflicción, como egoísmo, dolor, deseo o miedo pasados, necesitamos tomar una decisión consciente de abandonar esa tendencia. Este sutra nos recuerda que todo el sufrimiento que infligimos regresará a nosotros eventualmente.

Shankara explica en su subcomentario por qué algunas acciones toman más tiempo para dar resultados en tanto que otras tienen sus efectos inmediatamente. Él ofrece la analogía de que en la agricultura algunas semillas sembradas en los campos germinan rápidamente, mientras que otras toman más tiempo para brotar dependiendo de la cualidad y del tipo de semilla. De igual forma, la semilla de la impresión kármica en la mente brotará rápida o lentamente dependiendo de su cualidad, es decir, de la intensidad de la acción que la produjo.

सतिमूलेतद्वपिकोजात्यायुर्भोगाः ||१३ ||

II.13 Mientras esta raíz de las aflicciones, el almacén kármico, exista, dará fruto en forma de tipos de nacimiento, duración de vida y experiencia [de placer y dolor]

La raíz de las aflicciones (*kleshamula*) es el almacén del *karma*. Mientras exista esta raíz, siempre brotará en nuevas encarnaciones. Este tipo de *karma* almacenado determina nuestra especie, clase y circunstancia de nacimiento, el lapso de vida, y la cantidad y calidad de experiencias en ella. Shyam Gosh describe el mecanismo de renacimiento de la siguiente forma: "La situación que impulsa las encarnaciones futuras debe proporcionar la oportunidad necesaria para consumir nuestro *karma* a través de experiencias apropiadas de placer y dolor."[14]

Vyasa señala que las semillas de las aflicciones continuarán brotando en el tanto no sean quemadas por la meditación. Dado que nuestra meditación no tuvo éxito en nuestra vida pasada, acumulamos nuevo *karma*, el cual provocó nuestra presente encarnación y su correspondiente sufrimiento. Es necesario destacar que no se pueden predecir el tipo, el lapso y la experiencia de nuestro próximo nacimiento. Esto no depende de nuestra experiencia ahora mismo sino del tipo de karma predominante en el almacén. Si hemos agotado el buen *karma* en nuestra encarnación actual, podríamos tener enseguida un par de nacimientos bajos, lo cual resulta en una situación muy insegura. Puesto que estamos en la posición afortunada de que se nos presente todo este conocimiento, debemos hacer, ahora, en esta vida, todos los esfuerzos posibles para abrirnos camino hacia la liberación. Cada vida como ser humano que no esté dedicada a la búsqueda de la liberación es un desperdicio de una buena oportunidad.

De acuerdo con las escrituras existen muchos tipos de renacimientos además del humano.

---

14. Shaym Gosh, *The Original Yoga*, 2a ed. rev., Munshiram Manoharlal, Nueva Delhi, 1999, p. 197.

Al encarnar como animal, uno es demasiado inconsciente para luchar por la liberación. La encarnación como un demonio o ser celestial es infinitamente más poderosa que la humana, pero ellos están demasiado absortos, sea en su furia y malicia (demonios) o en su placer y belleza (seres celestiales), como para preocuparse muchísimo por la libertad. Solo el nacimiento humano ofrece la correcta combinación de placer y dolor para que el individuo todavía permanezca reflexivo y queriendo liberarse de la esclavitud mental.

Vyasa también señala otro aspecto importante del depósito kármico (*karmashaya*). El *karma* que aún no ha llegado a fructificar se puede destruir antes de que brote. Hay ciertas cosas en nuestras vidas que no podemos cambiar porque entran dentro de la categoría del *karma* que ya está dando frutos (*prarabda karma*). Las semillas de este *karma* han germinado y deben ser aceptadas según lo ordenado y, por lo tanto, soportadas, de acuerdo con Vyasa. Sin embargo, todo el almacén del *karma* latente que está aguardando para dar frutos en alguna vida futura puede y debe ser interceptado ahora.

En muchos sentidos una nueva encarnación es como un juego de dados: uno nunca puede predecir qué resultará. Algunos sabios tuvieron un renacimiento animal porque, aunque ellos habían efectuado grandes actos, la idea más fuerte presente en su subconsciente al momento de su muerte fue, coincidentemente, una idea animal. Por otro lado, grandes malhechores llegaron a convertirse en grandes sabios liberados en la misma vida. En su juventud, el maestro tibetano Milarepa asesinó a treinta y cinco personas mediante la magia negra, no obstante, se convirtió en uno de los más grandes místicos. Esto fue posible porque trabajó con más ahínco en su liberación que posiblemente cualquier otro ser humano lo haya hecho jamás. Impulsado por el conocimiento del terrible destino que lo esperaría si moría antes de alcanzar la liberación, meditó por veinte años desnudo en una cueva de los Himalayas, sin comida y rodeado de hielo. Tales formas extremas de práctica no son necesarias si no hemos estado involucrados en acciones tan negativas.

तेह्लादपरितापफला:पुण्यापुण्यहेतुत्वात्॥१४॥

II.14 Su fruto es placentero o doloroso, dependiendo del mérito o demérito de su causa

Aquí está la razón para una ética estricta en el yoga. No es que los maestros quieran sacar la diversión de la vida; es solo que, con nuestras acciones de ayer, hemos creado quienes somos hoy. Asimismo, nuestras acciones de hoy determinarán quienes seremos mañana. Necesariamente, el cuerpo dolerá durante la práctica matutina si nos intoxicamos la noche anterior. Incluso podríamos no ser capaces de encarar la práctica, dependiendo de cuán intensa haya sido nuestra autocomplacencia.

Si hay algún tipo de dolor en nuestras vidas, necesitamos analizar la causa, la cual es una acción demeritoria, y eliminarla. Si no hay una causa aparente, entonces, de acuerdo con la filosofía yóguica, se encuentra oculta en una vida pasada. Esas consecuencias deben ser soportadas, puesto que la causa se ha completado y ha empezado a dar sus frutos, y por esas razones, no puede ser cambiada. Aparte de no asumir la responsabilidad por el hecho de que hemos provocado en el pasado el sufrimiento de hoy, existe otra tendencia peligrosa a ser examinada en este contexto.

A menudo somos demasiado superficiales al analizar la causa de nuestro sufrimiento, la cual podría ser una práctica deficiente. Entonces escapamos felizmente a la apatía y al sentimiento de que "el yoga debe doler", cuando en realidad somos muy perezosos para investigar más profundamente o nos encontramos excesivamente aferrados a nuestros hábitos como para cambiar.

Si hemos conseguido maniobrar hasta colocarnos en una posición afortunada a través de acciones meritorias en el pasado, nos haría bien no descansar en ella. El mérito ciertamente se agotará y entonces tendremos la posibilidad de retroceder. Idealmente una situación placentera será usada para la práctica y el estudio. En pocas palabras, este es el tiempo para hacer cosas que lleven a nuestro despertar; ellas son más difíciles de encarar cuando estamos con el agua hasta el cuello. Dado que el mundo entero está en constante cambio, los tiempos difíciles pueden estar en la siguiente esquina, aun cuando parezca que tenemos todo bajo control.

Estas actitudes llevarán al desapego que nos permitirá enfrentar el dolor que venga. El yoga nos aconseja que nunca confiemos en la continuación del placer. Usted puede disfrutar el placer mientras dure siempre y cuando no exista apego a él. Si se desarrolla el apego, dependerá de la continuación de esos placeres particulares para sostener su felicidad y libertad. Recuerde: No hay nada permanente excepto la consciencia.

También debemos mirar el hecho de que el placer y el dolor son parte del par de opuestos del cual Patañjali[15] y el *Bhagavad Gita* sugieren que escapemos. El filósofo chino Lao Tzu dice en el *Tao Te Ching*: "Define belleza y creas fealdad. Crea lo correcto y defines lo incorrecto. Mejor regresar al océano del Tao." Aquí el Tao es el equivalente chino de Brahman.

Si observamos este grupo de sutras que tratan sobre el *karma*, podríamos fácilmente llegar a tener la impresión de que el yoga es un tipo de espiritualidad simplista de "hacer el bien y evitar el mal". Pero esto dista mucho de la realidad. En el yoga, la liberación es alcanzada a través de la experiencia mística. La ética es el trabajo preparatorio, el campamento base a partir del cual ascendemos a la cumbre. La ética es muy importante porque mantiene nuestra vida simple y recta. Sin ella nos enredaríamos en la malla de la existencia condicionada (*samsara*), de manera que la experiencia mística sería improbable.

LA IMPORTANCIA DE LA ÉTICA

Swami Agehananda Bharati intentó desvincular totalmente la ética de la liberación.[16] Alegó que la experiencia mística estaba libre de valor, puesto que no conducía a un código de ética en particular. El swami pasó por alto el hecho de que cualquier maldad, cualquier mala voluntad hacia el prójimo, surge del no conocerse a uno mismo. Si se alcanza el conocimiento, uno sabe que su propio ser es el ser de todos los seres y que, por tanto, herir a alguien más es como herirse a uno mismo.

Además, la gente actúa sin ética por beneficio personal. Cuando uno reconocea su propio ser, se conoce a sí mismo, no como el ser que brilla en su vida personal, sino como el ser que irradia luz sobre toda la existencia. Después de eso, no es posible obtener más beneficio personal: ya no hay nada que esté separado del propio ser. A estas alturas la ética no es más impuesta desde fuera sino que proviene naturalmente desde dentro.

La ética es parte de la vida de un místico, pero, si se usa para reemplazar el *samadhi* y la práctica mística, entonces se enfatiza en exceso y el sistema que estamos viendo ya no es el

---

15. Sutra II.48: "tato dvandva anabigatah" - entonces no hay ningún ataque del par de opuestos.
16. Sw. Agehananda Bharati, *The Light at the Center*, Ross-Erickson, Santa Bárbara, 1976.

yoga verdadero. No solo la ética por sí sola es una herramienta altamente inefectiva para alcanzar la libertad, sino que se puede usar para esclavizar aún más a los humanos. Imponer más y más normas y más estrictas sobre las personas suele conducir a que las normas sean obedecidas a regañadientes y quebrantas secretamente. O lleva a comunicar a los practicantes que ellos nunca podrán ser lo suficientemente buenos por mucho que lo intenten (un problema para los monjes de algunas órdenes, de quienes se espera que cumplan hasta quinientas normas). Algunos miembros de la religión jaina beben agua y respiran a través de un filtro para no ingerir y, por tanto, matar microorganismos; también barren constantemente el camino frente a ellos para evitar pisar y matar insectos pequeños.

Si la ética rige la vida de la humanidad a través de la culpa y la vergüenza, ella es solo otra herramienta usada por la mente para aumentar su tiranía sobre nosotros. La ética necesita venir desde adentro; solo así es liberadora. Otro gran peligro con la ética es que aquellos que la imponen sobre los demás suelen, ellos mismos, no estar a la altura para cumplirla. Es interesante cuántos sacerdotes, gurús y los llamados santos en los últimos cincuenta años han predicado el celibato (*brahmacharya*) y después se ha descubierto que han tenido relaciones sexuales ilícitas, a menudo con niños y/o múltiples parejas.

Un estricto conjunto de normas éticas, una vez que es dominado, puede ser usado también para aumentar nuestro ego y alegar nuestra superioridad sobre los demás. Había un hombre que se levantaba todos los días a las cuatro de la mañana, era vegetariano, no fumaba ni tomaba. No tenía relaciones sexuales. Este hombre aseguraba ser un mesías y muchos creyeron en él. Su nombre era Adolf Hitler.

La libertad interior nunca se puede alcanzar siguiendo un conjunto de reglas, una fórmula. La libertad es la observación consciente. Cualquier conjunto de normas será usado por la mente y el ego para construir una nueva prisión. Sin embargo, el rechazo de todas las normas es tan solo una nueva fórmula. La salida no es mediante la creación de un nuevo conjunto de normas sino a través del darse la vuelta y hacerse consciente de aquello que no necesita ningún reglamento, aquello que respira vida en todas las cosas y que, por tanto, no puede estar opuesto a la vida. Cuando eso se comprende, una gran compasión por todos los seres vivos surge espontáneamente del corazón y no tiene que ser impuesta por la mente. Entonces nos volvemos ética viviente, mientras que antes tratábamos de simular la vida a través de un conjunto muerto de reglas.

La ética nunca puede reemplazar la revelación mística, pero despeja el camino para llegar a ella.

परिणामतापसंस्कारदुःखैःगुणवृत्तविरोधाच्चदुःखमेवसर्वंविवेकिनः ॥१५॥

II.15 Para aquel que discierne, todo es solo dolor debido al conflicto de las fluctuantes *gunas*, a la angustia por el cambio y al dolor causado por la impresión subconsciente

Cada experiencia en la cual fallamos en comprender nuestra verdadera naturaleza como consciencia infinita conduce finalmente al sufrimiento. La razón por la cual no somos conscientes de esto ahora mismo es que, debido a nuestra experiencia pasada de dolor, nos hemos vuelto entumecidos e insensibles.

Lo aparentemente placentero plantea un problema diferente. Mientras que el dolor evidente podría impulsarnos a buscar lo que es eterno (la consciencia), el placer tiene la tendencia de fortalecer el vínculo con lo que es impermanente (el cuerpo). Cuanto más placer experimentamos, más nos identificamos con el vehículo a través del cual experimentamos - el cuerpo, los sentidos y la mente.

En un punto de nuestras vidas, nos damos cuenta de que el cuerpo decaerá, causando que el placer se vuelva inaccesible, y reaccionamos con temor. Empezamos a buscar más placer para cubrir nuestro miedo. Con frecuencia, tenemos la expectativa del placer pero somos infelices porque no llega. O recordamos el placer y, por tanto, no podemos disfrutar de lo que el momento presente tiene para ofrecer. El placer tiende a llevar nuestros pensamientos hacia el pasado (al placer que una vez tuvimos) o hacia el futuro (al placer esperado). Ambos nos alejarán del presente.

Por favor no malentienda el yoga aquí: el yoga no quiere estropear su placer. Pero si usted está en busca de la libertad (*kaivalya*) y del éxtasis (*ananda*), tiene que entender que nada que sea transitorio lo llevará allí. Junto con la riqueza, el placer se ha convertido en el dios de la sociedad occidental. Nuestra sociedad tuvo que asumir estas deidades porque hemos perdido todo el conocimiento de nuestra propia esencia. El Buda enseñó que todo placer es dolor, porque inevitablemente perderemos todas las cosas placenteras a las cuales nos hemos apegado. Entonces experimentaremos dolor.

En la sociedad occidental se nos ha prometido que la búsqueda del placer es el camino hacia la felicidad y admiramos más a aquellos que están muy decididos a satisfacer sus deseos. La idea de la India acerca de la felicidad es la ausencia del ansia del disfrute; es el contentamiento. Piense en esto. Abandonar la idea de que tenemos que alcanzar la satisfacción nos permite darnos cuenta de que la felicidad ya está aquí. Como es profunda dentro de nosotros, no depende de estímulos externos. De hecho, la búsqueda del placer llevará al dolor de acuerdo con el yoga.

Este mecanismo es comprendido por el discernidor (*vivekinah*) - una persona que discierne entre el ser y el no ser. Para aquel que ha visto la luz del ser, los placeres no se comparan con morar en la libertad ilimitada. Una vez que ha visto el océano, el charco en su jardín de atrás ya no es gran cosa. El charco en esta metáfora es la existencia condicionada (*samsara*), el ciclo de renacimientos. Esta existencia condicionada es dolorosa comparada con el éxtasis de volverse uno con el océano de la consciencia infinita (Brahman).

¿Qué causa este dolor samsárico, el dolor que ocurre en la existencia condicionada? Patañjali enumera tres causas de dolor de las cuales el discernidor es consciente, siendo el dolor causado por la impresión inconsciente (*samskara*) el más personal. Por ejemplo, una muchacha que ha tenido un padre abusivo y violento cargará consigo las impresiones subconscientes de esa experiencia. Estas impresiones tenderán a atraerla hacia relaciones con parejas abusivas y violentas cuando sea adulta. Cada experiencia deja una impresión que pide su repetición. Algunas formas de psicoterapia (pero no todas) no concilian bien con el yoga, en la medida en que ellas acogen la idea de que los traumas almacenados en lo profundo de sí deben ser llevados a la superficie, revividos y luego (según dice la teoría) soltados. De acuerdo con el yoga, revivir el trauma fortalecerá su control sobre nosotros y, de hecho, creará nuevas impresiones que suscitarán experiencias traumáticas adicionales.

En otras palabras, el revivir un trauma hace menos probable que podamos soltarlo. Expresiones de la Nueva Era como "me han pasado muchas cosas" o "estoy atravesando por un proceso intenso en este momento" son, en realidad, una señal de estar más y más profundamente atrapado en la red del condicionamiento, lo que conlleva a más experiencias de dolor.

Una corriente interesante en la cultura occidental contemporánea dice que las emociones están de alguna forma más cerca de la verdad que el pensamiento. Al haber suprimido la emoción por mucho tiempo, ahora tratamos de recuperar el tiempo perdido. En el yoga, las emociones son consideradas solo como otra forma de la mente, no menos robótica que el pensamiento. Realmente las emociones son solo sentimientos basados en situaciones pasadas. Si me estoy sintiendo solo, por ejemplo, este sentimiento solamente se relaciona con el momento presente. Sin embargo, si la ausencia de seres queridos activa en mí una experiencia general de rechazo, separación con relación a los demás y mi inhabilidad de comunicar, entonces más bien debería decir que estoy siendo "emotivo" por la solitud. La solitud es una experiencia pasada que "surge" en el tiempo presente, una tendencia general en la mente que se despierta cuando el objeto (la ausencia de seres queridos) es presentado.

Por tanto, estar emotivo es contrario a estar en el momento presente. Desde el punto de vista yóguico simplemente equivale a pensar en el pasado o añorar sensaciones pasadas. Claramente, las emociones no son nuestra verdadera esencia. El poder que es consciente de las emociones, esa presencia ante la cual surgen las emociones, es nuestra verdadera naturaleza (consciencia).

La persona que ve esta diferencia es aquella que discierne (*vivekinah*). Para esta persona incluso lo contrario de trauma es todavía dolor, dado que es una reacción al dolor. Solo cuando se está en el ser, uno es libre para siempre.

Después de señalar la impresión subconsciente como la causa interna del dolor, Patañjali enumera dos causas externas. La primera es la fluctuación constante de las cualidades (*gunas*) de la naturaleza. Aquí uso el término español "naturaleza" para prakrti, pero recordemos que no tiene nada que ver con salvar las ballenas o los bosques tropicales, aunque estas sean causas nobles. Prakrti es el origen de la inteligencia cósmica, la cual a su vez, es el modelo original para el código del ADN, la estructura de las moléculas y el movimiento de las galaxias unas alrededor de otras. El origen de la inteligencia cósmica -la naturaleza (*prakrti*) - manifiesta el mundo a través de sus tres hebras o cualidades: *rajas*, *tamas* y *sattva*. Se piensa que ellas conforman, en diferentes y cambiantes proporciones, todas las cosas en el mundo - excluyendo la consciencia, que no es del mundo.

Vyasa señala que, dado que una guna no puede hacer nada por sí misma, todos los objetos consisten de combinaciones de cosa-de-masa (*tamas*), cosa-de-energía (*rajas*) y cosa-de-inteligencia (*sattva*).[17]

El atractivo y disfrute de un objeto cambiarán considerablemente según la perspectiva, el observador y el tiempo. La industria publicitaria adora la belleza de la figura femenina como la herramienta publicitaria perfecta, y muchos consumidores son engañados, aun cuando sabemos cómo el cuerpo cambiará en solo pocas décadas. Desde una óptica diferente, el cuerpo podría lucir mucho menos atractivo. Como un comentador de los sutras ha observado: "La muchacha con la cual usted se casó, a los veinte años de edad le podría haber parecido como un ángel. A los treinta ella podría lucir como un demonio para usted y posiblemente como un ángel para alguien más." Así es cómo la perspectiva del observador podría cambiar sin que el objeto necesariamente cambie mucho.

Esto nos lleva a la tercera y última forma de sufrimiento, la angustia por la transformación o el cambio constante. Nuestra tendencia natural es crear relaciones como sistemas: familia,

---

17. Términos usados por S. Dasgupta en *A History of Indian Philosophy*.

hogares, círculos de amigos, compañías, vecindarios, clubes, comunidades, sociedades, estados, culturas, naciones e imperios, los cuales nos dan un marco en donde asentarnos y ponernos cómodos. Pero todos los sistemas contienen entropía, la cual los cambia constantemente hasta que se descomponen.

La entropía se manifiesta, por ejemplo, en forma de muerte del cuerpo humano, ruptura de las relaciones y familias, bancarrota de compañías, destrucción de vecindarios a través de disturbios raciales, ataque terrorista o bombardeo, destrucción de naciones a través de guerras y contiendas civiles, y caída de imperios mediante la decadencia y la idiotez. Todos esos cambios traen angustia a las personas que los experimentan. Aun si el cambio no significa que estaremos peor, la inseguridad de tener que cambiar genera temor.

Por estas tres razones aquel que discierne considera dolorosos el mundo y la experiencia. Podemos hacer este juicio porque conocemos el único estado que no es doloroso. El éxtasis y la libertad del estado natural, que es el verdadero estado del yoga.

हेयंदुःखमनागतम् ॥१६॥
II.16 Se debe evitar el dolor que aún está por venir

Todas las experiencias basadas en aflicciones son dolorosas, dice el sutra II.15. Las experiencias basadas en aflicciones llenan el almacén kármico, el cual conlleva a nuevo sufrimiento.

Podemos distinguir tres formas de *karma*. Primero, existe el *karma* que hemos creado en el pasado y que ya ha empezado a fructificar. Este *karma* ha producido nuestro cuerpo actual, dentro de un marco de duración de una vida, tipo de nacimiento y muerte, y tipo de experiencia. Dentro de ese marco, el cual tenemos que aceptar hasta cierto punto, todavía hay mucho que podemos cambiar. Pero aun si hacemos todo bien, no debemos desanimarnos por los retrocesos sino más bien aceptarlos como el resultado de nuestra propia ignorancia anterior, en vez de esperar que otros asuman la responsabilidad por ellos.

El segundo tipo es el *karma* que ha sido creado pero que aún no llega a fructificar. Sus frutos han sido interceptados por el karma que nos ha dado nuestro cuerpo actual. No sabemos qué nos depara este *karma*, y debe ser interrumpido. Quizá hemos agotado nuestro buen karma con esta existencia y podría ser que retrocedamos a una forma inferior de encarnación. Esto debe evitarse. El *Yoga Vashishta*, que contiene las enseñanzas del gran *Rishi* Vasishta, declara que se puede interceptar cualquier *karma* y que no existe el destino kármico para aquel con verdadero autoesfuerzo. De hecho, hay evidencia de que el destino se modifica con un aumento en el esfuerzo. Tomemos una firme resolución para interceptar el *karma* que aún está en modo residual, el karma que todavía no ha brotado.

El tercer tipo de *karma* es el que estamos produciendo ahora. Este *karma* producirá, como ya hemos aprendido, resultados inmediatos si es fuerte; de lo contrario se acumulará en el almacén kármico. En ambos casos, generará nuevo sufrimiento, como fue mostrado en el sutra anterior. La única forma de evitar el sufrimiento futuro es despertarse ahora.

Muchas personas albergan la creencia de que la muerte de alguna forma curará automáticamente todos nuestros problemas. Algunos esperan que una deidad nos transportará a una elusiva morada de éxtasis, mientras que los materialistas esperan que la muerte se encargue de nuestros problemas al apagarnos. Sin embargo, la creencia de que la muerte resuelve todos nuestros problemas espirituales es, según I. K. Taimni, un absurdo comparable a la creencia de que la noche resuelve nuestros problemas económicos.[18] Del mismo modo, solo porque la luz de su cuerpo se ha apagado no implica que sus responsabilidades kármicas hayan desaparecido.

El materialismo dio pie a la ilusión de que podemos actuar según nuestros gustos sin la necesidad de sentir ninguna responsabilidad. Muchos materialistas literalmente se comportan como si no hubiera un mañana. De acuerdo con su creencia, cualquier crimen que hayamos cometido, al final de nuestra vida simplemente seremos liberados en el abrazo de la muerte que todo lo olvida y que todo lo borra.

El yoga dice que regresaremos para cosechar el fruto de nuestras acciones. Si no queremos cultivar el fruto del dolor, entonces no debemos sembrar su semilla. Los siguientes sutras explicarán cómo el futuro dolor es interceptado.

दरष्टृदृश्ययोःसंयोगोहेयहेतुः ॥१७॥
II.17 La causa de aquello que se debe evitar [dolor] es la unión del que ve con lo visto

Hay muchas ideas erróneas populares sobre el yoga, especialmente en los círculos de la Nueva Era. Al yoga se le llama la unión entre el cuerpo, la mente y el espíritu, y algunos libros nos sugieren que la felicidad radica en la completa unión del hacedor con el hacer. "Volverse uno con todo eso" es otra frase popular. Patañjali elimina todos estos conceptos con la declaración de que la causa del sufrimiento es esa unión del observador con lo observado. Es exactamente esa unión que la idea errónea contemporánea nos pide que busquemos, a la que los antiguos maestros identificaron como la causa raíz de todo el sufrimiento.

Vyasa dice que, así como un tratado sobre medicina que está dividido en cuatro partes - la enfermedad, la causa de la enfermedad, el estado saludable y el remedio - así también el yoga tiene cuatro partes. La enfermedad es la existencia condicionada (*samsara*); la causa de la enfermedad es la falsa unión del que ve con lo visto, percibida a través de la ignorancia; el estado saludable es la libertad (*kaivalya*), que también podemos traducir como soledad trascendental, porque la consciencia es libre e inafectada por el mundo. El remedio para alcanzar este estado saludable es el conocimiento discriminativo (*viveka khyateh*) o el conocimiento de la diferencia entre el observador y lo observado.

Vyasa también señala que el ser/la consciencia no puede adquirirse ni puede evitarse, lo cual destruye la noción de un camino espiritual, porque no hay adonde ir. También destruye las nociones de progreso y proceso. Dado que la consciencia es eterna, increada e inmutable, no se puede alcanzar. Ella observa, irradia luz sobre el intento de alcanzarla, pero no cambia en el proceso.

---

18. I. K. Taimni, trad. y com., *The Science of Yoga*, The Theosophical Publishing House, Adyar, 1961, p. 168.

El sistema que trata sobre esta comprensión es el Vedanta. Es el camino más directo hacia la libertad, pero muchas personas no pueden entender que ya son libres. El sistema del Yoga está diseñado para aquellos que son un poco más ignorantes. Ellos necesitan la ilusión de estar yendo a alguna parte para eventualmente despertar a la comprensión de que nunca estuvieron separados de su meta. En otras palabras es un enfoque muy realista e indulgente, comparado con las sublimes alturas del Vedanta, el cual es un camino intelectualmente más avanzado.

En los sutras anteriores Patañjali explicó las cinco aflicciones, terminando con la declaración de que, para aquel que discierne, toda la existencia condicionada es dolor. La existencia condicionada es descrita aquí como la primera parte del sistema médico, la enfermedad. Ahora él se enfoca en el segundo aspecto de la medicina, su causa. Su diagnóstico es que la causa es la falsa unión del que ve con lo visto. El que ve es la consciencia (*purusha*), que es la observación consciente. Lo visto no solamente es el mundo entero de objetos sino también el instrumento interno (*antahkarana*), que consiste de intelecto, mente y ego.

Imagínese sentado en frente de una pantalla y viendo una película de terror. Si usted se identifica con los personajes en la pantalla, si está metido en la película, sufrir el terror se volverá real. Puede ser que usted empiece a sudar y que su corazón lata más rápido. La salida de este sufrimiento es darse cuenta de que no es su vida la que está siendo representada en la pantalla: usted solo está observando esta representación. Del mismo modo el yoga dice que nosotros - la consciencia - no somos el agente o principio actuante. Más bien, somos la observación consciente (*awareness*) pura ante la cual surgen el cuerpo, la mente y el ego. El complejo egoico de cuerpo/mente es considerado como parte del ambiente (*prakrti*) y no como nuestra verdadera naturaleza (*purusha*). La misma idea se expresa en el aforismo II.27 del *Bhagavad Gita*: " En todos los casos las acciones son hechas por las *gunas* de *prakrti*. Aquel, cuya mente se engaña por el egoísmo, piensa, yo soy el hacedor."[19]

Recordemos que en el sutra II.6 Patañjali define el egoísmo como la combinación de los dos poderes del que ve y del proceso de ver en una sola entidad. Aquí, en el II.17, él ofrece una declaración más universal, en la cual lo visto también abarca el proceso de ver, que es el principio cognitivo. Los dos sutras establecen que no somos ni el proceso de ver (la mente) ni lo visto (el mundo) sino la consciencia. Identificar nuestro ser (el cual es consciencia pura, sin contenido, sin límites, sin cualidad e infinita) con nuestra mente, nuestro ego o sus contenidos, se define aquí como la causa del sufrimiento.

प्रकाशक्रियास्थितिशीलंभूतेन्द्रियात्मकंभोगापवर्गार्थंदृश्यम्॥१८॥
II.18 Lo visto está formado por las cualidades de luz, acción e inercia, y por los elementos y órganos de los sentidos. Existe para el propósito de la experiencia y la liberación

Aquí Patañjali describe lo visto, el mundo. Él usa los términos *prakasha*, *kriya* y *sthiti*, pero sus significados son exactamente iguales a los de las palabras del Samkhya *sattva* (luz/sabiduría), *rajas* (movimiento/actividad) y *tamas* (pesadez/inercia), las tres hebras de la naturaleza (*prakrti*) que forman, en varios entrelazados, todos los fenómenos.

---

19. *Srimad Bhagavad Gita*, trad. Sw. Viresvarananda, Sri Ramakrishna Math, Madrás, p.79.

Los objetos del macrocosmos (el mundo) existen en forma de los cinco elementos: éter, aire, fuego, agua y tierra. En el microcosmos (el ser humano) ellos existen en forma del instrumento interno que consiste de intelecto, ego y mente, y del instrumento exterior (el cuerpo) que consiste de las cinco funciones sensoriales y las cinco funciones de acción. Juntos, las *gunas*, los elementos y los instrumentos interno y externo, forman lo visto. Diferente a todo eso es el observador, la consciencia (*purusha*).

Lo importante aquí es que, de acuerdo con Patañjali, lo visto no opera sin un propósito. Más bien, actúa para proporcionarnos una oportunidad para experimentar y luego para liberarnos. El mundo, según el Yoga, es como un escenario en el cual se ponen en práctica las lecciones que necesitamos para realizarnos como consciencia. Estas lecciones - las llamamos experiencias - no son predominantemente placenteras, sino que tienen la mezcla correcta de placer y dolor para ayudarnos eventualmente a ir más allá de ambas. De acuerdo con Patañjali, el mundo no existe por sí mismo sino solamente por la necesidad de reconocer a la consciencia. En el *Samkhya Karika* V.58, se dice que incluso cuando las personas acometen acciones en favor de los deseos, también *prakrti* se manifiesta en beneficio de *purusha*.

Esta manifestación en aras de la consciencia resulta en experiencia y liberación. Experiencia significa la experiencia de placer y dolor, que también se llama cautiverio (*bondage*). Después de que hemos tenido un cierto número de experiencias, reconocemos que somos diferentes de todo lo que es experimentado y por tanto transitorio. Entonces, nos reconocemos como la única categoría de la existencia que es eterna e inalterable, la consciencia.

Se puede comparar la relación entre la consciencia y el mundo con aquella entre el sol y una flor. Cuando el sol sale, la flor se vuelve hacia él y se abre. Cuando el sol describe su curso en el cielo, la flor sigue su movimiento. Cuando el sol finalmente se oculta, la flor se cierra. A lo largo de todo este proceso el sol es completamente inmutable. Efectuaría exactamente el mismo movimiento si ninguna flor estuviera presente. La flor, por otro lado, es totalmente dependiente del sol. Sin la luz del sol, la flor no podría existir.

Así como la flor necesita el sol, así también el mundo necesita la consciencia. Cuando la consciencia irradia su luz de observación consciente, la flor de *prakrti* se vuelve hacia ella y se abre. El mundo sigue el curso del sol de la consciencia hasta que este se oculta al final de una era del mundo y el mundo se vuelve inmanifiesto. Así como el sol es completamente inmutable durante la noche, así también el sol de la consciencia no se somete absolutamente a ningún cambio durante las múltiples transformaciones del mundo. Como el sol, la consciencia es completamente libre, existiendo solo por sí misma. Como la flor, el mundo es dependiente de la luz de la consciencia.

विशेषाविशेषलिङ्गमात्रालिङ्गानिगुणपर्वाणि॥१९॥
II.19 Las *gunas* tienen cuatro estados: denso, sutil, manifiesto e inmanifiesto.

Antes de que surja el mundo, las tres *gunas* están en equilibrio y la naturaleza (*prakrti*) existe solo en su forma inmanifiesta. Esta se puede comparar con el estado del universo antes del Big Bang. Usted podría decir que el universo no existía, pero en realidad sí existía como un potencial, como un estado seminal. Vyasa explica que el estado inmanifiesto (*alinga*) de *prakrti* no es ni existente ni inexistente, ni real, ni irreal. Podemos entender esto solo si dejamos atrás los principios de la lógica aristotélica, los cuales forman la piedra angular de la filosofía griega y de toda la filosofía occidental después de ella. La lógica occidental dice que si A es correcto y B es incorrecto, A no puede ser igual a B. Esta es la lógica de la mente.

A la lógica oriental o paradójica podemos llamarla la lógica de la consciencia. La consciencia es el receptáculo que da lugar a todas las posibilidades. Todas las posibilidades necesitan, entonces, ser incluidas en la lógica de la consciencia. De acuerdo con la lógica paradójica, si A es correcto y B es incorrecto, entonces A y B pueden ser idénticos, diferentes, tanto idénticos como diferentes al mismo tiempo, o ninguno de los dos. Todas estas posibilidades aparecen en la consciencia, pero figuran en la mente humana limitada, simplista.

El segundo estado de las *gunas* es el estado manifiesto. Según el *Rishi* Vyasa, el intelecto cósmico o la inteligencia cósmica surge de *prakrti* inmanifiesta. Por esta razón, el intelecto se llama la primera evolución de *prakrti*. Entonces, cuando practicamos meditación (involucionamos), el intelecto es obviamente la última cosa en volverse inmanifiesta. De la manifestación surge el estado sutil de las *gunas*. Este produce el ego y las esencias sutiles (*tanmatras*). Primero emerge el ego; luego el ego o el yo hacedor (*ahamkara*) cósmico arroja la noción del yo sobre cualquier cosa que la inteligencia perciba. El ego se adueña de los fenómenos; sin el ego ningún mundo podría surgir. Después del ego surgen las cinco esencias sutiles de los elementos, que han sido denominadas potenciales infratómicos. Debemos entenderlas como las esencias profundas o las leyes físicas de los elementos según las cuales todos los fenómenos y eventos se desarrollan. Ellas son las esencias del sonido, el tacto, la forma, el gusto y el olfato.

El último estado de las *gunas* permite las dieciséis categorías densas. De las cinco esencias sutiles (*tanmatras*) surgen los cinco elementos densos (*mahabhutas*). De la esencia del sonido surge el éter. De la esencia del tacto surge el aire, de la esencia de la forma surge el fuego, la esencia del tacto produce el agua, y la esencia del olfato produce el elemento tierra. La dificultad para comprender estos conceptos radica en la dificultad para traducir los términos al español. Ellos solo son comprendidos correctamente cuando son vistos en meditación.

Del ego, luego, surge el grupo de los once. Este está conformado por las cinco funciones sensoriales (la audición, el tacto, la visión, el gusto y el olfato) y las cinco funciones de acción (el habla, el agarre, la locomoción, la excreción y la procreación). La undécima y última categoría es la mente (*manas*).

Es interesante ver que los tres componentes o las tres divisiones del instrumento interno (*chitta*) emergen de las tres transmutaciones de las *gunas*. Esto podría explicar el por qué ellos tienen funciones tan extremadamente diferentes. Las *gunas* manifiestas producen el intelecto; las *gunas* en su estado sutil desarrollan el ego; finalmente, de las *gunas* en su estado denso emerge la mente. El proceso de las *gunas* moviéndose de densas a inmanifiestas se llama involución. Este es el proceso del yoga, y aquí el éxtasis y la libertad espirituales son alcanzados.

El término "evolución" en el pensamiento occidental involucra la noción de progreso. En la filosofía de la India no existe el progreso, dado que la consciencia infinita (Brahman) está más allá del tiempo. Nada se crea, todo es eterno. Por tanto, la evolución significa un movimiento descendiente y hacia afuera, de la inteligencia hacia el elemento tierra. El proceso del yoga se llama involución, el cual es hacia adentro y ascendente hacia la consciencia.

द्रष्टादृशिमित्रःशुद्धोऽपिप्रत्ययानुपश्यः ॥२०॥

II.20 El que ve es la consciencia pura. Aunque ella aparenta asumir la forma de los fenómenos que solo observa, realmente permanece inafectada

Vyasa explica que el intelecto (*buddhi*) es cambiante en el sentido de que o conoce o no conoce un objeto. El que ve (*purusha*) es inalterable porque siempre es consciente de aquello que el intelecto presenta. No puede mirar hacia otro lado o ignorarlo. Por esta razón es observación consciente inmutable. Si recordamos la naturaleza espacial de la consciencia, sabemos que todos los fenómenos surgen dentro de ella. La consciencia no puede decidir excluir o rechazar determinados objetos y no puede anhelar o desear otros porque por su índole ella siempre contiene todo. Quienquiera que haya comprendido, contemplado y experimentado esto es un conocedor y por siempre libre.

La diferencia entre el intelecto y la consciencia es que el intelecto cognoce e interpreta la información que recibe a través de los sentidos de modo muy parecido a la forma en que una computadora lo hace. Al igual que una computadora, él es totalmente inconsciente. En cambio, el observador - la consciencia - no modifica en absoluto la información sensorial: simplemente observa. El *Rishi* Panchasikha explica que el que ve (la consciencia) acompaña las modificaciones del intelecto.[20] Por un lado, esto hace que el intelecto aparente ser consciente; por el otro, la consciencia aparenta modificar la información sensorial.

Cuando comenzamos el camino de la meditación necesitamos seleccionar primero objetos densos porque ellos son más fáciles de contemplar. En el sistema de Ashtanga Vinyasa, empezamos meditando acerca del cuerpo humano en movimiento, el cual es un objeto denso. Este también incluye la respiración externa o anatómica. Esta etapa se llama *asana*. Después de que hemos logrado eso, sin perder nuestro foco durante la práctica, empezamos a enfocarnos en el movimiento de la respiración interna (*prana*), que es un objeto sutil. Esta etapa se denomina *pranayama*.

Después de que estamos firmemente establecidos en nuestro enfoque sutil, comenzamos a contemplar los sentidos, el proceso de percepción, que es más sutil aún. Esta etapa se llama *pratyahara*. Al sutilizar todavía nuestro foco, contemplamos la mente, la cual es el sentido maestro y el receptor principal de la información sensorial. Esto es *dharana*. Una vez que podemos sostener nuestro foco ahí, empezamos a meditar en el sentido del yo, *dhyana*. La máxima forma de meditación es meditar en la diferencia entre el intelecto (*buddhi*) y la consciencia (*purusha*). Este es el *samadhi* con objeto (*samprajñata*). Cuando uno ha determinado esa diferencia y mora en la consciencia, a esto se le llama *samadhi* sin objeto (*asamprajñata*).

En este estado de conocimiento correcto, se dispersa la falsa apariencia según la cual el observador asume las formas de los fenómenos que solo observa. Entonces el ser es visto legítimamente como inafectado. El místico armenio Georg I. Gurdjieff llamó a esto "recuerdo de sí", un término que es infinitamente más elegante que "realización del ser". El ser siempre ha sido real, nosotros no. Como afirma el *Rishi* Ramana, el ser es la realidad misma; de hecho, llega incluso a decir que es la única realidad.[21] Nosotros, tras haber atribuido la luz de la consciencia a nuestra mente, hemos asumido que el contenido cambiante de la mente es nuestra naturaleza. Por esta razón, debemos recordarnos a nosotros mismos como el propio ser, la consciencia inmutable e infinita.

---

20. H. Aranya, *Yoga Philosophy of Patañjali with Bhasvati*, p. 180.
21. David Godman, ed., *Be As You Are - The Teachings of Ramana Maharshi*, Penguin Books India, Nueva Delhi, 1985.

तदर्थएवदृश्यस्याअत्मा ॥२१॥
II.21 Por su esencia misma lo observado solo existe para el propósito del observador

Esta declaración está en concordancia con el *Samkhya Karika*, el cual dice que el mundo es engendrado por prakrti para el propósito de la liberación de *purusha*.[22] No tiene ningún otro propósito que no sea proporcionar la experiencia a la consciencia (*purusha*), lo cual conducirá eventualmente a la liberación.

La consciencia es por siempre inactiva, solo observa. Una de las pocas palabras que podemos usar para describir la consciencia es la observación consciente (*awareness*). Sin embargo, Shankara en su subcomentario señala acertadamente que ella solo es consciente mientras se le presente un objeto.[23] Esto significa que la cualidad de la observación consciente se refiere a la relación entre el sujeto consciencia y el objeto que se presenta para que ella sea consciente de él. Esto es crucial para nuestra comprensión, puesto que brinda el motivo para el surgimiento del mundo. Se necesita el surgimiento del mundo para que la consciencia despliegue la observación consciente.

Para el practicante del yoga físico es importante recordar que el cuerpo humano no es un fin en sí mismo. Su única razón de existir es para ser un vehículo de acción para la consciencia. Por tanto, no debemos apegarnos demasiado a la ejecución de cientos de posturas sofisticadas, que son de poca utilidad por sí mismas. Ellas desempeñan un propósito solo si apuntan hacia la liberación, eso lo hacen si son ejecutadas en el contexto adecuado. Ellas son un obstáculo para el verdadero yoga si son efectuadas para alimentar el ego o con el propósito de la autocomplacencia. Puesto que por su propia índole, lo visto existe solo para el propósito de la consciencia, una vez que se cumple su propósito, lo visto verdaderamente deja de estar manifiesto. El propósito del mundo es brindar experiencia y liberación; una vez que esto es logrado, el mundo y el cuerpo cesan de estar manifiestos.

Sin embargo, el cese no es completo. Solamente significa que las *gunas* se repliegan desde el estado denso, pasando por el sutil y el manifiesto, hasta el estado inmanifiesto (*alinga*) de la naturaleza (*prakrti*). ¿Por qué ocurre eso? ¿Por qué *prakrti* no cesa del todo? El sutra siguiente lo explicará.

कृतार्थंप्रतनिष्टंअप्यनष्टंतदन्यसाधारणत्वात् ॥२२॥
II.22 Aunque lo visto deje de estar manifiesto en lo que respecta a *purusha*, puede seguir manifestándose para otros, que están todavía en cautiverio

Veamos el universo shivaísta[24] de la creación. Brahman, la consciencia infinita, tiene aquí dos polos. Ellos son, Shiva que representa el principio de la consciencia en el Samkhya y Shakti que representa la naturaleza en el Samkhya. Shiva descansa en el *chakra* de la corona, el cual

---
22. V. 56.
23. T. Leggett, *Sankara on the Yoga Sutra*, p. 244.

está representado en la Tierra por el Monte Kailash. Shakti se condensa y cristaliza en el vacío, intelecto, ego, éter, aire, fuego, agua y tierra, y eventualmente descansa como el poder de la serpiente (denominada de varias formas, Shakti o *kundalini*) enrollada en el *chakra* base.

El hecho importante es que cuando Shakti descansa en el *chakra* base, la observación consciente del ser se ha perdido y el mundo emerge. Este es el proceso de evolución. Cuando empezamos el proceso de yoga, ayudamos a Shakti a sutilizarse y volver a ascender a través de los *chakras* y elementos hasta que se reúne con su amado, la consciencia, Shiva. A estas alturas, se alcanza la consciencia de sí y cesa la observación consciente del mundo. El sistema aquí descrito es el *Shivaísmo de Cachemira*, creado por los maestros Vasugupta y Abhinavagupta. Su trabajo formó la base de la filosofía tántrica.

Las escuelas tántricas usan las mismas categorías de Patañjali y del Samkhya original. La diferencia es que ellas las personalizan y las visten con una metáfora sexual, la unificación de Shiva y Shakti. En la época del surgimiento del Tantra muchas personas consideraban que las escuelas más antiguas eran demasiado abstractas a nivel intelectual. Atribuir un rostro humano y una identidad sexual a las categorías del Samkhya tuvo éxito. También proporcionó una hermosa explicación del porqué el mundo pierde toda relevancia para un ser despierto. Sin embargo, debemos recordar que esto no es algo completamente nuevo sino una reinterpretación de la sabiduría antigua.

El Shivaísmo es un camino devocional con deidades personales y aún así llega a la misma conclusión que el enfoque analítico del Samkhya. Sabios advaitas[25] como Ramana Maharshi también dan testimonio de que la observación consciente del mundo cesa para aquel que ve la luz del ser.

Aquí hay una importante incomprensión de la cual se debe ser consciente. Algunos autores modernos, a menudo inspirados por el Vedanta o el Budismo, han descrito el Yoga como un culto de autoaniquilación. Esta visión muestra una falta de comprensión del sistema de Patañjali. El sutra aquí claramente establece que, para el yogui liberado, la observación consciente del mundo cesa, no así la observación consciente del verdadero ser. Esto significa que, después de alcanzar la libertad, estamos permanentemente establecidos en la observación consciente de la consciencia. Este es un estado enteramente diferente de la aniquilación; más bien es libertad y éxtasis ilimitados. Aquello que podría limitar - el mundo de las apariencias - se ha perdido de vista, puesto que ya ha cumplido su propósito.

Sin embargo, aunque el mundo ha perdido significancia para el ser liberado, sigue brindando su servicio para aquellos que aún lo necesitan. Por suerte es así: de lo contrario cada mundo proporcionaría servicio solo para el individuo liberado. Pero dado que la naturaleza desempeña su servicio "desinteresadamente"[26] para el beneficio de todos los purushas, ella continúa trabajando para todos los demás. Ya aquí vemos la cualidad maternal de la naturaleza, la cual más tarde fue desarrollada en el concepto de la diosa madre Shakti.

Cuando comparamos enfoques diferentes como el Yoga de la Concentración de Patañjali, el enfoque Advaita (no dualista) de la reflexión, y el enfoque Bhakti de la entrega, notamos que a veces ellos difieren en términos de filosofía. Para un académico hace una gran diferencia si un sistema es dualista o monista, monista con reservas o monista sin reservas. Para el místico estas categorías no tienen importancia: los sistemas son diferentes caminos hacia el mismo lugar. Un camino podría recorrer la playa, otro cruzar las montañas y un tercero atravesar la selva. La decisión de cuál camino tomar tan solo depende de las preferencias individuales, no es que

---

24. Un sistema en el cual Shiva es el Ser Supremo.
25. Refiriéndose al sistema de Advaita (no dualista) Vedanta.
26. *Samkhya Karika*, v. 60.

uno sea mejor que el otro. Todos los sistemas no son más que simulaciones de la realidad, cada una más apropiada para un determinado tipo de personalidad. Ninguno de ellos puede ser una completa representación de la realidad, puesto que todos son creaciones de la mente, y por su propia naturaleza la mente es incapaz de reproducir la realidad como verdaderamente es.

La disputa milenaria de los académicos sobre quién tiene el mejor sistema simplemente equivale a discutir quién tiene la personalidad correcta. Puesto que todos los sistemas filosóficos basados en los *Upanishads* describen el camino a la experiencia mística para los diferentes tipos de personalidad, cada uno de ellos funciona para esa personalidad en particular. No podría funcionar para otra. Por consiguiente, todos ellos existen por derecho propio solo en la medida en que sean capaces de conducir a las personas hacia la liberación. Si un sistema es lógicamente más sólido que otro, pero no puede liberar a las personas, carece de valor y debe ser descartado.

En el camino hacia la liberación uno también debe liberarse de las categorías de la mente, como la lógica. Después de todo, la realidad misma es paradójica y toda incluyente; no es lógica, analítica y exclusiva. La mente es solo una herramienta que usamos como un músculo. Si la mente toma control sobre nosotros y nos usa, eso se llama cautiverio. El resultado de la tiranía de la mente puede ser visto en cinco mil años de guerras y atrocidades.

Para ilustrar el conflicto entre los sistemas, veamos el concepto de purusha (consciencia) del Samkhya, acerca del cual el Samkhya dice que hay muchos. Este parece oponerse al concepto de *atman* del Vedanta, del cual solo hay uno. Un conflicto similar existió en la física cuando la luz era descrita como una partícula o una onda. Había evidencia de apoyo para ambos puntos de vista y cada planteamiento excluía al otro y demostraba que el otro estaba equivocado. Pero ambas escuelas de pensamiento eran útiles si se aplicaban en ciertas situaciones. Eventualmente los físicos acordaron decir que en determinadas circunstancias la luz presenta características de onda y en diferentes circunstancias posee características de partícula. Después de que los oponentes superaron quién tenía razón o no, lograron encontrar una descripción que podía ayudar a todos.

Lo mismo sucede con la consciencia. No es ni del Samkhya ni es vedantista ni budista. En ciertas circunstancias se comporta como el *purusha* del Samkhya y el uso del concepto de *purusha* nos ayudará entonces a comprender qué es la consciencia. En una situación diferente, desde otro punto de vista, se comporta como el *atman* vedantista, y en ese caso esta visión será útil. En una tercera situación será más conveniente trabajar con la noción budista de la vacuidad (*shunyata*). Luego, nos daremos cuenta de que la consciencia es (a) muchas, (b) una, (c) ambas y (d) ninguna de ellas. Esto necesariamente es así, puesto que la consciencia contiene todo. Si fuéramos a observar algo que no abarcase de (a) a (d), entonces por definición no podría ser la consciencia.

Debemos usar los sistemas upanishádicos para realizarnos como consciencia sin apegarnos a uno de ellos. De lo contrario desarrollaremos un interés personal, lo cual significa que intentaremos defender nuestro territorio intelectual. Entonces, el foco no estará en si moro en la verdad sino en si tengo la razón y alguien más está equivocado. En ese caso, habremos caído de nuevo en las trampas de la mente, aceptando un concepto como realidad. Los sistemas son importantes porque nos pueden ayudar a ser nosotros mismos. Pero luego de eso, cuando se ve la realidad profunda (Brahman), ya no tienen más importancia.

स्वस्वामिशक्त्योः स्वरूपोपलब्धिहेतुः संयोगः ॥२३॥

II.23 El encuentro [del que ve con lo visto] ocasiona la comprensión sobre la naturaleza de los dos poderes, del que posee y de lo que es poseído

Patañjali describe aquí una importante paradoja. Académicos se han preguntado, ¿por qué la consciencia se enreda en el mundo? ¿Por qué se ata solo para liberarse otra vez? ¿Por qué no permanece como consciencia pura desde el principio, sin permitir que un mundo se manifieste?

Estas son típicas preguntas inútiles de la mente. Preocuparse por responderlas llevará a un aumento del dominio de la mente sobre nosotros. El mundo está aquí y somos parte de él. O más precisamente, somos la matriz contenedora en la cual surge el mundo. Y dado que esta matriz todo lo abarca, cada mundo que pueda surgir, emergerá en ella. Esta matriz, Brahman, es el útero de todo y tiene potencial ilimitado. Como una madre que no puede huir ni negarse a dar a luz cuando ha llegado el momento, el ser tiene que ser consciente de cualquier cosa que se le presente. Emitir un juicio no está dentro de la capacidad de la consciencia, dado que ella es sin forma.

El sutra dice que el encuentro del sujeto con el objeto propicia la comprensión sobre la naturaleza de ambos. Si el encuentro no sucediera, el sujeto nunca se convertiría en un observador o poseedor porque no habría nada que ver. La consciencia nunca sería conocida como espacio ilimitado, dado que el espacio solo es significativo cuando los objetos y los seres sensibles ocurren dentro de él. En otras palabras, se necesita la aparición del mundo, lo visto, para traer la naturaleza espacial de la consciencia. Se necesita el surgimiento de lo visto, para que el que ve se experimente como observador.

Shankara usa la metáfora de un espejo y un rostro reflejado en él. Solo a través del encuentro de ambos y de la representación subsiguiente de uno en el otro es que se puede comprender la naturaleza de los dos. La consciencia trabaja de una manera muy similar al espejo. Solamente se puede experimentar la naturaleza de ambos cuando se presentan los objetos. En ambos casos, la persona será atraída primero para disfrutar y percibir los objetos que surgen en el espejo/la consciencia. Después de representaciones sucesivas de objetos, el individuo es entonces atraído por la cualidad del espejo/de la consciencia de representar fielmente lo que aparece en ellos sin interferir en eso o modificarlo en absoluto. Esta es la cualidad de la consciencia: ella no actúa.

La mente se puede comparar con un artista que pinta nuestra imagen. El pintor representará su perspectiva, su impresión de nosotros y su estado de ánimo; de hecho, todo su pasado colaborará para producir su representación de nosotros. Esto podría ser mucho más halagador que verse en el espejo, pero, como dice Patañjali en el sutra II.20: "El observador solamente ve, no tiene ninguna intención." Y esto es exactamente cómo el espejo ve: sin ninguna intención de hacer las cosas más bonitas o más feas. Presentar un objeto no causa cambios en el espejo (bueno, a menos que un martillo o un ladrillo sea presentado con gran fuerza). Al observar esta cualidad, podemos entender la inmutabilidad de la consciencia, la cual permanece inafectada por cualquier evento.

Vyasa explica en su comentario que el observador se reúne con lo observado con el propósito de observar. De esa observación surge el conocimiento acerca de la naturaleza del mundo, la cual se llama experiencia o cautiverio. Tras haber experimentado suficiente cautiverio, surge de él el conocimiento sobre la naturaleza del observador, que es la liberación. Esta es la visión yóguica en pocas palabras. Vyasa continúa, pero la experiencia del mundo no es la causa de la liberación, puesto que la liberación es el fin o la ausencia del cautiverio. El cautiverio es causado por la incomprensión, mientras que la liberación es ocasionada por la discriminación. Parece que debemos pasar por un proceso de incomprensión antes de que podamos discriminar. Este proceso se llama *samsara*, existencia condicionada.

तस्यहेतुरविद्या॥२४॥
II.24 La causa de este encuentro es la ignorancia

La ignorancia (*avidya*), la principal aflicción, ya ha sido descrita en el sutra II.5. La ignorancia es el sistema de creencias que resulta del falso conocimiento (*viparyaya*).

Este falso conocimiento nos hace creer que somos el cuerpo, que somos nuestras emociones y pensamientos. *Viparyaya* es definido en el sutra I.8 como el conocimiento incorrecto sin cimientos en la realidad. La realidad es aquello que es permanente. Volviendo a la metáfora de la pantalla del televisor, podemos notar que, no importa cuántas imágenes sean exhibidas en la pantalla, ninguna jamás se adherirá a esta. Nuevas imágenes siempre las reemplazarán. Cuando termine la película, la pantalla quedará vacía. La única cosa permanente aquí es la pantalla, lo cual significa que la pantalla es la realidad, mientras que las imágenes son solo fotogramas o cuadros fugaces superpuestos en la pantalla. Si bien existe una cierta proximidad entre la pantalla y la imagen, ellas siempre permanecerán separadas. La pantalla no asumirá las cualidades de las imágenes, ni las alterará.

Similar es el caso con el observador y lo observado. Hay una cierta proximidad entre nuestra verdadera esencia como consciencia inmutable y lo visto constantemente cambiante, que es el cuerpo, las emociones, los pensamientos y demás. No obstante, en realidad se tocan tan mínimamente como lo hacen una pantalla y las imágenes exhibidas en ella. Este conocimiento incorrecto según el cual somos el cuerpo y la mente resulta en impresiones subconscientes (*samskaras*) en las cuales aparentamos estar atados a las cosas externas constantemente cambiantes. Estas impresiones eventualmente se densificarán en un campo llamado condicionamiento (*vasana*). En este caso las impresiones nacidas de la percepción incorrecta (*viparyaya*) conducen al condicionamiento de la ignorancia. De este condicionamiento germinan todas las aflicciones, las diferentes formas de sufrimiento.

El concepto de ignorancia (*avidya*) como la causa de la amalgama entre la consciencia y el mundo, se desarrolló siglos más tardes en el elaborado concepto de *maya*, el velo de la ilusión.

तदभावात्संयोगाभावोहानंतद्दृशेःकैवल्यम् ॥२५॥

II.25 De la ausencia de la ignorancia, cesa la amalgama entre el que ve y lo visto. Este es el estado llamado liberación (*kaivalya*), la independencia con respecto a lo visto

Aquí se describe el estado de *kaivalya*, que es la meta del yoga. En los cuatro pasos del sistema médico, *kaivalya* representa el estado saludable. Por eso, también se llama el estado natural. Porque el yoga no crea, a través del empeño, algún paraíso reservado y remoto para pocos: simplemente nos restablece en la verdad sobre quién somos, que es el estado natural en el cual estar.

Lamentablemente, el estado natural ya no es normal. *Kaivalya* se puede traducir como independencia, libertad, soledad o "soledad trascendental."[27] También puede significar liberación, dado que es lo opuesto al cautiverio o a la esclavitud mental.

Es interesante examinar lo que significa la palabra "soledad" (*aloneness*). Es un poco similar a solitud (*loneliness*) pero aun así completamente diferente. La solitud es el estado en el cual uno añora o anhela la compañía de alguien pero está desprovista de ella. Es una falta de algo que hace imposible disfrutar la simple ausencia de compañía. La cantante de blues Janis Joplin dijo: "En el escenario doy amor a 50.000 personas pero en casa me espera el Sr. Solitud." Ella falleció poco tiempo después de una sobredosis de drogas. Es interesante que ella describiera la solitud como la ausencia de amor. Es también significativo su intento de llenar el vacío dejado por la solitud a través de la ingesta de una enorme cantidad de drogas.

La soledad es el opuesto exacto de eso. Es la unión de los morfemas que conforman el vocablo inglés *aloness*, es decir, "*all-one-ness*" (*all*: todo, *one*: uno, *ness*: sufijo que se agrega a adjetivos para formar sustantivos). Ser conscientes de "*all-one-ness*" es ver Brahman, que es la realidad o verdad profunda. Al nivel más profundo, todo es una expresión de la única realidad, la consciencia infinita.

Aquel que ha comprendido esto está a solas ("*alone*" en inglés, desagregado en sus morfemas "*all-one*"): "*all-one*" o todo-uno porque uno ha visto la naturaleza espacial de la consciencia, sabe que está unido para siempre con todas las cosas vivientes. La misma consciencia nos contiene a todos. El mismísimo ser está mirando a través de los ojos de todas las criaturas. De acuerdo con el *Bhagavad Gita*, "Aquel que ve al Señor Supremo morar por igual en todos los seres, ... ve de verdad".[28] "*All-one-ness*" significa que hemos reconocido que al nivel más profundo todos los seres sensibles son una consciencia. Ningún contacto externo como la compañía es necesaria para experimentar la felicidad. En ese estado, la herida profunda llamada solitud es sanada. De hecho, la compañía no puede sanar la solitud porque no puede ser continua: un día nosotros moriremos o nuestros amigos morirán antes que nosotros. Entonces la herida - que solo ha sido cubierta - se abrirá nuevamente.

La herida es sanada solo cuando hemos encontrado en nuestro corazón al ser, que es el ser de todos los seres. El *Gita* llama a este ser el Señor Supremo, los *Upanishads* lo denominan Brahman, y Buda lo llama *nirvana*. Una vez que este ser es encontrado, ya no nos acercamos a los demás por necesidad sino porque queremos dar. Puesto que el místico no necesita de otros, pero puede elegir libremente estar con los demás, se dice que está a solas. Es un estado

---

27. Leggett usa este término en su *Shankara on the Yoga Sutra*.
28. *Bhagavad Gita* 13.27, trad. Sw. Vireswarananda, p. 271

de libertad. Si uno está solitario, necesita buscar a otros. Sin embargo, en realidad, uno no se interesa por ellos sino solo en la capacidad de estos para aliviar la soledad propia. No hay opción: uno debe salir a buscar a otros para aplacar el dolor personal.

Por esta razón al místico se le llama el verdadero amigo. Dado que el místico se ha realizado como el receptáculo que contiene el mundo y todos los seres, ya no tiene intereses personales en este mundo. No tiene nada que demostrar. No necesita a otros como compañía, entretenimiento o alivio del dolor, pero ve en los demás esa realidad en la que él mismose ha encontrado. Esa persona es nuestro amigo de verdad, quien realmente ve a nuestro ser más profundo, que es libre, independiente, increado, inmaculado y libre de todo lo que cambia y se manifiesta.

Puesto que se ha perdido este significado verdadero de la palabra "soledad", se ha propuesto la locución "soledad trascendental" para traducir *kaivalya*. Pero, ¿por qué Patañjali usó la palabra "soledad" para describir lo que en la mayoría de las escrituras se llama liberación (*moksha*)?

El cautiverio es creado por la amalgama ilusoria ente el ser y el mundo. Aunque esta unión de las dos entidades eternas y separadas se base en la percepción incorrecta, se da por verdadera y crea sufrimiento. Por otro lado, se llama independencia o soledad del ser cuando, por medio de la percepción correcta, se reconoce la naturaleza eternamente inalterable e inmaculada del ser (el cual, al igual que el espejo, puede reflejar muchísimos objetos aunque ellos nunca se adhieren a él).

Si retiramos un objeto después de que el espejo lo haya reflejado, no queda ningún rastro del objeto en él. De modo similar, cualquier pensamiento, emoción o recuerdo observado por nuestra consciencia, no puede dejar una mancha sobre ella y tampoco puede atarse a ella. Se dice que la consciencia/el ser está a solas porque es por siempre intocable por aquello que ve.

La ignorancia hace parecer como si las impresiones de la identificación, el placer, el dolor, la ira o el miedo pasados estuvieran vinculadas a la pantalla sobre la cual aparecen. La ignorancia entremezcla los fenómenos con la observación consciente ante la cual ellos surgen. Cuando cesa la ignorancia, se considera que la observación consciente está a solas. La observación consciente es la única cosa que nunca cambia. Simplemente observa, es testigo, sin nunca asumir las cualidades constantemente fluctuantes del objeto observado, el mundo.

विविकख्यातिरविप्लवाहानोपायः ॥२६॥
II.26 El medio a la liberación es el conocimiento discriminativo permanente

Tras haber descrito las formas de sufrimiento, sus causas y el estado saludable, Patañjali ahora describe el remedio, que es la habilidad permanente de discriminar entre lo que es eterno, puro, libre y esencial por un lado, y lo transitorio, impuro, atado y no esencial por el otro.

Regresemos a ver la consciencia/el ser como la pantalla de televisor en la cual se exhiben todas las imágenes - o mejor, la matriz contenedora de espacio/tiempo en la cual aparecen los fenómenos. La matriz es más realista dado que es tetradimensional, la pantalla del televisor es más fácil de entender porque la podemos ver. En el transcurso de la velada las imágenes en la pantalla cambian constantemente, mientras que la pantalla permanece intacta. De igual modo, el ser es permanente, en tanto que el cuerpo, la mente y todos los demás objetos superpuestos en él son transitorios.

Dado que las impresiones subconscientes formadas por medio de experiencias pasadas, estarán atadas y adheridas al cuerpo, a la mente y a los objetos, se denominan impuras. Cuando vemos una película nos damos cuenta de que durante su transcurso nuestra impresión acerca de sus personajes cambia a medida que ellos son mancillados y corrompidos por la acción. De forma similar, todos los objetos producidos son manchados por nuestras impresiones subconscientes, las cuales están basadas en la ignorancia, el egoísmo, el deseo, el dolor y el miedo. La única cosa nítida y pura al final de la película es la pantalla a la cual la impresión se adhiere. Del mismo modo, se dice que el ser es puro y los fenómenos son impuros.

Durante una película nos damos cuenta de que todos los personajes actúan según las condiciones previamente establecidas. La psicología occidental atribuye este condicionamiento a la niñez temprana; el misticismo oriental lo atribuye a encarnaciones anteriores. De cualquier modo, los personajes en la pantalla no actúan libremente sino de una forma condicionada. Están atados por su pasado. La única "cosa" libre es la consciencia, que aparece más allá del espacio/tiempo; de hecho, el espacio/tiempo ocurre dentro de ella. Ninguna imagen, ningún fenómeno, puede dejar una impresión condicionante en la consciencia. Se dice que el cuerpo, la mente y los objetos están atados y que la consciencia es libre.

Cuando pasamos una velada mirando la televisión, puede ser que veamos noticias, anuncios publicitarios, una comedia, un suspense, un documental y una película sobre animales. Durante esa velada ningún elemento hubiera aparecido en todos los programas; nada que hubiera sido esencial, excepto la pantalla. De la misma manera, el ser es esencial, no así los objetos exhibidos en él.

La habilidad de discernir entre lo real y lo irreal o lo esencial y lo no esencial se llama conocimiento discriminativo. Este conocimiento necesita estar ahí permanentemente; solo entonces proporcionará el medio para la liberación. Puede ser que alcancemos un conocimiento parcial con recaídas en la ignorancia, o que el conocimiento discriminativo solo aparezca en destellos. Esto no es suficiente: necesita ser permanente. Recordemos la historia de la serpiente y la cuerda. La percepción incorrecta de un pedazo de cuerda sobre el camino en la oscuridad llevó a la cognición incorrecta de una serpiente. Este conocimiento ilusorio (*viparyaya*) hizo que el conocimiento correcto (*pramana*) no fuera cognocido. Después de que se le muestra la cuerda, el observador gana el conocimiento correcto, después del cual el conocimiento incorrecto es destruido.

Este conocimiento discriminativo entre lo real y lo irreal, entre la cuerda y la serpiente, entre el ser y el no ser, necesita ser permanente. De lo contrario volveremos a alucinar con una serpiente en la oscuridad cuando veamos una cuerda, o experimentarnos como el complejo cuerpo/mente cambiante, cuando en realidad somos el ser eterno e inmutable.

तस्यसप्तधाप्रान्तभूमिःप्रज्ञ॥२७॥

II.27 Para aquel que está ganando conocimiento discriminativo, la comprensión final llega en siete etapas

No se puede entender este sutra sin consultar el comentario de Vyasa. Él explica las siete etapas de la siguiente manera:

1. El yogui gana comprensión de qué es doloroso, qué es sufrimiento y, por tanto, qué se debe evitar.
2. La luz del conocimiento destruye el *karma* acumulado y se secan las aflicciones (*kleshas*).
3. Se experimenta el *samapatti*, el estado de la mente durante el *samadhi* con objeto, se apacigua la mente y cesa el deseo de alcanzar más comprensión. Este es un paso importante. A partir de este momento todo deseo de penetrar más profundamente en el misterio es un obstáculo.
4. Se adquiere el conocimiento discriminativo y uno suelta todo esfuerzo por volverse más competente en el yoga. Todo lo que puede volverse más competente en el yoga es, por definición, el cuerpo, la mente y el ego. La consciencia (el ser), puesto que es por naturaleza eterna e inmutable, nunca puede volverse más o menos competente. La consciencia es el estado del yoga permanente y verdadero. Una vez que hemos comprendido la diferencia entre el ser y el no ser, sabemos que todo lo que crece, se desarrolla, se profundiza, madura y se vuelve más competente es impermanente y, por tanto, el no ser. A estas alturas la práctica puede convertirse en un medio para inflar el ego y podrá ser desechada. Cualquier esfuerzo innatural debe cesar.

Estas primeras cuatro etapas se llaman "libertad con respecto al hacer." Una vez que han sido completadas, los pasos restantes no pueden efectuarse o lograrse; la acción solo puede traernos hasta aquí. A partir de este punto, la entrega, la no acción, el cese y la gracia continúan el proceso.

Existe un importante tratado budista tántrico sobre esta experiencia llamado *La Canción de Mahamudra*, compuesto por el *Siddha* Tilopa. En él Tilopa se dirige a su estudiante Naropa, quien más tarde se convirtió en el autor de los *Seis Yogas de Naropa*, algunos de los cuales Krishnamacharya aprendió de su maestro Ramamohan Brahmachary en el Tíbet.

En su canción Tilopa dice, "Sin hacer un esfuerzo, sino que permaneciendo relajado y natural, uno puede romper el yugo, ganando así la liberación."[29] Aquí se explica que el abandono del esfuerzo es un prerrequisito necesario para la libertad. Un poco más adelante Tilopa dice: "Porque si la mente, cuando está llena de algún deseo persigue un objetivo, solamente oculta la luz."[30] Aquí Tilopa le dice a Naropa que, en esta etapa de su educación, incluso tiene que renunciar al deseo de liberación porque este, como todo deseo, nubla la mente.

Maestros contemporáneos han comentado con frecuencia *La Canción de Mahamudra* y algunos han sugerido seguir el consejo de Tilopa sin que el estudiante practique de antemano. Ellos fallan en mencionar que el estudiante Naropa, cuando escuchó estas palabras, ya se había sometido a uno de los entrenamientos de veinte años

---

29. G. C. C. Chang, trad., *Teachings and Practice of Tibetan Tantra*, Dover Publications, Mineola, Nueva York, 2004, p. 24.
30. *Ibíd.*, p. 27.

más severos que jamás se hayan sufrido en manos de un maestro. Solo después de completar tales entrenamientos, se consideraba al estudiante preparado para escuchar la máxima verdad. De hecho, los tratados que revelan la máxima verdad fueron mantenidos en secreto por siglos, confinados a la memoria de tan solo unos pocos maestros. Solamente eran recitados cuando el estudiante estuviera preparado para asimilar su verdad.

En el *Yoga Vashishta*, por ejemplo, se dice que las deidades solo fueron creadas por aquellos que no podían venerar directamente a su propia consciencia (ser), pero revelar esta información a los no iniciados atraía la pena de muerte antiguamente. Estas enseñanzas eran mantenidas en secreto absoluto porque se entendía que solo aquel inmerso en la práctica y en la disciplina podría asimilar la verdad. Hoy podemos descargar toda esta información de internet. La vida espiritual no se ha vuelto más fácil con eso, posiblemente más difícil. A menudo nos encontramos con tal mezcolanza de enseñanzas y mentiras comprendidas a medias que se vuelven completamente ininteligibles y hacen más daño que bien. De nuevo, si uno mezcla varios sistemas podría ser seducido a combinar los aspectos que se ajusten a las limitaciones personales y a omitir los elementos desafiantes.

Tilopa sugirió a Naropa, tras haber practicado intensamente bajo su guía por veinte años, que desechara toda la práctica y se volviera espontáneo, relajado y natural. Por supuesto, no fue sino hasta que Naropa había dominado todas las etapas anteriores que el momento llegó para que se liberase de la acción. Algunos maestros modernos han usado el consejo de Tilopa para sugerir a sus estudiantes que descarten por completo la práctica y la disciplina y vivan de acuerdo con sus caprichos justo desde el principio. Obviamente tal mensaje se venderá muy bien. Es lo que la sociedad humana ha hecho todo el tiempo; lo nuevo es que ahora se nos vende como "espiritual." Los estudiantes que tienen una tendencia a la espontaneidad y que les resulta difícil la disciplina aprovecharán la sugerencia de dejar de practicar. La espontaneidad basada en una tendencia subconsciente es realmente solo una evasión, que refleja la inhabilidad para mantener la mente enfocada. Algunos estudiantes se aburren después de haber hecho la Primera Serie mil o dos mil veces. Sin embargo, cualquier señal de aburrimiento solo nos dice que la mente no está calmada en el momento presente. Simplemente sentarse y observar la propia respiración es aburrido desde el punto de vista de la mente. Sin embargo, si uno se entrega a la experiencia, ella puede revelar una belleza majestuosa que es difícil de igualar por cualquier información que se reciba a través de los sentidos.

Sí, la práctica puede ser descartada algún día por aquel que ha alcanzado el conocimiento discriminativo, pero no antes. Este conocimiento es el que nos permite saber si el descarte es solo otro truco de la mente o si nace de la tranquilidad del corazón. Así como los primeros cuatro pasos de la séptuple comprensión son denominados "libertad con respecto a la acción", así también los tres pasos siguientes son llamados "libertad con respecto a la mente".

5. Después de haber cumplido su propósito, la mente y su causa constitutiva, el ego o el principio del yo, se desenganchan y regresan a su estado causal.[31] La frase de Shankara "regresando a su estado causal" ha creado cierta confusión. No significa

---

31. T. Leggett, *Shankara on the Yoga Sutra*, p. 256.

que ellos dejan de existir: significa que ellos pierden su control sobre el yogui y solo son consultados en caso necesario. Así como usamos las manos cuando conducimos un vehículo, pero en otros momentos ellas pueden descansar en el regazo, así la mente solo debería trabajar cuando fuese necesario. Se dice que el músculo tiene un contractura cuando no deja de esforzarse en una situación de inactividad; análogamente, podemos decir que la condición humana es sufrir de un espasmo mental. Si la mente continúa simulando la realidad aun cuando no existe ninguna razón para hacerlo, entonces ella tiene control de su dueño y no viceversa.

6. Uno renuncia a su condicionamiento. Una vez que el condicionamiento ha sido abandonado y ha perdido su dominio sobre el observador, no regresará jamás. Ahora, el observador descansa espontáneamente en el momento presente, sin ningún condicionamiento pasado limitante. Sin embargo, esta libertad espontánea no tiene nada de la aleatoriedad que le atribuyen el ego y la mente en sus estados normales.

7. El ser finalmente muestra ser autoiluminado. Así como el sol es autoiluminado y la luna solo refleja la luz del sol, así el ser irradia el sol de la observación consciente y el intelecto solo lo refleja en los objetos. En esta etapa las *gunas*, las cualidades o hebras de la creación, se separan o, mejor, aparentan separarse del ser, el cual en realidad es eternamente intocable y puro. Es solamente nuestra identificación ilusoria con lo impermanente lo que nos hace parecer estar unidos a los fenómenos. Con esta comprensión de la intocabilidad de la consciencia, el ser finalmente es visto como estando a solas. Esta es la comprensión de la libertad (*kaivalya*), la cual aún dista de ser *kaivalya* misma. *Kaivalya* va más allá de toda comprensión y sabiduría, y es inexpresable.

योगाङ्गानुष्ठानादशुद्धिक्षयेज्ञानदीप्तिराविवेकख्यातेः ॥२८॥

II.28 De la práctica de las varias ramas del yoga, se eliminan las impurezas, desvelando la luz del conocimiento y discernimiento

Este es un aforismo crucial en todo el *Yoga Sutra*. Hasta ahora Patañjali ha explicado por qué practicamos y ha definido todos los términos relacionados. Primero describió *samadhi* para crear un interés en el practicante. Luego mostró que no deberíamos estar satisfechos con nuestra situación actual, dado que es sufrimiento y oscuridad. Después de eso, mostró cómo el sufrimiento emerge y, finalmente, cómo se elimina.

Patañjali dedica la mayor parte de los sutras restantes a los métodos y a las técnicas del yoga. Y es aquí donde su Yoga gana el reconocimiento de ser un sistema de filosofía (*darshana*) independiente. Si bien su cosmología es 95% idéntica a la del Samkhya y su meta difícilmente se diferencia a la del Vedanta, sus métodos son absolutamente únicos. El Samkhya y el Vedanta se apoyan principalmente en la reflexión, la contemplación y el análisis intelectual; en cambio, el Yoga tiene un catálogo de métodos y técnicas mucho más exhaustivo.

Se sugiere que todas las ramas sean practicadas de determinada forma, comenzando con las más bajas para asegurar un desarrollo armonioso. Las primeras cuatro ramas proporcionan una base sólida y establecen firmemente al practicante para lo que vendrá. Ignorarlas e ir directamente a la práctica de meditación avanzada puede llevar, en un caso extremo, a la esquizofrenia. Desde el punto de vista yóguico, una persona esquizofrénica no está loca sino que ve demasiado y no puede integrarlo. A nivel energético, esto significa que uno o todos los tres *chakras* superiores están abiertos, mientras que uno o todos los cuatro *chakras* inferiores están cerrados (excluyendo el *chakra* base el cual tiene que ver con la supervivencia: cerrarlo conduce a la muerte).

Especialmente la apertura del sexto (tercer ojo) y séptimo (corona) *chakras* puede llevar a la percepción de cosas tan poderosas que puede ser como abrir la caja de Pandora. Para permanecer en el lado seguro, primero tenemos que convertirnos en un ser humano totalmente integrado y maduro, lo cual se logra abriendo los *chakras* dos, tres y cuatro. En especial, la apertura del cuarto, el *chakra* del corazón, nos permite relacionarnos con otros y con nosotros mismos desde una posición de amor. No abrir estos *chakras* es como construir las paredes y el techo de una casa sin primero colocar los cimientos. Se prescribe, por tanto, que uno haga primero el trabajo preparatorio, estableciéndose en las cuatro ramas más bajas, lo cual tiene un efecto solidificante.

No obstante, existen ciertos problemas asociados con el otro extremo de la escalera. Por ejemplo, la práctica del *asana* confiere ciertos poderes que pueden llevar a un aumento del yo soy o ego (*ahamkara*). Practicar para verse bien en las posturas, ser mejor que otros, aumentar la autoestima o ganar la aprobación del maestro son todas razones del ego. La egoidad (*asmita*) aumenta al mantener la identificación con el cuerpo. A su debido tiempo la egoidad se debe reducir con la práctica de las ramas más altas, lo cual tiene un efecto trascendente. En otras palabras, ellas enseñan que no soy el cuerpo ni el ego. Si uno solo desarrolla una práctica poderosa de *asana* y *pranayama*, puede ser fácilmente seducido por los poderes que surgen, convertirse en un egomaníaco, y enredarse aún másprofundamente en la existencia condicionada. Para contrarrestar esta tendencia del ego, a partir de cierto momento se tienen que incluir las ramas superiores. La práctica combinada de todas las ramas eliminará las impurezas y todas las deficiencias como la esquizofrenia y la egomanía serán evitadas.

¿Qué son las impurezas? Son principalmente las afliciones, que son la ignorancia, el egoísmo, el deseo, la aversión y el miedo. Junto con ellas se eliminan las impresiones subconscientes, su condicionamiento resultante, la percepción incorrecta de la realidad y el *karma* proveniente de acciones pasadas. Estas impurezas cubren la luz del conocimiento, y una vez que son eliminadas, esta brilla como una lámpara que previamente había sido cubierta por un velo. La máxima expresión de la luz del conocimiento es el discernimiento (*viveka*): la habilidad de discernir entre lo que es real e irreal, el ser y el no ser, lo permanente y lo transitorio.

De esta forma Patañjali ha explicado todos los porqués de la práctica. Ahora se referirá a los cómos.

यमनियमाअसनप्राणायामप्रत्याहारधारणाध्यानसमाधयोऽष्टावङ्गानि॥२९॥

II.29 Las ocho ramas son las restricciones, las observancias, las posturas, el control de las respiración interna, la retracción de los sentidos, la concentración, la meditación y el *samadhi*

Patañjali enumera las ocho ramas. Los *Rishi*s Vyasa (*Mahabharata*), Yajñavalkya (*Yoga Yajñavalkya*) y Vasishta (*Vasishta Samhita*) mencionan el mismo número. Algunas fuentes, como por ejemplo el Saptanga Yoga de *Rishi* Gheranda, señalan seis o siete ramas.[32] Se han llegado a estos números al omitir las primeras dos ramas, la ética. Puesto que se nos pide practicar la ética en todas las situaciones de vida, maestros posteriores argumentaron que la ética no era exclusiva al yoga y que por esta razón no era necesario mencionarla como una rama del yoga.

Otro argumento aducido fue que no se debe incluir la ética porque no contribuye directamente al *samadhi*. Sin embargo, en el sutra II.45 Patañjali declara que el *samadhi* es producido por la entrega al Ser Supremo. Dado que la entrega al Ser Supremo (*ishvara pranidhana*) es la última de las diez normas éticas, queda demostrado que la ética no solo contribuye al *samadhi* sino que también es uno de sus afluentes fundamentales.

Fueron principalmente los textos medievales del Hatha los que abolieron la ética. Esto coincidió con una relajación general de los estándares éticos, la cual condujo a una situación en la que a las mujeres no se les permitía salir de sus hogares sin antes colocarse el punto rojo en su tercer ojo. Los yoguis habían estado usando su poder acumulado para hipnotizar a las mujeres y obtener favores sexuales. El hipnotismo apunta al tercer ojo (*Ajña chakra*) y se pensaba que el punto rojo protegía a la persona frente a tales ataques. Hacia finales del siglo XVIII el desafuero entre los yoguis era tan generalizado que en muchas áreas rurales de la India los términos "yogui" y "sinvergüenza" eran intercambiables.

Los principiantes deben practicar las ocho ramas secuencialmente, de manera que la persona empieza con el *yama* y no con el *samadhi*. Eventualmente, a medida que el individuo madura en las varias formas de la práctica, procede a practicar las ramas simultáneamente.

अहिंसासत्यास्तेयब्रह्मचर्यापरिग्रहाःयमाः॥३०॥

II.30 Las restricciones son la no violencia, la veracidad, el no robar, la restricción sexual y la no codicia

Ahora estamos analizando las cinco formas de restricción. *Himsa* significa violencia, *ahimsa* es la no violencia. Es la primera y la más importante de todos los *yamas*. Los budistas sugieren contrarrestar cualquier impulso a la crueldad por medio de la contemplación del hecho de que el ciclo de renacimiento viene ocurriendo desde hace tanto tiempo que todos los seres en algún momento han sido nuestras madres. Por esta razón debemos valorar a todos los demás

---

32. *The Gheranda Samhita*, trad. R. B. S. Chandra Vasu, Sri Satguru Publications, Delhi, 1986.

y no hacer daño a nadie. Si reconocemos que la misma consciencia es la que observa desde los ojos de todos, entendemos que con cada persona que herimos, realmente solo nos lastimamos a nosotros mismos. Cada ser está en busca de la felicidad de una forma u otra; los otros no son tan diferentes de nosotros como para que necesitemos ofenderlos. Usualmente, el deseo de hacer daño nace del no reconocer que aquello que vemos en los demás es a nosotros mismos.

La idea de la restricción es permitirnos vivir en armonía con la comunidad que nos rodea. Si no nos adherimos a esas normas creamos conflicto. En una atmósfera de conflicto es difícil practicar yoga. Las acciones nocivas hacia los demás no solo están basadas en las afliccciones como la ignorancia, el egoísmo y la aversión, sino que producen nuevas impresiones subconscientes de violencia. Por ejemplo, si abusamos de alguien una vez, se vuelve más fácil para nosotros hacerlo otra vez. La barrera que impide la repetición se ha reducido. Si hemos iniciado una pelea doméstica con nuestra pareja, hemos sentado las bases, mediante una impresión, para su repetición. Ahora es más probable que vuelva a suceder. Es posible que un asesino en serie, tras salir impune de un asesinato una vez, repita la acción en intervalos de tiempo decrecientes.

La ofensa a los demás se basa en la percepción incorrecta (*viparyaya*). Ofendemos a otros en un esfuerzo por dominarlos. Tratamos de dominar porque creemos que, en su estado subyugado, los demás no representan una amenaza a nuestra seguridad. Sentimos que nuestra seguridad está en riesgo porque estamos en conflicto con nosotros mismos. Nos identificamos con la noción de conflicto porque creemos que tenemos que convertirnos en alguien, llegar a algún lugar, desarrollarnos, seguir un camino, completar una búsqueda. En resumen, el conflicto surge del deseo de llegar a ser, en vez de aceptar lo que ahora es.

Aquello que se convierte, llega a algún lugar, crece y se desarrolla abarca el cuerpo, la mente, el ego, el intelecto. Todos estos forman parte de la creación (*prakrti*). Puede que suene extraño, pero la noción de un camino espiritual crea conflicto. La percepción correcta (*pramana*) es verse a sí mismo como aquello que ya está en paz - la consciencia inmutable, eterna e infinita. Una vez que esto es aceptado y reflexionado, desaparece la necesidad de conflicto y se entrega la búsqueda de la seguridad. No se puede alcanzar la seguridad mientras tengamos la creencia de que somos transitorios. Al conocernos a nosotros mismos, el miedo se desvanecerá y con él el impulso de dominar a otros. La violencia ya no sirve de nada. Esta es la razón detrás de los relatos de animales que abandonan toda hostilidad en la presencia de un *jñanin* (aquel que tiene el conocimiento del ser). Puesto que un *jñanin* encontró la paz interna, los animales se sienten completamente tranquilos.

El segundo *yama* es *satya* (veracidad). El yogui debe ser veraz en palabra, pensamiento y acción. Hay una razón importante por la cual se menciona la veracidad después de la no violencia, y es que nuestra verdad no debe poner en riesgo nuestra no violencia En otras palabras, la no violencia predomina sobre la verdad. Nunca debemos usar la veracidad para hacer daño u ofender a otros.

Aunque, en este contexto, nos encontramos con uno de los malentendidos más trágicos en la historia del pensamiento de la India. El *Chandogya Upanishad* establece, "Una verdad proferida nunca debe dañar." Esto ha sido malinterpretado en el sentido de que "una verdad proferida nunca debe ser desagradable", lo cual estimula los halagos y la charla dulce. El resultado aún es observable en la India de hoy. Cuando pedimos una dirección en la calle, la gente que titubea en proferir la verdad ("Disculpe, no sé.") porque eso sería desagradable, a menudo nos envía en la dirección errónea. Descubrimos la verdad diez minutos después cuando llegamos al lugar equivocado. Esto es mucho más desagradable.

En el meollo del problema está un pasaje famoso en la epopeya *Mahabharata*. Yudishthira, el legítimo emperador de la India es despojado de su reino por su primo malvado Duryodhana en un engañoso juego de dados. Aunque tiene muchas oportunidades para hablar francamente con su primo, no lo hace porque Yudishthira es el mítico hijo del Señor Dharma, el Dios de la acción correcta. Considera que no es correcto ser desagradable con Duryodhana y decirle qué clase de persona es. En el transcurso del juego de dados, Yudishthira pierde también a su esposa, la emperatriz de la India, Draupadi, una mujer muy apasionada. Los hermanos del malvado Duryodhana arrastran a Draupadi de sus cabellos como una esclava ante la corte reunida e intentan despojarla de su ropa y deshonrarla. Yudishthira y sus hermanos no interfieren porque creen que sería desagradable decirle a Duryodhana lo que cualquier esposo veraz diría a alguien que hubiese arrastrado a su esposa de sus cabellos y hubiese intentado desvestirla.

Pero, como la verdad desagradable no es proferida, la mayor catástrofe en la historia de la India siguió su curso y de la cual la India nunca se ha recuperado. Debilitó tanto sus defensas que la India fue eventualmente tomada por los budistas, musulmanes y cristianos, después de lo cual se rompió en pedazos.

Los ancianos espirituales, los preceptores Bhishma y Drona, están observando la escena de la deshonra de Draupadi. Aunque a ellos les disgusta Duryodhana, ninguno interviene para proferir la verdad desagradable sobre su carácter. Bhishma y Drona gozan de alta estima y cuando permanecen en silencio todos asumen que Duryodhana tiene razón en lo que hace. Duryodhana sentencia a Yudishthira, sus hermanos y Dapaudi a doce años de exilio. Tienen que vivir como mendigos por doce años en el bosque y un decimotercer año encubiertos. Después de trece años ellos tendrán el derecho de recuperar todo. Sin embargo, como podemos imaginar, tras trece años Duryodhana se ha vuelto muy cómodo con su riqueza y poder y se ríe de los cinco hermanos cuando demandan que se les devuelva su imperio.

De nuevo, los cinco hermanos les resulta desagradable confrontar a Duryodhana, que es un embustero. A estas alturas, Draupadi no puede soportar más. Gritando y maldiciendo, se desmorona y expone la falsedad de los cinco hermanos que no han hecho nada para salvar su honor. Podemos asumir que la situación habría sido muy desagradable para nuestros cinco héroes.

Pero el desagrado no termina ahí. Por casualidad, también está presente el mejor amigo de Draupadi, o tal vez su único amigo, dicho sea de paso, es el Ser Supremo manifestado en forma del Señor Krishna. Krishna, en reemplazo de los cinco hermanos, hace el terrible juramento de que destruirá a todo aquel que estuvo presente en ese fatídico día y no intervino cuando Draupadi fue arrastrada de sus cabellos ante la corte. Y no solo eso, jura destruir a cualquiera que se ponga del lado de los malhechores.

Los capítulos restantes del *Mahabharata* nos permiten observar cómo Krishna mantiene su promesa. La más grandiosa fuerza militar jamás reunida llega al campo de batalla y un total de 2,5 millones de guerreros entran en las mandíbulas trituradoras de la muerte. De hecho, casi toda la casta guerrera y la aristocracia de la India fueron erradicadas durante aquellos días, con la consecuencia de que la India nunca más pudo defenderse y se volvió una presa fácil para invasores extranjeros. Los invasores extranjeros en la India destruyeron, sin duda, el patrimonio cultural más rico en el mundo. La misma Universidad de Nalanda, la cual probablemente tuvo la mayor biblioteca en el planeta, fue destruida durante la invasión mogul. Se quemó por ocho meses hasta quedar reducida a escombros.

Todo eso sucedió porque un puñado de gente tuvo la noción errónea de que la verdad tenía que ser agradable. Si Yudishthira, Bhishma y Drona hubiesen comunicado honestamente a Duryodhana lo que pensaban de él, este habría tenido un momento desagradable al principio, pero posiblemente habría visto sus deficiencias y habría cambiado su modo de proceder. Muy probablemente la mayoría de los partidarios de Duryodhana, como su débil padre, el Rey Drtharashtra, se habrían alejado de él y solamente los duros de matar como su mejor amigo Karna se habrían mantenido leales. Sin Drtharashtra ellos no habrían sido lo bastante fuertes para crear tantos estragos y todo el curso histórico de la India habría sido diferente.

La idea de que la verdad tiene que ser placentera es una percepción incorrecta y debe ser abandonada. La idea original es que la veracidad no debe ser usada para dañar ni ofender a los demás, pero ocultar la verdad solo porque es desagradable puede ser aún más perjudicial, como hemos visto en el caso de Duryodhana. La retroalimentación honesta podría ser desagradable al principio, e incluso propiciar una crisis, pero luego puede dar lugar a la sanación.

Por ejemplo, si un niño está torturando a animales o a otros niños, esperamos que los padres corrijan las acciones de su hijo. Esta corrección puede ser desagradable para el niño, pero es mejor para los animales, la comunidad circundante y en el largo plazo para el niño también. Las acciones negativas dejan impresiones subconscientes (*samskaras*) que llenan el almacén kármico (*karmashaya*) del niño y conducen a más sufrimiento y más acciones negativas. La verdad debe ser dicha de manera tal que evite daños, pero algunas veces es inevitablemente desagradable.

El tercer *yama* es no robar (*asteya*). No solo significa abstenerse de tomar aquello que pertenece a otros, sino también no desear su riqueza. Desear la propiedad de alguien más es otro resultado de no comprender la naturaleza espacial de la consciencia. Dado que somos el receptáculo en el cual los objetos aparecen, no podemos rechazar ni acumular cualquiera de ellos.

El cuarto *yama* es la restricción sexual (*brahmacharya*). El *Rishi* Vasishta explica: "La restricción sexual para las personas que son cabezas de familia significa tener relaciones sexuales solo con sus legítimas parejas."[33] Las cabezas de familia son personas que viven en sociedad y generalmente tienen un trabajo y una familia. Opuestos a ellos están los monjes y los ascetas a quienes se les prescribe nada de sexo. La mayoría de los yoguis siempre tuvieron familias y participaron en la sociedad. Un censo imperial de la India en 1931 reveló que más de un millón de yoguis vivían en la India.[34] Casi la mitad de ellos eran mujeres y muchos tenían familia. Esto debe también disipar el mito de que solo los hombres practicaban yoga.

Cuando se le preguntaba a K. Pattabhi Jois sobre la definición de *brahmacharya*, solía decir que significaba tener solamente un(a) compañero(a). La visión yóguica de una relación no es consumir a la otra persona como un objeto sino reconocer la divinidad en ella.

El *Rishi* Yajñavalkya expresa eso en el *Brhad Aranyaka Upanishad* de esta forma: "El esposo no debe ser visto como la forma física, sino como la consciencia inmortal (*atman*). La esposa no debe ser vista como el cuerpo sino que debe ser reconocida como la consciencia inmortal." La asociación amorosa es usada en el yoga para reconocer la divinidad inherente al otro. Esto, en definitiva, excluye el sexo casual. El problema aquí es que usualmente una de las dos personas (usualmente la mujer) busca más que solo sexo. Esta persona resultará herida cuando sea abandonada. En este caso, el sexo casual es una forma de violencia.

---

33. *Vasishta Samhita* I.44.
34. G. W. Briggs, *Gorakhnath and the Kanpatha Yogis*, 1a ed. india, Motilal Banarsidass, Delhi, 1938, pp. 4-6.

Veamos el caso de una pareja donde ambos consienten tener sexo casual. Uno podría decir que ahí no hay violencia asociada. Sin embargo, se debe considerar lo siguiente: El acto sexual es descrito en muchas escrituras sagradas como *karma mudra*, el sello del *karma*. Sella un fuerte vínculo kármico entre ambas personas, aun si nos hemos vuelto tan insensibles que ya no podemos sentirlo. Este vínculo kármico se forma a través de la conexión de los cuerpos sutiles de ambos. En el lenguaje popular llamamos a esta conexión las "fibras más sensibles del corazón" (*heartstrings*). Se puede sentir incluso mucho tiempo después de que la pareja se ha separado. Cuando esta conexión se forma tenemos un cierto deber kármico hacia el otro, especialmente en cuidarlo, darle apoyo emocional y hacerlo sentirse amado. Swami Shivananda llegó a decir incluso que, por cada amorío que tengamos, naceremos de vuelta para colmar a esa persona a través de una vida marital. Sea esto cierto o no, si continuamos "rompiendo corazones" se nos devolverá tarde o temprano.

En los *Upanishads* el término *brahmacharya* tiene una connotación diferente. De acuerdo con el *Mundaka Upanishad*: "El ser verdadero es alcanzado solo a través de la verdad, la disciplina, el conocimiento y el *brahmacharya*." Autores ortodoxos contemporáneos quieren leer celibato en este pasaje, pero esto no se sostiene, puesto que la mayoría de las personas autorrealizadas en la historia de la India, los antiguos *rishis*, a menudo tenían varias esposas y en algunos casos más de cien hijos. En el contexto upanishádico *brahmacharya* significa la absorción en Brahman (consciencia). Esta absorción es la que conduce a la realización del ser. Sin embargo, sabemos que Patañjali no usa la palabra *brahmacharya* con este significado dado que, como un verdadero shivaísta, nunca utiliza la palabra "Brahman" para denotar a la consciencia.

El último yama es la no codicia. Nuestro foco no debe ser la acumulación de cosas. Otros no deben sufrir escasez por nuestras acumulaciones. No debemos depender de objetos. Podemos disfrutar de lo que legítimamente es nuestro, pero no debemos apegarnos a nuestras pertenencias. Si por alguna desventura perdemos lo que tenemos - digamos, el mercado accionario cae - no debemos añorarlo, sino dejarlo ir. No debemos aceptar ningún regalo que sea dado para manipularnos, como sobornos.

जातिदेशकालसमयानवच्छिन्नाःसार्वभौमामहाव्रतम् ॥३१॥

II.31 Las cinco restricciones practicadas universalmente, sin hacer concesiones según el tipo de nacimiento, lugar, tiempo y circunstancia, constituyen el gran juramento

Muchas personas observan las restricciones con concesiones. Alguien que nace en una tribu o familia de cazadores o agricultores podría observar la no violencia pero todavía matar animales relativos a su profesión. Esto se refiere a la concesión según el tipo de nacimiento. Si alguien se abstiene de matar o mentir o robar siempre y cuando esté en un lugar sagrado como una iglesia, entonces se dice que el *yama* está sujeto a una concesión por el tipo de lugar. Si una persona se abstiene de golpear a sus hijos solo porque es Navidad o Pascua, pero no en otros días, entonces se dice que la restricción está sujeta a la concesión según el tiempo. Si alguien se adhiere a la no violencia, pero hace una concesión a esta posición por ejemplo durante la guerra o actos de terrorismo, se dice que esta restricción está sujeta a la concesión según la circunstancia.

El comentador H. Aranya nos da un ejemplo de la no violencia sujeta a una concesión por el deber. [35] Arjuna, el héroe del *Bhagavad Gita*, tenía el deber de pelear dado que era un miembro de la casta guerrera. Aranya señala que los yoguis practican el no infligir daño siempre y en todo lugar, y por tanto reduce el estatus de Arjuna como yogui.

Patañjali afirma que si se practican las cinco restricciones sin hacer concesiones, es decir, universalmente en todas las situaciones, entonces y solo entonces ellas constituyen el gran juramento (*maha vrata*). Se ha mencionado antes que el Yoga nunca llegó tan lejos con la no violencia como el Janaismo, con su preocupación extrema por la vida de las criaturas diminutas.

Sabemos que los linfocitos de nuestro sistema inmunológico continuamente masacra millones de organismos que tratan de invadir nuestro cuerpo. El pus en una herida básicamente está compuesto por linfocitos muertos, los cuales murieron por defender "heroicamente" su madre patria (nuestro cuerpo). No hay forma de ser totalmente no violentos mientras estemos vivos. Incluso cometer suicidio - que sería la única manera de dejar de matar constantemente otros organismos - es considerado como el acto de violencia absoluta y un insulto a Dios. En muchas formas, la no violencia es un privilegio para el rico, como con ciertos santos que tienen sirvientes que barren el camino frente a ellos. Un agricultor mata millones de organismos cuando ara el campo, pero sin su trabajo todos moriríamos de hambre. El zapatero es considerado como una persona de poca monta en la India puesto que sus manos tocan el cuero, que se extrae de las vacas. Sin embargo, todos usan sus servicios e, irónicamente, pueden tocar sus zapatos de cuero porque se cree que el zapatero ha absorbido la impureza.

Le leche es considerada como el alimento más puro en la India y la vaca la ofrece libremente sin que nosotros tengamos que lastimarla. Pero ella tiene que tener un ternero para dar leche y el 50% de los terneros son machos. Los terneros machos son vendidos por los brahmanes a los supuestamente impuros musulmanes, parias y cristianos, quienes los sacrifican y los comen y, por consiguiente, se vuelven impuros a través de la violencia. ¡El brahmán que ha hecho dinero con el ternero macho permanece puro porque la impureza no se puede transferir a través del dinero! Lamentablemente, ahí la filosofía es usada para distribuir el demérito de los educados y privilegiados (los brahmanes) a los desinformados y pobres (las castas bajas). Aquí debemos recordar que el Yoga debe ser una herramienta en servicio de la humanidad y no viceversa. El Yoga inició con la promesa de poder reducir el sufrimiento humano; si no puede efectivar esa promesa, será mejor que busquemos otra cosa.

Sin embargo, notemos que Patañjali sí acepta ciertas concesiones al gran juramento. Por ejemplo, no duda en comprometer la verdad si hiciera daño a alguien. Así que también el gran juramento es relativo.

---

35. H. Aranya, *Yoga Philosophy of Patañjali*, p. 23.

शौचसंतोषतपःस्वाध्यायेश्वरप्रणिधानाननियमाः ॥३२॥
II.32 Las observancias son la limpieza, el contentamiento, la austeridad, el estudio del ser y la devoción al Ser Supremo

Mientras las restricciones están dirigidas hacia lo exterior y crean armonía con nuestro entorno, las observancias (*niyamas*) están dirigidas hacia lo interior y forman la piedra angular de la práctica. La limpieza (*shaucha*) se refiere a la limpieza del cuerpo y de la mente. La limpieza del cuerpo se logra mediante la higiene, la alimentación con comida pura y natural, y el abstenerse de intoxicarse. La limpieza de la mente se practica por medio de la abstención de pensamientos y emociones de codicia, celos, envidia, odio, ira, etc., así como a través del conocimiento sobre adónde conducen tales pensamientos.

El contentamiento (*santosha*), la segunda observación, es un concepto muy interesante. En el uso contemporáneo en la India, el término *santosha* es sinónimo de felicidad. Milenios de educación han inculcado profundamente en la mente india la noción de que la felicidad es lo opuesto al deseo y que esta solo puede entrar cuando la persona suelta todo anhelo y está completamente conforme.

¡Cuán diferente es eso al concepto occidental! Se nos enseña que visualicemos nuestros sueños, los cuales usualmente involucran un yate, un avión privado, una colección de vehículos deportivos, varias mansiones en diferentes zonas climáticas, vestidos de diseñador que valen USD50.000 y así sucesivamente. Imaginamos todo eso bañado por un flujo interminable de champaña. Después de terminar este proceso de visualización de nuestros sueños, se supone que debemos motivarnos a nosotros mismos. Sí, sí tenemos la voluntad y el poder para cambiar: Sí, tenemos la capacidad, la inteligencia y la aptitud para hacer lo que sea necesario. Y nada nos puede detener.

Tras activar este proceso de motivación, creamos un plan de cómo alcanzar el objetivo. Luego nos ponemos en acción con tal empeño que todo aquello que se interpone entre nosotros y nuestro objetivo es intimidado y arrasado, ya sea oponentes, competidores, compañías rivales, gobiernos y culturas extranjeras, tribus indígenas, paisajes intactos, o raras especies de plantas y animales.

Es exactamente esta actitud la que ha permitido a nuestra cultura occidental invadir y vandalizar casi todos los países en el mundo y engullirlos. ¿Nos hemos vuelto felices en el proceso? Difícilmente: más bien, más codiciosos. Si reconociéramos que toda la felicidad que estamos buscando ya está en nuestros corazones, no tendríamos que buscar y destruir el mundo entero por ella. La paz comienza con el contentamiento. Solo si estamos contentos con el ahora podremos quedarnos en silencio lo suficiente para escuchar lo que se necesita hacer. De lo contrario, esta voz silenciosa es abatida por los gritos y chillidos de nuestras necesidades exageradas e imaginarias.

Las siguiente tres observancias ya han sido mencionadas bajo el título de Kriya Yoga, el yoga de la acción. Dado que ellas están descritas en el sutra II.1, una breve descripción será suficiente aquí. La austeridad (*tapas*) es la habilidad para enfrentar la adversidad. Incluso cuando encaramos dificultades en nuestra práctica, se nos pide no rendirnos. Podría ser que practicantes exitosos entren en períodos de dificultades que pueden durar años. Ante tales dificultades es que, o surge un verdadero estudioso del yoga o permanece un practicante superficial. Necesitamos preguntarnos en este punto qué estamos dispuestos a dar para volvernos libres. Tenemos que esperar que, cuando practiquemos, ciertas cosas sucederán que nos pondrán a prueba. Los efectos purificadores de la práctica pueden ser temporalmente desagradables, dependiendo de nuestras acciones pasadas.

La cuarta observancia es el estudio del ser (*svadhyaya*) que, de acuerdo con Vyasa, significa cantar la sílaba sagrada OM. Primero se canta en voz alta, luego se canta en silencio, y después se escucha internamente. El otro aspecto del estudio del ser, según Vyasa, es el estudio del *moksha shastra*, la escritura que trata sobre la liberación. Esta significa principalmente los *Upanishads* y todos los sistemas que se desprenden de ellos, como el Samkhya, el Yoga y el Vedanta.

La última observancia es la devoción al Ser Supremo (*ishvara pranidhana*). Sea que seamos devotos a la consciencia infinita sin forma (*nirguna brahman*) o a una forma como Krishna, el Dios cristiano o la Diosa Madre (*saguna brahman*), esto depende de la personalidad del practicante. Todas las formas y sin formas son válidas. La devoción significa que uno entrega todas las acciones personales al Ser Supremo. El hecho de que esta entrega no sea una técnica secundaria sin importancia queda demostrado en el sutra I.29, donde Patañjali dice que la entrega al Ser Supremo conduce al *samadhi* e intercepta el surgimiento de los nueve obstáculos del yoga.

वितिर्कबाधनेपरतपिरक्षभावनम् ॥ ३ ३ ॥

II.33 Si el pensamiento conflictivo obstruye esas restricciones y observancias, lo opuesto debe ser contemplado

Si nos sentimos plagados de pensamientos de odio, por ejemplo, se sugiere que pensemos en hacia dónde nos conducirán tales pensamientos. Después de todo, llevamos este cerebro, lo alimentamos, lo protegemos, le damos calor, lo dejamos descansar, entonces, deberíamos tener el derecho a decirle qué pensar. Somos dueños del cerebro y no viceversa.

Si nos permitimos pensamientos de odio, a su debido tiempo ellos se pueden convertir en comportamientos violentos. Esto producirá una fuerte reacción kármica y más pensamientos violentos. Será difícil practicar cuando la comunidad en torno a nosotros nos quiera cobrar por nuestras acciones negativas. Necesitamos comprender que, a la larga, esos pensamientos y esas acciones serán perjudiciales para nosotros.

A través del método de la contemplación en lo opuesto, se evita más daño; por ahora. Pero una vez que estemos establecidos en la práctica y hayamos reconocido que, como nosotros, nuestros vecinos son expresiones de la misma consciencia infinita, no tiene más sentido pelear airadamente con ellos. Una vez que hayamos ganado conocimiento (*jñana*), seremos compasivos con otros. Hasta entonces, debemos adherirnos a un código de ética; de lo contrario, estaremos cada vez más atrapados en la existencia condicionada, la cual a su vez hará al *jñana* aún más inaccesible. El tema se expone con más detalle en el siguiente sutra.

वितर्काहिंसादयःकृतकारितानुमोदिता लोभक्रोधमोहापूर्वकामृदुमध्य
अधिमात्रादुःखाज्ञानानन्तफलाइतिप्रतिप्रक्षभावनम् ॥३४॥

II.34 Los pensamientos obstructivos como la violencia y otros, efectuados, inducidos o aprobados, provenientes de la codicia, la ira o el encaprichamiento, sean leves, moderados o intensos, resultarán en más dolor e ignorancia. Comprender esto es cultivar lo opuesto

Los pensamientos obstructivos en este caso son todos aquellos que constituyen un obstáculo para adherirnos a las restricciones y observancias del yoga. Ellos nublan nuestra percepción de la verdad y, por ende, resultan en ignorancia. Por esta razón, producirán sufrimiento en el futuro. En realidad, esos pensamientos obstructivos, aunque algunas veces pensemos que son una expresión de nuestra espontaneidad, libertad, individualidad o creatividad, derivan de la codicia, la ira y el encaprichamiento.

Por ejemplo, nos despertamos un día y decimos: "Hoy no voy a practicar." Practicar diariamente, aun si algunas veces es difícil hacerlo, es *tapas* (austeridad), el tercer *niyama*. Pero, en vez de darnos cuenta de que estamos infringiendo la observancia, nos confundimos al pensar que el no practicar es una expresión de nuestra libertad, espontaneidad, individualidad y creatividad. Sin embargo, esta creencia no es más que encaprichamiento. Al estar encaprichados con nuestro ego y nuestra grandiosidad, creemos que abstenernos de practicar muestra nuestra libertad y la esclavitud de aquellos que practican diariamente. Si realmente somos libres, entonces somos libres para practicar en lugar de ser esclavos de la mente, la cual nos da razones para no practicar.

Otra causa por la cual fracasamos en mantener *tapas* es la ira. Podemos experimentar ira y frustración en nuestras vidas debido a nuestro hábito constante de identificarnos con aquello que es impermanente. En vez de volvernos libres soltando la ira, la llevamos a la práctica, haciendo que esta última sea difícil. Entonces, reclamamos que la práctica es ardua y sin diversión, y por tanto, no queremos hacerla. La práctica en sí misma es libre, espontánea, individual y creativa; nosotros somos los que la convertimos en una faena y una carga.

Especialmente cuando estamos motivados por la codicia, si queremos llegar al final de la práctica, mejorar, adquirir poder, ser impresionantes, obtener reconocimiento, entonces la práctica puede volverse una ardua obligación, en vez de un viaje estimulante hacia la libertad. En el *Bhagavad Gita*, el Señor Krishna sugiere entregar el fruto de las propias acciones. En nuestro caso eso significa olvidarnos de la ganancia, del objetivo y del beneficio y hacer la práctica solo porque ella, nosotros y el tapete *(mat)* estamos ahí. Solo porque el mundo existe, vivimos. Solo porque vivimos, practicamos. No se requiere ninguna otra razón. Es practicar con un corazón vacío.

Otra razón que podemos encontrar para infringir nuestro *tapas* es el aburrimiento. Reclamamos que la práctica nos aburre, pero lo que está subyacente al aburrimiento no es más que la ira. No podemos decirnos la verdad porque fracasamos en reconocer nuestra ira y dejarla ir. Al no decirnos la verdad (la cual nos trae de vuelta al momento presente), nuestra atención ahora tiene que divagar en el pasado o en el futuro. Con nuestra atención desviándose del momento presente, ya no estamos presentes en nuestra práctica, la cual se vuelve aburrida. De esta forma la ira conduce al aburrimiento. Siempre que estamos aburridos en nuestra vida y en nuestra práctica, tenemos que buscar dónde se está escondiendo la ira. Cada segundo de nuestra existencia, incluso si solamente estamos respirando, puede ser una revelación de belleza. El aburrimiento simplemente muestra que no nos permitimos estar presentes.

Ahora sabemos cómo los pensamientos que obstruyen los *yamas* y *niyamas* surgen de la codicia, la ira y el encaprichamiento. Estos pensamientos llevarán al sufrimiento y a la ignorancia futuros. En este contexto, no es significativo si la violencia o los pensamientos de violencia son leves, moderados o intensos. En cualquier caso ellos darán fruto. Tampoco es importante si nosotros mismos tenemos tales pensamientos o acciones, si inducimos a otros a cometerlos, o si los aprobamos. Ellos todavía darán el mismo fruto.

En este contexto, es interesante observar otra idea equivocada popular sobre la no violencia. Los huevos son despreciados como comida en la India. Aunque ellos no son fertilizados y por tanto no están vivos, comerlos es considerado como violencia. Distinto es el caso de la leche, como observamos en el sutra II.31. Como Patañjali señala, los actos de violencia causarán dolor e ignorancia ya sea si son llevados a cabo, inducidos o aprobados. Por ende, queda desacreditada la noción hindú de que beber leche no es violencia.

Aún así tenemos que soltar la idea de que la no violencia completa es posible. Una comunidad Hare Krishna que mantuvo sus propias vacas lecheras descubrió esto de la manera difícil. Después de entender que los terneros machos serían sacrificados si los vendían, la comunidad decidió mantenerlos. De esta forma su *ahimsa* (no violencia) permanecería intacta. Aplicando el principio de que "si algo puede salir mal, saldrá mal", las vacas de la comunidad dieron a luz a once terneros machos de forma consecutiva. Podríamos sospechar que el Señor Krishna tendió una mano de ayuda ahí, para enfatizar su punto.

Después, la comunidad decidió no solo mantener los toros en etapa de crecimiento sino que además decidió no castrarlos, lo cual también constituiría violencia. Por esta razón, los once toros no se pudieron emplear para ningún uso práctico, porque los toros son demasiado agresivos para halar carretas o arar. Los bueyes son usados para esto. Más aún, los once toros tuvieron que mantenerse en once cercados en vez de uno grande para que no se mataran entre ellos. Cuando el autor visitó la comunidad en 1995 esta había abandonado su producción de leche y se había convertido en un sanatorio de toros. La leche era comprada en el mercado comercial, manchada por violencia, pero era mejor que no tener leche del todo.

Cuando nos volvemos realistas sobre cuán lejos podemos llevar la no violencia, todavía es importante adherirnos a la ética tanto como sea posible. Si no hacemos nuestro mejor esfuerzo, ciertamente experimentaremos sufrimiento e ignorancia en el futuro. Aceptar la idea de que infringir la ética causará sufrimiento futuro constituye la meditación en lo opuesto - como afirman Vachaspati Mishra y Shankaracharya en sus respectivos subcomentarios.

अहिंसाप्रतिष्ठायंतत्सन्नधौवैरत्याघः ॥३५॥

II.35 En la presencia de aquel establecido en la no violencia, toda hostilidad cesa

En los siguientes once sutras Patañjali describe los efectos que tienen las restricciones y observancias una vez que son dominadas. En este sutra Patañjali dice que aquellos establecidos firmemente en la no violencia son tan tranquilizadores que hombre y bestia por igual pueden, en su presencia, bajar la guardia y volverse pacíficos. A menudo la agresión se basa en el miedo y puede ser abandonada cuando nos aseguramos de que no hay ninguna razón para temer.

Esta revelación resuena en la historia de Buda y Angulimala. En uno de sus peregrinajes, el Buda llegó a una aldea que formaba la entrada a un extenso bosque. Cuando entró a la aldea pidiendo limosna, la gente le aconsejó no seguir adelante. Viviendo en el bosque, estaba un asesino en serie que había jurado asesinar a cien personas, cortar sus dedos y usarlos como collar. Su nombre, Angulimala, de hecho significaba collar de dedos. Ya había matado a noventa y nueve personas y estaba esperando su última víctima para cumplir su juramento. Buda no se perturbó por la historia y dijo a los aldeanos que no había nada que pudiera impedirle proseguir su camino. Si se suponía que él debía servir como la centésima víctima en este camino, al menos relevaría a Angulimala de su terrible juramento. No estaba preocupado en absoluto. Luego de tanto llanto y desesperación, los aldeanos eventualmente dejaron a Buda entrar en el bosque.

Tras haber caminado durante algún tiempo encontró a Angulimala sentado en un espacio abierto, fácilmente reconocible por su collar de dedos. "¿Qué estás haciendo aquí?," gritó. "¿No sabes que este es mi bosque? Yo soy Angulimala." No escapó de sus ojos que había algo especial en el Buda. La gracia con la cual andaba con pasos largos y decisivos y la atmósfera de paz que lo rodeaba significaron una experiencia completamente nueva. Entonces, Buda se detuvo justo delante de él. Angulimala vio la quietud y serenidad en sus ojos: este era un tipo de hombre que nunca había encontrado antes. Se conmovió por el desconocido y no quiso matarlo, pero tenía que mantener su reputación. "Regresa al lugar de donde vienes", dijo. "No te puedo dejar pasar. He hecho un juramento de matar a cien personas y vestir sus dedos alrededor de mi cuello. Si no te regresas me obligas a matarte." Buda replicó: "Nada me puede desviar de mi camino, ni siquiera la muerte. He decidido tomar este camino y nada puede cambiar mi decisión. Si esto te parece inaceptable, puedes matarme."

Angulimala no lo podía creer. Todo el mudo le tenía miedo, y aquí estaba un hombre que no le importaba ni un poco. "Te mataré dentro de un momento, pero déjame preguntarte una cosa. ¿No estás asustado?" Buda solo sacudió su cabeza y se quedó allí en completa rendición. Al mismo tiempo Angulimala vio en sus ojos que este hombre había llegado a casa, que había encontrado algo que él, Angulimala, no podía quitarle sin importar lo que hiciera - él había encontrado la paz y no conocía el temor.

Angulimala supo entonces que había encontrado a su maestro. Comenzó a llorar y pidió ser iniciado como su estudiante.

Esta historia ilustra hermosamente cómo la completa inocuidad puede infundir un sentimiento similar en otros. Sin embargo, esto no significa que la no violencia acaece en todas las situaciones. El propio Buda fue envenenado por un hombre que detestaba la comunidad de monjes; Milarepa fue envenenado por una razón similar; unos asaltantes descuartizaron al mejor estudiante de Buda, Mogallana. Cuando Jesucristo fue sentenciado a muerte, el prefecto romano Poncio Pilato, como Angulimala, se dio cuenta de que el hombre ante él era un santo. No quería ser responsable de matarlo, entonces resolvió que los pobladores de Jerusalén pudieran pedir que una persona recibiese la amnistía. ¿Qué hicieron? Pidieron que el asesino Barrabás fuese liberado y Jesús asesinado. Si había alguien firmemente establecido en la no violencia, esa persona era Jesús.

Unos asaltantes golpearon al santo indio Ramana Maharshi al saquear su *ashram*. Shams I. Tabriz, el maestro del poeta sufí Rumi, fue asesinado por personas que estaban celosas de su influencia sobre Rumi. Los dos principales protagonistas de la no violencia en el siglo XX, Mahatma Gandhi y Martin Luther King, fueron asesinados. Las epopeyas indias *Ramayana* y *Mahabharata* están llenas de historias de santos siendo acosados por demonios. El más prominente es el *Rishi* Vishvamitra, quien no podía completar un sacrificio porque el lugar sagrado estaba siendo profanado constantemente. Hay incluso demonios en las epopeyas que admiten abiertamente que obtienen más placer al devorar a la gente piadosa y justa que a los pecadores. Cuando el ejército mogul invadió la India, los habitantes de varias ciudades budistas dejaron sus hogares y se tendieron en frente del ejército que se acercaba. Esto fue con la intención de evitar que los invasores atacasen el pueblo. Pero los comandantes mogules dejaron que su ejército cabalgara por encima de los pacíficos protestantes y matara a todos.

Hay evidencia anecdótica que sugiere que por medio de nuestra no violencia podemos hacer que otros se vuelvan pacíficos, pero al mismo tiempo otra evidencia sugiere lo opuesto. ¿Por qué, entonces, Patañjali generaliza que "toda hostilidad cesa" si estamos establecidos en la no violencia? Lo hace para incitarnos a practicar. Un rasgo común de los maestros de la India es que exageran los efectos de la práctica para asegurarse de que los estudiantes se involucren en ella. De Vyasa y Shankaracharya sabemos que es responsabilidad del maestro explicar la práctica de tal manera que nos interesemos y mantengamos en ella. Algunos aspectos descritos en una forma idealizada pueden ayudar en ese sentido.

सत्यप्रतिष्ठायंक्रियाफलाअश्रयत्वम् ॥ ३६ ॥
II.36 Cuando estamos establecidos en la veracidad, las acciones y sus frutos corresponderán con nuestras palabras

Este sutra se refiere a otro gran poder que era adquirido por los antiguos *rishis*. A través de su intensa austeridad (*tapas*) ellos obtenían la habilidad para cambiar el curso de los eventos con sus palabras. Dado que ellos eran completamente veraces, el futuro tenía que cambiar, en caso necesario, para ajustarse a sus palabras. Ellos usaban este poder principalmente mediante su arma, la maldición. En una maldición, el *rishi* hacía una declaración determinada sobre el futuro y, puesto que él nunca era mentiroso, el futuro tenía que desarrollarse según sus palabras. Sin embargo, este cambio del futuro gastaba mucho del mérito que había acumulado a través del extenso *tapas*. Esto lo hacía vulnerable.

De acuerdo con la mitología, algunas veces dioses y demonios usaban a terceras personas para provocar la furia de un *rishi*. Así, la maldición subsiguiente gastaba su poder y lo debilitaba. Indra, el rey del cielo, usó ninfas celestiales (*apsaras*) para reducir el *tapas* acumulado del *Rishi* Vishvamitra.

Como Patañjali explicará después, tales poderes constituyen un obstáculo en el camino del yoga. Ellos están colgados ahí como una zanahoria en frente de nosotros para convencernos a practicar. Más adelante, se nos pide abandonar estos poderes porque previenen el *samadhi*. Abandonemos la búsqueda del poder ahora mismo desde el principio, ya que son una calle sin salida. Esto está en consonancia con el *Bhagavad Gita*, donde se nos pide simplemente actuar sin ánimos de lucro.

अस्तेयप्रतिष्ठायांसर्वरत्नोपस्थानम् ॥३७॥

II.37 Cuando estamos establecidos en el no robar, todo no es más que joyas

Aquí se nos pide mirar un pedazo de oro de la misma forma que una masa de barro. Si abandonamos nuestras ideas preconcebidas sobre las apariencias, de repente se revela la preciosidad de cada momento. Al observar el mundo sin tratar de obtener beneficio o ganancia de él, toda su belleza es revelada. Por querer obtener alguna cosa de cada situación, nos cerramos a los muchos regalos que recibimos cada momento.

La comprensión tradicional de este sutra es que si a uno no le importa en absoluto la riqueza, ella comenzará a cuidar de nosotros. De acuerdo con la creencia popular, cuando estamos establecidos en el no robar la mangosta celestial que escupe diamantes aparecerá ante nosotros y nos bañará con sus joyas.

Es importante que el practicante moderno comprenda que el camino hacia la riqueza podría llevar a un software de monitoreo de mercados de capitales o a seminarios de bienes raíces pero no a la meditación. El tiempo dedicado a la meditación se pierde completamente si usted está en busca de la riqueza. Para hacerse rico, uno necesita un impulso por la riqueza y una fuerte vena competitiva. La meditación reduce ese impulso y es perjudicial para nuestra vena competitiva. Si usted medita, podría descubrir que ya no puede preocuparse por correr atrás del dinero más allá de lo necesario - especialmente si la meditación lo ha llevado a reconocer la naturaleza espacial de la consciencia, según la cual las cosas no pueden ganarse ni perderse. Ninguna ganancia material resulta de la experiencia mística. Muchos místicos vivieron en la pobreza, aunque esto no es un requisito.

ब्रह्मचर्यप्रतिष्ठायांवीर्यलाभः ॥३८॥

II.38 Cuando estamos establecidos en la restricción sexual, ganamos vitalidad

La idea india es que la energía, usualmente gastada a través del sexo, es transformada y puede ser usada para propósitos más sublimes. La energía sexual es vista como un capital que puede elevarnos al ámbito divino, si se utiliza adecuadamente. Se piensa que la restricción sexual aumenta la inteligencia y la función de la memoria.

Sin embargo, la verdadera restricción sexual es poco frecuente. Se dice que en cada era puede haber solo alguien que la domine. Ese alguien fue Hanuman en el Treta Yuga (la era en la cual apareció Rama) y Bhishma, el abuelo adoptivo de Arjuna, en el Dvapara Yuga (la era en la que apareció Krishna). Los antiguos *rishis* no practicaron la restricción sexual completa: todos ellos tuvieron muchos hijos.

La habilidad de transformar y usar es la clave. Si la energía sexual simplemente es reprimida y contenida, puede convertirse en odio y volverse muy peligrosa. Algunos líderes políticos han sabido esto y han usado su conocimiento para promover sus objetivos. Así es como los nazis lograron desatar una fuerza terrible, como Wilhelm Reich explica en su libro *The Mass Psychology* in Facism. La simple represión de la sexualidad no lleva a ningún lugar si uno no sabe qué hacer con esta energía.

अपरिग्रहस्थैर्येजन्मकथंतासंबोधः ॥३९॥
II.39 Aquel establecido en la no codicia alcanza el conocimiento sobre los nacimientos pasados y futuros

La codicia emerge por el apego y la identificación con el cuerpo y todos los objetos que este disfruta. Una vez que conocemos al ser eterno, continuamos respetando el cuerpo como el vehículo para la liberación y seguimos atendiendo sus necesidades pero ya no nos preocupamos por ellas. Comprendemos que los objetos del disfrute no pueden liberarnos; más bien tienen la tendencia peculiar de atarnos, aunque este tendencia reside en nuestro condicionamiento subconsciente y no en los objetos mismos. Para aquel que está establecido permanentemente en el conocimiento del ser, los objetos del disfrute han perdido todo el control. Eso no significa que esa persona tiene que vivir como un asceta. De hecho la evasión fanática del placer por parte de un asceta muestra que él aún está bajo el hechizo del placer.

El *jñanin* (el conocedor) es diferente. "Si el placer viene, bien; si el placer no viene, bien también." Esta actitud es *aparigraha* - la no codicia. Uno ya no anhela los objetos. ¿Cómo puede ser que tal persona conozca el pasado y el futuro?

La persona que está firmemente establecida en el ser existe más allá del tiempo, dado que el ser es atemporal y permanente. Mientras que el cuerpo, la mente, el ego y el intelecto existen dentro del tiempo, el tiempo existe dentro del ser. En otras palabras, el tiempo aparece en la pantalla del ser. Todos los fenómenos que existen dentro del tiempo, sea pasado, presente o futuro, son observados por el ser. Dado que la cualidad del ser es la observación consciente, no puede hacer otra cosa más que observar; y puesto que es permanente es consciente de todas las cosas que ocurren dentro del tiempo. Por tanto, el ser es consciente de todo nuestro pasado evolutivo, empezando con el microbio y terminando con la gran disolución (*pralaya*). Además, el ser es testigo de todas las eras del mundo en perpetuo despliegue (*kalpas*). Más allá de eso, el ser es testigo de la profunda realidad que nunca se desdobla, que nunca se disuelve - la realidad que da nacimiento a toda la apariencia sin nunca ser afectada (*Brahman*).

De esta forma, aquel establecido en la no codicia puede descargar todo el conocimiento del pasado y futuro. Sin embargo, muchos grandes maestros eludían la idea de hacer esto. Desde el punto de vista del ser, el apego al conocimiento sobre el propio pasado y futuro es tan insignificante como el apego a los objetos sensibles. Es un poder que uno puede usar para impresionar a otros, pero las cosas que uno ve en el pasado y futuro son tan significantes como las cosas vistas en la pantalla del televisor. Los sabios usualmente no se molestaban en desarrollar este poder.

Una vez un hombre se aproximó al Buda y le preguntó: "¿Cuántas veces tendré que renacer?" El Buda miró hacia el cielo y dijo: "¡Tantas veces como las estrellas en el cielo, así de frecuente tendrás que nacer de nuevo!" El hombre se marchó con horror porque su vida era un fastidio. Otro hombre le preguntó a Buda, "¿Cuántas veces debo regresar?" El Buda señaló a una gran higuera y dijo, "¡Tantas veces como las hojas de ese árbol, así de frecuente tendrás que renacer!" El hombre saltó y bailó alrededor con gran felicidad porque realmente amaba su vida - y de inmediato se liberó. Dado que el hombre se liberó podemos asumir que no regresó por más encarnaciones futuras. ¿Se equivocó el Buda, entonces, cuando predijo que su consultante regresaría tantas veces como el número de hojas hubiera en la higuera?

No, él vio el potencial de esta persona de tener todas esas otras vidas más. Pero el hombre aprovechó la oportunidad - que todos tenemos en cada segundo de nuestras vidas - para liberarse en ese instante. Las vidas futuras que el Buda vio todavía existen, pero no existen más en relación con ese hombre. Él se desidentificó y se liberó de su propio futuro. Para un verdadero *jñanin* todo *karma* residual es interrumpido. El *karma* residual es el *karma* que todavía no ha llegado a fructificar; su interrupción produce la libertad. Por esa razón cualquier indagación sobre el futuro no es interesante. El futuro que es previsible es el futuro del cual nos queremos liberar.

La idea india ortodoxa es que todos los seres atraviesan un ciclo de treinta billones de vidas y después son liberados. El Yoga no acepta este destino sino que intenta liberarnos ahora. Como el *Rishi* Vasishta dijo: "Para aquel con verdadero autoesfuerzo no existe el destino."

शौचात्स्वाङ्गजुगुप्सापरैरसंसर्गः ॥४०॥
II.40 De la limpieza surge la protección del propio cuerpo y la no contaminación por parte de otros.

La limpieza del cuerpo y de la mente crea un escudo protector alrededor del cuerpo. Aunque la higiene protege el cuerpo de las enfermedades infecciosas, la limpieza aquí referida es, principalmente, la abstención de pensamientos de odio, codicia y encaprichamiento. Tales pensamientos se manifestarán como acciones de odio y similares, y ellas conllevarán al detrimento del cuerpo. Se debe considerar otra implicación de la acción negativa. En las etapas tempranas de la práctica del yoga puede ser que los estudiantes estén bastante frágiles y se distraigan fácilmente de su camino.

Durante esos primeros días es importante proteger nuestro entusiasmo e interés en la práctica.

Hay un ley física que dice que la energía siempre fluye desde el potencial más alto hasta el más bajo. Un estudiante principiante fácilmente puede perder el mérito yóguico que haya acumulado al mantener malas compañías. Uno puede adoptar rápido actitudes y emociones negativas de los otros, especialmente cuando uno está abierto a ellas. Se dice que tal contaminación puede ser contrarrestada a través de la limpieza. Con el uso de la "no contaminación" estoy siguiendo a Georg Feuerstein, quien dice que el término *jugupsa* de Patañjali "transmite la idea de estar en guardia con respecto al cuerpo, de tener una actitud de desapego hacia nuestro armazón mortal."[36]

Este uso de "no contaminación" se opone al término lamentable "repugnancia" que usan algunos comentadores. Algunas autoridades religiosas, cristianas e hinduista, ven el cuerpo como repugnante. Las personas materialistas, por otro lado, están completamente absortas por el cuerpo y sus necesidades. Aquí el Yoga adopta una postura neutral. El cuerpo es visto como potencialmente aquello por medio del cual el espíritu se vincula[37], pero, por otro lado, es reconocido como una herramienta para lograr la liberación.[38]

No obstante, el sentimiento de repugnancia hacia el propio cuerpo y el de los demás es tan solo un nuevo obstáculo para el yoga. La repugnancia cae en la categoría de la repulsión (*dvesha*), que es una de las cinco aflicciones (sutra II.8).

La repulsión está basada en una impresión negativa (*samskara*) que condiciona las propias acciones y conduce al sufrimiento y a la ignorancia futuros. Como hemos aprendido en el sutra II.8, es una forma de cognición incorrecta (*viparyaya*) en la cual uno percibe erróneamente la propia consciencia como estando vinculada a nociones egoístas como la repugnancia. El cuerpo no puede provocar repugnancia al ser porque el ser no juzga. Mientras que el ego puede y felizmente lo hará, dado que activará el mecanismo descrito anteriormente y, en consecuencia, un aumento de sí mismo. Por tanto, mirar el propio cuerpo con repugnancia no es una enseñanza yóguica.

सत्त्वशुद्धिःसौमनस्यैकाग्र्येन्द्रियजयात्मदर्शनयोग्यत्वानि॥४१॥

II.41 De la purificación de la mente surge la alegría, la unidireccionalidad, el dominio de los sentidos y la preparación para conocer al ser

Ahora se discuten los efectos de la limpieza mental. La limpieza mental significa dejar de identificarse con los pensamientos y las emociones de odio, codicia, envidia, celos, orgullo, etc. Una vez que estos son abandonados, brilla la cualidad original *sattva* del intelecto, la cual es alegría. De acuerdo con Vyasa, de esta alegría se desarrolla la unidireccionalidad. Esto es fácil de entender: ¿cómo puede la mente estar unidireccionada si todavía está distraída por la miseria, la maldad y sus propios problemas? Todos estos quitan energía de nuestra contemplación.

Una vez que estamos establecidos en la limpieza mental, experimentamos alegría porque sabemos que la libertad está cerca. Esta alegría que se desarrolla nos da la libertad para dedicarnos exclusivamente a nuestra disciplina (*sadhana*). Esto se llama unidireccionalidad. De esta unidireccionalidad se desarrolla el dominio de los sentidos.

Hasta ahora nuestra felicidad ha dependido de la estimulación externa. Para mantenernos felices requerimos un suministro interminable de poder, dinero, sexo, drogas, excitación y consumo. Primero, los sentidos se extienden para alcanzar estos estímulos. Arrastran tras de sí a la mente para que organice las impresiones recolectadas. Entonces, el ego se alarga y se apropia de ellas y, finalmente, el intelecto se nubla y pierde de vista nuestra verdadera naturaleza. Este

---
36. Georg Feuerstein, *Yoga Sutra of Patañjali*, p. 87.
37. *Shvetashvatara Upanishad* 5.10.
38. *Shvetashvatara Upanishad* 5.12.

desarrollo es interceptado por el dominio de los sentidos. Esto significa que la próxima vez que un objeto de deseo pase flotando, impedimos que los sentidos se extiendan y lo abracen. Entonces, las cosas solo serán tal cual son sin que nos aferremos a ellas.

Con la maestría de los sentidos, necesariamente ya estamos preparados para el conocimiento del ser. Mientras busquemos constantemente la felicidad fuera, no podremos ver que ya está ahí, dentro. Primero tenemos que abandonar el intento de "ir tras lo que queremos." Solamente entonces la observación objetiva puede darse vuelta y encontrar que ya todo está ahí. Esta es la preparación para conocer al ser.

संतोषातनुत्तमस्सुखलाभः ॥४२॥
II.42 Del contentamiento resulta la alegría insuperable

Vyasa explica al citar de los *Puranas*: cualquier alegría que pueda haber a través del placer sexual, cualquier alegría que pueda existir en el cielo, no es ni siquiera un decimosexto de la alegría que se experimenta cuando cesan los propios deseos.

Cuando en el proceso de evolución olvidamos nuestra verdadera naturaleza como consciencia infinita, todavía tenemos un vago recuerdo de la plenitud que una vez tuvimos - la plenitud que experimentamos a través de la relación amorosa con nuestro propio corazón,[39] el primero y más importante de todos los amores. Expulsados del Jardín del Edén, vagamos por la vida y proyectamos nuestro anhelo en el mundo exterior. Sin embargo, nos decepcionamos una y otra vez porque esas alegrías del cielo y de la tierra tienen un sabor añejo comparado con el reconocimiento de nosotros mismos como consciencia. Lo que llamamos alegría no es más que una cobertura temporal de la decepción, un calmante para el dolor que creamos, perdiéndonos en la selva de la existencia condicionada. Cubrimos la herida al tener alguna alegría de corta duración, la cual desaparece rápidamente. Al sentir de nuevo el dolor, necesitamos estímulo.

Tenemos que entender que la herida no sanará a menos que aceptemos la medicina. La medicina es soltar la idea de que cualquier forma de estímulo externo ayudará. El contentamiento llega cuando soltamos esta idea. Por primera vez podemos tan solo sentarnos y ser, y no tratar de hacer algo para mejorar. Del sentarse y ser eventualmente surge la alegría del ser puro, que sobrepasa cualquier alegría dependiente de la presentación de objetos terrestres o celestiales.

कायेन्द्रयसिद्धिरशिुद्धक्षियात्तपसः ॥४३॥
II.43 La austeridad (*tapas*) destruye las impurezas y, de esta manera, trae la perfección del cuerpo y de los órganos de los sentidos

Tapas, como el yoga, es un sistema de psicotecnología, pero es incluso más antiguo que el yoga. Se desarrolló a partir del chamanismo. El *tapasvin* practica formas extremas de ascetismo para alcanzar poderes sobrenaturales (*siddhis*), que son también llamados perfecciones. Las

---

39. Conforme a la terminología de la India, heart (*hrdaya*) se usa aquí no para denotar el amor romántico sino nuestro centro, el ser.

perfecciones del cuerpo son habilidades como viajar a través del tiempo y del espacio y caminar sobre el agua. Las perfecciones de los sentidos son la clarividencia, la habilidad para leer los pensamientos de las otras personas, el oído divino, el tacto mágico, y así sucesivamente. Aquí se nos dice que la práctica de tapas producirá tales poderes.

Sin embargo, para el yogui los poderes no son un fin en sí mismos, como es el caso para muchos *tapasvins* (aquellos que practican exclusivamente *tapas* y no yoga). Después de que el velo de las impurezas (codicia, envidia, odio y demás) ha sido retirado, el yogui usa la fuerza adquirida para obtener el autoconocimiento y así liberarse del cautiverio. El deseo de súper poderes conducirá al cautiverio, así como lo hace el deseo de riqueza, estatus y similares.

En el yoga, *tapas* no tiene la misma connotación que cuando se practica exclusivamente fuera del contexto yóguico. En el yoga, se refiere a la habilidad de mantener nuestra práctica frente a las dificultades. De esta habilidad surge gran poder. Esto es especialmente cierto en el caso del método Ashtanga Vinyasa. Sin embargo, necesitamos tener cuidado de cómo usamos este poder. Desde el punto de vista yóguico la razón para practicar *tapas* es solamente para remover el velo de las impurezas a fin de prepararnos para la revelación de la luz del ser. Cualquier apego a los poderes cubriría la luz con un nuevo velo de ignorancia.

स्वाध्यायादष्टिदेवतासंप्रयोगः ॥४४॥
II.44 Del establecimiento en el estudio del ser (*svadhyaya*) resulta la comunión con la deidad elegida

Svadhyaya significa el estudio de los textos sagrados. Estos textos contienen los testimonios de los antiguos maestros. Puesto que la condición intelectual de la humanidad ha desmejorado progresivamente con el paso del tiempo, los testimonios de los contemporáneos deben ser vistos con recelo. En la presente edad oscura (Kali Yuga), los maestros que no están corrompidos son extremadamente inusuales. Por eso debemos depender del estudio de las antiguas escrituras como los *Upanishads*. *Svadhyaya* también se refiere a la repetición de un mantra, como la sílaba sagrada OM. A aquel establecido en estas prácticas, se le revela la deidad elegida o deidad de meditación.

No se especifica cuál deidad es. La práctica del yoga está abierta a todos los credos. De acuerdo con las enseñanzas yóguicas, todas las deidades no son sino representaciones del único Ser Supremo. Dado que solo hay uno, ellas no pueden ser representaciones de alguien más. El Ser Supremo es una proyección de lo absoluto sin forma. Puesto que es difícil de comprender, es aceptable proyectar una imagen sobre el Ser Supremo. Esta imagen es la *ishtadevata* personal, la deidad de meditación personal. La deidad de meditación nos permite desarrollar una relación personal estrecha con el Ser Supremo. Sin embargo, como establece el *Bhagavad Gita*, "Cualquiera que sea la deidad que veneres, siempre me veneras a mí."

En el pasado ha sido común juzgar a otros porque pensamos que nuestra *ishtadevata* es superior a la de ellos. Esto ha dado lugar al odio, a la guerra y al genocidio. Es importante una actitud de tolerancia. Aun si no entendemos qué veneran nuestros vecinos, no debemos permitir que eso produzca sentimientos de superioridad porque pensamos que nuestra deidad es un mejor Dios.

समाधिसिद्धिःईश्वरप्रणिधानात् ॥४५॥
II.45 De la devoción al Ser Supremo viene la consecución del *samadhi*

Patañjali ha sido criticado por filósofos teístas como Ramanuja por subestimar la importancia del Ser Supremo. Por otro lado, los maestros del Samkhya como Ishavarakrishna no mencionan al Ser Supremo. Como el Buda, ellos aceptaron la veneración de dioses y el mantenimiento de templos y costumbres, pero negaron que esto contribuye a nuestra liberación. Los maestros Ramanuja y Madhva, por otro lado, enseñaron que no podemos hacer nada para nuestra liberación excepto pedir la gracia del Ser Supremo.

Patañjali recorre el camino del medio. Él incluye el camino de la acción, el cual significa hacer el trabajo nosotros mismos, pero también incluye el camino de la entrega al Ser Supremo. Desde el punto de vista del místico, el *samadhi* de las diferentes escuelas es el mismo, y no importa cuál técnica usemos. Esta es, en gran medida, la posición de Patañjali.

Si nos acercamos al Ser Supremo, el cual no es sino consciencia infinita, desde la óptica Bhakti emocional o desde la perspectiva Advaita intelectual, es solo una cuestión de constitución individual. El subcomentador Vachaspati Mishra explica que las otras siete ramas (aquellas aparte del *samadhi*) están ahí para apoyar la devoción al Ser Supremo, que según él es la única manera para alcanzar el *samadhi*. Que Patañjali quisiera describir la devoción como el único camino hacia el *samadhi* no parece concluyente dentro del contexto del *Yoga Sutra*: en otros pasajes del sutra él aparenta estar muy abierto a otras posibilidades.

Krishnamacharya, como seguidor de Ramanuja, enseñó que el *Yoga Sutra* se acomoda a tres niveles de practicantes: yoguis principiantes, intermedios y avanzados. Sin embargo, en todos los tres niveles, es necesario practicar la entrega al Ser Supremo.

De acuerdo con Krishnamacharya, el sutra II.1 prescribe la entrega al Ser Supremo para los principiantes (*kriya* yoguis), el sutra II.32 la receta para los yoguis intermedios (*ashtanga* yoguis), mientras que el presente sutra (II.45) lo consagra para los yoguis avanzados (llamados simplemente yoguis). Según Krishnamacharya, un verdadero yogui es aquel que puede entregarse directamente. De esta entrega procede el *samadhi* sin ninguna detracción debido a las formas inferiores de la práctica.

स्थिरसुखमासनम् ॥४६॥
II.46 La postura debe tener las dos cualidades de firmeza y comodidad

Con los efectos de las restricciones (*yamas*) y las observancias (*niyamas*) presentados, Patañjali concluye su descripción de las dos primeras ramas. Él ha descrito estas dos ramas solo brevemente. De hecho, sus descripciones de las cinco primeras ramas son muy concisas, insinuando el hecho de que el *Yoga Sutra* se dirige al estudiante más o menos establecido.

Ahora él abordará la tercer rama, el *asana*, en tres aforismos. Eso no significa que la postura no sea importante. Si esto hubiera sido el caso, Patañjali no hubiera declarado el *asana* como uno de los ochos principales aspectos del yoga. Él expondrá el *pranayama* en solo cinco aforismos y el *pratyahara* en apenas dos.

La mayor parte del *Yoga Sutra* trata sobre el *samadhi* y sus efectos. Es aquí donde radica el principal interés de Patañjali. Maestros como Svatmarama y Gheranda se dedicaron casi exclusivamente a las primeras cuatro o cinco ramas, lo cual no significa que ellos consideraran el *samadhi* como una forma no esencial de la práctica.

Patañjali usa dos cualidades que son diametralmente opuestas para describir la postura: firmeza y comodidad. Si la postura debe ser firme, se requiere esfuerzo - la contracción de los músculos que detiene el cuerpo en el espacio sin tambalear. Por otro lado, la comodidad implica relajación, suavidad y ausencia de esfuerzo. Patañjali ya muestra aquí que la postura no se puede lograr a menos que alcancemos estas dos direcciones opuestas. Estas direcciones son firmeza que es la fuerza interna, y la comodidad que trae la relajación.

Vyasa brinda una lista de posturas en su comentario para mostrar de qué se trata aquí la postura yóguica (*yogasana*) según el yoga *shastra* (escritura), y no simplemente mantener la columna, el cuello y la cabeza alineados. También dice que las posturas se convierten en *asanas* del yoga solo cuando se pueden mantener cómodamente. Antes de eso, son solo intentos de *asanas* del yoga.

Shankara desarrolla más esta idea para añadir que, en el asana del yoga, la mente y el cuerpo se vuelven firman y no se experimenta ningún dolor. La firmeza es necesaria para bloquear las distracciones puesto que, después de que el asana ha sido perfeccionado, queremos seguir con el *pranayama*, la concentración y demás.

Es interesante la mención de la ausencia de dolor. Si el campo de percepción está lleno de dolor, la mente se distraerá. La definición de postura de Patañjali como comodidad automáticamente elimina aquello que causa dolor. Si usted está en una postura y experimenta dolor, usted no está cómodo.

La tendencia general en el yoga moderno de practicar las posturas de tal manera que duelan, lleva a preocuparnos por el cuerpo. Esto, por definición, no es *asana* del yoga.

De acuerdo con las escrituras, en el asana las ramas [del yoga] deben ser colocadas en una posición placentera y estable para no interferir con la concentración del yogui. La respiración interna (*prana*) se detiene y mueve hacia el canal central (*sushumna*). El sushumna comerá tiempo y las fluctuaciones (*vrtti*) de la mente se detendrán. Entonces surgirá la meditación en Brahman.

El asana es por tanto una preparación para el *samadhi*, en tanto que las prácticas que llevan al dolor aumentarán el vínculo entre el ser fenoménico (*jiva*) y el cuerpo, que es en sí mismo la definición yóguica del sufrimiento. Esas prácticas podrían ser ejercicios de gimnasia, podrían ser incluso saludables, pero no son yoga, el cual es el reconocimiento de la falsa unión (*samyoga*) entre el que ve (*drashtar*) y lo visto (*drshyam*).[40]

---

40. Sutra II.17.

प्रयत्नशैथिल्यानन्तसमापत्तिभ्याम् ॥ ४७ ॥

II.47 Entonces, la postura es cuando cesa el esfuerzo y ocurre la meditación en la infinidad

El sutra es similar al verso 114 en *Aparokshanubhuti* de Shankaracharya: "La verdadera postura es aquella que lleva espontánea e incesantemente a la meditación en Brahman y no conduce al sufrimiento."[41] De nuevo, aquí se da a entender que mientras estemos involucrados en un esfuerzo no estamos en la verdadera postura. La etapa preparatoria de la postura es la que se expresa mediante esfuerzo e incomodidad. El esfuerzo repentinamente cesa cuando, a través del entrenamiento de la propiocepción, las ramas llegan en la postura correcta.

El cese del esfuerzo ya fue descrito en el sutra II.27. La libertad con respecto a la acción es enunciado ahí como un prerrequisito para el yoga más elevado. Todo esfuerzo e intento son finalmente entregados en un completo desapego (*paravairagya*), descrito en el sutra I.16. Entonces el *prana* fluye serenamente y los movimientos perturbadores de la mente cesan. Luego, ocurre la meditación sobre la infinidad, en la cual el cuerpo y la mente se experimentan como el vacío. Esta meditación sucederá espontáneamente, como dice Shankara, sin más esfuerzo artificial. Esto es porque, una vez que se percibe la naturaleza de vacío del cuerpo y de la mente, se elimina el obstáculo para la meditación en la infinidad (*ananta*).

¿Cómo practicamos la meditación sobre el vacío? Patañjali no habla aquí acerca de la infinidad del espacio, la cual no es un objeto de meditación provechoso. La infinidad del espacio puede ser entendida mediante la reflexión mental: no se requiere la meditación. Aquí Patañjali sugiere meditar en la infinidad de la consciencia. El *Taittiriya Upanishad* dice: "satyam jñanam anantam brahma"[42] - Brahman es realidad, conocimiento e infinidad. Aquí se enuncia la infinidad como un atributo de Brahman. Patañjali no usa el término "Brahman" porque implicaría reducir sus dos categorías independientes purusha y prakrti a una sola. Sin embargo, él usa *ananta* para referirse a la infinidad de la consciencia, frente a la cual la infinidad del espacio es insignificante. Él dice exactamente esto en el sutra IV.31.

Sin embargo, es significativo que Patañjali use el término *ananta* en vez de Brahman, que es la opción de Shankara para denotar a la infinidad. Ananta es otro nombre para la serpiente divina Adishesha, que se invoca en la recitación "vande gurunam". Uno de los deberes de Ananta era proveer de una cama sobre la cual el Señor Vishnu pudiera dormir. En ocasiones, el Señor tenía una apariencia muy pesada. Cuando derrotó al rey demonio Bali, asumió una forma tan enorme que atravesó los tres mundos en tres zancadas (*trivikrama*). Con la tercera, empujó a Bali de vuelta al inframundo.

En el *Bhagavad Gita*[43], la revelación de la forma universal de Vishnu (*Vishvarupa*) se describe así: "Entonces el hijo de Pandu [Arjuna] vio el universo entero con sus múltiples divisiones unidas ahí en el cuerpo del Dios de los dioses"[44]. Tres aforismos después Arjuna exclama: "Te veo con muchos ojos, manos, vientres, bocas, teniendo formas infinitas por todas partes; oh Dios del universo, oh Tú de forma universal, no veo, sin embargo, ni Tu fin ni Tu medio ni Tu comienzo"[45].

Vishnu es descrito como el Dios de la infinidad y vastedad. Como hemos visto, cuando llegó el momento de proporcionar un sofá para su sueño, se llamó a Ananta, la infinidad personificada. El sofá necesitaba tener dos cualidades opuestas: necesitaba ser infinitamente firme

---

41. *Aparokkshanubhuti of Sri Sankaracharya*, trad. Sw. Vimuktananda, Advaita Ashrama, Kolkata.
42. II.1.1.
43. XI.13.

para soportar la vastedad del Señor; por otro lado, necesitaba ser infinitamente suave para proporcionar la mejor de todas las camas para Vishnu. Por esta razón, Ananta es considerado como el yogui ideal, que une las cualidades opuestas de firmeza (*sthira*) y suavidad (*sukham*), esto hace que todos sus movimientos sean la verdadera postura.

Uno puede pensar que este es un llamado empinado para la tercer rama sola, pero Vyasa afirma: "Cuando la mente está en el *samadhi* sobre el infinito, entonces la postura ha sido perfeccionada". También necesitamos comprender que el Señor Vishnu es nada más y nada menos que nuestro propio ser, como lo establece el *Yoga Vashishta*. Entonces, así como la serpiente mitológica de la infinidad provee de una cama perfecta para el Dios que representa nuestro ser más profundo, así también a nivel individual, si nuestro cuerpo se mantiene en la postura perfecta, abrazando las cualidades de suavidad y firmeza, podremos ver ese mismo ser natural y espontáneo. De este modo el asana, aunque muy depreciado por los académicos, es una expresión de lo divino si es practicado desde esta perspectiva elevada. De lo contrario, es solamente deporte.

La visión que Patañjali ofrece sobre el *asana* es una de estructura o base para las dos prácticas yóguicas más elevadas, que son la entrega completa (*paravairagya*) y el *samadhi* sin objeto (*asamprajñata*). Se efectúa el *asana* para crear una estructura para estas prácticas, su propósito solo se cumple cuando residimos en estos estados. Por otro lado, la entrega y el *samadhi* ocurren dentro del *asana*. A medida que progresamos no abandonamos las ramas inferiores, sino que ellas ocurren natural y espontáneamente para proporcionar la base para las ramas superiores.

ततोद्वङ्द्वानभिघातः ॥४८॥

II. 48 En el *asana* no hay asalto de los pares de opuestos

Este aforismo se refiere al estado donde se logra la verdadera postura y no al estado preparatorio donde el esfuerzo y la incomodidad prevalecen.

El primer par de opuestos que encontramos fue la firmeza versusla comodidad. Al integrar simultáneamente ambos extremos, descansamos sin esfuerzo y libres en el centro. Entonces, la meditación en Brahman es posible. Ahora Patañjali define la verdadera postura como aquella en la cual descansamos libres del asalto de los opuestos. Los opuestos son los extremos a los cuales la mente intenta apegarse. Por ejemplo, antes de meditar necesito ganar maestría de centenas de diferentes posturas de yoga. Esto es un extremo que la mente podría alegar con el fin de entender el yoga, lo cual, por definición, la mente no es capaz de hacer.

El opuesto es la actitud de que la meditación no necesita de ninguna preparación. Aquí la mente nos embauca en creer que ninguna postura y ningún nivel de pericia son necesarios para la meditación. En medio de estos extremos está el estado del ser puro, donde uno solo existe, inafectado por el parloteo de la mente. La mente constantemente está tratando de averiguar qué está pasando ahí afuera. Desarrolla un modelo de realidad y luego lo pre-

---

44. *Srimad Bhagavad Gita*, trad. Sw. Vireswarananda, Sri Ramakrishna Math, Madrás, p. 226.
45. *Ibíd.*, p. 228.

senta al camino de la cognición - el ego, la inteligencia, la consciencia. Si buscamos y nos identificamos con cualquiera de estos modelos que aquí son llamados "extremos" o "pares de opuestos", entonces estamos regresando a la existencia condicionada y, estrictamente hablando, solo estamos haciendo tentativas de yoga. Cuando la mente ve que estamos practicando yoga, se interesa por entender qué es yoga. Podría ser que ella diga que el Ashtanga es el camino correcto y que los otros estilos están equivocados. O podría decir que las clases al estilo Mysore son correctas; en tanto que las clases dirigidas o guiadas son incorrectas. También le gusta llegar a nociones como los hindúes son buenos, los cristianos y los musulmanes son malos, o viceversa.

En ningún lugar se explora mejor este principio que en la postura misma. Podría ser que estemos en la parada de manos y la mente diga que pararse de manos significa empujar el piso lejos de uno mismo. Al estar apegados a uno del par de opuestos fracasamos en poseer el otro, que es alcanzar el suelo y atraer el corazón hacia abajo. Hemos sido atacados por el asalto de los opuestos, lo cual significa caer en un extremo y, por tanto, perder nuestro centro.

Tomemos la extensión intensa de la columna como ejemplo. La mente dice que la extensión intensa de la columna significa contraer la parte posterior del cuerpo. Pero si ignoramos la mente y permanecemos sin el asalto de los extremos, nos damos cuenta de que tenemos que alargar la espalda, porque una espalda contraída no puede arquearse. Si estamos en *Pashimottanasana* la mente podría entender esta postura como "empujar la cabeza hacia las rodillas". Un año más tarde, podría ser que la mente haya modificado esto a "llevar el corazón hacia los pies" - que es mucho mejor pero todavía un extremo. Entonces, eventualmente dejamos de escuchar la mente y llegamos ahí, donde cada célula del cuerpo se despierta y participa en la postura.

Si, entonces, nos preguntan: "¿qué es Pashimottanasana?", realmente ya no podríamos decir. Cualquier nuevo concepto sería tan solo otro set de opuestos y extremos. En vez de buscar y volvernos uno con los conceptos y extremos, residimos en el centro y solo existimos espontáneamente.

Algunos comentadores erróneamente alegan que Patañjali está hablando ahí sobre un tipo de anestesia, un entumecimiento que surge si hemos aguantado el dolor de la postura por tiempo suficiente. Esta insensibilidad seguramente llegará cuando uno la promueve y, de hecho, muchos yoguis han tomado ese curso de acción. Sin embargo, el yoga es un camino al ser puro que lleva a una mayor sensibilidad y no al entumecimiento.

En su comentario sobre el sutra II.15, Vyasa explica que el vivekinah, aquel que discierne es como un globo ocular que es sensible incluso al toque de una telaraña, mientras que la persona promedio es como cualquier otra parte del cuerpo que es insensible a la telaraña.

Asociar el yoga al entumecimiento es un desarrollo lamentable. Nos roba esos momentos prístinos como cuando observamos el amanecer y los primeros rayos de luz atravesando una gota de rocío cristalina sobre una hoja, y por primera vez observamos el ser puro revelándose sin que sea comentado por nuestra actividad mental. Entonces, sabemos que el sol del conocimiento se ha asomado en el interior - y ninguna cantidad de anestesia hará que eso suceda.

तस्मिन्सति श्वासप्रश्वासयोर्गतिविच्छेदः प्राणायामः ॥४९॥
II.49 Cuando se logra la postura, entonces se practica el *pranayama*, que es eliminar la agitación de la inhalación y exhalación

El sánscrito *"tasmin sati"* significa cuando la rama anterior (*asana*) se ha logrado. Vyasa afirma que la maestría del *asana* es necesaria antes de practicar el *pranayama*, al igual que el *Hatha Yoga Pradipika*[46]. Pero en ninguna parte se indica qué significa exactamente "logro" o "maestría". La India contemporánea parece tener una actitud bastante relajada con respecto a lo que significa la perfección del *asana* - pero definitivamente no una ejecución gimnástica o de contorsionismo. Y el maestro de yoga T. Krishnamacharya es conocido por haber enseñado *pranayama* a estudiantes que estaban demasiado enfermos practicar *asana*.

Pranayama es un sustantivo compuesto formado por *prana* y *ayama*. En el plano sutil, se refiere a la extensión o expansión de la fuerza vital. En el sutra I.31 se mencionan la inhalación y la exhalación perturbadas que acompañan a los obstáculos de la mente. En este contexto - en el plano denso - se entiende por *pranayama* a la regulación del proceso de respiración. Ambas definiciones tienen en común la noción de que un flujo de *prana* sereno y un flujo de respiración anatómica liso y uniforme son prerrequisitos para la meditación.

Un tercer significado es descrito en la traducción del *Yoga Yajñavalkya* hecha por A. G. Mohan[47]. Aquí se dice que el *prana* se extiende en doce *angulas* (anchos de dedo) sobre la superficie del cuerpo, lo cual corresponde a un estado esparcido de la mente. *Yajñavalkya* enseña el recogimiento del *prana* hacia el cuerpo para hacer al cuerpo pránico y al cuerpo denso iguales en tamaño. Esto corresponde a una mente calmada. En este contexto podemos llamar al *pranayama* como la contracción o concentración del *prana*. También se describe una contracción en el *Hatha Yoga Pradipika*, que sugiere forzar el *prana* a entrar en el canal central de energía. Se dice que este canal es una milésima parte del ancho de un cabello.

Patañjali dará todavía otra definición del *pranayama* en el próximo sutra, donde es considerado como la retención de la respiración (*kumbhaka*). Esta es una etapa avanzada del *pranayama*, emprendida solo después de que se logra la etapa presente, el aquietamiento del flujo de *prana*. Esta primera etapa se practica mediante simples técnicas como el *Ujjayi* y la respiración alterna de las fosas nasales (*nadi shodana*) sin *kumbhaka*.

Usualmente el término *pranayama* implica que estamos trabajando con el *pranayama kosha*, la lámina sutil o el cuerpo sutil. Al dirigir los movimientos de la respiración externa o anatómica, influenciamos los movimientos del *prana*, la respiración interna o fuerza vital. Los movimientos del *prana* son paralelos a los movimientos de los *vrtti*, que son las fluctuaciones o modificaciones mentales. De manera que si se puede calmar y suavizar el movimiento del *prana*, lo mismo aplicará para las fluctuaciones de la mente.

En los círculos occidentales el *pranayama* consiste principalmente de ejercicios de respiración simples. Sin embargo, cuando estudié *pranayama* en la India, después de algunos meses de introducción se me pidió que dedicara una parte considerable del día en retención (*kumbhaka*). Esto se basa en la siguiente idea: los animales pequeños que respiran rápidamente tienen una corta duración de vida; los animales con un conteo de respiración medio tienen una duración de vida intermedia; los animales que respiran más lentamente viven hasta ochocientos años (la

---
46. Aforismo II.1.
47. p. 10.

tortuga marina). Respirar rápido significa acelerar el tiempo; respirar lento significa ralentizar el paso del tiempo. Cuando no hay respiración del todo, como en el *kumbhaka*, el tiempo se detiene para el yogui. Todo el tiempo dedicado en *kumbhaka* es, de acuerdo con la enseñanza yóguica, añadido a nuestra esperanza de vida que está predeterminada por nuestro *karma*. La práctica de *pranayama* que se me sugirió consistía de ochenta *kumbhakas* con una duración de sesenta y cuatro *matras* cada uno (aproximadamente sesenta y cuatro segundos) cuatro veces al día. Esto suma hasta 5,7 horas por día dedicados a *kumbhaka*, tiempo durante el cual uno no envejece. De este modo, seguir este régimen diariamente agregaría un 25% adicional a la duración de la vida restante del practicante.

Unas palabras de precaución. Los textos medievales abundan en advertencias sobre los peligros del *pranayama*. No es para tomárselo a la ligera. El *pranayama* solo puede aprenderse de un maestro y nunca sin supervisión, a partir de libros. El *pranayama* tiende a calentar y comprimir la mente para hacerla concentrada. Se puede aumentar una tendencia al mal carácter a través del *pranayama*, y el resultado puede ser una personalidad enfadada[48].

También ha habido casos de yoguis que se agrietan sus cráneos o inclusive mueren a causa de un aumento de presión en la cabeza[49].

Si bien el *asana*, la meditación y el estudio del ser se pueden practicar con una mente agitada, la práctica de *pranayama* más bien empeorará esta condición. Es difícil de incluir en el estilo de vida acelerado occidental. Uno difícilmente puede encajar una sesión de *pranayama* entre la reunión de junta directiva y el recoger a los niños de la guardería.

Si, a pesar de todo, se desea emprender el *pranayama*, es aconsejable hacer solamente cortas retenciones de la respiración (*kumbhakas*). Si queremos practicar las típicas retenciones enseñadas en la India, que superan un minuto, necesitamos modificar nuestro estilo de vida.

Una forma posible de integrar el *pranayama* intenso con un estilo de vida occidental es practicarlo intensamente en vacaciones o en retiros en áreas rurales. Tradicionalmente, estos *kumbhakas* intensos no se practicaban en las ciudades sino fuera de los asentamientos humanos. La mayor densidad poblacional puede tener un efecto adverso sobre el *pranayama* intenso debido a la tensión acumulada de millones de mentes estrujadas en una metrópolis. Las grandes ciudades pueden tener un efecto como el de la Jaula de Faraday, donde la revelación mística es distorsionada o interceptada por la cercanía de muchas mentes agitadas. El *pranayama* practicado con el aire metropolitano contaminado no es tan beneficioso como cuando se practica con el aire limpio. Los *kumbhakas* intensos podrían efectuarse mejor cuando hay aire limpio.

La posición de la mano derecha usada en el *pranayama* se llama *Shanka* (concha) *Mudra*. En ella el pulgar se usa para bloquear la fosa nasal derecha (*pingala*), en tanto que el anular y el meñique se usan para bloquear la fosa nasal izquierda (*ida*). El índice y el medio están doblados.

El significado del *shanka mudra* es el siguiente. El pulgar representa el espíritu supremo (*Brahman*). El índice que representa el ser (*atman*) y el medio que representa la inteligencia (*buddhi*) están pasivos, puesto que el *pranayama* no tiene que ver con ellos. Están doblados hacia el pulgar, simbolizando que están inclinándose hacia el espíritu supremo. El anular que representa la mente (*manas*) y el meñique que representa el cuerpo (*kaya*) tienen un rol activo, dado que el *pranayama* facilita la purificación del cuerpo y de la mente.

---

48. Para un caso de estudio, comparar Sangharakshita, *The Thousand-Petalled Lotus: The Indian Journey of an English Buddhist*, Sutton Pub. Ltd., 1988.
49. Ram Das, *Miracle of Love*, Munshiram Manoharlal, Nueva Delhi, 1999.

बाह्याअभ्यन्तरस्थम्भवृत्तिःदेशकालसन्ख्याभिःपरिदृष्टोदीर्घसूक्ष्मः ॥५०॥

II.50 Hay retención externa, retención interna y suspensión entremedia. Al observar el espacio, el tiempo y el conteo, la respiración se vuelve larga y sutil

Patañjali menciona tres formas diferentes en las cuales se puede retener la respiración. Algunas escrituras más recientes mencionan muchas más, pero tenemos que entender que el *pranayama* juega un rol mucho mayor en el Hatha Yoga, donde el foco es hacer al cuerpo inmortal. En el yoga de las ocho ramas de Patañjali, el *pranayama* se usa como una herramienta para facilitar la concentración y meditación, nada más.

A menudo el término *pranayama* se emplea como sinónimo de *kumbhaka*. El *Hatha Yoga Pradipika* establece que los "*kumbhakas* son de ocho tipos" y luego enumera los nombres de las técnicas de *pranayama*[50].

Las tres técnicas mencionadas en este aforismo son todas las formas de retención - y no la inhalación, exhalación y retención como muchos comentadores modernos aseveran de forma errónea. Vyasa claramente dice en su comentario: "Allí la externa es el cese del movimiento después de la exhalación; la interna es el cese del movimiento después de la inhalación; la tercera es la operación confinada donde el cese de ambas se produce por un único esfuerzo."[51]

En otras palabras, la primera técnica mencionada es exhalar y luego detener la respiración, la cual se conoce como *kumbhaka* externo (*bahya kumbhaka*). Patañjali ya la ha mencionado en el sutra I.34 donde se le atribuye la habilidad para clarificar la mente.

El segundo método es inhalar y luego detener la respiración, la cual se denomina *kumbhaka* interno (*antara kumbhaka*) en los textos del Hatha. Esta técnica se usa principalmente para aumentar la vitalidad a través del almacenamiento de *prana*.

Los comentadores discrepan sobre el tercer método. De acuerdo con Vyasa, el cese de la inhalación y exhalación tiene lugar a través de un único esfuerzo, y por eso se llama suspensión entremedia. Según H. Aranya[52], el único esfuerzo de Vyasa significa la aplicación simultánea de todos los *bandhas*, que en el Hatha Yoga se llama *Mahabandha Mudra*. El *Mahavedha Mudra* y el *Khechari Mudra* son métodos similares. Los *mudras* no son tan mencionados en los sutras del yoga porque su uso era secreto, solo aprendidos personalmente con un profesor.

Patañjali dice además que por medio de estas tres técnicas la respiración se vuelve larga y sutil si se respetan el espacio, el tiempo y el conteo. El espacio se refiere al área donde la respiración termina o comienza o el lugar hasta donde se siente el *prana*. Usualmente sentimos que la inhalación comienza a nivel del ombligo (*Nabhi chakra*), pero con el entrenamiento podemos sentir que sube desde la base de la columna vertebral (*Muladhara chakra*). La exhalación usualmente termina en un lugar llamado *dvadashanta*, doce anchos de dedo (*angulas*) a partir de las fosas nasales. Es hacia este lugar que el cuerpo pránico se extiende.

El tiempo es el lapso de tiempo dedicado en la inhalación, exhalación y retención. Es medido en *matras*. En un *pranayama* típico uno dedicaría por ejemplo dieciséis *matras* en *puraka* (inhalación), sesenta y cuatro *matras* en *kumbhaka* (retención) y treinta y dos *matras* en *rechaka* (exhalación). Un *matra* es el tiempo que uno necesita para rodear la rodilla con la mano una vez, o aplaudir dos veces, o abrir y cerrar los ojos tres veces. En otras palabras, un *matra* es más o menos

---

50. *Hatha Yoga Pradipika*, II.44.
51. *Yoga Sutra of Patañjali*, trad. y com. J. R. Balantyne, Book Faith India, Delhi, 2000, p. 63.
52. H. Aranya, *Yoga Philosophy of Patañjali with Bhasvati*, p. 233.

equivalente a un segundo. Sin embargo, la razón por la cual se dan esos parámetros tan subjetivos es porque ellos pueden y deben cambiar de acuerdo con nuestra condición y la condición de nuestro entorno ese día. En un día húmedo y caliente hay menos oxígeno disponible.

Lo mismo aplica a una gran altitud. Si estamos cansados o débiles no podemos utilizar el oxígeno y el *prana* tan eficientemente. En todos esos casos, aumentaremos automáticamente nuestro conteo de *matra*, y está concebido para ser de esa manera.

Si se efectúan *pranayamas* desafiantes con un cronómetro y seguimos identificando rígidamente un *mutra* con un segundo, entonces puede ocurrir un daño al tejido pulmonar. También *rajas* y *tamas* aumentarán en nuestra mente. Sin embargo, como indica el *Hatha Yoga Pradipika*, "El *pranayama* debe ser efectuado diariamente con *sattvika buddhi*."[53] Esto significa que el intelecto debe estar predominantemente calmo y ligero, sin agitación o pesadez.

El tercer factor para hacer la respiración larga y sutil es el conteo. Por ejemplo, en un método uno puede primero exhalar a través del *ida nadi* (la fosa nasal izquierda o lunar), luego inhalar tres veces a través del *pingala nadi* (la fosa nasal derecha o solar), seguido por una retención y una exhalación, después cambiar de nuevo al *ida*, hacer tres retenciones internas y finalmente exhalar a través de *pingala*. El conteo para este sistema, que es uno de muchos, es quince. El término "conteo" entonces se relaciona con las técnicas particulares que usamos. Para más información sobre los métodos y efectos del *pranayama* yóguico, consultar mi libro *Pranayama: The Breath of Yoga*.

Si se observan estos tres factores, espacio, tiempo y número, la respiración se vuelve larga y sutil. ¿Por qué esto es necesario?

El *pranayama* cumple el propósito de prepararnos para el *dharana*, la concentración. La concentración, y con ella la meditación, no son posibles si la mente está agitada. Cuando los movimientos de la respiración y el *prana* se hacen largos y sutiles a través del *pranayama*, la mente fluirá tranquilamente y se moverá hacia la unidireccionalidad. Luego, la concentración y meditación serán posibles.

बाह्याअभ्यन्तरवषियाक्षेपीचतुर्थः ॥५१॥

II.51 Cuando se superan las esferas interna y externa, esto se llama el cuarto [*pranayama*]

La esfera interna se refiere a en dónde se nota el origen de la inhalación (*Nabhi chakra*, *Muladhara chakra*). Alternativamente, la esfera interna también puede referirse al corazón. La esfera externa se refiere al punto de finalización de la exhalación, que es doce anchos de dedo a partir de las fosas nasales (*dvadashanta*).

La observación de las esferas, junto con la observación del tiempo y del conteo, debe practicarse durante los primeros tres tipos de *pranayama* hasta que la respiración se haya vuelto larga y sutil. Se dice que las esferas interna y externa son superadas cuando la respiración y las retenciones se han hecho largas y sutiles. Luego, uno entra al cuarto *pranayama*, el cual en otros textos se llama *kevala kumbhaka*, la suspensión espontánea. Este *pranayama* ya no va acompañado por asistencias de apoyo, como tampoco el *samadhi* sin objeto va acompañado por objetos de apoyo.

El cuarto es más bien un término cualitativo más que una técnica. Es el verdadero *pranayama* que ocurre sin esfuerzo, como una verdadera postura. Las tres técnicas anteriores son for-

---

53. *Hatha Yoga Pradipika*, II.6.

mas que llevan a la cuarta. La mayoría de laspersonas han tenido experiencias donde, debido a un choque, miedo o gozo intenso, el movimiento de la respiración se detiene automáticamente. Este fenómeno se relaciona con el cuarto *pranayama*, el cual ocurre cuando se experimenta el *samadhi* y la respiración o el *prana* se suspende espontáneamente, dado que se experimenta la vida misma y no hay más sed de una manifestación externa de vida. Algunos comentadores consideran que esto significa la suspensión de la respiración, mientras que otros afirman que solo se detiene el *prana* en el *sushumna*, mientras que la respiración continúa su función de subsistencia. Existen reportes confirmados de yoguis quienes podían detener su ritmo cardíaco y su respiración por períodos prolongados de tiempo, entre ellos Shri T. Krishnamacharya. Sin embargo, como afirmaba Krishnamacharya, esto no era una característica esencial del yoga y de ninguna manera necesaria para alcanzar su meta.

Otro movimiento natural que se suspende en la meditación profunda es el movimiento peristáltico del intestino. Esta es la razón por la cual el yoga y muchas otras disciplinas espirituales hacen énfasis en la dieta. Si se comen alimentos pesados, el movimiento peristáltico no se puede detener espontáneamente, y si la peristalsis no puede detenerse, la suspensión espontánea de los movimientos de la mente se vuelve improbable - no imposible, pero menos probable.

Es interesante que cuando la peristalsis se detiene, el movimiento de la mente y cualquier deseo sexual también se detienen. El impulso y la carga sexual se producen mediante un masaje constante del centro sexual por el movimiento peristáltico del intestino. Por eso, el ayuno prolongado es una forma fácil de eliminar los pensamientos sexuales constantes, los cuales pueden estar impidiendo los estados superiores de meditación y *pranayama*. Después de cuatro días de ayuno, el movimiento peristáltico se detendrá, y con él el deseo sexual. Entonces, las experiencias exaltadas de meditación son fácilmente accesibles: cada respiración se convertirá en una relevación y el *pranayama* sucederá por sí mismo. De nuevo, el método de ayuno debe aprenderse con un instructor calificado; de lo contrario puede convertirse en un riesgo de salud. Durante el ayuno, el intestino debe estar completamente vacío y lavado diariamente con un enema. No se puede combinar el ayuno con la práctica de *vinyasa*, puesto que el cuerpo no tendrá suficientes reservas de energía. Sin embargo, los estiramientos suaves son muy beneficiosos.

El ayuno no es un prerrequisito para el *pranayama*. La práctica del *vinyasa* se considera bastante fuerte para purificar el cuerpo sin recurrir al ayuno y a las *shatkriyas* (las seis acciones descritas en los textos medievales del Hatha, que están diseñadas para corregir desequilibrios humorales). Para la mayoría de los practicantes, una dieta ligera que consista de frutas, leche y vegetales mantendrá el movimiento peristáltico liviano.

Tras adherirnos a una dieta ligera y haber practicado la retención externa e interna, estamos preparados para la suspensión sin esfuerzo, la cual puede acompañar al *samadhi*. Algunos textos llegan a definir el *samadhi* como la retención de la respiración por encima de una hora y media. Patañjali no dice nada sobre esto; de hecho, no dice que la retención tiene que acompañar al *samadhi*, sino que puede.

Entonces,¿cómo es que la respiración se detiene sin esfuerzo y espontáneamente? El verdadero *pranayama*, como la verdadera postura, tiene las cualidades de facilidad y espontaneidad. Para comprender este mecanismo tenemos que volver a la idea introductoria del *pranayama*, la cual es que la respiración (*prana*) y las olas mentales (*vrtti*) se mueven juntas. Si una de los dos cambia su movimiento, automáticamente influye en el movimiento de la otra. La importancia del *pranayama* radica en el hecho de que es mucho más fácil influenciar el movimiento de la respiración que influir sobre el movimiento de la mente.

Si una persona en un momento de gracia detiene los *vrtti*, entonces el plana fluye espontáneamente. Si se detienen los *vrtti* por un largo período de tiempo, el prana ejercerá únicamente el movimiento que es necesario para sustentar la vida. Si la máxima forma de *samadhi* (*asamprajñata*) se mantiene por un período prolongado, ningún movimiento pránico influye sobre la absorción (*samadhi*), dado que la verdadera realidad es increada e indestructible.

ततःक्षीयतेप्रकाशाअवरणम् ॥५२॥
II.52 Así, la cobertura de la luminosidad es eliminada

"Así" significa cuando la práctica de asana y *pranayama* se lleva a cabo en forma correcta. Esta cobertura se refiere a las impurezas - el *karma* pasado, la acción basada en la aflicción, el condicionamiento (*vasana*) y las impresiones subconscientes (*samskaras*) - todas las cuales colaboran para producir la ignorancia (*avidya*).

Recordemos que la ignorancia es la inhabilidad para distinguir lo permanente de lo transitorio y lo real de lo irreal. Una vez que esta cobertura de ignorancia es quitada, la luminosidad y claridad son reveladas, lo cual es un prerrequisito para avanzar en el yoga. "Luminosidad" y "claridad", que son cualidades de la mente, son usadas aquí para traducir el término sánscrito *prakasha*. Puede ser traducido como "luz", pero eso ha llevado a autores modernos a la trampa de considerarlo como la luz del ser. Sin embargo, la luz del ser (*jñanadiptih*) es la meta del yoga, y solo es vista después de practicar las ramas más altas. Aquí se está hablando de la claridad de la mente, que es un prerrequisito para la concentración (*dharana*).

La prueba de esta comprensión llegará en el siguiente *sutra*.

धारणासुचयोग्यतामनसः ॥५३॥
II.53 Entonces, la mente está preparada para la concentración

Patañjali está hablando de manas, la mente o el principio pensante. *Prakasha* (luminosidad) es usado para describir la cualidad de la mente de estar preparada para la concentración (*dharana*). Si el sutra anterior estuviera declarando que se puede alcanzar la luz del ser con el *pranayama*, entonces ya no sería necesaria la concentración de la mente.

Pero Patañjali nos permite dar un paso a la vez. Este sutra realmente repite lo que el sutra I.34 ya ha dicho: la claridad de la mente es posible a través de la exhalación y retención de la respiración. Y esto es exactamente en lo que trabaja el *pranayama* - la purificación de la mente, no ganar el conocimiento místico.

Una vez que la mente ha logrado la luminosidad y la claridad, estamos preparados para la concentración, que es el prerrequisito para la meditación. En el yoga hay un gran respeto por la meditación. La mayoría de los estudiantes no se consideran aptos para la meditación espontánea a menos que estén preparados. Si la meditación se efectúa incorrectamente, no es beneficiosa, sino de hecho perjudicial. Existen lamas budistas tibetanos que dicen que la meditación por parte de los no iniciados solo acaba en traseros más y más planos, mientras que otros de ellos llegan a decir que quien medita de forma errada renace como pez.

Si la persona se sienta y se aburre - que, como hemos visto, algunas veces se llama el "efecto de pared blanca" - debe parar la meditación inmediatamente y hacer *chanting* (cánticos) o *japa* (repetición de *mantra*), porque sentarse en el aburrimiento aumenta *tamas* (estupidez). Por otro lado, si uno se sienta con una mente agitada, *rajas* (actividad) aumentará, conduciendo a un renovado apego (*ragas*). K. Pattabhi Jois también enseñó que la meditación no era una práctica para principiantes. Señaló además que, tan pronto como la persona estuviera establecida en una práctica de meditación equivocada, la corrección no sería posible. Esto se debe a que nuestro estado de meditación no se puede evaluar desde fuera. En otras palabras, el maestro no tiene forma de determinar si el estudiante está haciendo bien la práctica. La meditación correcta se efectúa en un estado *sattvika*, que es posible con la práctica correcta. Si uno no está naturalmente en ese estado, el *asana* y el *pranayama* son ejecutados como preparación.

स्ववषियासंप्रयोगेचित्तस्यस्वरूपानुकारैवेन्द्रियाणांप्रत्याहारः ॥५४॥

II.54 Cuando la mente se retrae del exterior entonces los sentidos la siguen y se desenganchan de los objetos sensibles. Esto es *pratyahara*.

A continuación se describe el *pratyahara* (la retracción de los sentidos). En algunas escuelas yóguicas ocupa un lugar central, con muchas prácticas diferentes de ejercicios y mucho tiempo asignado a esta rama. Patañjali trata sobre el *pratyahara* brevemente - solo dos aforismos. Al igual que con el *asana*, el *pranayama* y el *mudra*, los ejercicios respectivos debían aprenderse con un maestro calificado y no de un libro.

Cuando nos enfocamos en el sonido *Ujjayi* en la práctica del *vinyasa*, no prestamos atención a otros sonidos ambientales y, así, el sentido de la audición se retrae. Al mirar fijamente hacia los puntos focales prescritos (*drishti*), el sentido de la vista se retrae. El sentido del tacto se retrae al involucrar toda la superficie del cuerpo en el *asana*. De modo similar, los sentidos del olfato y gusto también se retiran. Por ejemplo, si ráfagas de olor a comida llegan al salón de práctica, nos desenganchamos activamente de la sensación en vez de entrar en la cocina y servirnos un plato.

Vyasa usa la metáfora de un enjambre de abejas. Así como este vuela cuando la abeja reina vuela y reposa cuando la abeja reina reposa, así también cuando la mente está agitada y desenfocada los sentidos se extienden y se apegan a los objetos sensibles. Si una pareja ha tenido un día difícil en el trabajo, es muy probable que las dos personas experimenten un conflicto al llegar a casa. Esto se debe a que la mente está en un estado de conflicto y entonces los sentidos se enganchan a un objeto apropiado. Si estamos en un estado de deseo sexual es más probable que notemos a alguien atractivo.

Si la mente está francamente desenfocada, los sentidos se apegarán a cualquier cosa que se presente y la mente seguirá el impulso. Este mecanismo es usado en los supermercados. Cerca de la salida están posicionados los llamados artículos de compra por impulso, como los dulces. No pensábamos comprarlos, no estaban en la lista de compras, pero como son presentados de repente, seguimos el súbito impulso "ah sí, compremos eso también". En formas similares caemos en muchas trampas todos los días. Podría ser que recordemos que hubo un instante donde todavía existía opción y luego, de repente, fuimos empujados a esa situación y nos preguntamos cómo fue que llegamos ahí.

Si la mente se prepara a través de las cuatro primeras ramas, conservaremos la libertad de elección. Somos libres de ser independientes de los estímulos externos.

Hay dos aspectos del *pratyahara*. La retracción del mundo exterior ocurre cuando nos damos cuenta de que los objetos no pueden hacernos felices sino que nos meten en el lodazal. El segundo aspecto es ir hacia adentro, cuando comprendemos que todo lo que anhelamos está dentro de nosotros. De esta forma, *pratyahara* es el guardián de acceso entre el yoga interno y el yoga externo.

Muchos de nosotros hemos experimentado pratyahara. Toda vez que logramos desapegarnos de un fuerte deseo o adicción, eso es *pratyahara*. Si, años después, nos enfrentamos una vez más con el mismo objeto, nos damos cuenta de que algo en nosotros ya no busca alcanzar y apegarse. Este mecanismo es usado conscientemente en el *pratyahara* yóguico.

ततःपरमावश्यताइन्द्रियाणाम् ॥ ५५ ॥
II.55 De ese, llega el mando supremo sobre los sentidos

El mando supremo sobre los sentidos se logra cuando nos hemos vuelto completamente independientes de la complacencia y estimulación externas. Llega por sí mismo pacíficamente cuando hemos visto la libertad dentro. Comparado con esa libertad, toda la complacencia sensorial sabe añeja.

Hay otra manera de maestría sobre los sentidos. Esta es cuando el practicante, a través de un acto de pura voluntad, cierra el mundo entero y se vuelve muerto para este. Esta es una forma de trance cataléptico que es necesario en el camino hacia el desarrollo de súper poderes y es similar a la concentración del mago antes de lanzar un hechizo. Al ser un estado de observación consciente reducida, el trance cataléptico se opone al camino del yoga, puesto que conduce al estupor y a un aumento del ego, con los poderes que vienen con él. Es lo opuesto a *samadhi* sin objeto, el cual es éxtasis supracognitivo o trance extático. En el *samadhi* sin objeto uno puede caer en trance porque la visión de millones de universos surgiendo simultáneamente de Brahman es tan poderosa que uno no podría ser capaz de reaccionar si esta se aproximara. Del mismo modo, una candela no puede ser vista si se sostiene contra el sol ardiente.

Este altísimo *samadhi* es el máximo aumento posible de observación consciente, exactamente lo opuesto al trance cataléptico o catatónico.

Es un error trágico, sugerido por muchos comentadores, creer que la libertad podría ser alcanzada a través del ejercicio infantil de cerrar completamente el mundo a través de la fuerza de voluntad. La voluntad no es más que el ego. El mundo existe, según el sutra II.21, solo para el propósito de la realización del ser y, por tanto, no se requiere el cierre. Cualquier acto de fuerza de voluntad solamente nos impedirá darnos cuenta de que el mundo existe solo para que nos experimentemos como consciencia infinita. El mundo no es ninguna trampa sino un camino a la libertad. El cuerpo no es sucio sino el vehículo a la libertad en ese camino.

Capítulo III: Sobre los Poderes

देशबन्धःचित्तस्यधारणा ॥१॥
III.1 La concentración es fijar la mente en un lugar

Se han explicado las cinco ramas externas (*bahirangas*). Ahora, continuamos con las ramas internas (*antarangas*). La sexta rama, la concentración (*dharana*), se define como confinar la mente en un punto en el espacio. Aquí Patañjali usa otra vez el término chitta para la mente, el cual comprende el intelecto (*buddhi*), el ego (*ahamkara*) y la mente (*manas*). Vyasa explica que la concentración se practica al fijar la mente en un objeto externo o interno. Los objetos internos son los lotos (*chakras*), principalmente el centro del ombligo, el centro del corazón, el tercer ojo y la coronilla de la cabeza. También se mencionan la punta de la nariz y la punta de la boca.

La concentración también se enfoca en el sonido interno o el sonido del corazón (*anahata nada*), el cual aparece mucho en el *Hatha Yoga Pradipika*. El enlace de mente con la luz en el loto del corazón (*jyoti*) ya fue mencionado en el sutra I.36 y se le atribuye un efecto clarificador.

Los objetos externos apropiados para la concentración son aquellos que pertenecen a la categoría de objetos sagrados. Típicamente sería la imagen de la deidad elegida o algo similar. El objeto debe ser sáttvico en cualidad, los objetos rajásicos agitarían la mente y los objetos tamásicos le causarían estupor. Solamente los objetos sáttvicos llenan la mente de sabiduría resplandeciente.

A menudo los observadores occidentales han malentendido a la India debido a sus muchas deidades. Pero las deidades son solo expresiones de la única consciencia infinita (Brahman). Ellas son dispositivos para la meditación y la concentración y, en ese contexto, son llamadas *saguna brahman* o Brahman con forma. Si Brahman es venerado directamente sin ninguna imagen, entonces es llamado *nirguna brahman*, el sin forma. No existe conflicto entre los dos, simplemente una falta de comprensión. Kabir ha dicho que *saguna* y *nirguna* son uno.

La concentración significa que las modificaciones o fluctuaciones de la mente se mantienen en ese lugar escogido. Por ejemplo, si un pensamiento acerca de la luz en el corazón llega a su fin, es luego reemplazado por otro pensamiento de la misma clase. Si uno piensa continuamente en la luz en el corazón, esa práctica se llama concentración.

Si el pensamiento original es sustituido involuntariamente por pensamientos concernientes a objetos completamente diferentes, esto no es concentración. Algunas fuentes dicen que la concentración solo se logra cuando se puede mantener por una hora y media. Si en nuestra práctica de *vinyasa* mantenemos la mente vinculada a la respiración, que es un objeto sagrado (el *Brahma Sutra* dice que la respiración es Brahman), entonces, esto es la práctica de la concentración.

तत्रप्रत्ययैकतानताध्यानम् ॥२॥
III.2 Si en ese lugar del *dharana* hay un flujo ininterrumpido de observación consciente hacia el objeto, entoces esto es meditación (*dhyana*)

Existen muchos conceptos sobre la meditación. Con frecuencia la palabra se usa en el sentido de pensar acerca de algo. Si estoy pensando sobre algo, podría estar considerando un objeto desde diferentes ángulos o podría estar pensando en los aspectos que ya no representan el objeto como un todo. Todo esto todavía está bajo el encabezado yóguico de *dharana*, el cual incluye la deliberación o reflexión sobre un objeto, y usalmente crea un patrón de ondas cerebrales beta. Si, a través del enfoque, evito que cualquier otro objeto diferente al elegido entre a mi mente, esto crea el patrón de ondas cerebrales de la concentración, el patrón beta.

En la meditación, la mente se relaja y cambia a un patrón alfa, el cual produce una comunión más profunda con el objeto, pero esto solo se llama dhyana si hay un flujo ininterrumpido de observación consciente (*awareness*) hacia el objeto elegido. En la meditación yóguica estamos en el *asana* y el *pranayama*, con los sentidos retraídos y la mente concentrada. Si, entonces, agregamos la observación consciente continua de un objeto, que no está presente en el *dharana* (concentración), entonces esto se llama el *dhyana*. En *dharana*, hay un proceso intermitente que tenemos que reiniciar constantemente al esquivar las distracciones. En la meditación, hay un flujo ininterrumpido hacia el objeto, lo cual significa que la conexión con el objeto ya no es interrumpida.

El uso del término "objeto" es otra fuente de malentendido, porque a menudo se considera como una cosa. Pero el objeto es solo aquello en lo que nos estamos enfocando - por ejemplo, la respiración en el asana. Uno últimos de los objetos de meditación es el *shunyata* - la vacuidad, el gran vacío - que es un aspecto de Brahman. En yoga, el vacío es considerado como uno de los "objetos" más difíciles en los cuales enfocarse. La mente siempre tiene la tendencia de engancharse al siguiente pensamiento que surge, y si tiene que elegir entre el vacío y el pensamiento, usualmente, elige el pensamiento. Por consiguiente, el vacío no es un buen objeto de meditación para los principiantes. De lo contario, estaremos sentados y pensando, luego recordando el vacío, después pensando y luego recordando el vacío - que es algo intermedio entre pratyahara y *dharana*, pero no dhyana.

Shankara describe la diferencia entre *dharana* y *dhyana* de esta manera: "Aun si la mente se ha asentado en el objeto solo, el *dharana* es tocado por otras ideas imaginadas acerca del objeto - si lo ha hecho sobre el sol, su órbita y su extrema luminosidad también son el objeto de la concentración, porque la mente está funcionando en el lugar como un proceso mental puro - no así con el dhyana porque solo está el flujo de una sola idea, intacta por cualquier otra idea de diferente clase."[1]

---

1. T. Leggett, *Shankara on the Yoga Sutras*, p. 283.

तदेवार्थमात्रनिर्भासंस्वरूपशून्यमिवसमाधिः॥ ३ ॥

III.3 Si en esa meditación el objeto solo resplancede sin ser modificado por la mente, eso es *samadhi*

Esta es una simple definición pragmática, la cual significa solo el *samadhi* con objeto (*samprajñata*). De hecho este sutra es casi idéntico al I.41, el cual define *samapatti*, el estado de la mente durante el *samadhi* con objeto. Ahí, la mente purificada se asejema a un cristal transparente que es capaz de reflejar fielmente cualquier cosa sobre la cual se coloque. Las tres ramas internas son:

1. *dharana*: La mente piensa sobre un objeto y evita otros objetos; la observación consciente del objeto todavía es interrumpida.
2. *dhyana*: Hay un flujo continuo de observación consciente sobre el mismo objeto.
3. *samadhi*: Hay silencio absoluto y no hay más movimientos en la mente. Solo el objeto resplandece. La mente tal como la conocemos aparenta haber dejado de existir. Por tanto, el objeto puede ser replicado exactamente y podemos ganar completo conocimiento sobre él.

La actividad usual de la mente es descargar la información sobre un objeto que recibe a través de los sentidos y luego la compara con todos los datos que ha almacenado en el pasado. Luego, produce la interpretación más pobable de aquello que cree que sea el objeto. Por ejemplo, los sentidos reportan a la mente un fuerte rugido y la mente dice: "tren aproximándose rápido - retrocede". Esto es un típico ejemplo de cómo la mente funciona. Siempre analiza el impacto que un objeto tiene sobre nosotros - ¿amenaza nuestra supervivencia?, ¿podemos ganar con ello?, etc. La mente nunca se interesa en el objeto-tal-cual-es. Dado que la mente está analizando apariencias superficiales que cambian rápidamente, no puede percibir la realidad profunda subyacente de un objeto - el objeto-tal-cual-es puro e inalterado o la tal-cualidad pura e inalterada.

Cuando, ahora en *samadhi*, las olas mentales se han calmado, la consciencia/el ser puede experimentar directamente el objeto sobre el cual se basa nuestra meditación (*dhyana*). De hecho, solo entonces, cuando ya no vemos más a través de los anteojos distorsionados de nuestra mente, es que el objeto puede ser experimentado directamente. La experiencia directa de la realidad profunda de un objeto, su tal-cualidad, solo se puede tener en la experiencia mística, cuando cesa la actividad mental cambiante.

La actividad de la mente es bellamente mostrada en la historia budista de un elefante que es presentado ante cuatro hombres ciegos para que lo identifiquen. El primero agarra la trompa y cree que el elefante es un tubo; el segundo palpa la oreja y cree que es una hoja de papel; el tercero toma la pierna y cree que el animal es un tronco de un árbol; y el último sujeta la cola y cree que es una broza. De forma similar, nuestra mente ve solamente una parte de un objeto debido a nuestra ceguera interna, mientras que la naturaleza intrínseca del objeto está oculta a nuestra vista. Este proceso se llama incomprensión. Al colocar capas sobre capas de incomprensión, la mente cree que se aproxima a la verdad. Pese a que este podría ser un gran método para adquirir las destrezas diarias, si queremos descubrir la verdadera naturaleza de las cosas necesitamos usar la comprensión en vez de la aprehensión. La comprensión ocurre cuando las ondas de la superficie de la mente han desaparecido y la mente está tan quieta que la consciencia obtiene una visión no distorsionada del objeto.

Vijñanabhikshu afirma en su comentario *Yogavarttika* que la definición de *samadhi* dada aquí es solo respecto al *samadhi* "conectado con algún lugar" y "no tratará el *samadhi* que no está limitado (por algún lugar)."[2] Este último, por supuesto, es el *samadhi* sin semilla o supra-cognitivo, en el cual todos los objetos son removidos y "*Mahamudra* (la consciencia) descansa en nada", como dice Tilopa.[3] Entonces, nos reconocemos como consciencia.

त्रयमेकत्रसंयमः ॥ ४ ॥
III.4 Cuando los tres son practicados juntos se llama *samyama*

Cuando el *dharana*, el *dhyana* y el *samadhi* con objeto se practican simultáneamente sobre el mismo objeto, a este proceso se le llama *samyama*. Si bien el *samadhi* sin objeto es una técnica que eventualmente culmina en el logro del autoconocimiento permanente, el *samyama* es un método para obtener el conocimiento completo de algo externo. Esto no sucede en el *samadhi* sin objeto porque en ese estado la mente está en reposo.

El *samyama* está basado en el *samadhi* con objeto (*samprajñata*). El *samadhi* sin objeto no se puede combinar con el *dharana* y el *dhyana*, porque estos se apoyan en objetos. El *samadhi* sin objeto se apoya en el sujeto, el cual solo puede surgir después de que los objetos desaparecen. La mera definición de *samyama* significa que el *samadhi* involucrado solo puede ser el *samprajñata samadhi* - el *samadi* con consciencia de un objeto.

Para llegar al *samadhi* con objeto aplicamos el *dharana*, el *dhyana* y el *samadhi* secuencialmente; en el *samyama* ellos necesitan ser aplicados simultáneamente. Esta es una aplicación mucho más difícil que la secuencial. Usualmentem el rastro de la egoidad que queda en el *dharana* impide el *samadhi*.

तज्जयात्प्रज्ञालोकः ॥ ५ ॥
III.5 De la maestría del *samyama*, brilla la luz del conocimiento (*prajña*)

Vyasa agrega que cuanto más uno está establecido en el *samyama*, más fuerte brilla la luz del conocimiento. Hay una maestría gradual en esta difícil técnica, que es la misma técnica a través de la cual los *rishis* ganaron todo su conocimiento. Ellos no estudiaron durante toda la vida como en el caso de los científicos, tampoco perfeccionaron un arte particular, sino que primero alcanzaron el autoconocimiento y luego descargaron todo aquello que había que saber sobre su tema de interés, fuese este la medicina, la astrología, la astronomía, el yoga, la gramática, las leyes o cualquier otra cosa.

---

2. *Yogavarttika of Vijñanabhikshu*, vol. 3, trad. T. S. Rukmani, Munshiram Manoharlal, Nueva Delhi, 1998, p. 6.
3. G. C. C. Chang, trad., *Teachings and Practice of Tibetan Tantra*, p. 25.

Así, en los albores del tiempo, la humanidad comenzó en el nivel más elevado posible. Luego, debido a que nos perdimos a nosotros mismos, el conocimiento del mundo se volvió cada vez más fragmentado y disperso hasta llegar a nuestro presente estado en el Kali Yuga (la edad de la oscuridad). *Prajña*, que podemos traducir como conocimiento o revelación, es la propiedad del intelecto (*buddhi*) después de hacerse sáttvico. Es un estado previo al conocimiento discriminativo (*viveka khyateh*) y aparece prominentemente en el *Yoga Sutra*. Las siete etapas en las cuales surge el *prajña* están expuestas en el sutra II.27.

La razón por la cual el *samyama* se practica es porque hace al intelecto sáttvico y, por tanto, apto para el conocimiento discriminativo. Este conocimiento surge en el intelecto, no en la consciencia, el intelecto es la sede de la inteligencia.

La diferencia entre el intelecto y la consciencia es la siguiente. La consciencia es por siempre libre y consciente. Todo ya existe en ella. Nada puede surgir en ella; de lo contrario sería mutable. Por otro lado, el intelecto puede estar consciente o no de un objeto. Si, de repente, logramos el conocimiento discriminativo, mientras que anteriormente éramos ignorantes, por definición, esto significa que este conocimiento surgió en el intelecto fluctuante. El intelecto, tras haber ganado el conocimiento discriminativo, se desconecta de la consciencia. Ese estado se llama, entonces, independencia (*kaivalya*), en la cual la identidad superpuesta erróneamente del conocimiento con la consciencia es borrada y el conocimiento correcto acerca de la libertad de la consciencia es cognocido.

तस्यभूमिषुविनियोगः ॥६॥
III.6 El *samyama* se aplica por etapas

El *samyama* es una técnica difícil. Por esta razón el practicante tiene que comenzar con un objeto denso simple como la flor de loto. Más adelante, se escogen solo objetos densos complejos como el universo. Solamente si se logra la maestría con los objetos densos es que uno cambia a objetos sutiles, que son la esencia sutil de los elementos - los *chakras*, la mente, los sentidos, y así sucesivamente.

Vyasa señala que, si ya se ha dominado la aplicación más alta del *samyama* mediante la gracia del Ser Supremo, uno no debe regresar y participar en la forma más baja, por ejemplo, leyendo la mente de las personas. Existe una gran responsabilidad en tales poderes, pero muy a menudo la gente se rebaja al usarlos para manipular a otros. Vyasa se refiere aquí al sutra II.45, según el cual la perfección del *samadhi* se obtiene por la devoción al Ser Supremo. Tal persona, dice Vyasa, no debe regresar a las técnicas, sino más bien permanecer en su visión elevada.

Shankara llama a la telepatía una etapa insignificante comparada con la realización del *atman*[4]. Aquí, *Ishvara pranidhana*, la devoción al Ser Supremo, es considerada como un atajo, una visión fuertemente enfatizada en el *Bhagavad Gita*. Si se ha tomado ese atajo, entonces, uno no debe retroceder volviendo a los métodos cuyos objetos ya han sido logrados.

Vijñanabhikshu usa la analogía de un arquero que primero entrena para perforar objetos grandes (densos) y luego los diminutos (sutiles)[5]. De modo similar, el yogui tiene que proceder con el *samyama*.

---

4. T. Leggett, *Shankara on the Yoga Sutra*, p. 285.
5. *Yogavarttika of Vijñanabhikshu*, vol. 3, trad. T. S. Rukmani, p. 9.

तरयमन्तरन्गंपूर्वेभ्यः ॥७॥
III.7 Estas tres ramas son las internas, comparadas con las anteriores [aquellas tratadas en el capítulo II]

Yama, niyama, asana, pranayama y *pratyahara* son las ramas externas porque nos involucran desde la mente hacia afuera. Llamadas por algunos comentadores el yoga preparatorio, las ramas externas no son un fin en sí mismas.

Vyasa dice que las tres últimas ramas son los medios directos al *samadhi* y Vijñanabhikshu amplía al comentar que las cinco primeras ramas son, por ende, los medios indirectos al *samadhi*. Según él, en determinado momento se debe renunciar a cualquier acción hacia afuera porque constituye un obstáculo para el *samadhi*[6]. Luego, cita un pasaje del *Yoga Vashishta*, el cual menciona que, así como el vuelo de un pájaro en el cielo requiere el uso de ambas alas, de forma similar, la cima se alcanza a través del conocimiento y de la acción. Al equiparar el conocimiento con las ramas internas y la acción con las ramas externas, él dice la frase "solo sugiere, de manera general, la práctica combinada de ambas como los medios y el fin. Ellas no pretenden lograr la liberación juntas."[7]

Shankara es aún más claro. Al comentar la alusión de Vyasa a las ramas internas como los medios directos, dice: "Él desea mostrar que aun cuando puede que las anteriores [las ramas externas] no hayan sido perfeccionadas, se debe hacer el esfuerzo en estas tres."[8] Esto significa que, incluso si no hemos perfeccionado el *asana*, debemos intentar las tres últimas ramas, porque solo estas ramas pueden conducir a la liberación. Basado en la evidencia del *shastra* (escritura), parece que los antiguos maestros y las autoridades de antaño aceptaron el *asana* solo como una preparación para el verdadero yoga. Una vida confinada a la práctica del *asana* parece desperdiciada a la luz del *shastra*.

Existe un concepto moderno, predominantemente occidental, que reduce el yoga a la práctica del *asana*. El *asana* es una parte integral del yoga, especialmente para los principiantes. Sin embargo, reducir el yoga a esta única rama es una injusticia.

तदपबिहिरिङ्गंनरिबीजस्य ॥८॥
III.8 Sin embargo, el *dharana*, el *dhyana* y el *samadhi* son ramas externas comparadas con el *samadhi* sin semilla

Este sutra afirma lo que Patañjali dijo anteriormente acerca del *samprajñata samadhi*, el cual es *samadhi* con semilla (de una nueva encarnación). El *samadhi* con semilla descansa sobre un objeto externo (como el intelecto) y, por tanto, la persona conserva sus límites y su identidad consciente. Puede ser usado para obtener el conocimiento sobre el mundo (en el *samyama*) pero todavía deja semillas de *karma* nuevo y de vidas futuras porque no soltamos nuestros límites para volvernos uno con el océano de la existencia.

Esto solo sucede en el *samadhi* sin semilla (*nirbija*), donde no queda ningún rastro o ninguna semilla de egoidad. También se denomina *asamprajñata samadhi*, o *samadhi* supraconsciente,

---

6. *Ibíd.*, p.12.
7. *Ibíd.*
8. T. Leggett, *Shankara on the Yoga Sutras*, p. 286.

porque dejamos nuestra identidad consciente y nos volvemos uno con la supraconsciencia (Brahman).

El *samadhi* sin semilla es una experiencia completamente inútil. No se puede usar en el *samyama* para volverse más conocedor y poderoso. Y es probable que después de que usted lo experimente, estará todavía menos interesado en sus ventajas sobre otras personas. Luego de que ha visto el *atman* en usted como el *atman* en todo el mundo, se vuelve un tanto menos interesante ser mejor, superior o más inteligente que los congéneres humanos.

El *samyama* y el *samprajñata samadhi*, en los cuales todavía participamos en el juego de ganancia y pérdida, no son más que preparaciones para el *samadhi* sin semilla.

¿Por qué se llaman preparaciones o acciones externas comparadas con el *samadhi* sin semilla? "Debido a su aparición cuando cesa el trío."[9]

Esto significa que el *samadhi* sin semilla o sin objeto no puede lograrse o producirse; ocurre a partir del cese o del soltar los otros (*dharana*, *dhyana* y el *samadhi* con objeto). No podemos lograr o practicar el *samadhi* sin objeto, solamente podemos residir en él. *Shankara* declara en su comentario sobre el *Brahma Sutra*: "La liberación es el estado de identidad con Brahman y, por eso, no es alcanzada a través de la purificación. Además, nadie puede mostrar cualquier modo por el cual la liberación pueda ser asociada a la acción. Por consiguiente, aparte del conocimiento, aquí no puede haber el más leve contacto con la acción."[10]

Ningún esfuerzo humano o súper humano puede revelar el esplendor de la consciencia infinita. Solamente el cese de ese mismo esfuerzo es lo que nos hace reconocer que la mismísima presencia que estamos buscando está eternamente ahí en nuestro corazón. No se puede agarrar o confinar, vendrá cuando dejemos de perseguirla completamente, por gracia. Entonces, comprendemos, como el *Samkhya Karika* afirma, que: "Por tanto, nadie está limitado, nadie es liberado, asimismo nadie transmigra [encarna]."[11]

La consciencia - nosotros - nunca está limitada, nunca encarna. Es solo debido a la ignorancia que creemos que estamos limitados. El *samadhi* sin objeto no es más que volver a casa, a nosotros mismos. Esto puede suceder solamente si entregamos y cesamos la acción. Sucede a través del cese de las ramas internas, las cuales cesan después de que las ramas externas cesan.

Entonces, ¿por qué practicamos desde el principio? El Vedanta, como el Budismo Zen, sugiere la entrega ahí mismo. Es el enfoque definitivo en el cual toda la distancia hacia la verdad se recorre en un solo paso. Aquí, cualquier técnica es considerada como una mentira que coloca un velo sobre la verdad de que ya somos la verdad. Para alguien que no puede entender esta visión elevada, que no puede tomar este único paso, los sistemas como el Yoga, el Budismo Tibetano y el Tantra operan dentro de la verdad relativa y abordan la verdad absoluta en varios pasos pequeños.

No es un enfoque lógico, puesto que usted no puede manifestar a Brahman. Está siempre ahí. Pero el yoga no trata sobre Brahman. Brahman no es un asunto de interés para Patañjali. Su materia de interés es nuestra ignorancia. Si podemos reducir la ignorancia veremos eventualmente a Brahman.

Pero el yoga no es necesario para descubrir la verdad absoluta. Aquel que no tiene ignorancia puede descubrir la verdad en un solo paso, simplemente cesando la identificación con lo que es impermanente, como la mente. Vijñanabhikshu afirma esto cuando dice: "Como ellas [*dharana, dhyana, samadhi*] son las causas indirectas [ellas] no son necesarias [directamente] para alcanzar el *asamprajñata*.[12] Shankara va más allá al decir: "El yoga puede ser efectuado aun

---

9. *Yogasutra of Patañjali*, trad. and com. B. Baba, Motilal Banarsidass, Delhi, 1976, p. 68.
10. *Brahma Sutra Bhasya of Sri Sankaracarya*, trad. Sw. Gambhirananda, Advaita Ashrama, Kolkata, 1965, p. 34.
11. G. J. Larson, *Classical Samkhya*, 2a ed. rev., Motilal Banarsidass, Delhi, 1979, p. 274.
12. *Yogavarttika of Vijñanabhikshu*, vol. 3, trad. T. S. Rukmani, p. 14.

sin atravesar el quíntuple medio (las ramas externas), sino a partir del mero logro de la tríada de la concentración, la meditación y el *samadhi*."¹³

También sugiere que "la maestría de la postura no [es], en el caso de las personas distraídas, productiva en el yoga. Deshacerse de los defectos, y el *samadhi* - estos dos sin duda lo producirán, y nada más lo hará."¹⁴

व्युत्थाननिरोधसंस्कारयोःअभिभवप्रादुर्भावौनिरोधक्षणचित्तान्वयो निरोधपरिणामः ॥९॥

III.9 Cuando la impresión subconsciente (*samskara*) de la fluctuación mental es reemplazada por una impresión de cese [de la actividad mental], entonces hay un momento de cese de la actividad mental, el cual se denomina la transformación (*parinama*) hacia el cese (*nirodha*)

Ahora sabemos que la consciencia es por siempre libre e inmutable. Entonces, ¿por qué practicamos si no podemos cambiar de todas formas? ¿Y por qué debemos practicar, dado que ya somos libres?

El hecho es que la mayoría de las personas no sacan nada de la información de que ya son libres. Muchos de nosotros escuchamos eso y luego simplemente continuamos sufriendo. Otra razón que muestra que la información no es de utilidad es que, aunque somos consciencia inmutable, experimentamos el cambio constante y nos identificamos con él. Para aquellos que no pueden residir espontáneamente en la consciencia, Patañjali presenta la psicología del cambio (*parinama*). Cada impresión subconsciente (*samskara*) negativa es aquí reemplazada por una impresión subconsciente positiva. De esta forma - lentamente, paso a paso - podemos transformar nuestra personalidad. Incluso si comenzamos como un rufián vicioso y homicida, podemos transformarnos en un sabio, como el yogui Milarepa lo demostró.¹⁵

Existen algunas formas modernas de terapia en las cuales el contenido del subconsciente es reemplazado de modo similar al proceso de yoga! de Patañjali. La diferencia entre esos enfoques y el yoga es que en este último la pregunta de cuáles impresiones se quieren está claramente definida. La elección no se deja al cliente. Las impresiones subconscientes que se desalientan son aquellas del ruido mental; las que se alientan son aquellas de la quietud mental.

Patañjali ofrece una esperanza a aquellos que han escuchado y entendido los discursos excelsos de los maestros no dualistas pero no han experimentado cambios positivos como resultado. Para aquellos oprimidos Patañjali extiende su mano de ayuda: "Si cambiamos lentamente nuestra personalidad (*vasana*) de ignorante (*avidya*) a sabia (*prajña*), eventualmente veremos la luz del conocimiento (*jñana*), aun si no fuimos capaces de hacerlo inicialmente."

De esta forma, el yoga es un enfoque muy práctico e indulgente que toma en consideración la condición humana y nos permite progresar a nuestro propio ritmo. Sin importar cuán grandes sean nuestros fracasos y cuán profundo nuestro desaliento al inicio, simplemente

---

13. T. Leggett, *Shankara on the Yoga Sutra*, p. 287.
14. *Ibíd.*
15. W. Y. Evans-Wentz, ed., *Tibet's Great Yogi Milarepa*, 2a ed., Munshiram Manoharlal, Delhi, 2000.

seguimos adelante, sabiendo que ningún esfuerzo que hagamos se pierde nunca.[16] Incluso si no podemos ver la luz del conocimiento ahora porque nuestra mente está bloqueada, el cambio (*parinama*) es posible. El cambio o la transformación hacia la quietud sucede al reemplazar las impresiones subconscientes de desorden mental por unas de quietud.

No hay fluctuación mental sin su impresión subconsciente. Esto debe entenderse profundamente. Signifca que nuestra mente simplemente sigue adelante por el tiempo que le permitamos funcionar sin disciplina. Sin embargo, si esa impresión de ruido mental es superada por una impresión más fuerte de cese de la actividad mental, hay un momento de silencio en la mente. En ese momento tenemos un destello de nuestra verdadera naturaleza como consciencia.

Lo mismo ocurre si tenemos una experiencia cercana a la muerte. La mente es dominada por una *samskara* mucho más fuerte y se detiene por un momento. Para muchas personas que han tenido esa experiencia, ella ha activado una búsqueda espiritual. En el corto tiempo en que la mente está detenida, uno puedo experimentar *jñana*, el conocimiento del ser. Aun si la experiencia llega a su fin, la memoria permanece, y a menudo esta es suficiente para comenzar la búsqueda de lo que es real, de lo que no cambia a pesar de la muerte.

तस्यप्रशान्तवाहितासंस्कारत् ॥१०॥

III.10 La mente permanece en calma a través de la aplicación repetitiva de impresiones (*samskara*) de cese de su actividad

Así como una impresión de quietud nos puede dar un momento de calma, así también se puede lograr la calma continua con la entrada repetitiva de las mismas o similares impresiones subconscientes. Un método es el uso del mantra. Repetir un mantra es repetir la misma impresión subconsciente de paz. De nuevo, meditar acerca de la respiración no es más que colocar impresiones repetidas de serenidad. Incluso meditar en un cierto momento del día o en un lugar especial significa inculcar un determinado hábito que ayuda a calmar la mente.

Cada estado de la mente tiene la tendencia de pedir su repetición. Si estamos en un estado de tranquilidad por una hora, esto en sí mismo establece una tendencia para el futuro. Si, entonces, nos volvemos agitados, agresivos o depresivos, esto también pedirá su repetición debido a las impresiones que deja. Si establecemos constantemente impresiones de serenidad, la mente lentamente dejará ir su agitación y pesadez y se volverá calmada.

Al establecer *samskaras*, uno necesita tener el cuidado de no luchar con su propia mente, puesto que eso es agitación, la cual hará enfadar a la mente. Más bien, tenemos que invitarla gentilmente a la quietud. Si se intenta subyugar un toro enfurecido, lo hará aún más furioso; sin embargo, si es guiado a un prado verde sin trapos rojos alrededor, se calmará.

A finde mantener la mente en calma, uno tiene que proporcionar un flujo constante de impresiones de quietud. Eso es lo que hacen muchas técnicas de meditación.

---

16. *Bhagavad Gita* VI.41-42.

सर्वार्थताएकाग्रातयोःक्षयोदयौचित्तस्यसमाधिपरिणामः ॥११॥

III.11 Si la dispersión de la mente es reemplazada por la unidireccionalidad, entonces esto se llama la transformación (*parinama*) de la mente hacia el *samadhi*

Patañjali usa otra vez el término parlnama, esta vez en el contexto del *samadhi*. *Samadhi-parinama* o la transformación de la mente hacia el *samadhi* denota la condición que hace a la mente apta para el *samadhi*. El *samadhi* que se refiere aquí es el *samadhi* con objeto. Se denomina *nirodha parinama* a la transformación hacia el *samadhi* sin objeto.

Vyasa explica que la dispersión es típica de la mente. Después de todo, la mente tiene la tendencia de engancharse al siguiente objeto que surge. Pero, continúa Vyasa, la unidireccionalidad es otra característica de esa misma mente. Patañjali afirmará esto más adelante en el sutra IV.23, donde dice que la mente es coloreada por aquello al cual ella se dirige, sea esto el que ve o lo visto.

Debido a la multiplicidad de lo observado, dirigir la mente hacia lo visto resulta en dispersión. Si la mente se dirige hacia el observador se volverá unidireccionada, debido a la uniformidad del que ve. Este cambio de cualidad es una capacidad de la mente y no del observador, el cual es inmutable.

Si, entonces, la mente da la espalda a lo visto y se voltea hacia el que ve, se vuelve así apta para el *samadhi*. Este proceso se llama la transformación hacia el *samadhi*. El *samadhi* se alcanza inconscientemente a través del mero paso del tiempo o conscientemente al negar o alejarse de lo visto. Si, en nuestra búsqueda para liberarnos, nos desanimamos una y otra vez por la inhabilidad de los estímulos externos de proporcionar la felicidad duradera, eventualmente nos alejaremos de ellos para encontrar el reino dentro. Se considera que este proceso de transformación inconsciente hacia el *samadhi* lleva aproximadamente treinta billones de encarnaciones para cada ser.

Alternativamente, podemos negar conscientemente todos los objetos que nos atraen, lo cual acortará este tiempo a tan solo un lapso de una vida, como algunas fuentes alegan. En algunos casos puede suceder en un instante, pero las autoridades tradicionales se apresuran a explicar que esos raros individuos se dedicaron a trabajar en encarnaciones previas.

La técnica de la negación trabaja así. Cuando nos sentamos y meditamos y la mente se dirige, por ejemplo, a la acumulación de riqueza, nos decimos a nosotros mismos que la riqueza es transitoria y que se puede perder en un instante. Incluso si somos prudentes, el mundo podría hundirse en una crisis económica global, o el país en que vivimos podría ser destruido por una guerra. Por eso, no sería sensato apoyar nuestra felicidad en la acumulación de la riqueza.

Entonces, puede ser que la mente sugiera hacer que nuestra búsqueda sea la consecución del placer sexual. A esto, decimos que el cuerpo envejecerá y se enfermará y, entonces, pueda ser que otros no estén interesados en experimentar el placer sexual con nosotros. Por tanto, no es sensato apoyar nuestra felicidad en la disponibilidad del placer sexual.

Luego, puede ser que la mente escoja la amistad y las relaciones con los demás como un posible objetivo. Rechazamos esto al señalar que todos los demás son transitorios y morirán; esto nos dejará solos y decepcionados a menos que muramos primero. Las relaciones son transitorias. Por consiguiente, no debemos apoyarnos en ellas para la felicidad. También, necesitamos considerar que esa actitud destruiría nuestras relaciones porque las abordamos desde una posición de necesidad. El interés por alguien solo debido a su capacidad para colmar nuestras necesidades es utilización y no relación.

Después, puede ser que la mente sugieramantener el cuerpo saludable y en forma para que resista los efectos del tiempo. Rechazamos este punto al señalar que sin importar cuánto cuidemos de nuestro cuerpo, él está sujeto a la muerte. Es transitorio. Si nos apoyamos en objetos transitorios para la felicidad nos decepcionaremos.

De esta forma, negamos y rechazamos todas las sugerencias de la mente, una por una, ya que todas son transitorias. Eventualmente, la mente se volteará únicamente al soporte permanente, que es el observador. Esto es la transformación de la mente hacia el *samadhi*.

Cuando se trabaja con este proceso, uno no debe desanimarse por los frecuentes retrocesos. Según Vijñanabhikshu: "No puede haber una erradicación de todas las distracciones a la vez, tampoco puede existir la consecución de la unidireccionalidad de una vez, sino solo gradualmente, momento a momento."[17]

ततःपुनःशातोदतौतुल्यप्रत्यययौचित्तस्यैकाग्रतापरिणामः ॥१२॥

III.12 Si hay similitud entre esa idea que surge y la que desaparece, esto se llama la transformación de la mente hacia la unidireccionalidad (*ekagrata*)

Si hemos llegado a ese punto donde, durante la meditación, una ola de pensamiento entrante es semejante a la anterior, la mente se está transformando a unidireccionada. La palabra usada por Patañjali para describir la relación entre dos olas de pensamiento es tulya, que puede ser traducida como "similar", "del mismo tipo" o "igual". Si estamos meditando en, digamos, la luz en el corazón, y cada nueva ola de pensamiento que surge es aproximadamente equivalente a la anterior, eso es una mente unidireccionada.

El estado de transformación descrito aquí es un logro más modesto que los dos anteriores, el *samadhi* parinama y el *nirodha* parinama. Es bastante común que los maestros de yoga empiecen su descripción con los estados más avanzados. Dado que ellos viven desde una posición de conocimiento (jñana), primero describen lo que está cerca de ellos, la verdad. Solo después describen los estados que aplican a los principiantes.

El proceso descrito aquí se llama la conversión de la mente en intelecto. Recordemos que la mente (manas) es esa forma de pensamiento que salta de un tema a otro como un mono de una rama a otra. La mente trata sobre el futuro y el pasado, por eso nunca se detiene. Hay un sinfín de posibilidades de lo que el futuro podría deparar y todas ellas proveen de combustible a la mente.

Por el contrario, el intelecto tiende a pensar en el presente. Piensa sobre un tema hasta lograr la comprensión completa. Para hacer a la mente una herramienta yóguica, tenemos que convertirla en intelecto. Los ejercicios de *dharana* se usan hasta que el proceso de pensamiento pueda permanecer con el objeto elegido. Entonces, la mente se llama unidireccionada (ekagra). La transformación hacia ese estado se denomina la transformación de la mente hacia la unidireccionalidad (ekagrata parinama).

---

17. *Yogavarttika of Vijñanabhikshu*, vol. 3, trad. T. S. Rukmani, p. 19.

एतेनभूतेन्द्रियेषुधर्मलक्षणावस्थापरिणामाव्याख्याताः ॥ १३ ॥
III.13 De esa misma manera son descritas las transformaciones de característica (*dharma*), manifestación y condición pertenecientes a los elementos y a los órganos de los sentidos

Hasta ahora Patañjali solo ha aplicado su modelo de las tres transformaciones a la mente (*chitta*). Ahora, dice que lo mismo es válido para lo denso (elementos) y lo sutil (sentidos). En otras palabras, la transformación de las cualidades (*gunas*) de nuestra mente sigue las mismas leyes que la transformación del mundo denso y sutil. Esto explica porqué los yoguis que tienen sus mentes bajo control también pueden controlar su entorno. Al aplicar las leyes de transformación de la mente uno puede transformar el mundo también. Así es cómo los poderes (*siddhis*) se producen.

Patañjali habla de la transformación concerniente a tres aspectos: aquellos de característica, manifestación y condición. Si consideramos la mente, la transformación de la característica sería, por ejemplo, si la mente cambia de unidireccionada a suspendida (*nirodha*). En *nirodha*, la característica de la mente ha cambiado tanto que ahora podríamos referirnos a ella como la nomente.

El cambio de la manifestación sería si la mente descansa en el presente por un lado, o en el pasado y el futuro por el otro. Si la mente descansa en el momento presente, se ha producido la transformación de la mente hacia el *samadhi*.

La tercera categoría, la transformación de la condición, se refiere a cuáles tipos de fluctuaciones surgen y cuáles tipos de impresiones (*samskaras*) y condicionamiento (*vasana*) existen en la mente. Un caso de cambio de condición sería, por ejemplo, cuando las *samskaras* de enfoque se vuelven fuertes mientras que las *samskaras* de dispersión se tornan débiles. Aquí la mente no cambia su característica fundamental, tampoco cambia su modo de tiempo (manifestación), sino que dentro de esos parámetros cambia su habilidad para enfocarse en un único objeto de meditación. En el sutra anterior a eso le se llamó la conversión de la mente en intelecto.

No solo la mente sino también todos los objetos atraviesan por estos tres tipos de transformación. Dado que la mente también es un objeto, se somete a la misma transformación. Solo la consciencia (*purusha*), que es el único noobjeto, no sufre transformación, puesto que es eterna e inmutable.

Los objetos densos están constituidos por los elementos densos éter, aire, fuego, agua y tierra. El tipo de transformación más importante por el que atraviesan es el cambio de característica, esto significa que luego de que el cambio ha ocurrido el objeto sigue ahí, pero ha cambiado tanto su característica que ya no lo podemos reconocer como el mismo objeto.

Elijamos el cuerpo humano como ejemplo. Cuando una persona muere, usualmente enterramos el cuerpo o lo cremamos. Si lo enterramos, el cuerpo se degradará a través del proceso de descomposición. La principal parte se transformará en amoniaco y a través del ciclo del nitrógeno será procesado en nitratos y fosfatos, los cuales son fertilizantes para las plantas. La mayor parte del cuerpo reaparecerá sobre la tierra como material vegetal. De modo similar, si cremamos el cuerpo, aparte de los minerales que son dejados atrás en forma de ceniza, el resto del cuerpo es transformado en un estado gaseoso. La mayoría de estos gases regresarán a la Tierra por medio de la lluvia o serán filtrados desde el aire por las plantas mediante la fotosíntesis. En ambos casos, tenemos un cambio de característica del objeto. Todos los átomos, todas las moléculas y toda la energía que constituían el objeto son conservados, pero asumen una forma completamente nueva. Hoy diríamos que un objeto es transformado en otros.

El segundo tipo de transformación, el cambio de manifestación, también se llama el cambio del carácter temporal. Aquí es importante entender que el yoga dice que los objetos son reales. Nunca nada que sea real puede volverse irreal ni nada que sea irreal convertirse en real. Si, por ejemplo, construimos una casa y después de cien años es destruida por un terremoto, entonces el yoga dice que la casa fue real todo el tiempo; de lo contrario, nunca podríamos haberla construido. Solo cambia su manifestación. Antes de construirla, la casa estaba inmanifiesta - en su estado seminal o potencial. En este estado podemos recibir una visión de ella, una visión que puede ser manifestada. El estado potencial también se llama el estado futuro. Cuando construimos la casa se vuelve manifiesta o se mueve al estado presente. Cuando es destruida, cambia al estado residual o pasado. Cada objeto que fue alguna vez manifestado deja un residuo en el mundo. Podríamos recordar la casa; podrían permanecer fotos o planos de ella.

Podemos entender fácilmente este patrón cuando analizamos el descubrimiento de América por Cristóbal Colón. Él no tenía idea de que estuviera ahí, pero si el continente no hubiera sido real, él nunca podría haberlo descubierto. De forma similar, los descubrimientos de las leyes físicas por parte de los físicos solo se pueden hacer si algo real está ahí.

No es que creamos las leyes - solamente las descubrimos; ellas son reveladas a nosotros. Por ejemplo, no hemos creado la electricidad o el magnetismo. Si ellos no hubieran sido reales todo el tiempo, no podríamos haberlos descubierto. O digamos, su descubrimiento habría sido un mero concepto. Sin embargo, como simple concepto, no nos habría permitido usar la electricidad para la iluminación.

Existen culturas indígenas donde los niños no son concebidos inconscientemente sino donde uno de los padres sale y sueña en el niño desde el estado seminal al estado manifiesto. Aquí podemos reconocer la humilde comprensión de que no son los padres los que producen un ser humano: ellos simplemente proporcionan el cuerpo. El propósito del sueño es encontrar a un ser humano que acceda a nacer en ese momento específico y en esa familia particular. De esta forma, en el pasado logramos una vida familiar mucho más armónica. Aquí es intesante la ignorancia de la cultura occidental, la cual sostiene la creencia de que un ser humano tiene su comienzo a partir de la concepción.

Existen objetos en el yoga que se denominan irreales. Ellos no pueden manifestarse porque tampoco existen en el estado seminal. Son conceptualizaciones, es decir meras palabras sin objetos asociados, como el cuerno de un conejo, la flor celestial o el castillo en el cielo, o bien, son ilusiones como la serpiente que en realidad es una cuerda. Estos objetos son irreales o noobjetos y, por tanto, no pueden volverse reales.

El tercer tipo de transformación, el cambio de condición, ocurre mientras un objeto conserva su característica y su estado de manifestación. Si observamos un cuerpo humano, diríamos que primero es joven, luego maduro y después viejo. La mayoría de las estructuras en el mundo manifiesto, como los imperios, los gobiernos, las iglesias, las religiones, las sociedades y las compañías, atraviesan un ciclo de tres fases - la fase de establecimiento, la fase de consolidación y la fase de disolución.

A lo largo de todas esas fases el objeto todavía es reconocible como el mismo objeto, pero su apariencia puede cambiar significativamente.

शानोदितव्यपदेश्यधर्मानुपातीधर्मी ॥१४॥

III.14 Esa esencia, la cual está siempre ahí en el pasado, futuro y presente, se llama el objeto-tal-cual-es

Si practicamos la meditación profunda o el *samyama* sobre un objeto, veremos a través de su estado de manifestación y observaremos su esencia. Se llama el objeto-tal-cual-esdado que la esencia no cambia ya sea que el objeto esté en el estado pasado, presente o futuro, o en otras palabras, ya sea que esté en el estado potencial, manifiesto o residual. Este objeto-tal-cual-es tampoco cambia cuando el objeto cambia de nuevo a viejo. El objeto-tal-cual-es puede compararse con el modelo original de un objeto. Sin él ningún objeto puede manifestarse.

Aquí hay una diferencia importante entre el Yoga y el Samkhya por un lado y el Vedanta y el Budismo por el otro. En el Vedanta, el mundo de los objetos es visto como un espejismo superpuesto en la consciencia. En el Budismo, los objetos existen solamente como nociones momentáneas en la mente. En ambos sistemas de pensamiento, no hay objetos independientes de la mente: ellos son creados enteramente a través de las faltas de aprehensión del observador.

El Yoga es radicalmente diferente. El mundo y los objetos se consideran reales. Hay una clara distinción entre los objetos reales y las conceptualizaciones, como la flor celestial, que están basadas solamente en palabras. No solo eso, sino que el yoga asigna un aspecto eterno a los objetos, llamado su esencia, la cual es completamente independiente del observador. Es importante para el yogui percibir el objeto-tal-cual-es o la tal-cualidad de un objeto, porque de la percepción de los objetos reales fuera de nosotros mismos llega el conocimiento discriminativo, el conocimiento según el cual somos diferentes de los objetos. De eso, eventualmente llega *kaivalya*, la completa independencia con respecto al mundo de los objetos.

Que el yoga ateste la realidad del mundo es muy interesante para una audiencia occidental. Cualquiera que haya estado en la India se da cuenta de que abunda una cierta actitud de "el mundo no importa". Cuando yo estaba viajando ahí a mediados de la década de 1980, a menudo tenía que hacer fila por varias horas en una boletería de tren. La gente llevaba sillas plegables y almuerzos embalados, y todos estaban bastante contentos en la fila. La idea era que, si tenemos que pasar por treinta billones de encarnaciones, por qué no dedicar cien de ellas en frente de la boletería. Si todos los objetos son solo espejismos superpuestos en la consciencia, entonces la boletería realmente es solo consciencia y este lugar es tan bueno como cualquier otro para estar.

En otra ocasión yo estaba nadando en un gran lago en la India a unos pocos cientos de metros adentro cuando una multitud se reunió en la orilla y miró en silencio. Cuando regresé a la orilla, pregunté a los espectadores qué tenía de interesante un occidental nadando. Un hombre joven me dijo que ellos solo estaban mirando a ver si Mandjula venía y me agarraba. Resultó que Mandjula era un cocodrilo muy grande que, según él, ya se había comido a doce personas. Cuando pregunté por qué nadie había gritado para hacerme volver a la orilla, su respuesta fue que sea que fuese comido o no era mi destino, y que la intercepción no podía cambiarlo. O, si ellos hubieran intervenido, yo simplemente habría tropezado en las garras de un tigre hambriendo detrás del siguiente árbol.

No quiero menospreciar esta visión. Es muy poderosa y definitivamente tiene sus ventajas. Sin embargo, conduce a una cierta apatía en la sociedad de la India, una creencia de que realmente no vale la pena cambiar las cosas. Tiene su origen en la doctrina del Advaita Vedanta de que el mundo no importa porque no es real. El propio Shankara sugiere en el *Vivekachudamani* que uno debe mirar el mundo con la misma indiferencia con la cual mira los excrementos de una vaca.

Es probable que no sea completamente justo decir que el mundo no importa en la visión de la India, sino que hay una gran diferencia entre la forma india de sobrellevar felizmente las disfunciones de la sociedad que no tienen absolutamente ningún sentido y la manera occidental de cambiar frenéticamente todas las cosas que no funcionan (y a menudo las cosas que sí funcionan). Hace mucho tiempo que la sociedad occidental tomó la decisión de que el mundo debía considerarse real. Sin embargo, por otro lado, hemos negamos la existencia de la consciencia como completamente independiente de la materia.

Cada joven occidental que estudia el misticismo oriental debe pensar claramente si queremos llegar hasta el final y adoptar una filosofía que niega la realidad del mundo. Y entonces, si nos hemos decidido, debemos hacerlo conscientemente, sabiendo lo que significa con todas sus repercusiones culturales y no solo inconscientemente, como un acuerdo global.

El Yoga combina bellamente ambos puntos de vista, en donde tanto el mundo con la consciencia se consideranreales. Parece mucho más fácil conciliar el Yoga con los valores de nuestra sociedad que la visión idealística extrema del Vedanta.

क्रमान्यत्वंपरिणामान्यतेवेहेतुः ॥१५॥
III.15 La diferenciación de la transformación es causada por la diferenciación en la secuencia

¿Por qué es que Patañjali, como muchos maestros, no se limita a hablar de manera uniforme del cambio sino que lo divide en tres categorías?

La respuesta es que en la meditación profunda se pueden reconocer las diferentes secuencias del cambio. De estas secuencias, se pueden inferir tres formas diferentes de cambio. Vyasa explica que cuando el polvo se convierte en una masa de barro yluego en una vasija de barro, la vasija eventualmente se romperá y los pedazos se desintegrarán en polvo otra vez. La esencia en esta secuencia es el barro, el cual cambia su característica en cada paso.

Si vemos la vasija como la esencia, entonces, a medida que la vasija se forma del barro, se mueve desde su estado potencial hasta el estado manifiesto. Cuando se rompe, se mueve de su estado manifiesto a su estado residual, lo cual significa también que se mueve del presente al pasado, que es el segundo tipo de cambio.

El tercer tipo de cambio es cuando la característica y la manifestación no cambian. No obstante, después de años de uso vemos que el pasado cambia. Podría ser que se vea desgastada o que aparezcan grietas.

De acuerdo con Vyasa, la observación de estas secuencias conduce a la conclusión de que los objetos son diferentes de sus características, manifestaciones y estados. En otras palabras si los objetos fueran solo apariencias superpuestas en la consciencia o nociones momentáneas en la mente, tales secuencias no podrían ser observadas. Comprender los tres cambios en los objetos llevará a la comprensión de los cambios de la mente. Esto nos ayudará a cambiar la mente en la dirección que queremos.

परिणामत्रयसंयमाततीतानागतज्ञानम् ॥१६॥
III.16 Del *samyama* acerca de los tres tipos de transformación, llega el conocimiento del pasado y futuro

Patañjali comienza una serie de aforismos que enuncian los diferentes tipos de poderes sobrenaturales. Tras haber descrito el término *parinama* (transformación) y sus tres tipos mentales (suspensión, *samadhi* y unidireccionalidad) y sus tres tipos materiales (característica, manifestación y condición), señaló que sus diferencias son inferidas a partir de la secuencia. La secuencia no es más que la sucesión en el tiempo. Al practicar la forma combinada de *dharana*, *dhyana* y *samadhi* sobre el aspecto rector de la transformación, que es la sucesión en el tiempo, obtenemos el conocimiento del tiempo mismo y de lo que parece esconderse: el pasado y el futuro.

Permítanme señalar aquí que estamos tratando, todo este tiempo, sobre el mundo relativo de la mente y materia, el cual ocurre en el tiempo al igual que la transformación y la secuencia. Todos ellos ocurren en el mundo absoluto de la consciencia, que es atemporal. Si se efectúa *samyama* sobre la característica, el aspecto del tiempo y la condición de un objeto particular, se pueden conocer el pasado y el futuro de ese objeto. El *samyama* revela no solo la esencia del objeto - el objeto-tal-cual-es - sino también cuándo y cómo este cambia.

El *samyama* en el cambio de la característica de un objeto revela qué tipo de objeto era antes y en qué se transformará después de que deje de existir en esta forma.

El *samyana* sobre el cambio de la manifestación de un objeto revelará cuándo se vuelve manifiesto y cuándo cambiará al estado residual, es decir cuándo se convierte en pasado.

El *samyama* acerca del cambio de la condición de un objeto revela su proceso de envejecimiento, que también significa cuánto tiempo ha existido en su forma presente y cuánto tiempo continuará existiendo en esta forma.

Sin embargo, tenemos que recordar que nada de ese conocimiento lleva a la libertad. Desde el punto de vista del verdadero yoga, ejercer tales poderes es un logro insignificante. Vijñanabhikshu señala en su subcomentario sobre el *Yoga Sutra* que los "*samyamas* respectivos deben ser practicados solamente por aquellos yoguis que deseen esos poderes respectivos, mientras que aquellos que deseen fuertemente solo la liberación solamente deben practicar el *samyama* sobre la diferencia entre el intelecto y *purusha* (consciencia)."[18]

---

18. *Yogavarttika of Vijñanabhikshu*, vol. 3, trad. T. S. Rukmani, p. 73.

शब्दार्थप्रत्ययामामतिरेतराध्यासात्संकरःतत्प्रवभिगसंयमात्सर्व
भूतेरुत्ज्ञानम् ॥१७॥

III.17 Siempre hay una confusión entre una palabra, el objeto al que hace referencia y el concepto detrás de la palabra. Si se efectúa *samyama* en los tres consecutivamente, uno puede comprender la comunicación de todos los seres

En el uso diario olvidamos que hay una diferencia entre una palabra y el objeto que ella describe. Nos volvemos conscientes de eso cuando conocemos a alguien, usualmente de una cultura diferente, que usa la misma palabra para describir un objeto distinto, o usa una palabra diferente para describir el mismo objeto.

Vyasa explica que las palabras se componen de las letras del alfabeto. Las letras individuales o las letras que se pronuncian sin estar conectadas, no hacen referencia a un objeto, como sí lo hace una palabra. Una palabra es una combinación de letras colocadas en una determinada secuencia. El significado de una palabra surge por convención. Si las letras son proferidas en una cierta secuencia, el intelecto las reconoce como una palabra que es diferente de las letras individuales, las cuales no tienen significado.

Si el intelecto reconoce una determinada secuencia de letras y las conecta a un cierto objeto, lo cual se llega por convención, entonces la palabra aparece como real. En realidad, es solo una secuencia de letras conectadas a un objeto, nada más. La palabra "silla" nunca se convertirá en una silla; siempre es solo una secuencia de cinco letras. Ella tiene significado mientras estemos de acuerdo con respecto a cuál objeto se refiere. Una secuencia de letras podría cambiar el objeto al cual se refiere cuando cambian nuestra convención y nuestra costumbre. Por ejemplo, actualmente uno ya no puede usar el término "travieso" para regañar a un niño, puesto que la palabra ahora connota algo admirable.

Otro hecho que tenemos que tomar en consideración es que puede ser que usemos la misma palabra para describir aproximadamente el mismo objeto, pero que tengamos una idea muy diferente del objeto. Tomemos por ejemplo dos personas hablando sobre los celos de sus parejas. Una de ellas puede sentirse halagada al considerar los celos como una prueba de amor verdadero por parte de su pareja; la otra puede considerarlos como una falta de confianza, y al final de cuentas, una falta de amor, dado que la pareja parece estar actuando desde el miedo a la pérdida. A las dos personas les resultará difícil hablar sobre los celos, porque aunque usen el término para referirse al mismo fenómeno, tienen un concepto completamente diferente de él.

Relacionamos las ideas a las palabras debido a las impresiones subconscientes (*samskaras*) que se formaron en el pasado y dejaron un rastro en nuestra memoria. Dado que cada uno de nosotros tiene un pasado diferente y, por tanto, ha recopilado un coctel no idéntico de *samskaras*, nuestras ideas relativas a las palabras son diferentes.

Si uno efectúa *samyama* consecutivamente sobre una palabra, el objeto detrás de la palabra y la idea atrás de la palabra de un ser viviente particular, entonces uno comprende o conoce la forma de declaración o el modo de comunicación de ese ser. Si uno examina esto de cerca, no hay gran misterio. La razón por la cual no siempre nos entendemos es que a menudo usamos diferentes códigos en nuestra expresión.

Si nuestros códigos se traslapan, es posible alguna comunicación.

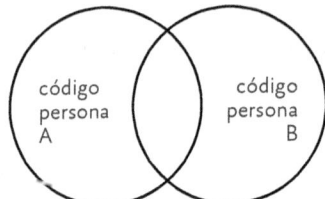

Si nuestros códigos no se traslapan, no es posible la comunicación.

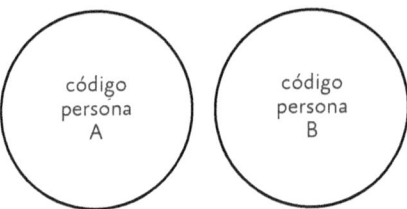

La compresión perfecta sería posible solamente si los códigos fueran idénticos.

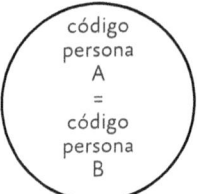

La razón por la cual nuestros códigos no son idénticos es que estamos condicionados por el pasado y nos comunicamos con base en este condicionamiento. Dado que tenemos un pasado diferente y, por ende, un condicionamiento distinto, nuestro código de comunicación también será diferente.

En *samyama*, el yogui suspende su condicionamiento pasado, como fue explicado en el sutra I.41. Como un cristal, la mente en *samapatti* refleja fielmente todas las cosas a las cuales se dirige. En otras palabras, ella duplica lo que percibe en vez de producir una simulación de eso.

Esto es posible porque el yogui está a cargo de su actividad mental y no al revés. Al reproducir fielmente el código del ser examinado y compararlo con el objeto al cual se refiere, el yogui comprenderá los modos y patrones de comunicación de ese ser. Recordemos que solo la mente en *samapatti*, que es el estado de la mente en el *samadhi* que se apoya en un objeto (*samprajñata samadhi*), es capaz de reflejar verdaderamente un objeto. La mente de una persona promedio no es capaz de hacer eso, puesto que es probable que esté nublada por el pasado.

En *samyama*, el yogui compara verdadera y directamente el objeto experimentado con el código que la persona usa. De esta forma, se puede experimentar y, por consiguiente, comprender la naturaleza errática del patrón de comunicación de esa persona particular. En otras palabras, el yogui puede, en *samyama*, experimentar la diferencia entre el objeto mismo y la forma como es comunicado por ese ser. Con ese conocimiento, el lenguaje de ese ser puede ser comprendido. Esto hace a este *samyama* nada más que un dispositivo para descifrar códigos.

Vachaspati Mishra dice que "los gritos de todos los seres vivos, animales domesticados o salvajes, reptiles, aves y demás, incluso el discurso no relacionado con los fenómenos entre ellos y los objetos a los que están dirigidos (denotados por esos gritos) y las ideas presentadas acerca de ellos"[19] pueden ser comprendidos. La habilidad de hablar en lenguas (los Apóstoles de Jesús) y la habilidad de comunicarse con los animales (San Francisco de Asís) han sido informadas por muchas culturas. Aquí está un enfoque científico de eso.

संस्कारसाक्षात्करणात्पूर्वजातिज्ञानम् ॥१८॥

III.18 A través de la percepción directa de las impresiones subconscientes (*samskaras*), se obtiene el conocimiento de nacimientos anteriores

Vijñanabhikshu sugiere la adición de "a través del *samyama*" a este sutra, puesto que no es posible una percepción directa de las *samskaras* por medio de los sentidos. Desde el punto de vista del yoga más elevado, el poder mencionado aquí es muy insignificante. No importa lo que nos trajo hasta aquí. Lo que importante es lo que nos llevará desde aquí hasta la libertad.

Esto nos lleva a la pregunta de por qué si los *siddhis* son tan insignificantes reciben tanto espacio en el *Yoga Sutra*. Patañjali describe los *siddhis* porque su manifestación infunde confianza y convicción de que el método yóguico funciona. También hay una importante razón histórica y mitológica para su inclusión. Si vemos en las epopeyas (*Itihasa*) y los *Puranas*, el yoga fue popular como un método para ganar poderes. Si Patañjali hubiera ignorado los poderes, habría colocado su filosofía en un vacuo que la hubiera aislado de lo que era el yoga según la percepción pública. Podemos considerar el tercer capítulo del *Yoga Sutra* como un intento por parte de Patañjali para aprovechar la subcultura de magos y volverla hacia el yoga más elevado, al mostrar que estos poderes, si son usados apropiadamente, pueden conducir a la libertad.

Pero si realmente comprendemos la filosofía yóguica sabemos que los poderes son una trampa, porque ellos pueden llevar al apego del ego. Para transmitir su punto, Patañjali primero prueba que él es un maestro de esos poderes y solamente después los rechaza.

---

19. J. H. Woods, trad., *The Yoga System of Patañjali*, p. 246.

Para comprender el presente sutra primero debemos recordar que hay tres tipos de *karma*, todos los cuales son registrados o acumulados en forma de impresiones subconscientes.

Los tres tipos son:
- El *karma* que acumulamos ahora, el cual determinará quiénes seremos en el futuro (*karma* futuro).
- El *karma* que hemos acumulado en el pasado, que está esperado a fructificar en el almacén kármico (*karma* residual).
- El *karma* que hemos acumulado en el pasado, que está fructificando ahora mismo y produjo nuestra encarnación (*karma* en fructificación).

El presente sutra está dedicado solamente al conocimiento de las vidas anteriores. El primer tipo de *karma* (futuro) se acumula ahora y por tanto no ha contribuido en esta encarnación. El segundo tipo de *karma* (residual) es el almacén. Puesto que no ha contribuido con impresiones subconscientes en nuestra presente encarnación, no lo conocemos. El último tipo de *karma* se llama en fructificación. Es el *karma* que ha sido acumulado en el pasado y ha creado nuestro cuerpo presente.

Dado que las impresiones subconscientes relativas a este *karma* formaron nuestro cuerpo y nuestra mente presentes, ellas están localizadas en nuestro subconsciente presente ahora mismo.

Si practicamos *samyama* acerca de estas impresiones, podemos conocer las situaciones que las produjeron. Por medio de la meditación profunda en cualquier objeto, se puede cognocer su causa y origen. Por esa razón, un yogui con un intelecto puro (*sattvika*) y capaz de hacer *samyama* por largos períodos, puede revelar cualquier cosa escondida en su subonsciente o en el de alguien más. Sabemos, por ejemplo, que Gautama Buda tuvo conocimiento de sus futuros nacimientos. También Krishna le dice a Arjuna: "Nosotros dos tuvimos muchas vidas en este mundo. La diferencia es que yo las conozco todas."

Sin embargo, tenemos que preguntarnos por qué produciríamos tal memoria conscientemente. La relevancia de nuestras vidas pasadas es equiparable a la de la telenovela de las seis de la tarde. En ambos casos, su único valor consiste en el entretenimiento. Nuestras vidas pasadas ya no están; ya no podemos cambiarlas. Lo que podemos cambiar es el ahora. Si ejercitamos lo que el *Rishi Vasishta* llama "verdadero autoesfuerzo", podemos cambiar y crear nuestro destino. Nuestro futuro es ser reales y liberarnos hacia el estado natural. Ahora mismo somos esclavos de nuestra mente, la cual se queda en el pasado. Entretenernos con el pasado aumentará esa tendencia.

पुरत्ययस्यपरचत्तितज्ञानम् ॥१९॥

III.19 Al efectuar *samyama* sobre las ideas o los pensamientos de alguien, toda su actividad mental puede ser conocida

Si hacemos *samyama* en la idea o el pensamiento de una persona, se puede comprender toda la actividad mental que produjo dicho pensamiento. Aquí el concepto usado es que el microcosmos está reflejado en el macrocosmos y viceversa. Una idea o un pensamiento siempre está coloreado por la personalidad o el condicionamiento (*vasana*) que lo produce. Al practicar *samyama* sobre un pensamiento, se comprende la matriz que produce el pensamiento - el condicionamiento que produjo el pensamiento. Entonces, usando esa comprensión, podemos saber cómo esta personalidad particular va a modificar cualquier otra información sensorial cuando se presente. En otras palabras, podemos anticipar los pensamientos de la persona, un acto conocido en el lenguaje coloquial como "leer" los pensamientos de alguien.

El *Rishi* Vyasa praticó esta técnica en muchas ocasiones. En el *Mahabharata* leemos que uno de los nietos de Vyasa, el virtuoso Yudishthira, vivió con sus hermanos en exilio en el bosque. Aún no satisfecho con lo que había logrado al confinar a Yudishthira en el bosque, el otro nieto de Vyasa, el malvado Duryodhana, persiguió a Yudishthira y hermanos con su ejército para matarlos. El *Rishi* Vyasa leyó sus pensamientos y de repente apareció ante Duryodhana para disuadirlo de que no llevase a cabo tan terrible empresa. Es importante notar aquí que Vyasa no usó su poder para su propio beneficio, sino que interfirió porque alguien más estaba bajo amenaza. No se permite al yogui leer la mente de otros para ganar ventaja personal, puesto que esto cae bajo el título de "codicia".

नचतत्सालम्बनंतस्यावषियीभूतत्वात्॥२०॥

III.20 El objeto sobre el cual estaba basado el pensamiento no es revelado con este *samyama*

Volvamos a nuestro ejemplo en el sutra anterior. Vyasa practicó samyama sobre un pensamiento de Duryodhana. A partir de este *samyama*, comprendió la matriz que produjo el pensamiento, la mente de Duryodhana. De ahí llegó a saber todos los pensamientos de Duryodhana. En nuestro ejemplo, el modo de pensar de Duryodhana consistía principalmente de odio hacia Yudishthira y, de ahí, Vyasa supo que Duryodhana estaba preocupado en cómo matarlo.

En el presente sutra Patañjali dice que, cuando practiquemos *samyama* y leamos la mente de alguien, descubriremos todo sobre esa persona, pero nada acerca del objeto en el cual pensaba. Con el *samyama* de Vyasa, él llegó a saber los pensamientos de Duryodhana. Pero el objeto alrededor del cual los pensamientos circulaban, en nuestro caso Yudishthira, no se pudo conocer con ese *samyama*.

Es importante entender esto. El propósito del *samyama* es ganar conocimiento objetivo. La mente (*chitta*) de otra persona distorsiona un objeto a través de sus propias modificaciones (*vrtti*). Con el *samyama* acerca de esta imagen distorsionada, podemos enterarnos del poder de la mente particular para distorsionar la verdad. Pero no se puede ganar una verdadera representación del objeto suyacente al mirarlo a través de los ojos de la otra persona.

Esto aplica también en la vida diaria. No podemos conocer a una persona por lo que otros dicen sobre ella. No podemos comprender el sabor de la sal o del azúcar al escuchar sobre ella/él. Si nunca hemos visto el océano, no podemos entenderlo a través de las descripción de los demás. No podemos tener la experiencia mística simplemente al escuchar las palabras de un gran maestro (a menos que hayamos tenido la experiencia pero no hayamos comprendido su significado). La experiencia misma no está contenida en las palabras de la otra persona. Necesitamos tener nosotros mismos la experiencia para ser libres.

कायरूपसंयमात्तत्ग्राह्यशक्तिस्तम्भेचक्षुःप्रकाशासंप्रयोगेऽन्तर्
धानम्॥२१॥

III.21 Al practicar *samyama* en la forma del cuerpo, su capacidad de ser visto es suspendida. Esto sucede al interceptar la luz que viaja del cuerpo hasta el ojo del observador.

Para entender este mecanismo necesitamos examinar el sistema del Samkhya, que es la filosofía subyacente del *Yoga Sutra*. Todos nuestros pensamientos y emociones del pasado (*samskaras*) se densifican en un condicionamiento (vasana). Todos nuestros *vasanas* pasados (o una combinación dominante de ellos) se densifican en el cuerpo sutil (*linga*). Al fallecer, *linga* luego se manifiesta en un nuevo cuerpo denso (*sthula sharira*), el cual nos provee de experiencias de placer y dolor hasta que eventualmente se produce el autoconocimiento. La manifestación ocurre a través de los elementos sutiles (*tanmatras*), los cuales tienen la capacidad de proyectarse en los elementos densos (*mahabhutas*). Cada elemento sutil tiene asociado un sentido sutil. De este modo, el elemento de la forma está relacionado con el sentido de la vista, el elemento del sonido está conectado con el sentido de la audición.

Los elementos sutiles (*tanmatras*) y los sentidos (*indriyas*), que son objetos de meditación avanzados, son bien conocidos por el yogui a partir de la práctica del *samapatti*. En *samapatti* uno escoge primero objetos densos y luego objetos cada vez más sutiles. Entonces, cuando el yogui practica *samyama* sobre el elemento sutil de la forma (*rupa*), puede interceptar su proyección sobre el elemento denso del fuego. (Recuerde que el *linga* o cuerpo sutil manifestó el cuerpo denso.) El cuerpo denso todavía está ahí pero no puede reflejar ninguna luz que pudiera ser percibida por el ojo del observador. La percepción visual de un objeto depende de su habilidad para reflejar los rayos de luz que alcanzan su superficie. En nuestro caso, la superficie es quitada y la luz viaja directamente a través del cuerpo.

De forma similar, dice Vyasa, se evita la percepción de los otros sentidos. Por ejemplo, al practicar *samyama* en el elemento sutil del sonido, podemos evitar ser escuchados. Sobra decir que para ejecutar este poder primero necesitamos ser capaces de percibir los elementos sutiles (*tanmatras*) en el *samapatti* suprarreflexivo (sutra I.44). Después de eso necesitamos ganar la habilidad para agregar el *dharana* y el *dhyana* sin salirnos de nuestro profundo *samadhi* con objeto.

सोपक्रमंनिरुपक्रमंचकर्मतत्संयमातपरान्तज्ञानम्अरिष्टेभ्योवा॥२२॥

III.22 La fructificación del *karma* es inminente o aplazada. Al practicar samyama sobre el *karma* o al observar presagios, se puede conocer el momento de la muerte

Cuando se experimenta la muerte sin la liberación previa, un nuevo cuerpo tiene que manifestarse para proporcionar más experiencias de placer y dolor. Esto sucederá eternamente hasta que el propósito de vida, llamado libertad (*kaivalya*) o liberación (*moksha*), sea logrado.

La nueva encarnación está determinada por la impresión más fuerte prevaleciente en el almacén kármico (*karmashaya*). Todas las *samskaras* relacionadas colaborarán con la impresión dominante particular para manifestar una nueva vida. Todo el *karma* en el almacén se aplaza o fructifica lentamente. A partir del momento en que se vuelve activo al participar en la producción de un cuerpo, se vuelve inminente o fructifica rápidamente. Por ejemplo, desde nuestra perspectiva de hoy el *karma* que manifestó nuestro cuerpo presente está en fructificación, mientras que el latente en el almacén es residual (fructifica lentamente).

Del mismo modo, en nuestra vida actual, constantemente producimos nuevo *karma*, a menos que estemos en la suspensión espontánea de la respiración (*kevala kumbhaka*), estemos en *samadhi*, hayamos ganado *jñana*, estemos experimentando una devoción intensa hacia el Ser Supremo (*bhakti*) o estemos en algún estado similar. El nuevo *karma* que producimos constantemente puede, de nuevo, ser inminente o aplazarse, dependiendo de la intensidad del acto que lo ha producido. Del ejemplo de los grandes maestros, como Vishvamitra y Vasishta, sabemos que al practicar con fervor podemos liberarnos en una vida. Pero también es verdad que los actos llevados a cabo con gran crueldad pueden manifestar resultados inmediatos. Entonces, se nos dice que cuando el orgulloso Rey Nahusha humilló al *Rishi* Agastya, ahí mismo fue convertido en una serpiente. Los actos desarrollados con una actitud más suave producen *karma* que se acumula en el almacén kármico y llega a fructificar lentamente, en un vida futura.

Al practicar el *samyama* sobre el *karma*, podemos identificar cuáles elementos de nuestro *karma* son inminentes o rápidos y cuáles aplazados o lentos. Al aislar todo nuestro *karma* inminente, podemos identificar cuál parte contribuye en nuestra muerte, y así se conoce el momento de la muerte. En este contexto necesitamos entender que el *karma* que fructifica rápidamente provee de combustible para el cuerpo. Cuando este combustible se agota, el fin del cuerpo está cerca.

La otra forma a través de la cual se puede prever la muerte es la observación de presagios. El *Mahabharata* dice, por ejemplo, que sus treinta y seis años de gobierno, el Emperador Yudishthira vio malos presagios. Entregó el trono al príncipe heredero Parikshit, dimitió y esperó la muerte de Krishna, la cual marcó el comienzo del Kali Yuga y, más tarde, su propia muerte.

Vyasa dice en su comentario que los presagios son de tres tipos: personales, impersonales y divinos. Los presagios personales son cuando uno cierra con sus dedos las aberturas del cuerpo, como los ojos y oídos y no percibe señales de vida como la luz y el sonido. Los presagios impersonales son visitas de otros seres que actúan como mensajeros de la muerte. Un presagio divino es la repentina aparición de un ser celestial o una deidad. De estos varios presagios se puede determinar el momento cuando se avecina la muerte.

मैत्र्यदष्विबलानि॥२३॥
III.23 Al hacer *samyama* sobre la amabilidad, la compasión y la alegría, uno adquiere sus poderes

Este sutra está conectado con el sutra I.33. Ahí Patañjali sugirió que debemos ser amables hacia el feliz, ser compasivos hacia el miserable, sentir alegría al conocer al virtuoso y ser indiferentes al encontrar al malvado. Al practicar *samyama* acerca de los tres primeros sentimientos, según Vyasa, resulta una energía inagotable. La indiferencia, de acuerdo con él, no es apta para servir como objeto del *samyama*. No es un sentimiento en sí mismo, sino, como Vijñanabhiksu explica, la ausencia de un sentimiento, como la amabilidad por ejemplo. Dado que solo es una negación de otros sentimientos, no es posible efectuar *samyama* sobre la indiferencia ni tampoco pueden surgir poderes de él.

Los poderes que surgen del *samyama* en los otros tres sentimientos consisten en mantenerse establecidos en dichos sentimientos independientemente de la circunstancia. Vachaspati Mishra dice que "el yogui obtiene el poder de hacer a todos felices y librar del dolor a los seres vivos."[20]

¿Por qué una energía inagotable es el resultado de este *samyama*? El yoga considera que tenemos una reserva de energía inacabable en la base de la columna vertebral en forma del poder de la serpiente *kundalini*. Cuán bloqueada esté esa energía depende de nuestro condicionamiento que, a su vez, determina cuáles *chakras* están abiertos y cuáles están bloqueados. El samyama en discusión nos hace libres de nuestro condicionamiento, el cual no es más que el punto hasta el cual estamos limitados por el dolor pasado. El *samyama* nos hace independientes porque no reaccionamos, en los tres casos indicados por Patañjali, de acuerdo con el condicionamiento anterior. Esto nos permite acceder a todos nuestros recursos de energía.

बलेषु हस्तबिलादीनी ॥ २४ ॥
III.24 Con el *samyama* sobre cualquier forma de fuerza, como la fuerza de un elefante, se puede ganar dicha fuerza

Vyasa explica que al practicar el *samyama* acerca de Vainateya, ganaremos su fuerza. Considera que esta fuerza es más deseable que la de un elefante, lo cual es entendible puesto que Vainateya se devoró a un elefante entero cuando tuvo hambre. ¿Quién es Vainateya?

"Vainateya" significa hijo de Vianta. Se dice en el *Garuda Purana* que, hace mucho tiempo, antes de que el hombre apareciera en la Tierra, dioses y demonios lucharon por la supremacía. Los dioses eventualmente ganaron al apoderarse de *soma*, el néctar de la inmortalidad.

El líder de los dioses fue el poderoso Indra, quien a veces podía ser muy egoísta, orgulloso y cruel. Un día humilló a un grupo de diminutos y antiguos espíritus llamados los Valakhilyas. A raíz de eso, ellos fueron a pedir ayuda al *Rishi* Kashyappa para darle una lección al dios y permitieron que todos sus poderes (*tapas*) entraran en él. Entonces, Kashyappa fue y procreó con su esposa Vinata.

Después de quinientos años Vinata dio a luz a su hijo quien era invencible. Su nombre fue Garuda, el rey de las águilas. Garuda era tan grande que cuando extendía sus alas, ellas cubrían el cielo y sacudían los catorce mundos. No podía ser asesinado porque no tenía un cuerpo mortal, por ser una manifestación del patrón vibratorio del mantra *Gayatri*, el mantra más sagrado de todos. Contra la resistencia de todos los dioses, Garuda entró a la fuerza en el cielo, luchó contra Indra, lo derrotó y le quitó el soma, el néctar de la inmortalidad. Vyasa explica que podemos obtener este poder de Garuda efectuando samyama acerca de él.

---

20. J. H. Woods, trad., *The Yoga System of Patañjali*, p. 253.

Un método similar se usa hoy en la PNL (programación neurolingüística). La PNL sugiere que, si usted quiere sobresalir en un tema particular, escoja una persona específica que lo haya dominado y copie su experiencia. Si, por ejemplo, usted desea ser un compositor, podría ir y replicar la experiencia de J. S. Bach. La duplicación trata sobre aspectos tales como, cómo sintió Bach, cómo trabajó, cuáles fueron sus ideas de sí mismo. En otras palabras, usted hace una meditación acerca de la tal-cualidad de Bach. El concepto de la duplicación es lo más cercano que una persona con una mente fluctuante puede llegar a *samyama*. El éxito de la duplicación está limitado por la cantidad exacta de las olas de pensamiento que están fluctuando cuando usted lleva a cabo la duplicación. Desde luego, estas, a su vez, dependen de hasta qué punto usted sea un esclavo de su condicionamiento pasado.

El *samyama* funciona de una forma similar, con la diferencia de que el yogui, tras haber hecho la mente unidireccionada (*ekagra*) en el *samadhi* con objeto (*samprajñata*), puede descargar la tal-cualidad de Bach sin estar limitado por el condicionamiento existente.

Cualquier otro método para acumular poder, sea el *samyama*, la PNL o la hipnoterapia, se debe cuestionar desde el aspecto de la liberación (*kaivalya*). En kaivalya vamos más allá de la ganancia y la pérdida, puesto que nos volvemos uno con la matriz (consciencia) que da el soporte a todos los fenómenos. Los poderes son fenómenos, si bien muy elegantes. Los fenómenos son transitorios y, por tanto, no pueden conducirnos a la libertad. ¿Por qué desear los fenómenos transitorios cuando podemos alcanzar ese misterio - consciencia - que por sí solo es eterno?

प्रवृत्त्यालोकन्यासात्सूक्ष्मव्यवहितविप्रकृष्टज्ञानम् ॥२५॥
III.25 Al dirigir la luz radiante de la percepción más elevada hacia los objetos, sean estos sutiles, ocultos o distantes, uno los conoce

Este sutra describe el *siddhi* (poder) que puede surgir de la práctica mencionada en el sutra I.36. Ahí se sugirió que nos enfoquemos en la luz resplandeciente o radiante en el corazón para aclarar la mente.

El maestro Vijñanabhikshu explica en su *Yoga Varttika* que este es un *siddhi* indirecto, el cual no ocurre al hacer samyama sobre un objeto que es sutil, oculto o distante. Más bien, se efectúa *samyama* acerca del intelecto (*buddhi*) mismo, el cual se ha hecho sáttvico a través de las técnicas meditativas prescritas. Mediante el *samyama* se revela la luz resplandeciente del intelecto, el cual es ahora una manifestación de la *guna sattva* pura. Dirigida hacia cualquier objeto, esta luz radiante lo revela.

Podría ser que esta explicación suene un poco complicada, pero es exactamente lo que sucede. Se puede ver el mecanismo en acción en los discursos de muchos grandes maestros como J. Krishnamurti. Cualquier cosa que fuese colocada ante él, su intelecto parecía diseccionarla en una milésima de segundo. La audiencia puede llegar a la errónea creencia de que tales maestros lo saben todo. No es que lo sepan todo, es la cualidad de láser de su intelecto sáttvico que revela los objetos sutiles, ocultos o distantes, la que los hace parecer de ese modo.

भुवज्ञानंसूर्येसंयमात् ॥२६॥

III.26 Del *samyama* acerca del sol, llega el conocimiento de todo el cosmos

El *Rishi* Vyasa da una hermosa descripción a lo largo de varias páginas de la visión de la región sutil del mundo, percibida a través del *samyama*. Son, principalmente, espacios habitados por seres de acuerdo con su nivel de observación consciente (*awareness*) resultante de acciones anteriores. La descripción puede tomarse de cualquier traducción directa del *Yoga Bhasya* (comentario) y no debe preocuparnos aquí. Basta decir que los subcomentadores Shankara, Vachaspati Mishra y Vijñanabhikshu confirman el orden de los espacios del mundo, como son vistos por Vyasa.

La mayoría de los comentadores del siglo XX consideraron erróneamente que este sutra se refiere al sol en el cielo. Si hiciéramos *samyama* acerca de la estrella "Sol" entonces aprenderíamos todo sobre su órbita, luminosidad, historia, química y demás, pero no sobre el mundo.

Muchos sutras están expresados en una forma enigmática para engañar al no iniciado. Fueron diseñados como una guía para los maestros a lo largo de la cual pudieran desarrollar su enseñanza. Al recitar un sutra, una vasta cantidad de material previamente estudiado llegaba a la mente del maestro. De esta forma ningún tema importante era olvidado. Hoy, estudiantes y académicos por igual especulan sobre el significado de esos sutras sin someterse de antemano al entrenamiento yóguico necesario. El "entrenamiento yóguico" en este contexto significa aprender de alguien que ha estudiado las escrituras, ha practicado los métodos, ha tenido las experiencias y puede comunicar el contenido. Los muchos malentendidos del *Yoga Sutra* publicados hoy día suceden porque no se ha emprendido tal entrenamiento.

La clave para comprender el presente sutra es saber sobre qué cosa tenemos que practicar *samyama* para ganar el conocimiento de todos los espacios del mundo. Vyasa dice, "en la puerta del sol", lo cual no nos lleva mucho más lejos, pero sabemos que no puede ser el sol en el cielo - eso solo nos daría conocimiento de los espacios densos del mundo y no de los sutiles.

Vachaspati Mishra da una descripción más precisa en su *Tattva-Vaisharadi*: "En la puerta del sol significa en el tubo de *Sushumna*."[21] El *sushumna* es el eje y centro del universo sutil, el microcosmos. Cumple la misma función que el Monte Meru (*Kailash*) en el macrocosmos. Tal y como uno de los postulados del misticismo dice: "Como es arriba es abajo, como es adentro es afuera." Con la práctica del *samyama* en el centro del universo sutil, obtenemos conocimiento de toda su extensión. Hariharananda Aranya coincide en que la entrada solar es idéntica a la entrada del *sushumna*. En particular, dice que un rayo resplandeciente de luz subiendo desde el corazón es usado para este *samyama*.

Vijñanabhiksu también dice que la puerta solar se refiere a la entrada en la región de Brahman[22], Brahmarandhra, la puerta de Brahman, siendo otra palabra para el extremo superior del sushumna. Si la fuerza vital sale desde este punto del *sushumna* al momento del fallecimiento, la persona no regresa a este mundo para manifestar un nuevo cuerpo sino que se vuelve uno con la consciencia infinita o "entra a las regiones de Brahman".

---

21. J. H. Woods, trad., *The Yoga System of Patañjali*, p. 259.
22. *Yogavarttika of Vijñanabhikshu*, vol 3, trad. T. S. Rukmani, p. 123.

चन्द्रेतारव्यूहज्ञानम् ॥२७॥

III.27 A través del *samyama* sobre la luna, se conoce la disposición de las estrellas

Ni Vyasa ni ningún subcomentador histórico explican este sutra más a fondo. Aquí H. Aranya considera la "luna" como la entrada lunar, del mismo modo que el "sol" significaba la entrada solar. Cuando se ha obtenido el autoconocimiento, el *prana* saldrá por la puerta solar o puerta de Brahman al concluir la vida de la persona. Al no haber obtenido el autoconocimiento, la fuerza vital saldrá por el pasaje lunar, el cual Aranya equipara con las aberturas de los sentidos, como los ojos. Los órganos de los sentidos son aberturas a través de las cuales aprehendemos el mundo, los espacios densos del mundo. Así como el sol derrama su luz sobre la luz, y es solo a través de esta luz que la luna es conocida, así también la luz de la consciencia, que brilla a través del pasaje solar, es reflejada sobre el pasaje lunar, los sentidos. Solo a través de la luz de la consciencia es que nuestros sentidos pueden percibir.

Con el *samyama* sobre la puerta lunar (los sentidos), todas las cosas que se conocen a través de los sentidos - incluso los objetos más remotos como las estrellas - pueden ser conocidos. Este *samyama* hacen a los sentidos más hábiles para recolectar la información sensorial de objetos lejanos como los sistemas solares distantes.

ध्रुवेतद्गतिज्ञानम् ॥२८॥

III.28 A través del *samyama* acerca de la estrella polar, se conocen los movimientos de las estrellas

Este *samyama* debe practicarse justo después del anterior, dice Vyasa. Él agrega que si se efectuara *samyama* sobre los vehículos celestiales, algunas veces traducidos como "carruajes astrales", todo sobre ellos sería conocido. Para Shankara esto se refiere al conocimiento astrológico, que es el conocimiento de cómo las conjunciones y oposiciones de los objetos planetarios influencian la buena y mala fortuna de los seres vivos.

H. Aranya entiende esto como los movimientos reales de las estrellas en el cielo, los cuales pueden ser percibidos si uno mira firmemente la estrella solar por un largo tiempo. Vyasa considera que este sutra se refiere a ambos conocimientos, el astronómico y el astrológico.

नाभिचक्रेकायव्यूहज्ञानम् ॥२९॥

III.29 Del *samyama* en el *chakra* del ombligo, se deriva el conocimiento médico

Vyasa agrega que cosas tales como los tres *doshas* (*vata*, *kapha* y *pitta*) y los siete *dhatus* (la piel, la sangre, la carne, la grasa, el hueso, la médula y el semen) son cognocidos. Esos son términos ayurvédicos, siendo el *Ayurveda* el sistema ancestral de medicina de la India.

En el cántico tradicional dedicado a Patañjali, se le acredita la autoría del yoga, de la gramática y de la medicina. El *Charaka Samhita*, uno de los principales tratados sobre la medicina, es atribuido a él.

En este sutra Patañjali describe cómo él obtuvo su conocimiento de la medicina - no mediante décadas de investigación sino simplemente por medio de la práctica del *samyama* sobre el centro del cuerpo. De esta forma se comprenden todos los sistemas del cuerpo. Vijñanabhikshu explica que el ombligo es elegido por este *samyama*, porque los miembros y órganos de un feto crecen a partir del bulbo del ombligo (donde está conectado a la madre) al igual que una planta de banano crece a partir del bulbo de su raíz.

El bulbo (*kanda*) es un detalle intrincado de la anatomía sutil. Se dice que es el punto de terminación de todos los 72.000 *nadis*. El *Rishi* Vasishta señala que el ombligo constituye la parte media del *kanda*, desde el cual se originan los *chakras*[23]. Un *asana* llamado *Kandasana* está diseñado para estimular el *kanda* al presionar los talones en el abdomen.

कन्ठकूपेक्षुत्पपिासानवृित्ततिः ॥३०॥

III.30 El *samyama* sobre la cavidad de la garganta trae el cese del hambre y de la sed

De acuerdo con la medicina occidental, la actividad metabólica y, con esta, las disminuciones y los aumentos del hambre, están dirigidos por la glándula tiroides, que está situada en la garganta. Cuando la actividad tiroidea es alta, la persona tendrá hambre y metabolizará rápido. A menudo las personas con una glándula tiroides activa comen mucho y, sin embargo, no suben de peso. Los individuos con baja actividad tiroidea experimentan poca hambre pero, dado que el cuerpo metaboliza lentamente, suben de peso incluso si comen poco. El *samyama* en el lugar correcto desactivará cualquier experiencia de hambre y sed.

Este *samyama* tendría aplicaciones comerciales increíbles, puesto que es la "píldora" definitiva para adelgazar. Desafortunadamente, Patañjali no es específico y Vijñanabhikshu dice que el método exacto solo puede aprenderse de un "*shastra* de yoga especial" o de un gurú que lo enseñe.

कूर्मनाड्यांस्थैर्यम् ॥३१॥

III.31 El *samyama* sobre el *kurma nadi* lleva a la completa estabilidad

El *kurma nadi* es un canal de energía particular. Vyasa dice que este *samyama* conduce a la inmovilidad de una serpiente o de un lagarto, en otras palabras, a la inmovilidad del cuerpo. Sin embargo, Vijñanabhikshu y H. Aranya consideran que este sutra se refiere a la mente inmóvil, y Aranya cree que el *kurma nadi* significa los bronquios. Según su explicación, el apaciguamiento

---

23. Sw. Digambarji, ed. y com., *Vasishta Samhita*, Kaivalyadhama, Lonavla, 1984, p. 20.

del mecanismo respiratorio hará al cuerpo inmóvil. Esto llevará a que la mente se vuelva inmóvil.

Vijñanabhikshu dice que este *samyama* conducirá al estado estable de la mente. Él interpreta que el *kurma nadi* (el canal de la tortuga) significa el loto del corazón, puesto que está formado por una colección de nervios "en forma de una tortuga"[24]. Esto podría ser cierto. Su interpretación llevaría a la lectura del sutra como: "El *samyama* sobre la forma externa del loto del corazón conduce a la estabilidad de la mente." Al vincular el corazón con la mente, esto anticiparía el sutra III.34, en el cual Patañjali dice que la comprensión de la mente se gana mediante el *samyama* en el corazón.

मूर्धज्योतिषिसिद्धिधदर्शनम्॥३२॥

III.32 Al practicar *samyama* sobre el resplandor en la cabeza, los *siddhas* pueden ser vistos

Algunos seres, en su búsqueda de la libertad y su consecuente esfuerzo para mapear los posibles caminos para los demás, no solo se unieron a la consciencia infinita al momento de la liberación, sino que conscientemente se manifestaron de nuevo y crearon un vasto cuerpo de enseñanzas a lo largo de varias manifestaciones. La habilidad del *Rishi* Vyasa para "aparecer" y "desaparecer" se menciona con frecuencia en el *Mahabharata*. De modo similar, Patañjali reapareció en forma de Charaka para brindar enseñanzas sobre la medicina, mientras el propio Patañjali es considerado como una manifestación de la serpiente del infinito. A los maestros del linaje del Advaita - Gaudapada, Govinda y Shankara - se les considera como reapariciones de los maestros del linaje del Yoga.

Maestros consumados que pueden proyectar apariciones a voluntad se denominan *siddhas* en la India. Aquí Patañjali sugiere obtener el *darshana* o la visión de tales seres. En los *Puranas* (una categoría de escrituras), se relatan muchas historias donde la práctica de un yogui fue acelerada considerablemente al obtener el *darshana* y la instrucción de un *siddha*. El método para obtener tal audiencia, según Patañjali, es haciendo *samyama* sobre la luz en la cabeza.

Vachaspati Mishra explica que la luz en la cabeza significa aquí el *sushumna*, pero no profundiza. Esta luz surge cuando la *kundalini* asciende por el *sushumna* y entonces crea un resplandor en su extremo superior, que es la puerta de Brahman dentro de la cabeza. El *samyama* sobre esta luz llevará a la visión de celestiales. Por ejemplo, se relatan historias en las que al momento de la iluminación de Gautama Buda, en la muerte de Milarepa o durante los discursos de Yajñavalkya a Gargi y de Vasishta a Rama, el cielo estaba repleto de *siddhas* y seres celestiales.

प्रातिभाद्वासर्वम्॥३३॥

III.33 O bien todas las cosas serán conocidas con el brillo ascendente de la iluminación

Vyasa explica que este brillo ascendente es la anticipación del conocimiento discriminativo, el cual nos hará libres o nos liberará. Vijñanabhikshu declaró antes que todos los *samyamas*

---

24. *Yogavarttika of Vijñanabhikshu*, vol. 3, trad. T. S. Rukmani, p. 127.

descritos previamente solo deben ser efectuados por aquellos que desean los poderes que dichos *samyamas* hacen disponibles. Para todos aquellos que solo deseen la liberación, es suficiente el *samyama* sobre la diferencia entre el intelecto y la consciencia. En el presente sutra Patañjali indica que todos esos poderes llegarán automáticamente al inicio del autoconocimiento. No podemos evitar recordar el intento de seducción a Jesucristo por parte del Príncipe de las Tinieblas en el desierto. Gautama Buda tuvo la misma experiencia bajo el árbol Bodhi cuando Mara trató de seducirlo.

Los poderes son trampas que podrían seducir al practicante inmaduro. Son intentos del ego de apegarse una vez más a la apariencia y reclamarla como suya. Justo antes de que se alcanza el autoconocimiento, la inteligencia pura es cognocida y luego rechazada por no constituir el verdadero ser. Todos los poderes del mundo están contenidos en esta cognición de la inteligencia pura. Si nos aferramos a la inteligencia pura y la usamos para nuestra propia satisfacción, podemos tener todos los poderes de este mundo. Este momento está representado en las historias de Jesús y Buda por el diablo y Mara cuando aparecen y les ofrecen todos los imperios del mundo.

El diablo y Mara son metáforas del ego. El ego sabe que cuando se dé un paso más y se vea al ser, el ego se quedará sin poder para siempre. En el misticismo esto se llama la destrucción del ego, lo cual, denuevo, es solo una metáfora. A estas alturas, el ego juega la última atracción que tiene, que es su identificación con el último objeto que aparece antes de surgir el sol del autoconocimiento. Este último objeto es la inteligencia pura (*buddhi*).

El ego nos promete que si mantenemos la identificación y declaramos esta inteligencia como nuestra, podemos adueñarnos del mundo entero. Eso es verdad. La inteligencia pura, una vez libre de los grilletes de tamas y rajas, será capaz de penetrar cualquier objeto. Pero eso viene con un precio. Si mantenemos la identificación, el autoconocimiento y, por tanto, la libertad serán obstruídos. Solo a través de la entrega de toda identificación, se puede conocer lo que es intangible (la consciencia).

La siguiente nota al pie de página se ofrece a aquellos que quieren entender las finas diferencias en las escuelas de pensamiento de la India. Shankara dice en su subcomentario Vivarana: "Cuando el yogui efectúa *samyama* sobre el ser (*atman*)..."[25] Esta cita identifica al autor como un vedantista, el cual en efecto es. Patañjali, que sigue la escuela del Samkhya de Kapila, define el samyama como el esfuerzo combinado de *dharana, dhyana* y *samprajñata samadhi* (sutra III.4). El *samprajñata samahi* es el *samadhi* que se apoya, para su surgimiento, sobre un objeto (como el intelecto) y, por tanto, es denominado "samadhi con objeto". El *samprajñata samadhi* excluye el *atman*, que no es un objeto sino el sujeto. Si mantenemos *samadhi* sobre *atman* (la consciencia) entonces este es el "*samadhi* más allá del objeto" (asamprajñata o *nirbija samadhi*). De acuerdo con Patañjali, no se puede combinar el *nirbija samadhi* con el *dharana* y el *dhyana*, puesto que estos métodos implican el mantenimiento del ego. Para un vedantista como *Shankara* esto no representa ningún problema, puesto que todas las apariencias, incluyendo el ego, son consideradas como espejismos superpuestos sobre la única realidad verdadera, la consciencia.

हृडयेचत्तिसंवति॥३४॥
III.34 A través del *samyama* en el corazón, se gana la comprensión de la mente (*chitta*)

En este sutra Patañjali explica cómo él mismo ganó el conocimiento del yoga. De acuerdo con Patañjali, el yoga es la disciplina del aquietamiento de las fluctuaciones de la mente (sutra I.2). En esta definición, el yoga es declarado como una disciplina que trata sobre todo acerca de la mente, siendo esta el principal obstáculo que nos impide morar en la consciencia. Los estudiantes que no experimentan la mente como un obstáculo pueden proseguir y estudiar directamente la ciencia de la consciencia (el Vedanta). El Vedanta está explicado en el *Brahma Sutra*, el cual comienza con "athato brahmajijñasa", que significa "ahora, entonces, la investigación sobre la consciencia".

El término athato implica que para emprender esta investigación se deben cumplir ciertos requisitos de antemano. Los principales requisitos son que la cognición necesita estar libre de error y que las fluctuaciones de la mente (*chitta*) necesitan ser predominantemente sáttvicas. Si este no es el caso, no estamos preparados para la ciencia de la consciencia y primero debemos estudiar la ciencia de la mente, que es el yoga. Para los estudiantes que no pueden meditar directamente sobre la consciencia, el yoga les proporciona la oportunidad para volverse libres.

Patañjali expone en su *Yoga Sutra* una comprensión tan completa de la mente que todos los maestros subsiguientes lo aceptaron como la autoridad del yoga. ¿Cómo obtuvo tal conocimiento completo, tal comprensión del asunto? Lo hizo a través de la maestría del *samyama*.

Antes de Patañjali hubo maestros, como Hiranyagarbha, que escribieron tratados sobre el yoga pero fueron reemplazados por los de Patañjali. Posiblemente, el método del *samyama* no estaba tan perfeccionado antes de Patañjali.

La comprensión de la mente (*chitta*) y, con ella, la comprensión del yoga, se obtienen con el *samyama* acerca del corazón. El *Maitri Upanishad* indica que, cuando se retiene el combustible de los sentidos, la mente es reabsorbida en el corazón. Es reabsorbida en el corazón porque fue proyectada desde el corazón en primer lugar. El corazón es la fuente de la mente. Es por esta razón que se requiere el samyama en el corazón si queremos comprender la mente.

El *Chandogya Upanishad* dice: "Dentro de la ciudad de Brahman hay una casa con nueve puertas. Dentro de esta casa hay un pequeño altar en forma de una flor de loto [el corazón]." Sobre este loto se debe efectuar el *samyama*. Vijñanabhiksu confirma que con la práctica del *samyama* en esa morada llamada el corazón, hay percepción directa (conocimiento) de la mente.[26] Obviamente el lugar entendido aquí no es la estructura densa sino el loto del corazón en forma de *anahata*, que es llamado también el centro o el canal central.

---

25. T. Leggett, *Shankara on the Yoga Sutras*, p. 336.
26. *Yogavarttika of Vijñanabhiksu*, vol. 3, trad. T. S. Rukmani, p. 130.

सत्त्वपुरुषायोः अत्यन्तासंकीर्णयोः प्रत्ययाविशेषोभोगः परार्थत्वात्स्वार्थेसंयमात्पुरुषज्ञानम् ॥ ३५ ॥

III.35 La experiencia que sirve el propósito de otro es definida como la amalgama errónea entre el intelecto y la consciencia, los cuales son completamente distintos. A través del *samyama* sobre aquello que existe por su propio propósito, se puede obtener algún conocimiento concerniente a *purusha*.

Este es un sutra difícil pero altamente gratificante, una vez que es entendido correctamente. El término sánscrito usado aquí para el intelecto es *sattva*. Mediante la práctica, el estudio y el desapego, el intelecto común tiene que ser liberado de todo estupor (*tamas*) y frenesí (*rajas*). Solo el intelecto que se ha hecho sáttvico es una herramienta apta para la liberación. Esto hace que la forma sáttvica sea la forma natural del intelecto. Sin embargo, debido a la evolución, que en el yoga es vista como una degeneración del estado prístino, original y natural, el intelecto se ha ensuciado y manchado. Una vez que el intelecto ha sido regresado a su estado natural, podemos meditar sobre la diferencia entre el intelecto y la consciencia. Esta meditación eventualmente llevará a la liberación.

Ahora es necesario definir el término "experiencia". La palabra sánscrita usada es *bhoga*, la cual puede ser traducida también como "disfrute" o "consumo". El *Mundaka Upanishad* relata la historia de dos pájaros que posan en el mismo árbol de la vida. Uno está disfrutando o "comiendo" los frutos del árbol, los frutos del placer y dolor. El pájaro es el ser conceptual, fenoménico o egoico, a veces llamado *jiva* en el pensamiento indio. El otro pájaro solo observa silenciosamente y es testigo. Este es el ser verdadero o la consciencia verdadera, usualmente llamado *atman* o *purusha*. El primer pájaro, al comer el fruto del placer y dolor, cae en la desesperación e ignorancia. Sin embargo, al darse vuelta y reconocer la gloria de su amigo, el ser verdadero, el primer pájaro se vuelve libre.

El ser conceptual o fenoménico cree que puede adueñarse, acumular y consumir los fenómenos, un proceso que se llama *bhoga* o experiencia. El ser verdadero o la consciencia verdadera solo es observación consciente silenciosa o solo está presenciando en silencio. Este estado es el verdadero yoga o la libertad. *Bhoga* y yoga se oponen. O creemos en el juego de ganancias y pérdidas, la ilusión de que podemos acumular o perder los fenómenos, lo cual se denomina experiencia, o somos por siempre libres. El estudiante del yoga que ha experimentado toda la gama de emociones humanas, ahora en su sed, pide una experiencia (*bhoga*) de yoga y consciencia. Pero la consciencia está más allá de la experiencia, puesto que la experiencia es, por definición, impermanente y fluctuante. Sin embargo, la consciencia es eterna e inmutable; está más allá de la experiencia y debe ser conocida. El conocimiento lleva a la libertad con respecto a la sed de experiencia. Ninguna experiencia puede saciar esta sed. Al contrario, la experiencia siempre crea nueva sed de nueva experiencia.

Este sutra explica que la experiencia existe para el propósito del observador, como indica Patañjali. Esta es la razón por la cual al observador se denomina la "realidad profunda", la realidad que no puede reducirse a una capa más profunda. Según el *Samkhya Karika*, eso que solo existe por su propio propósito es *purusha* (la consciencia). Si la consciencia no existiera por sí misma sino por otro, tendríamos que proponer una capa todavía más profunda de la realidad debajo de la consciencia. Esto no es posible, dado que la consciencia ya es el absoluto sin forma.

Entonces, ¿sobre qué exactamente tenemos que hacer *samyama* para tener una idea del ser? Recordemos que el *samyama* incluye el *samadhi* con objeto, que según la definición de Patañjali, no puede dirigirse a *purusha*. Esto lo afirma H. Aranya al decir: "*Purusha* por sí mismo no puede ser el objeto del *samyama*."[27] Aquí se lleva a cabo el *samyama* sobre la imagen o el concepto de purusha que el intelecto ha desarrollado. "Con el *samyama* sobre la forma del conocimiento de *purusha*, se adquiere un conocimiento con respecto al *purusha* real."[28] Ahora entendemos por qué solo el intelecto *sattvika* es idóneo para tal investigación. El intelecto distorsionado por *tamas* o *rajas* nunca podría conducir al conocimiento correcto. Vyasa dice en su comentario que la práctica del *samyama* en la idea o el concepto de la consciencia lleva a la revelación (*prajña*) que tiene a *purusha* como su objeto.

¿Por qué eso es importante? ¿Acaso no es la revelación (*prajña*) todavía solo una propiedad del intelecto?

Como sabemos por el sutra II.27, la revelación es séptuple y es la etapa previa y el prerrequisito para el conocimiento discriminativo (*viveka khyateh*). El conocimiento discriminativo es la medicina que cura la enfermedad - la existencia condicionada, la cual ha sido causada por la ignorancia (*avidya*) - y nos lleva de vuelta al estado saludable, que es la libertad (*kaivalya*).

Ahora, el conocimiento discriminativo sí surge en el intelecto. ¿Cómo es eso posible? ¿Acaso la liberación no significa residir en la consciencia? Uno tiene o no tiene conocimiento discriminativo, lo cual lo hace cambiante. Cuando algo previamente desconocido llega a nuestra observación consciente, ese algo surge en el intelecto. Sin embargo, la consciencia es por siempre consciente e inmutable.

El conocimiento discriminativo no es más que la etapa final del despertar de la inteligencia. Una vez que se obtiene, se destruye la ilusión de que el intelecto forma una unidad funcional con la consciencia. El vínculo conceptual con la consciencia es cortado y la consciencia entonces brilla en su propia gloria. Esto ocurre sin que la consciencia pase por ninguna mutación. Solamente a través del aislamiento del intelecto manchado, se comprenden la independencia y soledad de la consciencia. La revelación (*prajña*) obtenida mediante el samyama descrito en este sutra es una etapa previa a eso.

ततःप्रातिभिस्रावाणवेदनाअदर्शाअस्वादवार्ताजायन्ते ॥३६॥
III.36 A partir de eso surgen la iluminación, la audición sobrenatural, el tacto sobrenatural, la visión sobrenatural, el olfato sobrenatural y el gusto sobrenatural

"A partir de eso" significa a partir del *samyama* previamente descrito. Esto es otro indicador claro de que el sutra anterior no estaba hablando sobre el autoconocimiento. Tales poderes no surgen del autoconocimiento. De hecho, ellos son un obstáculo para el autoconocimiento,

---
27. H. Aranya, *Yoga Philosophy of Patañjali with Bhasvati*, p. 312.
28. *Ibíd.*, p. 311.

porque el ego o el yo soy se aferra a los poderes y los reclama como suyos. Cualquier forma de identificación nos impedirá volvernos uno con el océano de la consciencia infinita.

¿Cómo surgen estos poderes (*siddhis*)? El primero, la iluminación (*pratibha*), ya ha sido descrito en el sutra III.33. Es una cualidad del intelecto que surge previo al conocimiento discriminativo (*viveka khyateh*). Los otros cinco son desarrollos sobrenaturales de los cinco sentidos. Recordemos que en el Samkhya los sentidos y los cinco elementos densos son proyectados hacia afuera por los cinco elementos sutiles (*tanmatras*). Los *tanmatras* pueden ser considerados como las esencias sutiles de los sentidos y elementos densos. De forma similar, el *ahamkara* o ego puede ser visto como la esencia sutil del mundo tal y como lo conocemos, y el intelecto cósmico puede ser entendido como la esencia sutil del ego.

Cuando el yogui ha alcanzado la etapa del intelecto sáttvico y ha practicado los *samyamas* mencionados en los sutras anteriores, percibe directamente la esencia sutil. Por ejemplo, en vez de ver, el yogui ve la luz divina - que es la visión en sí - y con ella todo lo que existe para ser visto. En lugar de escuchar, uno escucha el sonido divino y con él todo lo que hay para ser escuchado.

Vyasa explica que todas las cosas sutiles, ocultas, remotas, pasadas y futuras son percibidas, y muchas historias mitológicas se relacionan con personas obteniendo esos poderes. Cuando el rey ciego Drtharashtra fue a inspeccionar el campo de batalla de Kurukshetra sobre el cual todos sus hijos y parientes se habían reunido para matarse entre sí, a su cochero Sanjaya se le concedió el oído celestial para que pudiera informar todos los eventos al rey ciego. Con su recién descubierta habilidad fue capaz de escuchar todo lo que se decía en el campo de batalla y transmitirlo a Drtharashtra.

Otro ejemplo es el ojo celestial que Arjuna obtiene cuando le pide a Krishna que revele su forma cósmica (*Vishvarupa*), para contemplar al Señor conteniendo todos los universos en él. El sutra siguiente explicará más a fondo.

ते समाधवुपसर्गा[ः]व्युत्थाने सद्धियः ॥३७॥

III.37 Todos estos son poderes para la mente fluctuante, pero son obstáculos para el *samadhi*

Vyasa explica que los súper poderes nos estorban para conocer la verdad suprema, que es el ser en sí mismo. Todos los poderes son todavía solo fluctuaciones de la mente, las cuales nos impiden conocer la gloria del ser.

Ser capaz de ver el pasado y el futuro podría parecer muy poderoso para la mente fluctuante, ofreciendo una gran oportunidad para obtener ventaja sobre los demás, pero desde el punto de vista de la consciencia es absolutamente insignificante. El tiempo es un fenómeno que ocurre en *chitta* (la mente), que es *achit*, inconsciente. *Chit* (la consciencia) es el testigo de todos los modos de tiempo simultáneamente y conoce todo presentado ante él.

Todos los fenómenos, sean pasados, presentes o futuros, son idénticos en términos de su propósito. Son suministrados únicamente para que nos realicemos como consciencia infinita y pura. Sin embargo, dado que los poderes son considerados extraordinarios por la mente fluctuante, nos invitan a aferrarnos a ellos, y así nos impiden entrar en el *samadhi* sin semilla.

Vachaspati Mishra dice: "Ocasionalmente un hombre adquiere esas perfecciones y, debido al poder de estas, piensa que ha logrado su propósito y entonces podría ser que deje el *samyama*."[29] De hecho, existen muchas historias de practicantes que adquirieron tales poderes y que luego cayeron en desgracia al perseguirlos en vez de procurar la realización de la consciencia. Por ejemplo, uno podría ser un mendigo en el estado de vigilia y un millonario en el de sueños, y al adquirir los poderes podría fijar la ira en volverse un millonario en el estado de vigilia también. Sin embargo, todos estos estados, el mendigo y el millonario, vigilia y sueño, son solamente apariencias transitorias surgiendo ante la eterna observación consciente (*awareness*) de la consciencia. Si nos "adueñamos" de ellos, sea lo que sean, el *samadhi* sin objeto no puede surgir. Por esta razón, todos estos estados son un obstáculo para *samadhi*.

बदन्हकारणशैथल्ियात्प्रचारसंवेदनाच्चचत्तितस्यपरशरीरावेशः ॥३८॥

III.38 Al distender la causa del cautiverio y al conocer cómo se mueve la mente, nuestra mente puede entrar en otro cuerpo

La causa del cautiverio es la ignorancia. A partir de la ignorancia se producen las aflicciones (*kleshas*), las acciones basadas en las aflicciones, el nuevo *karma* y más impresiones subconscientes (*samskaras*) negativas. Todos juntos producen más ignorancia (*avidya*). *Avidya* y todas las impurezas relacionadas se eliminan gradualmente, primero con el *Kriya Yoga* (el yoga de la acción) y luego con el *Ashtanga Yoga* (el yoga de las ocho ramas). Este proceso también se conoce como la distensión de la causa del cautiverio.

El conocimiento de cómo la mente se mueve se logra por medio del *samyama* sobre el corazón. Vyasa explica que las ataduras traídas a la existencia por acciones previas se debilitan cuando los poderes yóguicos aumentan. El vínculo entre el cuerpo y la mente existe solo debido a las impresiones subconscientes. Una vez que estas han sido quitadas, lo cual se logra a través del *samadhi* con objeto, el yogui puede retirar su mente de un cuerpo y proyectarlo en otro.

Una historia interesante relata cómo el gran Shankara hizo exactamente eso. Algunos académicos occidentales y vedantistas han dedicado esfuerzos significativos para retratar a Shankara como exclusivamente un filósofo o un vedantista, pero a partir de sus tratados y su biografía podemos ver que también fue un gran maestro de yoga. Dos veces viajó a pie por todo el largo y ancho de la India en un intento por restablecer la comprensión correcta de los *Upanishads*, y en el curso de sus viajes venció, en disputas eruditas, muchos académicos de escuelas rivales.

Una de sus víctimas notables fue el afamado ritualista Mandana Mishra. Shankara debatió con Mishra por un mes entero hasta que Mishra admitió su derrota, lo cual significaba que tenía que convertirse en discípulo de Shankara. A estas alturas, la esposa de Mandana Mishra, Bharati, intervino, siendo ella una gran académica por mérito propio, y persuadió a Shankara de que la derrota de Mandana no sería completa hasta que él no la derrotara también. Sin embargo, al aceptar el desafío, el sorprendido Shankara descubrió que el tema del renovado debate sería el *kama shastra*, los tratados que enseñan el placer sexual. Se dio cuenta de que, debido al

---

29. J. H. Woods, trad., *The Yoga System of Patañjali*, p. 266.

hecho de haber sido un monje desde su niñez, no estaba preparado para encarar el desafío y pidió que el debate fuese aplazado por un mes.

Shankara había escuchado que en un reino cercano el rey recién había muerto y que sería cremado ese día. Shankara dio instrucciones a sus discípulos de que cuidaran de su cuerpo inconsciente durante su ausencia; enseguida, a través del método descrito en este sutra, retiró su mente de su cuerpo y la proyectó en el cuerpo del rey muerto. El cuerpo se volvió animado por el *prana shakti* de Shankara, justo cuando su propio cuerpo se volvió inanimado. Durante todo un mes Shankara "estudió" en el cuerpo del rey con las esposas del rey, todo lo que un monje usualmente no llega a estudiar. La teoría que sustenta esto, como usted podría haber adivinado, es que puesto que no usó su propio cuerpo, no sufrió ninguna "contaminación". Tras cumplir su misión, regresó a su cuerpo y derrotó a la esposa de Mandana en el debate usando su conocimiento recientemente adquirido.

La historia, que es omitida por algunos pero no todos, representa la vida de Shankaracharya. Algunos vedantistas ortodoxos de línea dura temieron que esta historia pudiera meter algunas ideas confusas en las mentes de los devotos. Ella es interesante para nosotros en virtud de constituir evidencia histórica de que el gran Shankara practicó existosamente la técnica de Patañjali.

उदानजयाअत्जलपण्खकण्टकादष्विसङ्गोऽत्क्रान्तशि्च ॥ ३९ ॥

III.39 A través de la maestría de la corriente *udana*, uno permanece intacto por agua, lodo y espinas, y al momento de la muerte uno se eleva

Existen cinco aires vitales principales. Vyasa los describe así: El *prana* se extiende desde la nariz hasta el corazón. El *samana* distribuye el alimento y va hasta el ombligo. El *apana* es una corriente descendente que va desde el ombligo hasta los pies. El *vyana* penetra todo el cuerpo. El *udana* es la corriente ascendente que se extiende desde los pies hasta la cabeza. Todos juntos se conocen como *prana*.

Con la maestría de la corriente ascendente, *udana*, se logra la ligereza. La ligereza se expresa en dos formas. Una es que el yogui, cuando viaja sobre el lodo, el agua o las espinas, lo cual normalmente lo llevaría a sumergirse o enredarse, ahora permanece sin contacto. En otras palabras el yogui flota sobre el lugar. La segunda manifestación se relaciona con el punto terminal de la corriente *udana*, que es el *brahmarandhra*[30], el punto final del *sushumna*. A través de la maestría del *udana*, al momento de la muerte uno sale del cuerpo por el *brahmarandhra*. El punto de salida está relacionado con el tipo de encarnación que uno encontrará en su próxima vida. Vyasa indica que el método nos permite morir a voluntad.[31] Esta afirmación concilia con relatos de maestros que conscientemente dejaron su cuerpo una vez concluido su trabajo.

La elevación al momento de la muerte también es ejercida a través de la meditación *Phowa*, que es uno de los *Seis Yogas de Naropa*. La escuela tibetana Karma Kagyu, la cual solía ubicarse alrededor del Monte Kailash, practica los yogas de Naropa. Ramamohan Brahmachary, quien estuvo viviendo en el Monte Kailash, enseñó algunas de estas técnicas, como *Tummo* (yoga del fuego interno) a Shri T. Krishnamacharya.

---

30. *Yogavarttika of Vijñanabhikshu*, vol. 3, trad. T. S. Rukmani, p. 151.
31. H. Aranya, *Yoga Philosophy of Patañjali with Bhasvati*, p. 315.

समानजयाज्ज्वलनम्॥४०॥
III.40 Con la maestría de la corriente *samana*, se adquiere el resplandor

Como fue descrito en el sutra anterior por Vyasa, la corriente samana es la responsable de distribuir el alimento y está localizada en el ombligo. En otras palabras, el *samana* aviva y sostiene el *agni*, el fuego digestivo. No se puede controlar el *agni* directamente, solo se puede dirigir a través del *samana*.

Este sutra dice que esto se puede llevar a tal extremo que el cuerpo del yogui brilla. Existen informes de yoguis usando sus cuerpos como antorchas en el oscuro bosque. De nuevo, esto está relacionado con los seis yogas de Naropa, en esta ocasión a *Tummo*, el yoga del fuego interno. En un caso, el fuego es usado para crear luz, en el otro para crear fuego. En *Tummo*, que es enseñado en el Tíbet, el yogui aprende a derretir hielo a un diámetro de varios metros alrededor del cuerpo.

श्रोत्राअकाशयोःसंबन्धसंयमात्दिव्यंश्रोत्रम्॥४१॥
III.41 A través del *samyama* acerca de la relación entre el espacio y el sentido de la audición, uno gana el oído divino

El oído divino o celestial fue tratado en el sutra III.36. Ahí se dijo que deriva del *samyama* sobre la imagen de la consciencia (*purusha*) surgiendo en un intelecto sáttvico. Aquí tenemos un método similar pero ligeramente diferente para llegar al mismo objetivo.

De acuerdo con el yoga, el espacio es el medio en el cual viajan las ondas de sonido. En el Samkhya, el espacio (*akasha*) es el elemento denso (*mahabhuta*) que se desarrolla, junto con el sentido de la audición, a partir del elemento sutil (*tanmatra*) del sonido. En otras palabras, el espacio y la audición dependen del elemento sutil del sonido que es su origen. Si hacemos *samyama* sobre la relación de los dos objetos (en este caso el espacio y la audición), reconoceremos su fuente común. En nuestro caso el *samyama* en la audición y el espacio llevará a la revelación del elemento sutil del sonido. Una vez que el elemento sutil es cognocido, el oído divino puede ser desarrollado.

कायाकाशयोःसंबन्धसंयमात्लघुतूलसमापत्तेश्चाअकाशगमनम्॥४२॥
III.42 A través del *samyama* sobre la relación entre el espacio y el cuerpo o por medio del *samapatti* en los objetos que tienen una cualidad de ligereza, como una fibra de algodón, es posible el viaje a través del espacio

¿Cuál es la relación entre el espacio y el cuerpo? El cuerpo consiste de cuatro elementos, pero para su manifestación estos cuatro elementos dependen del espacio. Ninguna manifestación es posible sin el espacio. Vyasa escribe que la relación entre los dos es que el espacio penetra el cuerpo. A través del *samyama* sobre esta relación, se gana la habilidad de colocar el cuerpo en el espacio a voluntad.

Todos los objetos están formados por patrones vibratorios. En el yoga llamamos a estos patrones "sonido", incluso si las vibraciones no son audibles para el oído humano. De acuerdo con H. Aranya, se efectúa *samyama* sobre el sonido sin golpe (*anahata nada*) que impregna todo el cuerpo.³² Por supuesto, el sonido sin golpe significa un sonido inaudible. Como el *akasha* es el medio a través del cual viaja el sonido, el desentrañamiento del sonido o patrón vibratorio del cuerpo lleva a la habilidad de colocar el cuerpo en el espacio dondequiera que uno desee.

Se puede ganar un efecto similar al meditar en objetos que tienen la propiedad de ligereza. Hoy se usa este efecto en la PNL (programación neurolingüística). Si uno quiere alcanzar el desempeño de, digamos, un determinado atleta, uno puede enfocarse completamente en ese atleta y, de esa forma, duplicar toda su experiencia. La principal razón por la cual alguien es capaz de llevar a cabo una cierta acción es que ha asociado esta habilidad con su sentido del yo (*ahamkara*). Es un hecho muy conocido que la creencia de que uno tendrá éxito en cualquier cosa que uno emprenda tiene la tendencia de manifestar ese mismo resultado. Esta tendencia es tremendamente potenciada por la hipnosis, la cual puede cambiar creencias inconscientes sobre uno mismo. El *samyama* es aún más efectivo, porque uno reemplaza conscientemente impresiones subconscientes (*samskaras*) indeseables por unas deseables.

बहिरकल्पितावृत्तिर्महाविदेहाततः प्रकाशआवरणक्षयः ॥४३॥

III.43 El "Gran Incorpóreo" es un método que funciona fuera del cuerpo denso y más allá de la imaginación. A través de su aplicación, el velo que cubre la luminosidad es destruido.

Esta es una técnica de meditación avanzada. Los occidentales tienen un concepto de meditación que a menudo está fuertemente influenciado por la meditación budista Vipassana o el Zazen japonés. La principal técnica en esas formas de meditación es estar alerta y simplemente observar lo que sucede, sea esto la respiración, la actividad mental o la sensación física. Tenemos que soltar este concepto si queremos comprender la meditación según el *Yoga Sutra*.

Como el Budismo Tibetano y el Tantra, el Ashtanga Yoga propone un sistema mucho más elaborado de meditación que asegura mostrar resultados más rápidos, dependiendo de nuestro punto de partida. El *Vijñana Bhairava*, una colección de 112 técnicas de meditación, sugiere ver nuestra vida diaria como si fuera un sueño y actuar en nuestros sueños como si estuviéramos despiertos. El propósito del método es comprender que ambos estados no son la realidad en sí misma sino que pueden ser reducidos a un tercer estado, que es la relidad profunda o la consciencia.

Luego, encontramos en los *Seis Yogas de Naropa* una técnica llamada el Yoga del Cuerpo Ilusorio. En las instrucciones leemos lo siguiente: "Dentro del cuerpo humano crudo y kármico yace la esencia pura del cuerpo de Buda oculta por los aferramientos y las confusiones de los hombres. A través de la práctica del *samadhi* sobre el Yoga del Cuerpo Ilusorio, estos aferra-

---

32. H. Aranya, *Yoga Philosophy of Patañjali*, p. 318.

mientos y estas confusiones gradualmente se despejarán... Como resultado, los *pranas*, *nadis* y *bindus samsáricos* son purificados."[33] Es en este contexto que este sutra debe ser entendido. Los tres sistemas del Tantrismo, Ashtanga Yoga y Budismo Tibetano emplean métodos que son ocultos, mágicos, alquimistas, chamánicos y transformadores. En este sentido son muy similares entre sí y difieren de los sistemas más racionales e intelectuales - Vedanta, Samkhya, Budismo Theravada y Budismo Zen. Ahora entenderemos que un budista tibetano o un tántrico indio será capaz de comprender la siguiente descripción, mientras que un swami vedantista o un budista de Sri Lanka la desechará como abracadabra.

El sutra describe un método llamado *mahavideha* - "el Gran Incorpóreo" - según el cual proyectamos nuestra mente afuera del cuerpo y nos imaginamos que estamos en otro lugar. Si logramos esto pero aún percibimos nuestro cuerpo denso, entonces se denomina imaginado (*kalpita*). Si estamos completamente establecidos en nuestro cuerpo proyectado y nos hemos vuelto independientes del cuerpo denso, entonces se llama no imaginado (*akalpita*) o real. Se practica primero el *kalpita* y luego este lleva al akalpita. Una vez que el akalpitase ha perfeccionado se llama el Gran Incorpóreo.

Como con el Yoga del Cuerpo Ilusorio, proyectamos un cuerpo creado por nuestra imaginación. Y como con el *Vijñana Bhairava*, aceptamos hipotéticamente una cosa como real que sabemos es irreal (nuestros sueños). Esto se hace para reducir el apego a y la identificación con nuestro cuerpo denso y con el estado de vigilia. El apego consiste de ego (*ahamkara*). La creencia de que "yo soy el cuerpo" es lo que nos impide realizarnos como consciencia.

Vyasa explica que la práctica reduce las aflicciones, el *karma* y su triple fructificación. También se dice que elimina *tamas* (estupor) y *rajas* (frenesí), los cuales cubren *sattva* (la inteligencia) en la mente. De esta forma, como lo explica el texto budista, se reducen los "aferramientos y las confusiones" y "se purifican los *pranas*, *nadis* y *bindus*."

स्थूलस्वरूपसूक्ष्मान्वयार्थवत्त्वसंयमात्भूतजयः ॥४४॥

III.44 Los elementos pueden ser descritos en términos de cinco atributos, que son la densidad, la naturaleza esencial, la sutileza, la inherencia y el propósito. Si se hace *samyama* sobre los cinco atributos de forma sucesiva, entonces se obtiene la maestría de los elementos.

La literatura de los subcomentarios sobre este sutra es bastante extensa. Es sorprendente ver un análisis tan preciso y profundo de la naturaleza y la experiencia desarrollada por los antiguos sabios de la India. Es especialmente interesante luego ver las creencias del hombre contemporáneo de haber sido él quien inventara la ciencia y el pensamiento por un lado, y de que nuestros ancestros eran bárbaros por el otro.

Los cinco atributos que describen los elementos son:
- Densidad: Lo que podemos percibir con los sentidos, como la forma de un objeto o si se trata de sonido, luz o agua.

---

[33]. G. C. C. Chang, trad., *Teachings and Practice of Tibetan Tantra*, p. 87.

- Naturaleza esencial: Por ejemplo, la liquidez del agua, la obstrucción de la tierra, la cualidad gaseosa del aire, etc.

Sutileza: La esencia sutil (*tanmatra*) de un elemento. El *tanmatra* de un elemento particular es la forma más sutil en la cual ese elemento todavía puede ser percibido. El *tanmatra* es percibido en *samadhi* y solo puede reducirse al ego (*ahamkara*) y al intelecto (*buddhi*). Sin embargo, en esas formas ya no guarda relación con un elemento particular, razón por la cual se dice que el *tanmatra* es la esencia del elemento.

- Inherencia: La combinación de las cualidades (*gunas*) *sattva*, *rajas* y *tamas* presente en un elemento. Cada elemento tiene una composición particular de *gunas*, la cual puede ser conocida en la meditación profunda.
- Propósito: Para qué está aquí un elemento - a saber, primero para proveer de la oportunidad para la experiencia y segundo, cuando ha habido suficiente experiencia de placer y dolor, para proporcionar la liberación.

La técnica de meditación sugerida aquí consiste de una penetración sucesiva de niveles más y más profundos de elementos hasta alcanzar su centro. Si tomamos el agua como ejemplo, primero se efectúa *samyama* sobre su forma externa, que es el agua. Luego, se hace *samyama* sobre su naturaleza esencial, que es la liquidez. El siguiente *samyama* es practicado sobre *ap-tanmatra*, que es la esencia sutil del agua, perceptible solamente en *samadhi*. El cuarto *samadhi* es efectuado sobre la combinación de *gunas* que constituyen el agua, que en este caso está constituida por un nivel mucho más elevado de *rajas* que de *tamas* puesto que el agua es muy móvil y puede envolver otros objetos. El último *samyama* es el más importante. Uno percibe que el objeto no existe para sí mismo, sino que su propósito es suscitar la consciencia y la cualidad de observación consciente (que es experiencia) y luego su habilidad para conocerse a sí misma (que es liberación).

Finalmente, el sutra dice que con este *samyama* se puede ganar la maestría de los elementos. Tener la maestría de los elementos significa cumplir el propósito de estos, que es comprender para qué están aquí.

ततोऽणिमादिप्रादुर्भावःकायसंपत्तद्धरानभिघातश्च ॥४५॥

III.45 De ese *samyama* llegan los ocho *siddhis*, los cuales no están obstruidos por las características del elemento

Los ocho *siddhis* son:
- Volverse diminuto.
- Volverse ligero.
- Volverse enorme.
- Alcanzar cualquier cosa lejana.
- Ser capaz de penetrar cualquier sustancia.
- Manifestar cualquier cosa que uno elija.
- Ser capaz de controlar las apariencias.
- Ser capaz de cumplir todos los propios deseos (omnipotencia).

Se dice que los ocho *siddhis* no son obstruidos por los elementos. De hecho, los últimos tres acogen la manipulación de los elementos a voluntad. Pero, dice Vyasa, el yogui no usará ni puede usar este poder para cambiar cualquier cosa en este mundo. Esto es porque el orden de los elementos en este mundo está dispuesto así por aquel que ha sido perfeccionado desde el mismísimo comienzo. Ese ser perfeccionado es, por supuesto, el Ser Supremo. En otras palabras, a pesar de que los poderes no son obstruidos por los elementos, están obstruidos por el orden establecido por el Ser Supremo.

रूपलावण्यबलवज्रसंहननत्वानिकायसंपत् ॥४६॥

III.46 La perfección del cuerpo es belleza, fuerza, gracia y solidez adamantina

En vez de comentar, Vyasa repite el sutra al decir que la perfección del cuerpo consiste de hermosura, resplandor, fuerza insuperable y dureza adamantina. Shankara y H. Aranya rehúsan por completo hacer comentarios sobre Vyasa, mientras que Vachaspati Mishra y Vijñanabhiksu simplemente repiten las palabras de Vyasa - ¡las cuales son prácticamente una repetición de las de Patañjali! Aquí estamos viendo el único de los 195 sutras que ningún comentador fidedigno desea comentar.

La razón para su silencio es que el cuerpo es visto como el ego materializado. Cuando haces al cuerpo perfecto, significa que hacemos al ego perfecto. La causa de la libertad es soltar la identificación con el cuerpo y el ego. Los comentadores guardan silencio porque quieren evitar conducir al estudiante por un camino equivocado - la búsqueda de la perfección del cuerpo.

ग्रहणस्वरूपास्मिताअन्वयार्थवत्त्वसंयमातिन्द्रियजयः ॥४७॥

III.47 Del *samyama* sobre el proceso del conocimiento, el atributo esencial, el ego, la inherencia y el propósito, llega la maestría de los sentidos

El sutra está relacionado con el sutra III.44, pero esta vez con el proceso de conocimiento o el proceso de percepción como el objeto.

- Se hace el primer *samyama* sobre el proceso de conocimiento, el cual podemos ejemplificar mediante la consideración del sentido de la vista. Los rayos de luz son reflejados por un objeto, luego recopilados por el ojo, transmitidos a la mente y comparados con datos previamente recabados sobre tales objetos. El proceso de conocimiento involucra la presentación de un objeto, un órgano de sentido como el ojo o el oído, y la mente para reconocer el objeto.

- El atributo esencial es el intelecto/la inteligencia. De acuerdo con Vyasa, la naturaleza de la inteligencia es iluminar cualquier cosa que se presente. Milagrosamente, podríamos agregar. Se llama el atributo esencial porque, sin esta esencia de derramar luz sobre los objetos, ningún conocimiento es posible. La inteligencia es como una luz, como una antorcha en la oscuridad. Una vez que se apaga, incluso si los objetos, los ojos y la mente están aún presentes, la acción de ver no es posible.

La inherencia es aquello que es inherente a todos los aspectos tratados hasta ahora. El proceso de conocer, el intelecto y el ego son todos formados por las tres *gunas* de *prakrti*: *rajas*, *tamas* y *sattva*. Por tanto, la inherencia constituye las *gunas*.

- El ego es el agente que se adueña de la percepción. Mientras que la inteligencia es el conocimiento puro, el ego dice: yo soy quien conoce; yo percibo ese objeto. Sin este dueño, la percepción está ahí, pero no hay nadie que perciba.
- Como en el sutra III.44, se efectúa el último *samyama* acerca del propósito. En este caso es el propósito de la percepción, pero aun así idéntico al propósito en el III.44. El propósito del mundo es ser visto. El propósito de la percepción es ver. Ambos están ahí para que el intelecto deduzca la existencia del sujeto, la consciencia. A partir de ahí, eventualmente el observador habita o descansa en el ser verdadero, que es la consciencia. Este estado es, entonces, la libertad (*kaivalya*).

La maestría de los sentidos es una reversión del proceso de proyección de sí mismo hacia afuera. El proceso normal es proyectarnos hacia afuera a través de la inteligencia, del ego y del proceso de conocimiento, y eventualmente identificarnos con los objetos como una casa, un vehículo, el estatus social o la habilidad para conquistar posturas de yoga. Este proceso también se llama evolución.

Opuesto a este está la involución, la cual conduce desde la normalidad hasta el estado natural. El estado natural es no proyectarnos hacia afuera a través del proceso de conocimiento sino conocernos a nosotros mismos como consciencia. La maestría de los sentidos en este contexto significa aceptar la libertad y el éxtasis permanentes que se encuentran solamente dentro, y por tanto, no permitir que los sentidos se extiendan y agarren los objetos de deseo.

ततोमनोजवत्विंवविकरणभावःपरधानजयश्च ॥४८॥
III.48 De esta [maestría de los sentidos] llega la habilidad para mover el cuerpo con la velocidad de la mente, la independencia con respecto al cuerpo y la maestría sobre la causa de la manifestación

Mover el cuerpo con la velocidad de la mente significa estar dondequiera que uno se proyecte. Los antiguos maestros como Vyasa demostraron este método.

La independencia con respecto al cuerpo es la habilidad para llevar a cabo acciones que normalmente requerirían de un cuerpo pero no recurren a él. Esto significa proyectar una mente, y a partir de esa mente proyectada un cuerpo es manifestado. Esto será discutido con mayor detalle en el sutra IV.4.

La causa de la manifestación es la naturaleza (*prakrti*). Pero la identificación con la manifestación solo inicia porque la observamos sin autoconocimiento, sin el recuerdo de sí. Al renunciar la creencia errónea (a través del *samyama*) que somos el mundo, *prakrti* deja de manifestarse (al menos en lo que a nosotros respecta: ella todavía se manifestará para los demás). Esta es la maestría de la causa de la manifestación. Maestría no es la manipulación de la creación a nuestro antojo, porque eso implicaría que tendríamos un interés en este mundo. Cualquier necesidad de manipular este mundo refleja una noción errónea de adueñarse de los fenómenos, lo cual se deriva de la falta de autoconocimiento.

सत्त्वपुरुषान्यताख्यातिमात्रस्यसर्वभावाअधिष्ठातृत्वंसर्वज्ञातृत्वचे॥४९॥

III.49 A partir del conocimiento de la diferencia entre el intelecto y la consciencia llega la soberanía sobre todos los estados del ser y la omnisciencia

Este es uno de los sutras claves del tercer capítulo. Cada cosa escuchada hasta ahora apunta a la purificación y al empoderamiento del intelecto. Finalmente, el intelecto se ha hecho totalmente sáttvico o una manifestación pura de *sattva guna*, que es sabiduría e inteligencia. En tal intelecto eventualmente surge el conocimiento de que la cualidad de observación consciente (awareness), el observador, no está localizado dentro de él, sino que es una capa (o entidad) separada y más profunda. La principal diferencia entre los dos es que el intelecto es fluctuante: puede ser o no consciente de un objeto. Sin embargo, la consciencia es observación consciente, sin cualidad y eterna e invariablemente pura.

Del conocimiento de la diferencia entre el intelecto y la consciencia llega la supremacía y la omnisciencia.

La omnisciencia es conocer todo lo que hay para ser conocido. Una vez que uno suelta la identificación con el intelecto, uno puede descansar en la verdadera esencia como consciencia. Cuando uno descansa en la consciencia, el mundo es conocido. Esto se debe al hecho de que el mundo solo surge a través de la observación pasiva de la consciencia y para el propósito de la consciencia de realizarse. En otras palabras, la naturaleza intrínseca de todos los fenómenos es solo para proveer de conocimiento a la consciencia. Cuando se gana este conocimiento, se conoce la naturaleza intrínseca de todos los fenómenos.

El mismo hecho corresponde a la soberanía de todos los estados del ser. Todos los estados del ser, desde sufrir el mayor tormento hasta ser el gobernante más poderoso del mundo, son idénticos en el sentido de que el experimentador se identifica con el contenido de las experiencias, los fenómenos. Esto hace al experimentador impermanente, puesto que todos los fenómenos fluctúan. También se dice que tales seres van de muerte en muerte. Dado que ellos no alcanzan el autoconocimiento con esta muerte sino que todavía se identifican con el cuerpo, se deben facilitar futuras muertes (y vidas) hasta que la verdad sea vista.

Superior a todos estos estados de ser es el estado en el cual uno se conoce a sí mismo como consciencia eterna, indestructible. En este estado uno se separa del cuerpo al momento de la muerte como una fruta madura de la vid. Puesto que la consciencia es permanente, se dice que tal persona es inmortal. La inmortalidad en el yoga es un estado incorpóreo. Todo lo que nace debe morir, dado que el nacimiento carga la semilla de la muerte. Por tanto, ser inmortal significa no volver a nacer.

तद्वैराग्यादपिदोषबीजक्षयेकैवल्यम् ॥५०॥

III.50 A través del desapego supremo hacia inclusive la soberanía y la omnisciencia, las semillas del *karma* futuro son destruidas, lo cual resulta en la libertad (*kaivalya*)

El estado de soberanía descrito en el sutra anterior tiene que ser entregado para volvernos libres. Si nos aferramos a los poderes, el ego surgirá y dirá: soy "yo" quien es poderoso. Esta unión con lo transitorio nos sumergirá de nuevo en la existencia condicionada. Todos los poderes y todo el conocimiento son transitorios porque el intelecto mismo es impermanente.

Vyasa explica cómo sucede este desapego (*vairagya*) supremo. El yogui se da cuenta de que el conocimiento discriminativo surgió en el intelecto y de que es una propiedad de él. Puesto que el intelecto es, por tanto, fluctuante y mutable, no es más que una manifestación de las *gunas*. Patañjali expresa esto al denominar al intelecto *sattva*, que no es más que el nombre de una de las tres *gunas*. El yogui sabe que las *gunas* solo comenzaron a manifestar el mundo debido a nuestra ignorancia. De esta forma, el conocimiento discriminativo puede ser visto como el enlace final en una larga cadena que comenzó con la ignorancia (*avidya*).

Una vez que esto es entendido, el yogui comprende que la consciencia es eterna, inmutable y por siempre libre, siendo completamente intocable por la presencia o ausencia del conocimiento discriminativo o del intelecto. De esta comprensión llega el desapego completo del intelecto, el cual corta con el vínculo ilusorio entre la consciencia y la existencia condicionada.

Junto con el desapego del intelecto llega la disolución de cualquier noción de agente, la ilusión de que somos el hacedor. De ahí, sigue la destrucción de las semillas del *karma* futuro y renacimiento. De esta destrucción de todos los grilletes y vínculos surge el estado de consciencia cósmica o *kaivalya*.

स्थान्युपनिमन्त्रणेसङ्गस्मयाकरणंपुनरनिष्टप्रसङ्गात् ॥५१॥

III.51 Las invitaciones de los seres celestiales no deberían causar ni orgullo ni apego, dado que el mundo volvería a causar consecuencias indeseables

De acuerdo con Vyasa existen cuatro tipos de yoguis. El primer tipo está practicando, y para él la luz está apenas naciendo (sutra I.36). El segundo tipo ha logrado el *samapatti* suprarreflexivo (*nirvichara*) y, por tanto, recibe el conocimiento cargado de verdad (sutra I.48). El tercer tipo ha alcanzado la maestría de los elementos y sentidos pero todavía está practicando (sutras III.44 y III.47), mientras que el cuarto ha trascendido la práctica y está acercándose a la liberación.

De estos cuatro tipos, el primero no es de interés para los seres celestiales, en tanto que el tercero y cuarto están fuera de su alcance. Sin embargo, según Vyasa, el segundo tipo suscitará su atención. Ellos tratarán de seducirlo ofreciendo inmortalidad física, los servicios de ninfas complacientes, sátiros, vehículos espaciales y árboles que cumplen deseos, así como también clarividencia y clariaudiencia. Más aún, se le prometerá encuentros con los grandes maestros, se le dará un cuerpo adamantino, etc. Los celestiales dirán que uno ha ganado legítimamente todo eso a través de la práctica. El problema es que, al aceptar tales invitaciones, se desarrollarán el orgullo y el apego a las recién descubiertas adquisiciones. Estos rápidamente consumirán el mérito de nuestra práctica y nos sumergirán otra vez en la ignorancia y oscuridad.

Uno necesita entender que esos celestiales están en las garras de la muerte debido a su propio apego al placer. El yogui necesita desapegarse de estas invitaciones para ganar la libertad.

क्षणतत्क्रमयोःसंयमात्विकजंज्ञानम् ॥५२॥
III.52 Del *samyama* acerca del momento y de su secuencia llega el conocimiento nacido de la discriminación

Según Vyasa, se define un momento (*kshana*) como la partícula esencial del tiempo, así como el átomo es la partícula esencial de la materia. Vyasa ofrece una segunda definición, que es, el tiempo que toma un átomo para viajar de un punto en el espacio al punto adyacente.

Si observamos un flujo continuo de tales momentos, esto se llama *krama*, secuencia o sucesión de momentos. No obstante, tal secuencia no es una acumulación de momentos. En realidad, un momento se transforma en el siguiente momento y de nuevo en el siguiente. Siempre vemos solo un momento. Los conceptos tales como una hora o un día nos dan la idea de tiempo, pero de hecho no existe el tiempo. El tiempo es solo una construcción de la mente, la cual es incapaz de comprender la momentaneidad. Nadie ha visto jamás el futuro o el pasado, puesto que siempre existe solo el presente. La mente desarrolla conceptos de futuro y pasado para endenter por qué no percibe determinados objetos.

La mente alega que los objetos desaparecieron en un pasado elusivo o que ellos aparecerán en un futuro aún más elusivo. Todas las cosas existen en todas las direcciones simultáneamente. Los fenómenos se manifiestan y regresan a su estado potencial en este mismo momento. Nunca nada ocurrió en el pasado ni ocurrirá en el futuro. Debido a que nuestra actividad mental no puede entender que todas las cosas están sucediendo en el presente, desarrolla el concepto del tiempo. Pero el tiempo solo existe en la mente. Es su técnica para organizar los fenómenos uno detrás de otro porque la mente no comprende el mundo.

Las personas que tuvieron experiencias cercanas a la muerte informaron que vieron sus vidas pasar rápidamente. Esto sucede porque la mente se suspende al momento de la muerte. Entonces descansamos en la consciencia hasta que la mente se transforma otra vez. Desde el punto de vista de la consciencia nuestra vida entera ocurre simultáneamente en un momento.

Cuando dedicamos un momento para reflexionar, descubrimos que hay algo en nosotros que siempre estuvo ahí y que nunca ha cambiado. Parecía anciano cuando éramos jóvenes, hasta cierto punto no menguadopor nuestra juventud. En la vejez este mismo aspecto de nosotros mismos de repente se siente joven, atemporal y completamente inafectado por lo que llamamos el curso del tiempo. Este aspecto de nosotros es el ser verdadero, la consciencia. No tiene pasado ni futuro. Está ahí simultáneamente en nuestro nacimiento, en nuestra juventud, durante nuestros años de madurez y al momento de la muerte. Del mismo modo que un río está simultáneamente en su fuente, en las montañas, en las planicies y en su desembocadura: está ahí en todos los lugares a la vez.De igual forma, la consciencia no usa el tiempo para ir del nacimiento a la muerte. Todas las cosas suceden en un momento.

Se llama secuencia cuando pasamos de un momento al siguiente. Una secuencia de momentos, de acuerdo con Vyasa, no equivale al tiempo, dado que solo existe siempre el momento presente. Sin embargo, los momentos individuales difieren unos de otros, ya que todos los agregados de *prakrti* están en flujo constante.

Si se hace *samyama* sobre el momento y su sucesión, surge el conocimiento nacido de la discriminación. Esto se debe al hecho de que este *samyama* resaltará cualquier cosa que fluctúe. Lo que sea que fluctúe es un producto de *prakrti* y, por tanto, no es nosotros, purusha (la consciencia), nuestra verdadera naturaleza. En este *samyama* cualquier cosa que sea permanente sobresaldrá frente alo que seatransitorio. La discriminación tiene lugar de esta manera.

जातलिक्षणदेशैःअन्यताअनवच्छेदात्तुल्ययोःततःपरतपित्ततिः॥५३॥

III.53 De eso, se pueden distinguir dos objetos que son idénticos en tipo, característica y posición en el espacio

En la secuencia de momentos por la que atravesó, cada objeto pasó por una historia de mutación diferente a la de cualquier otro objeto, auque ese otro objeto tenga la misma función y esté en el mismo lugar. Del *samyama* en la sucesión de momentos, tal diferencia puede ser cognocida.

El sutra dice que un yogui puede distinguir incluso dos objetos que son absolutamente idénticos. Si colocamos dos objetos idénticos - digamos dos monedas de la misma denominación - ante un yogui con los ojos vendados y luego intercambiamos la posición de los objetos, el yogui puede distinguir cuál de los objetos estuvo en cuál posición anteriormente.

Esto es posible porque, aunque los objetos parezcan superficialmente idénticos, ellos pasaron por una historia de cambio diferente - por ejemplo el objeto A estuvo primero en la posición 1 y luego en la posición 2, mientras que el objeto B estuvo en la posición 2 y luego en la posición 1.

तारकंसर्ववषियंसर्वथावषियमक्रमंचेतविविकजंज्ञानम्॥५४॥

III.54 El conocimiento discriminativo nos permite cruzar. Es integral y está más allá del tiempo

Eso que nos permite cruzar (el océano de la existencia condicionada) tiene que surgir en cada practicante. No puede deducirse de la enseñanza de un maestro. Por esta razón, siempre se mencionan las tres etapas de la contemplación.

- *Shravanna* - Escuchar al maestro que está exponiendo la verdad conforme a la escritura. (Es importante que un maestro no invente su propia verdad, sino que esta concuerde con las enseñanzas de, literalmente, centenas de generaciones de maestros.)
- *Manana* - Reflexionar y contemplar la verdad. Se fomenta la duda. Pregunte al maestro si usted no está convencido. No se quede satisfecho con la creencia. Solo cuando usted tiene convicción absoluta puede ocurrir el siguiente paso.
- *Nidhidhyasana* - Conocer y residir permanentemente en la verdad.
- La verdad se vuelve nuestra solamente con el último paso. No es suficientemente simplemente escuchar o leer.

"Integral" significa que nada está oculto para este conocimiento. El "conocimiento discriminativo" significa ser consciente de aquello que es diferente, la consciencia. Una vez que esta observación consciente está ahí, uno conoce todas las cosas que surgen ante la consciencia. Dado que no hay ninguna otra entidad ante la cual surjan los fenómenos aparte de la consciencia, todas las cosas que surgen son conocidas - todo inclusivo.

"Está más allá del tiempo" significa que este conocimiento no surge en el tiempo. Es un conocimiento que discrimina entre los fenómenos y el receptáculo en el cual ellos surgen. El tiempo es solo otro fenómeno surgiendo en el receptáculo. Con esta observación consciente, todos los fenómenos ocurren simultáneamente. El conocimiento discriminativo está más allá de *manas* (mente) y solo puede ser ganado por *buddhi* (intelecto).

सत्त्वपुरुषयोःशुद्धसाम्येकैवल्यम्॥५५॥

III.55 Cuando el intelecto se ha hecho tan puro como la consciencia ya es, resulta la liberación

Este sutra señala la importancia del intelecto. La consciencia no desempeña ningún papel en la liberación puesto que es por siempre libre e inactiva. Esto también se declara en el *Samkhya Karika*. La consciencia (*purusha*) nunca puede estar atada, porque es por siempre libre y, por tanto, no puede ser liberada. Similarmente, el *Karika* dice que la consciencia se sienta cómadamente como un espectador y tan solo ve. Es *prakrti* que de forma desinteresada proporciona la liberación (y el cautiverio). Ese rol desinteresado de prakrti llevó al concepto de la diosa madre *Shakti* en la posterior filosofía tántrica, donde la consciencia es identificada como Shiva.

La pureza de la consciencia consiste en su inmanchabilidad con respecto a los fenómenos que son proyectados en ella. La mente es impura porque es manchable por los fenómenos como las aflicciones (*kleshas*), la ignorancia (*avidya*) y las acciones (*karmas*). Los fenómenos dejan impresiones (*samskaras*), las cuales nos obligan a actuar de acuerdo con el condicionamiento previamente adquirido. Por consiguiente, la mente es no libre y la consciencia es libre.

Aquí de nuevo Patañjali usa el término sattva para la inteligencia. Significa que, a través de la práctica del yoga, todos los rastros de tamas (estupor) y rajas (agitación) han sido eliminados, y que hemos alcanzado un estado de inteligencia pura. En ese estado, todas las nociones equivocadas son reemplazadas por el conocimiento correcto o la verdad (*rta*).

Porque ahora percibimos las cosas como realmente son, no se pueden desarrollar más aflicciones ni se puede acumular *karma* futuro. Es solo en este estado que el intelecto puede comprender la naturaleza de la consciencia, y todo apego a y toda identificación con los aspectos de *prakrti* son abandonados. Ahora el ser descansa en sí mismo.

Capítulo IV: Sobre la Liberación

जन्मओषधिमन्त्रतपस्समाधिजाःसदि्धयः ॥१॥

IV.1 Los poderes sobrenaturales (*siddhis*) pueden surgir de nacimientos previos, drogas, *mantras*, austeridades y *samadhi*

El cómo esos poderes surgen del *samadhi* fue abordado en el tercer capítulo. Los mismos poderes también pueden ser adquiridos a través de otros medios; en tales casos, no son poderes yóguicos. Aparte del *samadhi*, Patañjali cita cuatro formas diferentes para acumular dichos poderes. Él las enumera en orden jerárquico, comenzando con la forma más baja de todas.

La primera forma es la adquisición de poderes a través del nacimiento. Algunos niños muestran dones especiales al nacer. Estos solo pueden entenderes como dones adquiridos en una vida previa. Bajo esta luz se puede ver la musicalidad extrema de Mozart a los cuatro años de edad.

Otra forma de adquirir poderes es mediante el uso de hierbas, químicos y drogas. Vyasa se apresura al decir que este método es usado en la morada de los demonios. H. Aranya menciona las pociones de brujos que les permitía salir del cuerpo.[1] Shankara escribe sobre el *soma*[2], la droga mencionada en los Vedas por la cual los *devas* (dioses) lograron la inmortalidad. Algunas investigaciones interesantes publicadas por R. G. Wasson señalan la posibilidad de que el *soma* védico se identifique con el hongo *Amanita muscaria*, el cual también fue usado por chamanes siberianos.[3]

Otra tradición de la India es la de los Rasa *Siddhas* quienes, como los alquimistas europeos, usaron hierbas y drogas para ganar poderes y conseguir la longevidad. James Gordon White habla de testimonios históricos de yoguis en la India que prolongaronla duración de su vida a más de 275 años a través de la aplicación combinada de mercurio purificado y *pranayama*.[4] Vijñanabhikshu menciona la conversión de metales inferiores en oro por medio de hierbas medicinales. De nuevo, tanto los Rasa *Siddhas* como los alquimistas procuparon alcanzar esto.

El siguiente método mencionado por Patañjali es el mantra. Esta ténica es usada en el yoga principalmente bajo los títulos de *pratyahara* y *dharana*. Por ejemplo, el *pranava* (el mantra del OM) se describe como siendo proferido por el Ser Supremo (*Ishvara*). Los *Upanishads* nos aseguran en muchos pasajes que al repetir este mantra y eventualmente escucharlo, se puede conocer al Ser Supremo. La segunda rama del Kriya Yoga, tal cual es enseñada por Patañjali, es *svadhyaya*, la cual incluye la repetición del mantra.

Sin embargo, el uso del mantra mencionado en este sutra difiere del enfoque yóguico. Aquí, el mantra es usado como un hechizo que es lanzado para obtener algún tipo de ventaja. En el *Atharva Veda*, se mencionan muchos hechizos que pueden producir todo tipo de resultados, pero no el conocimiento de nuestra verdadera naturaleza. Aquí, el único objeto de deseo es la adquisición de poderes.

El último método no samádhico para obtener los poderes mencionados en este sutra es la austeridad (*tapas*). Este es el método más popular en la historia de la India. Arjuna se marchó a

---

1. H. Aranya, *Yoga Philosophy of Patañjali with Bhasvati*, p. 347.
2. T. Leggett, trad., *Shankara on the Yoga Sutras*, p. 366.
3. R. G. Wasson, *Soma: Divine Mushroom of Immortality*, Harcourt Brace Jovanovich, 1970.
4. J. G. White, *The Alchemical Body*, The University of Chicago Press, Chicago, 1996.

los Himalayas para aumentar sus capacidades marciales al efectuar *tapas*; el poderío del demonio rey Ravanna fue producido a través de la austeridad; el demonio rey Bali acumuló su poder por el mismo medio. De nuevo, este uso de la austeridad no es parte del yoga, puesto que el yogui no busca poder sino libertad. La austeridad en el Yoga de Patañjali es la primera rama del Kriya Yoga, en donde el objetivo del enfoque solo es volverse independiente de los estímulos externos. La autotortura para acumular poderes es rechazada por el Señor Krisha, quien dice en el *Bhagavad Gita*: "Aquellos que torturan el cuerpo me indignan, que soy el morador interno [en el cuerpo]."

Por tanto, estas cuatro formas para llegar al poder son consideradas inferiores por el yogui. Son inferiores porque aquí la acumulación del poder siempre conducirá a la acumulación de nuevo *karma*.

जात्यन्तरपरिणामःप्रकृत्यापूरात् ॥ २ ॥

IV.2 La transformación en un nuevo nacimiento llega a través de la naturaleza (*prakrti*)

Todas nuestras acciones, palabras y pensamientos, según sean virtuosos o nocivos, producen impresiones subconscientes (*samskaras*). Todas esas impresiones subconscientes proveen de un marco o molde. Cuando se necesita un nuevo cuerpo, los elementos de la naturaleza (*prakrti*) se precipitan en este molde y lo llenan, de la misma forma en que el agua llena la forma de un recipiente. De acuerdo con estos *samskaras*, la naturaleza producirá un nuevo cuerpo. ¿Qué sucede exactamente para que un nuevo cuerpo se manifieste?

La respuesta es que es un mecanismo inherente a *prakrti*. En otras palabras *prakrti* está diseñada para llevar a cabo esa acción. De acuerdo con el Yoga y el Samkhya, el cuerpo, también denominado el instrumento externo, consiste de diez sistemas de órganos, que son las cinco funciones de los sentidos (visión, audición, tacto, gusto y olfato) y las cinco funciones de acción (hablar, caminar, agarrar, excretar y procrear).

Estos diez sistemas de órganos son manifestados por los cinco elementos densos (éter, aire, fuego, agua y tierra). Los cinco elementos densos son manifestados a su vez a través de los cinco potenciales elementales (*tanmatras*), los cuales se denominan sonido, tacto, gusto, forma y olfato.

Los pontenciales elementales o potenciales infratómicos consisten de varias combinaciones de las tres *gunas*: *rajas*, *tamas* y *sattva*. Las tres *gunas* son prakrti hecha manifiesta.

Prakrti es la causa creativa de todas las manifestaciones y particularmente del cuerpo. Aunque el cuerpo es producido por *prakrti* y no por nosotros, somos nosotros los que, con nuestras acciones pasadas, manifestamos las condiciones en las cuales *prakrti* crea.

नमित्तमप्रयोजकंप्रकृतीनांवरणभेदस्तुततःक्षेत्रकिवत् ॥३॥
IV.3 Nuestras acciones no son la causa creativa del nuevo cuerpo, ellas solo quitan la obstrucción, como un agricultor

No podemos afirmar que somos la causa creativa de nuestros cuerpos. Ellos son creados por la naturaleza (*prakrti*). Sin embargo, a través de nuestras acciones creamos las impresiones subconscientes (*samskaras*), las cuales forman el modelo original según el cual después la naturaleza manifiesta un cuerpo en un instante. Si bien la naturaleza es la causa creativa o cuantitativa del cuerpo, nuestras acciones desempeñan el papel de la causa cualitativa. El tipo de cuerpo, la duración de la vida y la experiencia asociada que tenemos depende de nuestras acciones y no de *prakrti*.

El símil usado en el sutra es el de un agricultor irrigando un arrozal. Al abrir una compuerta de irrigación el agricultor elimina la obstrucción y el agua puede inundar el campo. La causa creativa aquí es aún la naturaleza, la cual manifiesta el agua y la gravedad, ambas necesarias para la inundación del campo. El agricultor no está bombeando el agua a través de la fuerza física sino solamente dirigiendo las fuerzas de la naturaleza. De igual modo, con nuestras acciones solo podemos abrir una compuerta y en un instante *prakrti* manifiesta un cuerpo según las condiciones determinadas por nosotros.

La forma particular en la cual el cuerpo es manifestado está determinada por las acciones, los pensamientos y las palabras que dejan *samskaras*. Sin embargo, el acto de manifestación es llevado a cabo por *prakrti*.

नर्मािणचत्तिान्यस्मतिामात्रात् ॥४॥
IV.4 Las mentes creadas surgen de un solo yo soy (*asmita*)

Para comprender este sutra primero tenemos que entender a qué se refiere Patañjali con "mente creada" (*nirmana chitta*); también tenemos que recordar que el cuarto capítulo del *Yoga Sutra* trata acerca de la liberación (*kaivalya*) y todos los temas relacionados. Para un novato del yoga algunos de esos términos parecerán remotos, pero ellos eran consideraciones razonables para los antiguos maestros.

El presente sutra habla de la situación de un maestro cuya mente ha ido más allá del estado habitual de la suspensión (*nirodha*). Cuando mi mente está en el estado de suspensión, eso significa que la usaré como un músculo. Usar la mente como un músculo significa usarla únicamente cuando hay trabajo para ella. En otros momentos, la mente está suspendida y resido en el corazón.

Ir más allá de esa etapa significa entrar en las etapas finales de la revelación séptuple descrita en el sutra II.27, llamada la libertad con respecto a la mente. Aunque la mente misma es considerada eterna en el yoga, para el yogui que se está acercando a la liberación, la mente pierde su control. Se dice que los componentes de la mente (las *gunas*) entonces regresan a su fuente (*prakrti*). Esta etapa es alcanzada cuando el yogui se da cuenta de que no hay absolutamente ningún trabajo adicional para la mente, lo cual significa que él ha logrado la culminación. Sin embargo, aunque todo el trabajo del yogui podría estar culminado, pudiera haber trabajo por hacer para otros o para el bien común.

En este caso, el yogui pasará a convertirse en un *siddha*. Uno no puede entrenar para esto. La decisión de si uno se vuelve un *siddha* no es tomada por el individuo sino que, dependiendo de nuestro punto de vista filosófico favorito, por *prakrti*, por la inteligencia cósmica (que es un producto de *prakrti*), por el Ser Supremo (el cual, si seguimos el Vedanta, es la causa de *prakrti*) o por Shakti, la Diosa Madre (una personificación de *prakrti*).

Un *siddha* es un maestro liberado que puede manifestar cuerpos y apariencias a voluntad, a menudo con el propósito de enseñar. De acuerdo con la creencia popular de la India, los maestros Patañjali, Vyasa y Shankara eran tales *siddhas*. Acerca de Shankara, por ejemplo, se dice que no murió sino que transformó su cuerpo en un arcoíris. Se dice que Vyasa y Patañjali son inmortales o se manifiestaron en encarnaciones consecutivas para servir.

De acuerdo con Vyasa, el presente sutra responde a la pregunta de si los diferentes cuerpos manifestados por un *siddha* están dirigidos por mentes individuales o comparte una mente común. Si se propusiera que el *siddha* manifestó cuerpos a partir de una mente, eso contradiría la definición misma de *siddha*. El *siddha* es un ser que ha alcanzado la libertad con respecto a la mente; en otras palabras, ninguna mente está presente entre las diferentes manifestaciones.

Ahora Patañjali dice que las muchas mentes son creadas por el mismo yo soy (*asmita*). Esto significa que el único aspecto que *prakrti* conserva de un *siddha* entre las manifestaciones es su yo soy. Esta respuesta es la única filosóficamente correcta. Si se conservara la mente, el *siddha* no sería un *siddha* después de todo. Si el *siddha* fuese reducido a la inteligencia pura (*buddhi*), no podríamos argumentar que todavía estamos viendo al mismo *siddha* a través de las encarnaciones subsecuentes.

El yo soy (*asmita*) es una función de la egoidad (*ahamkara*). Patañjali también usa *asmita* para referirse al egoísmo cuando habla sobre las aflicciones, pero en un sentido más general lo usa en vez de *ahamkara* y, ergo, significa egoidad cósmica.

De acuerdo con el Samkhya, de prakrti surge la inteligencia cósmica, la cual no incluye un sentimiento de identidad. De la inteligencia cósmica ahora surge la egoidad cósmica (*ahamkara*), que dice "yo soy" y "todo esto es percibido por mí", en cambio el intelecto es solo inteligencia pura sin esa noción.

De *ahamkara* surge el cuerpo (las cinco funciones de los sentidos y las cinco funciones de la acción) y la mente. A partir de este escenario tenemos que darnos cuenta de que esa egoidad (*ahamkara*) es necesaria para el proceso de manifestación. Sin la egoidad no hay separación con respecto a la consciencia; sin ella no hay manifestación, cautiverio, experiencia, ni liberación. Por tanto, la egoidad es uno de los aspectos componentes de la manifestación y la creación.

La egoidad o el yo soy es también uno de los objetos idóneos para la meditación. Precisamente hablando, es uno de los objetos más elevados sobre los cuales meditar, solo superado por el intelecto (*buddhi*). La consciencia no es considerada como un objeto para la meditación, puesto que es el sujeto.

En el yoga, meditar sobre la egoidad/el *ahamkara* no significa pensar "tengo un ego tan maravilloso y grande" o lo opuesto a ese pensamiento como "odio mi ego y quiero destruirlo". Meditar en la egoidad/el *ahamkara* significa que cada vez que aparece un pensamiento, me vuelvo consciente de la facultad que dice "estoy teniendo ese pensamiento". Si nos atribuimos la identidad con esa facultad, eso se llama evolución, manifestación, cautiverio, y eventualmente sufrimiento e "ir de muerte en muerte". Si nos mantenemos desapegados del ego, lo cual según el Samkhya y el Yoga no es nuestro sino que, al igual que la mente y el intelecto, pertenece a *prakrti*, entonces estamos en el camino hacia la involución, disolución, liberación, y finalmente éxtasis y libertad.

Esta egoidad, este dueño, es el prerrequisito para el surgimiento de la mente, lo cual tiene sentido después de la explicación anterior. La mente es un simulador de la realidad con el propósito de sustentar (la supervivencia) una entidad separada (la egoidad) de la causa subyacente de la existencia (la consciencia). Si no existe un poseedor (la egoidad) de la percepción, no puede haber ningún uso para una facultad que organiza la percepción (la mente), cuyo propósito es ser una posesión.

Patañjali ahora dice que de un único dueño (*asmita*) brotan muchas mentes o pueden proyectarse hacia afuera. De esta forma, se responde la pregunta de si muchos cuerpos manifestados a partir de un ser tienen varias mentes o una mente. Cada cuerpo tiene una mente individual, creada a partir de un solo yo soy.

प्रवृत्तभिदेप्रयोजकंचित्तमेकमनेकेषाम् ॥५॥
IV.5 Una mente dirige las diferentes actividades de las mentes creadas.

La pregunta que este sutra responde es: "Si la mente original del *siddha* se disuelve cuando el *siddha* se vuelve inmanifiesto, ¿cómo puede un *siddha* aparentar estar en varios lugares al mismo tiempo en la siguiente encarnación?"

Patañjali responde esto al decir que el *siddha* crea una mente central a partir de la cual se crean las actividades de las mentes individuales proyectadas. Aunque las muchas mentes no son creadas a partir de una mente sino del yo puro, aún así la mente central del *siddha* dirige las mentes individuales.

H. Aranya distingue en su explicación entre el yo puro y lo que él llama el ego mutante.[5] El yo puro del cual se proyectan las diferentes mentes estaría libre de lo que normalmente llamamos egoísmo, que es una mutación que surge después.

तत्रध्यानजमनाशयम् ॥६॥
IV.6 De las cinco formas de acumulación de los *siddhis*, aquella que nace de la meditación es sin residuo kármico

En el primer sutra del capítulo Patañjali habla de las cinco formas para acumular poderes sobrenaturales (*siddhis*). De estas, las acumulaciones mediante el nacimiento, las drogas, el

---

5. H. Aranya, *Yoga Philosophy of Patañjali with Bhasvati*, p. 352.

mantra y la austeridad vienen con depósito o residuo kármico e impresiones subconscientes. En otras palabras, ellas no hacen al practicante libre.

En esos cuatro casos los *siddhis* se desarrollan antes de alcanzar el conocimiento discriminativo. Esto significa que el yogui ahora se atribuirá los poderes o se adueñará de ellos, lo cual lleva a la amalgama errónea entre la consciencia por un lado y los poderes por el otro. Pero exactamente esa amalgama constituye la ignorancia, como el sutra II.24 establece.

Si los poderes se desarrollan después del conocimiento discriminativo, el yogui los rechazará como algo no esencial, impuro, transitorio y no perteneciente al ser. Ahora ellos son vistos como producidos por la naturaleza (*prakrti*) y no como pertenecientes al ser verdadero. En las primeras cuatro formas de acumulación, si los poderes son usados, dejarán nuevas impresiones subconscientes que llevarán a más *karma* y acciones basadas en la ignorancia. Si son usados por aquel que los obtuvo en *samadhi*, usualmente serán empleados para el bien común, como en el caso de Patañjali que con el fin de ser entendido, se dirigió a todos sus estudiantes en sus propios idiomas maternos. Sin embargo, si los poderes están asociados con el *samadhi* con objeto, la egoidad aún puede aparecer. Ellos solo deben ser usados por la persona liberada, que está más allá de la ganancia y la pérdida, más allá de la virtud y del vicio. Estos pares de opuestos son explicados en el siguiente sutra.

कर्माशुक्लाकृष्णंयोगनिःत्रविधिमतिरेषाम् ॥७॥
IV.7 El *karma* del yogui no es ni blanco ni negro; el de los demás es triple

En total, cuatro tipos de *karma* se citan aquí.

El *karma* del villano es negro, dado que él efectúa acciones con la intención de dañar a otros. Este tipo de *karma* llevará al futuro sufrimiento y a la ignorancia.

El *karma* de una persona promedio es mixto, lo cual significa que es blanco y negro. H. Aranya explica que el simple intento de preservar nuestra riqueza incluye un esfuerzo para evitar que otros la obtengan. Esto implica imponer sufrimiento sobre ellos. Toda nuestra sociedad está organizada alrededor de la idea de competir contra otros por recursos limitados. Cuanto más competitiva se vuelve una sociedad, como es el caso de una sociedad altamente industrializada, más exitosa es en agotar los recursos que pertenecen a sociedades menos competitivas. Ser parte de tal sociedad y adherirnos a sus ideas básicas nos hace corresponsables de la extinción de especies en peligro, de la destrucción de culturas indígenas y del mantenimiento de la mayor parte de los habitantes de este planeta en condiciones de pobreza.

A pesar de haber amplias oportunidades para hacer el bien, no seremos capaces, como lo muestra el *Mahabharata*, de tomar las decisiones correctas. Las vidas humanas son tan complejas que estamos destinados a tomar malas decisiones. De ahí que la mayoría de las personas tienen un *karma* que es una mezcla de blanco y negro, virtud y vicio.

Para que una persona solo acumule *karma* blanco, es necesario recorrer el camino de servicio desinteresado hacia otros sin perseguir ningún objetivo personal. Sin embargo, podemos decir que el objetivo de tal persona es la acumulación exclusiva de *karma* blanco. El mérito kármico, de acuerdo con el pensamiento de la India, lleva a una vida en uno de los cielos. La vida es infinitamente más placentera ahí que en la Tierra, pero debido a que esto es así no se emprende ningún paso hacia la liberación. Una vez que se agota el mérito kármico, uno cae de nuevo a la Tierra.

Estos tres tipos de *karma* son aquellos de los demás, es decir, los no yoguis. El *karma* del yogui no es ni blanco ni negro ni mixto: es del cuarto tipo. Por eso el camino del yoga es algo enteramente diferente al camino del hacedor del bien. En las escrituras yóguicas y en los *Upanishads* se habla repetidamente de aquel que va más de la virtud y del vicio y de aquel que va más allá de la ganancia y la pérdida.

El camino del santo trata acerca de la acumulación del mérito celestial a través del ejercicio de acciones virtuosas. El yoga está de acuerdo con que hay un cielo que puede ser alcanzado a través de tal acción, pero luego pasa a decir que este cielo no es lo que el yogui busca, ya que es un estado que es creado y por tanto impermanente. Es impermanente porque primero es ausente y después es presente. Es creado porque a través de la ejecución de ciertas acciones podemos crear este estado en nosotros mismos.

El estado de libertad que el yoga describe es eterno eincreado, y no puede ser producido ni creado por ninguna acción. En este sentido, el Yoga coincide con el Advaita Vedanta. Y Shankara ha mostrado en su comentario sobre el *Brahma Sutra* que Brahman no puede ser alcanzado a través de la acción. Toda cosa creada tiene un inicio y, por consiguiente, un fin. Toda cosa que es creada, alcanzable y cambiable en el Yoga es, por definición, una parte de *prakrti*. En otras palabras, no es nuestro ser.

Todas las cosas que son creadas, producidas y logradas se disolverán, se desmoronarán y desaparecerán. Sin embargo, el estado que estuvo aquí antes de que aparecieran todas las cosas, que ha estado aquí durante la existencia de la creación y que continuará estando aquí después de que todas las cosas creadas desaparezcan es *purusha*, la consciencia eterna. Este estado no puede ser logrado con acciones virtuosas; por tanto uno necesita ir más allá de la virtud y del vicio, más allá de la ganancia y la pérdida. En la acción virtuosa todavía está el ego que quiere ganar, aun si aspire al cielo. Más allá de la virtud y del vicio está la observación consciente (*awareness*) que no cambiaa lo largo de todos los estados, el estado que está antes de las nociones mentales de virtud y vicio, el estado ante el cual aparecen la virtud y el vicio.

ततःतद्विपाकानुगुणानामेवाभविय्यक्तिःवासनानाम् ॥ ८ ॥

IV. 8 De los tres tipos de *karma* resultan los condicionamientos, los cuales de nuevo producirán acciones correspondientes

Como fue explicado en el sutra II.13, el resultado de todas las acciones son los condicionamientos (*vasanas*) apropiados, que conducirán a la ejecución de acciones correspondientes. Por tanto, cualquier experiencia, sea esta de placer, dolor, odio, miedo, amor o cualquier cosa, tendrá la tendencia inherente de producir experiencias similares. Por eso, la ejecución de acciones virtuosas puede ser el simple producto del condicionamiento, y por sí misma no puede llevar a la liberación.

Las acciones virtuosas y nocivas por igual conducen al condicionamiento (*vasana*), que es una programación robótica de nuestro subconsciente. Este condicionamiento lleva a la fluctuación de la mente, la cual es la coloración de la realidad según nuestro condicionamiento. Sea que vivamos en el túnel de realidad del villano o en el del santo, todavía es una realidad producida artificialmente, que no es la verdad, la tal-cualidad (la realidad tal cual es) o la realidad profunda. Las acciones virtuosas deben efectuarse, pero sin ningún apego al resultado. El yogui no lleva a cabo buenas acciones para obtener el reconocimiento o cualquier forma de mérito, dado que el mérito llevaría al apego y al nuevo surgimiento de la egoidad. Desde el punto de vista de la egoidad, no es una cuestión de si llegamos a ella a través de buenas o malas acciones. Cualquier tipo de acción al cual nos apegamos nos separa del océano de la consciencia infinita.

El cuarto tipo de *karma*, que es el del yogui, no es ni blanco ni negro ni mixto. El *karma* del yogui produce *samskaras* que obstruyen las otras impresiones (sutra I.50). Estas son las impresiones de la quietud mental. Esto lleva eventualmente al cese de la mente.

जातदिशकालव्यवहितानामप्यान्तर्यांस्मृतिसंस्कारयोःएकरूपत्वात्॥९॥
IV.9 La conexión entre la memoria y la impresión subconsciente existe aun si ellas están separadas por nacimiento, tiempo y espacio

El condicionamiento surge del depósito kármico (*karmashaya*) y consiste de impresiones subconscientes (*samskaras*). Los dos se refuerzan mutuamente. De acuerdo con H. Aranya, la memoria es la "transformación cognitiva" o la "re-cognición" de las impresiones subconscientes.[6] La memoria solo existe debido a la *samskara*. La impresión subconsciente fomenta la producción de memorias relacionadas, las cuales llevarán a más impresiones que conducen en la misma dirección. Una educación violenta creará una tendencia subconsciente de aceptar la violencia como normal, y causará memorias de violencia. Más tarde, las dos juntas promoverán más acciones violentas, como golpear a los propios hijos y esto, a su vez, producirá más impresiones subconscientes y memoria.

Si un condicionamiento (*vasana*) está almacenado y no está activo en nuestra vida presente, se llama depósito kármico (*karmashaya*). Esto significa que está en espera para fructificar. Podría ser que a lo largo de varias vidas acumulemos impresiones relacionadas con ser una persona violenta. Y aun si somos personas justas y pacíficas en cada vida individual, siempre habrá un residuo de violencia presente que está oculto. Este residuo lentamente aumentará y reunirá fuerzas en el almacén kármico. A su debido tiempo llegará a fructificar y, entonces, todos los depósitos relacionados con esa encarnación de repente saldrán a la superficie y se manifestarán, sea que se hayan acumulado en muchas vidas, en varios lugares diferentes, o incluso en distintos períodos históricos.

El estar en una buena posición ahora no significa que la encontraremos en la próxima vida. Es posible que hayamos usado todo nuestro mérito en esta vida y que encarnaciones inferiores pudieran estar a la vuelta de la esquina. Del mismo modo, si vemos a una persona a quien perci-

---

6. H. Aranya, *Yoga Philosophy of Patañjali with Bhasvati*, p. 359.

bimos como desdichada, ella pudiera recién agotar su último demérito y tener a continuación una encarnación como un grande santo. Hay una leyenda popular de la India que ilustra esta dinámica. Un santo vivía en frente de una prostituta. El santo observaba que la prostituta recibía visitas diarias de muchos hombres y él realmente la detestaba por eso. Estaba tan absorto en su disgusto que a menudo le era difícil meditar. La prostituta, por otro lado, observaba al santo y sentía gran alegría por él. Cada vez que podía, lo miraba, y él se volvió un rayo de luz en su vida, que por lo demás era sombría.

Cuando el santo murió, todos los miembros de la comunidad llegaron juntos y ofrecieron una gran ceremonia, pues cada uno le guardaba una enorme estima. Cuando la prostituta falleció nadie asistió, porque nadie quería tener nada que ver con ella. Cuando llegó el momento de renacer, el santo descubrió horrorizado que nacería como prostituta. No solo había agotado todo su mérito adquirido previamente en su vida como santo, sino que también había creado en su mente, a través de su constante desprecio hacia la prostituta, impresiones subconscientes (*samskaras*) que lo hicieron prostituta en su vida siguiente.

La prostituta nació como santo. A través de su constante meditación en la santidad ella había creado un condicionamiento (*vasana*) que la hizo santo en su vida siguiente. Esta historia muestra que, aunque estemos en una buena posición ahora, eso no significa que ella continuará en el futuro. No hay ninguna razón para descansar en nuestros laureles. De igual forma, no necesitamos juzgar a alguien quen actualmente aparenta estar en una posición menos ventajosa. Esto puede cambiar rápidamente.

El sutra continúa la línea argumentativa de que la acumulación del buen *karma* nunca nos hará libres. Solo produce momentos agradables, los cuales podrían agriarse en cualquier momento. Martin Luther King y Mahatma Gandhi fueron probablemente los mayores visionarios y filántropos del siglo XX. Sin embargo, sufrieron muertes violentas. En el océano de la existencia condicionada, una ola podría levantarnos y en el siguiente momento otra ola podría arrastrarnos hacia abajo otra vez. Puesto que nuestros *karmas* pasados están ocultos, nunca sabremos qué nos depara próximamente el almacén. Por estas razones, se debe entregar todo el apego a la acción. En todos los casos, la acción es efectuada por *prakrti*, como se indica en el *Bhagavad Gita*. Si nos realizamos como consciencia, somos libres de todos los *karmas* futuros, sean blancos, negros o mixtos.

तासामनादित्वंचाशिषोनित्यत्वात् ॥१०॥

IV.10 Estas *samskaras* y memorias son sin inicio, dado que el deseo no tiene inicio

Hay un deseo en los seres vivos de perpetuar su propia existencia. Dado que este deseo existe en todos los seres, debe ser a causa de tendencias subconscientes (*vasanas*) eternas e increadas. Hoy llamaríamos a eso el subconsciente colectivo. Estos vasanas increados nos conducen a la conclusión de que la mente (*chitta*) misma es increada y penetra todo. Esta comprensión se opone a la visión vedantista, en la cual las samskaras y la mente representan solo la superposición errónea de un espejismo en la realidad (consciencia). Si nos damos cuenta de que una serpiente es en realidad solo una cuerda, la idea errónea de la serpiente termina. De esta forma se dice que la mente subconsciente y el mundo desaparecen una vez que se conoce su verdadera esencia, la consciencia (Brahman).

Esta es la razón por la cual a los vedantistas les resulta difícil interpretar el Yoga correctamente. Algunos vedantistas ampliamente publicados han hecho mucho daño al interpretar erróneamente que el Yoga sugiere a los practicantes "detener cada pensamiento", "desconectar los sentidos", "eliminar los sentidos", "eliminar la mente", "anular el ego" o "eliminar el pícaro ego". Esas sugerencias podrían servir en el contexto del Vedanta, pero si son transferidas al Yoga, ellas crean la impresión de un culto esotérico de autoaniquilación. De hecho, algunas personas creen que el Yoga es eso. En el Yoga, consideramos que el mundo es real y que la mente y el ego son eternos. No hay nada de malo con estos tres, pero si queremos volvernos libres necesitamos dejar de identificarnos con ellos. Solo entonces podemos reconocernos como aquello que siempre fue libre: la consciencia. No es necesario cortar, eliminar, anular; de hecho, ellos son pasatiempos que aumentan la egoidad.

Dado que la mente, el ego y el mundo se aceptan como reales, sin principio e increados, no es la mente misma lo que debemos eliminar, sino su maquillaje, el cual consiste de fluctuaciones (*vrtti*). Lo que es irreal en el yoga es la amalgama errónea entre la consciencia por un lado y las evoluciones de *prakrti* - el mundo, la mente, etc. - por el otro. Esta amalgama errónea o falsa unión (*samyoga*) termina cuando los *vrtti amainan* y la mente se aquieta. Entonces, la consciencia descansa en sí misma.

हेतुफलाअश्रयाअलम्बनैःसंगृहीतत्त्वातेषामभावेतदभावः ॥११॥

IV.11 Las impresiones subconscientes se mantienen unidas por la causa, el resultado, la base y el objeto de soporte. Si estos cesan, las *samskaras* también cesarán.

Este sutra examina la composición de las impresiones subconscientes. Se dice que ellas dependen de cuatro hechos: la causa, el resultado, la base y el objeto de soporte.

- La causa de nuestras impresiones subconscientes es la ignorancia (*avidya*). A través de la ignorancia nos proyectamos hacia afuera en el mundo de los fenómenos, creyendo que somos los fenómenos. Al ignorar nuestra verdadera naturaleza, que es la consciencia, desarrollamos la egoidad (*asmita*). La egoidad es considerar que el observador y lo observado como una sola entidad. De la egoidad desarrollamos el deseo y el odio, los cuales no podrían aparecer si aceptásemos que el mundo es completamente independiente de nosotros.
- Los resultados que vienen de las impresiones subconscientes son acciones nocivas o virtuosas. Si no tenemos impresiones de miedo y odio en nuestro subconsciente, no seremos capaces de cometer acciones destructivas. Por supuesto que cualquier acción desarrollada llevará a nuevas impresiones que fortalecerán el condicionamiento existente.
- Una impresión subconsciente necesita una base adecuada. Una impresión de ignorancia o deseo, por ejemplo, no puede ubicarse en una mente suspendida (*nirodha* chitta)

y tendrá dificultad en establecerse en una mente unidireccionada (ekagra chitta). Sin embargo, la mente oscilante o confusa (*vikshipta chitta*) es un terreno fértil o una base para todos los tipos de samskaras. Esta mente confusa es cambiante; es inestable y puede inclinarse hacia cualquier dirección. Esto la hace una base apropiada para las impresiones.

- El objeto de soporte es el objeto que, al presentarse, causará la impresión subconsciente que activará la acción. Por ejemplo, podríamos creer que somos pacíficos, pero en una situación de guerra el odio y el miedo afloran de repente y nos volvemos capaces de matar. Si el objeto de soporte (la guerra) está ausente, la impresión subconsciente (el odio) no es capaz de producir el resultado, que es la acción de matar. Esto no significa que la impresión subconsciente no exista. Al ser subconsciente, puede llegar a primer plano tan pronto como surja una situación apropiada.

- Toda la cadena de causa, resultado, base y objeto de soporte forma lo que se llama la rueda del *samsara* (existencia condicionada) o rueda de renacimientos continuos. Como fue explicado en el sutra II.12, una acción desarrollada debido a una impresión subconsciente produce más *karma*, más formas de sufrimiento y más impresiones subconscientes basadas en ignorancia y egoísmo. De esta forma la rueda de la existencia condicionada continúa girando. Se mantiene en movimiento por el mecanismo que continuamente pone en marcha las impresiones subconscientes. Si nuestras acciones no llevaran a impresiones subconscientes, si nos olvidáramos de todo así que sucede, nuestras acciones no nos colorearían.

- Patañjali dice que la impresión subconsciente cesará si los cuatros aspectos de causa, resultado, base y objeto de soporte cesan. En el sutra I.50 indicó que las impresiones "condicionantes" descritas ahí pueden ser eliminadas al superponer impresiones "liberadoras" de quietud mental. En este sutra él sugiere que el condicionamiento también puede evitarse al quitar los elementos constitutivos del ciclo o de la rueda de la existencia condicionada. Ahora examinaremos cómo estos elementos constitutivos pueden ser quitados.

- El primer elemento obvio a eliminar sería el objeto de soporte. Evitaríamos, si es posible, cualquier situación que active fuertes respuestas negativas en nosotros. Esto también incluirían a personas que tienen una influencia negativa sobre nosotros o que apoyen lados negativos de nuestra personalidad.

- Eliminar la base de las *samskaras* significa no suministrar más el tipo de mente en las cuales ellas florecen. De los cinco tipos de mentes, la mente agitada (*kshipta*) que tiende a la violencia y la mente encaprichada (*mudha*) que tiende al estupor materialista, raramente eligen estudiar yoga. La mayoría de los estudiantes llegan al yoga con una mente confusa u oscilante (*vikshipta*). Los dos tipos de mentes restantes son *ekagra* (unidireccionada) y *nirodha* (suspendida). *Ekagra* significa estar establecido en el yoga; *nirodha* significa estar liberado o cerca de la liberación. Quitar la base de *samaskara-simplica* cambiar la mente de confusa a unidireccionada. Por supuesto, esto se hace al practicar las ocho ramas y en particular al estudiar las escrituras, cantar sus aforismos, reflexionar sobre las verdades contenidas en ellos y finalmente estar establecidas en ellas. Una mente que es capaz del análisis implacable y el razonamiento riguroso de la filosofía se vuelve *ekagra*.

- Eliminar los resultados de las samskaras significa adherirse estrictamente a los *yamas* y *niyamas*. Si al principio solamente nos sometemos a regañadientes a las reglas éticas, pensando que ellas benefician principalmente a otros, más tarde nos damos cuenta de que ellas nos benefician al protegernos de nosotros mismos.
- Eliminar la causa de las *samskaras* significa superar la ignorancia y la egoidad. En el caso de una mente confusa (*vikshipta chitta*) ellas son superadas mediante un tratamiento completo de las ocho ramas. En el caso de una mente unidireccionada (*ekagra chitta*), la práctica de las últimas tres ramas es recomendada.

अतीतानागतंस्वरूपतोऽस्तिअध्वभेदाद्धर्माणाम् ॥१२॥

IV.12 La noción de pasado y futuro existe solo debido a la distinción en el camino de la característica (*dharma*)

El yoga se suscribe a la llamada doctrina satkaryavada. Según el *satkaryavada*, todo lo real es eterno e increado. Una cosa que no exista no puede llegar a ser, como el cuerno de una liebre o una flor en el cielo. Todo lo que no existe tampoco puede desaparecer. Se dice que una imagen esculpida existe como un estadosemilla en una roca o en la mente del escultor. Se dice que un ornamento existe en un estadoseminal en el oro. Se dice que múltiples universos eisten en forma potencial en la naturaleza (*prakrti*). Las impresiones subconscientes sí existen en forma potencial en la mente (*chitta*) y la mente existe en forma potencial en la naturaleza.

Este sutra explica o, más bien, relativiza la afirmación del sutra anterior. Como escuchado en el IV.10, la impresión inconsciente y la mente son sin principio. En el IV.11 Patañjali señaló cómo se puede lograr la desaparición o eliminación de las impresiones subconscientes. La discrepancia entre las dos declaraciones es explicada ahora al decir que eliminar las impresiones subconscientes - o de hecho cualquier cosa - es una declaración relativa, porque nunca nada se pierde. Todas las cosas reales solo cambian siempre desde un estado potencial, el cual llamamos futuro, luego a un estado manifiesto (presente) y finalmente hasta un estado residual (pasado). Esto no significa que ellas se vuelven inexistentes: ellas simplemente se vuelven inmanifiestas. La característica (*dharma*) del objeto no cambia en este proceso, solo su aspecto temporal (*lakshana*).

Esto equivale al rechazo del tiempo por parte del yoga. De nuevo, se dice que el tiempo es solo una cosa relativa existente en la mente; no existe en la medida en que no puede cambiar las características de las cosas - los objetos-tal-cual-son.

El proceso del yoga apunta a comprender las cosas o al conocimiento de las cosas-tal-cual-son. Una cosa-tal-cual-es - el modelo original de información de un objeto percibido - no cambio ya sea que se mueva del estado potencial al manifiesto o del manifiesto al estado residual. Se dice que los yoguis ven el futuro y el pasado porque ven los objetos despojados de sus fases temporales, dejándolos puros. Esta forma de ver lleva al completo conocimiento de los objetos (*prajña*) y se gana a través del *samadhi* con objeto (samprajñata).

Si ahora vemos el mundo como un objeto, significa que antes de la manifestación del mundo este estaba ahí como un estado potencial. Aun si un Dios omnipotente lo hubiera creado, de acuerdo con el yoga, habría estado en la consciencia de ese Dios en estado potencial. Una samskara que aparece en una mente debe haber estado en esa mente como un estado potencial. Por esta razón el yoga dice que tanto el mundo como las samskaras son increados. Esto no significa que todas las cosas son increadas y eternas. La mente humana puede desarrollar muchas ideas que no tienen ninguna realidad - las escrituras a menudo mencionan el cuerno de una liebre, la flor en el cielo o el castillo en las nubes. Ellas son simples conceptualizaciones (*vikalpa*). Si uno reflexiona sobre ellas, uno se da cuenta de que no existen tales cosas. No tienen estado potencial (pasado), estado manifiesto (presente) ni estado residual (futuro). Son solo imaginaciones sin objetos correspondientes.

Así como la impresión subconsciente (*samskara*) es eterna e increada, así también es el estado de liberación (*kaivalya*). Esto significa que no es algo enteramente nuevo, sino contenido como un estado potencial en cada uno de nosotros. Mientras que su característica (*dharma*) es inalterada, su estado temporal (*lakshana*) se mueve del estado potencial (futuro) al manifiesto (presente) cuando la alcanzamos. Este movimiento o desarrollo se llama el curso o camino de la característica. Debido a las distinciones en ese curso, es decir distinciones entre los estados potencial, manifiesto y residual, la noción del pasado, presente y futuro surge y con ella la noción del tiempo.

El tiempo es un concepto que la mente tiene que desarrollar para explicar nuestra falta de sensibilidad. Es debido a la falta de sensibilidad y a la ignorancia que no podemos percibir las cosas en su tal-cualidad y en sus estados potencial y residual. Porque no podemos verlas ya, o aún no, decimos que son pasadas o que están aún por llegar.

तेव्यक्तसूक्ष्माःगुणात्मानः ॥१३॥

IV.13 Los tres estados temporales son manifestados o sutiles y están formados por las *gunas*

Si un objeto puede ser percibido, se dice que está manifestado. Esto significa que su estado temporal es el presente. Entonces es perceptible por los sentidos puesto que tiene una composición que consiste de elementos densos (*mahabhutas*). Si el objeto no puede ser percibido directamente por los sentidos, está en un estado sutil, lo cual significa que su estado temporal podría ser el potencial (futuro) o el residual (pasado).

Existen muchos ejemplos donde somos conscientes de este hecho. En casi todas las culturas humanas una persona en luto es consolada por la creencia de que el ser querido fallecido realmente no se ha vuelto inexistente sino que simplemente ha desaparecido de la vista. Varias culturas sugieren que el difunto va adonde los ancestros, al cielo, al inframundo, o de vuelta a los elementos. Estas sugerencias, para nuestro propósito, tienen una cosa en común: que la persona fallecida deja un residuo. En nuestra cultura occidental admitimos esto al mantener cementerios en los cuales se colocan cruces o piedras para conmemorar a nuestro difunto. Cada tumba, en particular la lápida, es una declaración de que esta persona ha dejado un residuo en este mundo, de que la persona no se ha ido completamente. De nuevo, cuando colgamos fotografías de nuestros ancestros, declaramos que el residuo de estas personas continúa existiendo. En muchas culturas la eliminación apropiada del difunto ha llevado a ceremonias muy elaboradas, esto también mostrando que el residuo del fallecido es importante.

Algunas culturas indígenas practican la impresionante sabiduría de soñar o llamar a su progenie al estado manifestado desde el estado potencial. Esas culturas se dan cuentan de que hay un aspecto en nosotros que es inalterable, sea que estemos manifiestos o no. ¿Cómo podrían un hombre y una mujer crear a un nuevo ser? No es posible. Solo podemos crear el cuerpo inerte. El cuerpo se vuele vivo solo con la entrada de un ser que viene desde el estado potencial al manifiesto.

Esos objetos que cambian desde el potencial, luego al manifiesto y hasta el residual son todos constituidos por las *gunas*. En nuestro caso, la mente (*chitta*), el subconsciente (*vasana*), el ego (*ahamkara*) y el intelecto (*buddhi*), los cuales pueden ir desde el potencial al manifiesto hasta el residual, todavía están hechos de las cualidades (*gunas*) de la naturaleza (*prakrti*). Esto significa que ellos siempre serán transitorios y cambiantes - siempre serán el objeto y nunca llegarán a ser el sujeto. El único aspecto de nosotros que es intocable - inalterable por las fases temporales y los cambios de la característica - es la consciencia eterna (*purusha*).

La consciencia dentro de nosotros es completamente inalterada cuando fallecemos. Ni siquiera cambia a residuo porque es inmutable. Esta es la razón por la cual Krishna dice a Arjuna: "No te lamentes. Ningún ser nunca puede morirse. Tampoco tú jamás puedes matar a otro ser."

परिणामैकत्वात्वस्तुतत्त्वम् ॥१४॥

IV.14 La tal-cualidad (*tattvam*) de un objeto es producida por la unitariedad de la transformación (*parinama*)

Patañjali continúa desarrollando la física del yoga a través de este importante sutra. El estudiante perspicaz necesita reflexionar sobre esto profunda y exhaustivamente para entenderlo. Es enormemente complejo y difícil de traducir al español. Este sutra y muchos otros solo se pueden entender al emprender excursiones en la historia del pensamiento de la India.

La tal-cualidad de un objeto es un concepto importante de entender. También se llama el objeto-tal-cual-es o el objeto-en-sí. Todos estos términos implican que seguimos una escuela de pensamiento que considera que el mundo es real, como lo hacen el Yoga y el Samkhya. Como fue explicado anteriormente, el Yoga ve el mundo y la consciencia como reales, y dado que acepta dos identidades reales separadas, es denominada una escuela dualista. Una escuela monista es aquella que acepta como real solo una categoría a la cual todas las demás categorías pueden ser reducidas.

Podemos dividir las escuelas monistas en dos clases. Existen las materialistas, que creen que solo la materia existe y la mente puede ser reducida a la materia. Por ejemplo, el comunismo y la ciencia occidental (excluyendo los nuevos desarrollos en la mecánica cuántica) son escuelas monistas del materialismo. Por otro lado, están las idealistas que alegan que la materia es una noción que sucede solo en la mente/consciencia. Estas escuelas de pensamiento afirman que la materia puede ser reducida a mente. En la India los idealistas budistas (vijñanavadinos) y los vedantistas fueron escuelas populares del idealismo. En Europa, Hegel y Fichte desarrollaron el idealismo como un concepto filosófico.

Los shunyavadinos, la escuela de los nihilistas budistas (del latín *nihil* - absolutamente nada), no son ni materialistas ni idealistas. Ellos sostienen que ni la mente ni la materia son reales sino solo nociones momentáneas de la naturaleza del vacío.

Este sutra comienza una secuencia de sutras que critican el idealismo con el objetivo de demostrar que se equivoca. La India tuvo y todavía hoy tiene una orgullosa tradición de llegar a la verdad a través de la lógica implacable, del razonamiento lógico y de la discusión erudita. Nunca se consideró que la creencia y fe torpes condujeran a la libertad. El objetivo ha sido la clarificación de la mente hasta alcanzar un estado de inteligencia pura. El conocimiento discriminativo, como su nombre lo dice, no puede ganarlo un creyente sino uno que sabe. Sin embargo, incluso este conocimiento es solo una etapa previa a la experiencia mística, la cual en sí misma es solo una etapa previa a la liberación.

Los yoguis occidentales asocian a la India hoy con la creencia en un gurú o en una deidad que otorga algún estado de felicidad. Esta visión le hace una injusticia a la antigua India. Porque nunca ha habido otra cultura que haya trabajado a tal punto, a través del esfuerzo de centenas de generaciones de maestros, para llegar a la visión correcta de lo que la realidad profunda es. Como estudiantes sinceros del yoga, tenemos que recapitular los descubrimientos de los antiguos maestros y no solo aceptarlos como verdad. Solo entonces la profundidad de su análisis nos harán profundamente humildes.

El término "tal-cualidad" de un objeto implica que hay un modelo original más profundo y real de un objeto detrás de su apariencia. Este objeto-en-sí debe ser visto por el yogui a través de la percepción más elevada (*samyama*). El "objeto-en-sí" significa el objeto que realmente existe fuera de nosotros. Los idealistas budistas y vedantistas han sostenido que un objeto llega a la realidad solo cuando lo percibimos y se vuelve irreal tan pronto como dejamos de percibirlo. Para apoyar este argumento, los budistas y vedantistas dicen que en nuestros sueños producimos una experiencia sensorial de objetos como la visión, el sonido y el tacto sin que ningún objeto esté ahí; de igual modo, los objetos en el estado de vigilia desaparecen cuando nos quedamos dormidos y damos paso a los objetos oníricos. A partir de esto los idealistas derivan la noción de que los objetos son irreales. Solamente la mente o la consciencia en la cual ellos ocurren, sea en vigilia o en sueños, es real.

En el sistema del Yoga todas las imágenes en la mente son producidas a partir de la percepción de objetos reales, aunque usualmente de una forma distorsionada: la mente puede reorganizar las imágenes de tal forma que ellas ya no correspondan más a cualquier objeto existente. Por ejemplo, percibimos separadamente una flor y el cielo. Nuestra imaginación es ahora capaz de conectar los dos y llegar a la flor celestial, la flor que crece en el cielo. Similarmente, imaginamos el castillo visto en la tierra como estando arriba en las nubes. Este proceso se llama imaginación (*vikalpa*), que todavía es dependiente de las impresiones obtenidas de objetos reales.

Todas las impresiones forman memorias en la mente e impresiones en el subconsciente. Ellas son vividas a través de sueños mezclados con imaginación. De acuerdo con el yoga, el mundo onírico es solo una reorganización de las impresiones previamente obtenidas de objetos reales. Si esos objetos nunca hubiesen sido percibidos, nunca podrían aparecer en nuestros sueños. Así, la experiencia onírica no es ninguna realidad secundaria basada en sí misma sino solo el resultado del estado de vigilia entremezclado con la conceptualización.Por tanto, estamos rechazando la visión de los idealistas según la cual el estado de sueño es una realidad secundaria, refutando la existencia de la primera realidad, el estado de vigilia.

Si rechazamos las visiones de las otras escuelas, no significa que las consideremos sin valor. Ninguna escuela puede tener toda la razón, puesto que todas las escuelas de pensamiento son productos de la mente humana. La mente humana en sí misma es incapaz de reproducir el universo, dado que el universo no cabe en nuestras mentes. Lo que sea que alcancemos en nuestra mente siempre será una copia reducida de la creación. ¿Por qué, entonces, todavía producimos sistemas filosóficos?

Los sistemas filosóficos derivan su valor de su habilidad para conducir a las personas a un estado de libertad. El Yoga, el Vedanta, el Samkhya y el Budismo han demostrado esta habilidad. Todos los sistemas no son más que muchas modificaciones de una única verdad que ha sido proferida en los *Upanishads*. Los sistemas fueron desarrollados porque la mayoría de las personas ya no podían entender la verdad suprema de los *Upanishads*. Porque todos los sistemas son una explicación de una única verdad, los verdaderos místicos como Vyasa, Vachaspati Mishra, Gaudapada, Shankara y Vijñanabhiksu pueden comentar todas las escuelas de pensamiento. Dado que ellos han comprendido la verdad subyacente de esas escuelas, pueden contribuir en todas ellas.

Se ha preguntado cómo tantos objetos altamente diferenciados pueden ser creados por las mismas tres *gunas*. La respuesta de Patañjali es: "a través de la unitariedad (*ekatvat*) de la transformación (*parinama*)." Esto significa que las *gunas* no actúan individualmente sino que siempre juntas, y sus varias combinaciones acaban en millones de objetos estables diferenciados.

Para explicar este mecanismo compararé las tres *gunas* con las tres partículas elementales de la física nuclear - el protón, el neutrón y el electrón. Cada átomo está formado por las tres partículas elementales y en varias combinaciones ellas forman los 118 elementos. Estos 118 elementos, en sus diversas combinaciones, forman miles de compuestos orgánicos e inorgánicos. De estos compuestos se desarrollan las millones de formas y apariencias que conforman el universo. Al formar varios patrones y órbitas, las partículas elementales con cargas neutra, positiva y negativa, producen la vasta estructura de árboles, rocas, montañas, ríos, continentes, planetas, galaxias y universos. La formación de esta multitud es una habilidad inherente a la materia. Solo podemos describir cómo los diferentes átomos están estructurados; es difícil decir cómo exactamente los electrones saben cómo organizarse en capas de órbitas complejas para formar los elementos.

De modo análogo a la producción de la materia a partir de las tres partículas, las *gunas*, de acuerdo con el yoga, producen este mundo. La principal diferencia respecto a este punto entre el yoga y la ciencia occidental es que el yoga dice que las tres partículas son masa (*tamas*), energía (*rajas*) e inteligencia (*sattva*). El yoga dice que es a través del proceso de transformación unitaria que estas tres partículas llegan a los millones de elementos estables. La "transformación unitaria" significa que una cualidad inherente hace que las tres partículas (*gunas*) se muevan al unísono para producir el mundo.

वस्तुसाम्येचित्तभेदात्तयोर्विभक्तःपन्थाः ॥१५॥

IV.15 Diferentes mentes representan un mismo objeto en formas completamente distintas. Esto demuestra que la mente y el objeto son dos identidades separadas.

Aquí está otra prueba que refuta la tesis de los idealistas de que el mundo es solo un espejismo occuriendo en la mente. Un mismo objeto que es percibido por diferentes personas está representado en formas completamente distintas en sus mentes. Vijñanabhikshu ofrece el ejemplo de una hermosa mujer que es vista diferentemente según sea la actitud de virtud o de vicio del observador. Si es vista por su esposo, ella puede estimular felicidad; si es vista por otro hombre, puede activar una reacción de deseo. Si es vista por otra mujer, ella puede provocar celos, mientras que aquel liberado permanecerá indiferente ante ella.

De este ejemplo podemos ver que las cuatro mentes percibieron el mismo objeto, porque la representación externa de la mujer, como el color de su cabello, sería la misma en todas las percepciones. Si no fuera el caso de que ellas estaban viendo un objeto real separado de ellas, no habríamos sido capaces de verificar que de hecho era la misma mujer percibida por las cuatro personas. Si cada una de las cuatro mentes hubiera creado a su propia mujer, no habría habido tantas correspondencias. Esto nos asegura que todas percibieron a la misma mujer, aquella que es la esposa de ese hombre particular.

Las diferentes reacciones hacia el objeto, como deseo o celos, nos permiten inferir que no estamos mirando una mente a través de la cual cuatro personas diferentes perciben, como los idealistas budistas sugieren, sino cuatro mentes completamente separadas. Más aún, si todas las cuatro mentes fuesen representaciones de la misma mente, ¿cómo podría ser que la mente provocase cuatro reacciones completamente diferentes? Las diferencias en la percepción del objeto surgen de las historias individuales y los diferentes condicionamientos de las cuatro mentes separadas.

Los idealistas budistas (vijñanavadinos) dicen que el objeto llega a la existencia solo cuando es percibido y deja de existir cuando la percepción de él cesa. Esto nos llevaría a la conclusión de que la mismísima mujer llega a la existencia cuatro veces y deja de existir cuatro veces después de que ha sido percibida por cuatro mentes, una después de la otra. El Yoga deduce de este mismo evento que, dado que ella fue vista por cuatro mentes separadas, ella no puede ser una conceptualización (*vikalpa*) y, por tanto, debe ser real. La realidad en el yoga significa que un objeto existe por sí mismo como una identidad completamente separada sea que la mente lo perciba o no.

नचैकचित्ततन्त्रंचेद्वस्तुतदप्रमाणकंतदाकसियात् ॥१६॥
IV.16 No se puede decir que un objeto depende de una mente. Si esto fuese así, ¿qué pasaría si no fuese cognocido por esa mente?

Este sutra desarrolla la línea de pensamiento del anterior. La escuela idealista budista dice que el único apoyo de un objeto es la mente en la cual este surge, es decir que él no tiene una existencia independiente más allá de esa mente. Digamos que caminamos a lo largo de una cierta calle y vemos una casa con una dirección física determinada. Podemos describir la arquitectura, el color, los materiales y su edad. Si nos alejamos de esa casa, según los vijñanavadinos, ella dejará de existir, puesto que su único soporte era nuestra mente.

Si ahora le damos la dirección física a otras personas y les decimos que describan la casa, ¿cómo es que ellas ofrecerán la misma descripción, pese a que la casa había dejado de existir cuando desapareció de nuestra percepción? El idealista tendría que decir que a través de algún poder místico un segundo testigo reconoció el contenido de nuestra mente y consiguió describirla.

Si dejamos a una segunda persona entrar a la casa y describirla desde dentro, se debe admitir que ella no podría haber derivado esa información de la primer persona. El idealista tendría que proponer ahora que las descripciones externa e interna eran de dos objetos separados, creados por dos mentes, las cuales por casualidad parecían ser idénticas. Más bien, tiene que admitirse que hay un objeto real que puede ser descrito por diferentes mentes y ser reconocido como tal. Por tanto, este objeto tiene una identidad completamente separada.

Vyasa dice que un objeto tiene una existencia distinta perceptible por todos. De lo contrario, ¿cómo se podría explicar que el mismo objeto todavía está ahí cuando la siguiente persona lo ve? Si se volviera inexistente, otra mente cognocería un objeto diferente en el mismo lugar, porque esa segunda mente tiene un pasado y un condicionamiento distintos.

Otra crítica apuntada por Vyasa es el hecho de que si vemos el frente de un objeto no necesariamente vemos el dorso de él. Esto nos conduciría a la conclusión de que el dorso es inexistente, porque no hay una percepción de apoyo para él. Si el dorso de una cosa es inexistente debemos concluir que el frente también es inexistente, puesto que todos los objetos visuales - personas, árboles, casas, montañas - siempre tienen dos lados. De este ejemplo podemos ver que debemos aceptar la existencia de las cosas aun si no podemos percibirlas. En otras palabras, solo porque no podemos percibir una determinada cosa, no significa que ella no existe.

तदुपरागापेक्षित्वात्चित्तस्यवस्तुज्ञाताज्ञातं ॥१७॥
IV.17 La mente (*chitta*) conoce o no conoce un objeto, depende de si el objeto colorea la mente

Vyasa dice que los objetos actúan como imanes que atraen la mente, la cual él compara con una pieza de hierro. Es interesante que él atribuye el magnetismo a los objetos mismos y no a la mente. Esto refleja la importancia de los objetos y del mundo externo, según la enseñanza del yoga.

Eso también refleja el problema de la meditación en el vacío o en el ser/la consciencia. En el yoga, se aconseja a los principiantes que no mediten en la consciencia o el vacío, como sí se hace en la meditación Vipassana. Solo después de que la mente es capaz de volverse unidireccionada y el intelecto se ha hecho sáttvico, se da este último paso en la meditación.

Si la mente tiene la opción entre meditar en la consciencia, que es el sujeto, y meditar en cualquier objeto, siempre será atraída al siguiente objeto. Debido a la propiedad magnética de los objetos, la mente se desvía hacia ellos. En otras palabras, uno se distrae.

El presente sutra define cómo el conocimiento surge en la mente. Involucra el proceso de cognición y la simple percepción. El reconocimiento significa que la mente identifica un objeto visto previamente; la cognición es la simple identificación de un objeto visto por primera vez.

Si simplemente vemos un objeto y la mente no lo cognoce, entonces no se produce el conocimiento. Si se presentan muchos objetos simultáneamente, la mente será atraída al que esté ejerciendo el magnetismo más fuerte. (Dado que la consciencia es sin forma, no ejerce magnetismo.) Entonces, se produce el conocimiento de ese objeto.

La industria publicitaria usa este mecanismo al presentar un producto junto con otro objeto no relacionado que solo tiene la función de llamar la atención, la cual es luego desviada al objeto principal. A menudo el segundo objeto no relacionado es el cuerpo de una mujer.

En el sutra se describe el proceso de cognición como la coloración de la mente. Cada vez que el conocimiento ocurre, un objeto particular ha modificado o coloreado la condición de la mente. Sabemos esto por una visita al cine. Según la película sea depresiva o inspiradora, así cambiará la condición de nuestra mente. Especialmente el yogui novato necesita elegir cuáles objetos presentar a su mente. Una vez que el yogui está establecido en la suspensión (*nirodha*), ningún objeto presentado afectará su estado de libertad permanente. Un yogui establecido en la unidireccionalidad (*ekagra*) usualmente mantendrá el foco, aunque podría requerir un esfuerzo. Un yogui novato con una mente distraída (*vikshipta*) perderá el foco pero lo recuperará después de un período indefinido. Aquellos con una mente encaprichada (*mudha*) o agitada (*kshipta*) serán lanzados de objeto en objeto como una cáscara de nuez arrojada al océano.

El proceso de coloración también muestra que es muy difícil que la mente gane el completo conocimiento. La coloración sola no es suficiente para alcanzar el completo conocimiento. Más bien, la mente tiene que hacerse como un cristal transparente; solamente entonces puede reflejar el objeto verdaderamente (sutra I.41).

También tenemos que entender que la mente está en constante flujo a menos que esté en suspensión (*nirodha*). Dado que constantemente se suministran diferentes objetos, cada uno cambiará el color de la mente. La coloración de la mente en una persona promedio puede compararse con el espectáculo de luces durante un concierto de rock. Por supuesto, esto coincide con una vuelta diaria en la montaña rusa de nuestras emociones. Sin embargo, dentro de nosotros existe aquello que es diferente de la mente fluctuante. Esto será descrito en el siguiente sutra.

सदाज्ञाताःचित्तवृर्त्तयःतत्प्रभोःपुरुषस्यापरिणामित्वात्॥१८॥

IV.18 La invariable consciencia (*purusha*) siempre conoce a su sirviente, la mente fluctuante.

La mente conoce o no conoce un objeto, razón por la cual la llamamos fluctuante. Sin embargo, el ser siempre es consciente del estado de la mente. A partir de este mismísimo hecho, dice Vyasa, se establece la inmutabilidad o invariabilidad de la consciencia. Si esto no fuera el caso, algunas veces conoceríamos nuestros pensamientos mientras que en otras ocasiones ellos serían desconocidos. No obstante, sea que nos guste o no, siempre tenemos que escuchar nuestros pensamientos y esto significa que el ser siempre es consciente.

Si observamos durante un día entero todos los fenómenos que nos encontramos, nos damos cuenta de que hay algo que es invariable. Este aspecto eterno de nosotros es nuestra observación consciente. Todos los objetos presentados cambian, pero la observación consciente ante la cual ellos se presentan es inalterable.

Esta observación consciente es una propiedad de la consciencia. Si fuera una propiedad de la mente, la mente tendría que tener el conocimiento permanente de todos los objetos. Sin embargo, este no es el caso, dado que la mente tiene o no tiene, en diversas formas, el conocimiento de un objeto.

Hay otra razón seria por la cual la mente no puede tener observación consciente. Eso se analiza en el siguiente sutra.

नतत्स्वाभासंदृश्यत्वात्॥१९॥
IV.19 La mente no posee la luz de la observación consciente puesto que es de naturaleza de lo visto

La consciencia también se llama el observador, *drashta*. Se llama así porque es observación consciente (*awareness*) pura, sin cualidad y sin contenido. Esto es importante de entender. Si la consciencia contuviera carácter, personalidad, pasado y demás, no podría ser consciente permanentemente de los contenidos de la mente. El carácter, la personalidad, la memoria, el ego, equivalen a los puntos ciegos en nuestra actividad mental. Debido a que tenemos una determinada memoria sobre algo, esta coloreará cualquier experiencia nueva. Lo vemos en la vida diaria, donde las cosas tienden a manifestarse de acuerdo con creencias previamente adquiridas. Si cambiamos nuestro sistema de creencias, de repente el mundo lucirá diferente. Si ciertas cosas no encajan en nuestro sistema de creencias, tendemos a disolverlas o preferimos no verlas.

Por ejemplo, un sexista tiende a pasar por alto los logros y grandes desempeños de las mujeres; un supremacista blanco tenderá a ignorar los grandes logros culturales de las personas de color. En otras palabras, la mera naturaleza de la mente, con todos sus contenidos, impide una completa observación consciente. Del hecho de que el ser siempre es consciente de la mente, sabemos que es sin contenido y puro. Si tuviera contenidos más allá de la observación consciente, estos contenidos evitaría su observación consciente permanente de la mente.

El hecho de que la consciencia es observación consciente pura también significa que no podemos observarla directamente. Descubrimos a la consciencia en un viaje hacia el interior rechazando todo lo que podemos observar como no esencial y transitorio.

Sabemos que no somos el cuerpo, puesto que podemos observarlo. Al ser observable, debe ser un objeto externo. Lo mismo es cierto para la mente. Dado que podemos reclinarnos y observarla en todas sus facetas como un programa de televisión, sabemos que la mente es un objeto y un agente externo. Es observada por una capa aún más profunda, que es la consciencia o el observador. Este observador no puede ser visto; de lo contrario él mismo se convertiría en un objeto y necesitaríamos buscar una capa todavía más profunda.

Aunque no podemos percibir al observador directamente, podemos morar en su naturaleza, que es llamada "verdad" o "el estado natural". El abandono del acto artificial de proyección hacia afuera conduce al *samadhi* sin objeto (*asamprajñata*). Abandonar la falsa unión con lo visto significa dejar de identificarse con el complejo egoico de cuerpo/mente. El hecho de que podemos abandonar esta identificación, como muchos maestros han mostrado, solo es posible porque no somos ese complejo cuerpo/mente.

La presencia de ideas como "mi mente me vuelve loco(a)" y "cambié de opinión" muestra que hay una capa más profunda que posee y opera la mente y que no está localizada en esta. Esta capa es la observación consciente. Si la observación consciente estuviera localizada en la mente, entonces seríamos hasta cierto punto como un animal: solo conscientes de nuestro mundo exterior y siguiendo nuestros deseos e impulsos todo el día sin reflexionar en absoluto sobre nuestro comportamiento. Usamos aquí la locución "hasta cierto punto" porque los animales no siguen totalmente este patrón. Sin embargo, cuando decimos a otro humano "te comportas como un animal", queremos decir que esa persona actúa irreflexivamente, como si la observación consciente estuviera ubicada dentro de su mente, y no más profundamente, de manera que es incapaz de observarse a sí misma.

एकसमयेचोभयानवधारणम् ॥ २० ॥

IV.20 Y no podemos constatar la mente y los objetos externos al mismo momento

Este sutra está dirigido contra otra doctrina budista, la doctrina de la momentariedad sostenida por los nihilistas budistas (shunyavadinos). Ellos no solo niegan la existencia de la materia, como lo hacen los idealistas, o la existencia de la mente, como lo hacen los materialistas, sino que niegan la existencia de ambas. Los shunyavadinos alegan que ni la mente ni la materia existen por sí mismas.

Recordemos que el Yoga y el Samkhya aceptan la existencia separada de ambas. De acuerdo con los nihilistas, la mente, la materia y el ser, el cual niegan también, son solo ideas surgiendo momentáneamente. Cuando la idea de la materia y mente cesa, ellas pierden su existencia también. Los shunyavadinos dicen que el mundo es solo un concepto apareciendo en la mente, pero la mente es también solo un concepto contenido en una idea o un pensamiento. Tan pronto como ese pensamiento o esa idea desaparece, tanto la materia como la mente son aniquiladas. En esta escuela de pensamiento, el que percibe, la acción de percibir y el objeto no están separados, sino que son solo aspectos de una noción que aparece y desaparece.

El presente sutra refuta esta enseñanza al decir que no se pueden observar la mente y el mundo externo al mismo tiempo. Digamos que nos sentamos en meditación y observamos el mundo. Luego cambiamos nuestra observación consciente (*awareness*) y miramos la mente. En otras palabras, nos miramos a nosotros mismos observando el mundo. Este cambio demora una fracción de segundo. Si trasladamos la observación consciente de vuelta al mundo, otra vez tomará una fracción de segundo. Notamos este cambio especialmente si estamos en una situación que necesita una intensa concentración. En tales momentos, la autobservación consciente puede reducirse enormemente. Siempre nos sorprendemos de las atrocidades que las personas pueden cometer en situaciones de guerra. Esto es porque la autorreflexión se desvanece en una situación de combate.

Análogamente, podemos meditar conduciendo un vehículo, u observarnos a nosotros mismos conduciendo. Si nos colocamos en una situación demandante, tenemos que cambiar nuestra observación consciente hacia el mundo externo a fin de reaccionar más rápidamente. Si el foco está en la mente, es decir, si somos introspectivos, entonces primero tenemos que movernos hacia el mundo y luego reaccionar. Si ya somos extravertidos, el tiempo de reacción será más corto.

De este cambio momentáneo, de esta inhabilidad de observar ambas cosas simultáneamente, Patañjali deduce la invalidez de la doctrina de la momentariedad. Dado que las dos acciones - observar la mente y observar el mundo - están separadas por un momento, ellas no pueden estar contenidas en la misma idea o noción. Por tanto, la doctrina de la momentariedad, la cual declara que tanto la mente como la materia no son más que ideas momentáneas, se considera refutada.

Hay más evidencia de que la mente y los fenómenos son cosas separadas. Especialmente cuando estudiamos las descripciones de situaciones que amenazan la vida o experiencias cercanas a la muerte, reconocemos que observar la mente y observar el mundo son dos cosas separadas. Años atrás estuve involucrado en un accidente en el cual un camión de treinta toneladas me arrojó de la motocicleta. Yo estaba en una carretera rural sobrepasando al camión cuando el conductor, sin ningún aviso, viró hacia mi lado de la carretera. No hubo nada que yo pudiera hacer en una fracción de segundo antes del impacto. De repente sentí que estaba siendo succionado hacia adentro y las cosas comenzaron a moverse muy lentamente. Me di cuenta de que ya no estaba viendo el mundo sino solo a mí mismo. La luz y la perspectiva de mi visión cambiaron y de repente me sentí completamente desconectado. Fue más como si estuviera viendo una película y no mi propia vida. Al chocar, de repente se rompió la conexión con mi mente y solamente estaba la consciencia observando la mente. La reacción de mi cuerpo/mente pareció ocurrir completamente sin mi contribución. Observé cómo en un momento robótico lento mis manos empujaron el tanque de la moto y me subí al asiento en posición de cuclillas. Cuando llegó el impacto, salté de la moto hacia la zona de seguridad del costado de la carretera. Este movimiento empujó la moto debajo del camión, donde fue aplastada. Sentí mi cuerpo, o más bien el cuerpo de este extraño, resbalándose y dando vueltas hasta que finalmente se detuvo.

Varias observaciones son interesantes aquí. Primero, expliqué lo que el *Gita* llama "todas las acciones [siendo] efectuadas solo por *prakrti*", puesto que mi cuerpo/mente se salvó a sí mismo sin ninguna contribución de mi parte. Segundo, la consciencia pareció estar, como dicen los textos antiguos, completamente inactiva - totalmente separada de aquello que actúa. Tercero, hay una notable diferencia entre la consciencia observando la mente directamente y la observación del mundo a través de la mente. La diferencia es clara y dramática. En situaciones extremas, cuando se apaga la simulación temporal de la mente, podemos percibir la diferencia entre ambas.

De esta y similares experiencias cercanas a la muerte descritas por muchas personas, podemos inferir que la mente y el mundo no son constatados simultáneamente y que la observación consciente no está localizada en la mente.

चित्तान्तरदृश्येबुद्धबुद्धेःअतिप्रसङ्गःस्मृतसंकरश्च ॥२१॥

IV.21 Si la observación consciente de la mente viniera de una segunda mente, entonces esto llevaría a una regresión infinita y a una confusión de la memoria

Los Shunyyavadinos dicen que ninguna mente existe separada de la idea que surge en ella y que ningún ser permanente existe para ser consciente de la mente. Esto nos lleva a la propuesta de una mente separada surgiendo con cada idea, la cual ilumina o es consciente de la idea anterior. Esto es similar al concepto psicológico moderno de literalmente miles de seres consecutivos (la visión posmodernista) opuesta a un solo ser sólido (la visión modernista).

Patañjali rechaza esta solución porque lleva a una regresión infinita. Un argumento que implica una regresión infinita es inaceptable porque no ofrece ninguna solución. Entonces, por ejemplo Ramana Maharshi indicó que el control de la mente no es posible porque necesitamos una segunda mente para controlar la primera. Ahora el problema es que tenemos una mente controlada y una segunda mentre libre y desenfrenada. Necesitamos una tercer mente para controlar la segunda mente y luego una cuarta para controlar la tercera. La razón por la cual la regresión infinita es rechazada es que siempre deja una mente descontrolada y, por tanto, no conduce a ningún lugar.

De forma similar, el argumento presentado aquí es de una mente que emerge siendo consciente de la mente anterior que desaparece. Dado que, según los shunyavadinos, la mente no existe sino que solo es una noción apareciendo con percepción, tenemos que preguntarnos cómo es, entonces, que recordamos nuestras percepciones anteriores. Esto se responde al proponer que con cada memoria una nueva mente surge que recuerda a la anterior, siendo que en los intervalos nada existe. Patañjali rechaza esta propuesta al señalar que ella siempre deja una mente inconsciente y, por consiguiente, no es una solución sino solo el aplazamiento de una solución, una regresión infinita.

El segundo problema encontrado es la confusión de la memoria. Si proponemos que no hay una mente en la cual existan nociones sino solo nociones consecutivas que se apoyan mutuamente, entonces no puede explicarse la continuidad de la memoria. Durante la vida nuestra memoria se llena constantemente de impresiones. En condiciones normales otra mente no puede acceder a estas memorias, así que claramente nuestras memorias son diferentes de las de los demás. Si no hubiera una memoria existiendo perpetuamente sino solo nociones momentáneas, entonces no podríamos constatar de quiénes serían esas memorias que estaríamos viendo. De la continuidad de la memoria podemos deducir la continuidad de una mente. Por tanto, rechazamos esta solución también.

चितिरप्रतिसंक्रमायाःतदाकाराअपत्तौस्वबुद्धिसंवेदनम्॥२२॥

IV.22 En el proceso de derramar observación consciente sobre el intelecto, la consciencia parece tomar la forma del intelecto

Después de haber refutado las visiones de escuelas opuestas, se examina aquí el punto de vista de la escuela del yoga. Este sutra repite lo que se expuso en el sutra II.20.

Algunos académicos consideran el cuarto capítulo del *Yoga Sutra* como un agregado posterior. Esta visión se basa en el hecho de que el tercer capítulo termina con la palabra *iti*, que significa fin de la cita. *Iti* es luego encontrada otra vez al final del cuarto capítulo. Más aún, parte de las críticas contra el Budismo se dirige contra escuelas que florecieron después de la fecha usualmente dada para Patañjali. Por ejemplo, se considera que algunos sutras están dirigidos contra la enseñanza de Nagarjuna, quien vivió, según se piensa, cerca del 400 d. C. El contrargumento a la propuesta de una fecha temprana para el *Yoga Sutra* alega que, aunque Nagarjuna sí desarrolló con más detalle ciertos conceptos, ellos eran una base de interés común del Budismo incluso en siglos precedentes.

La visión tradicional de la India es que la batalla de Kurukshetra, el tema central del *Mahabharata*, ocurrió hace cinco mil años. Veda Vyasa, el divisor del *Veda*, quien escribió el *Mahabharata* y es uno de los principales personajes de la epopeya, es por tanto ubicado por tradición en el 3.000 a. C. Dado que Vyasa comentó el *Yoga Sutra* y el yoga de las ocho ramas con veintiséis categorías (*tattvas*) es mencionado en el *Mahabharata*, la tradición ubica a Patañjali aproximadamente en el 4.000 a. C.

Si propusiéramos que un segundo Vyasa escribió el *Yogabhasya*, el *Brahma Sutra* y el *Gita*, él habría vivido alrededor del 450 a. C., que es una fecha posible para el *Gita*. Dado que Vyasa comentó el *Yoga Sutra* de Patañjali, tendríamos que ubicar a Patañjali a más tardar alrededor del 500 a. C., poco tiempo después de Buda. Esto deja cierto espacio para la especulación de que el cuarto capítulo del *Yoga Sutra* es de hecho una adición posterior.

Dado que este sutra es una repetición, su concepto será explicado solo brevemente. La consciencia misma es el observador y es sin forma. Al dirigirla hacia cualquier objeto, usando la mente como una herramienta, lo ilumina. En ese proceso percibimos el objeto mezclado con la observación consciente. Puesto que la observación consciente solo puede deducirse y percibirse directamente, a no ser que seamos meditadores avanzados, lo que percibimos es la forma del objeto. Desde un punto de vista superficial, entonces llegamos a la conclusión de que la consciencia es cualquier cosa de lo que somos conscientes. Esta visión conduce a la unión (*samyoga*) con lo visto, que es sufrimiento (*duhkha*).

A través de la práctica del yoga lentamente aislamos el cuerpo, la mente, el ego y eventualmente el intelecto de nuestra verdadera esencia. El paso final es darnos cuenta de que la consciencia no está contenida en la inteligencia/el intelecto. Es solo a través del proceso de observación, también llamada proximidad, que el intelecto parece ser consciente y la consciencia parece modificar la información sensorial. En realidad, ambos son completamente independientes. De esta forma se explicaconcisamente la visión de la escuela dualística del yoga.

द्रष्टृदृश्योपरक्तंचित्तंसर्वार्थम् ॥ २३ ॥

IV.23 El propósito de la mente es ser coloreada por el que ve y lo visto

La mente es ese instrumento por el cual es posible la aprehensión o la cognición del mundo. En otras palabras, la mente es responsable del proceso de asir y ver. Para que la acciónde ver sea posible necesitamos dos categorías más: el que ve y lo visto.

Lo visto es el universo y todos los objetos que lo comprenden. Cada objeto deja una impresión en la mente y la colorea. Este rasgo se llama la manchabilidad de la mente. Tras haber acumulado varias manchas, nos relacionamos más con los datos recopilados previamente que con el objeto presente, un proceso llamado condicionamiento.

Después de haber existido en un estado condicionado por algún tiempo (aquellas treinta billones de encarnaciones) nos damos cuenta de que la libertad y el éxtasis no se pueden tener a través de los objetos y miramos hacia adentro. Entonces entendemos que otro factor aparte de lo visto ha coloreado la mente y que ese factor es la observación consciente. A través de la investigación filosófica correcta, que es posible después de que el intelecto ha sido preparado mediante el yoga, comprendemos que la observación consciente no puede estar localizada en la mente, dado que la mente es mutable y la observación consciente no.

Llegamos a entender ahora que la mente ha sido coloreada por dos entidades, una dentro, otra fuera. Este es el propósito de la mente. En su comentario, Vyasa se compadece de aquellos que creen que la mente misma es consciente y de aquellos que creen que solo la mente es real. En *samadhi*, dice él, uno comprende que un objeto está completamente separado de la mente que lo refleja. De igual modo, llega la comprensión de que el observador está completamente separado de la mente. De acuerdo con Vyasa, son aquellos que han logrado aislar las tres entidades, conocedor (consciencia), proceso de conocer (mente) y conocido (mundo) que conocerán a la consciencia en sí misma y, por tanto, serán libres - y no aquellos que consiguen unir en uno solo al observador, la observación y lo observado.

तदसङ्ख्येयवासनाभिश्चित्रमपिपरार्थम्संहत्यकारित्वात् ॥२४॥
IV.24 La mente, al ser coloreada por incontables condicionamientos subconscientes, existe para el propósito de otro, dado que actúa conjuntamente

La idea aquí es que cada cosa que es entera existe por su propio propósito. La consciencia no puede subdividirse en unidades más pequeñas y tampoco puede confeccionarse a partir de componentes. Por esta razón ella solo se tiene a sí misma como propósito. Los objetos como casas y puentes pueden ensamblarse a partir de piezas y sirven el propósito de agentes externos - la gente que los usa.

El mundo también consiste de objetos que están hechos de elementos y átomos. Por tanto, de acuerdo con la filosofía yóguica, debe existir para el propósito de otro. El sutra II.21 nos dice que el mundo existe solo para el propósito de la consciencia.

Cuando miramos la mente, que está coloreada por todo nuestro pasado evolutivo, surge la impresión de que ella existe para su propio propósito. Esto se refleja en el concepto de que nuestro propósito es la supervivencia, individualmente y como especie. Sin embargo, de acuerdo con el yoga, la mente - como todas las cosas que tienen partes integrantes y dependen de otros elementos para su existencia - actúa solamente para servir a otro. *Chitta* (mente) es un constructo que consiste de *manas* (agente pensante), *buddhi* (intelecto) y *ahamkara* (ego). Todos estos tres componentes están hechos de las tres *gunas*: *sattva*, *rajas* y *tamas*.

La mente tampoco puede actuar o existir independientemente. No puede llegar a cualquier conclusión por sí misma, sino que tiene que actuar conjuntamente con otros para que el proceso de cognición (observación) tenga lugar. Para que la experiencia ocurra necesitamos agregar a la mente los órganos de los sentidos, los objetos externos y la observación consciente. Tras haber establecido que la mente es un constructo, sabemos ahora que actúa para una entidad externa, que es la consciencia.

विशेषदर्शनिः आत्मभावभावनानिवृत्तिः ॥२५॥
IV.25 Para aquel que ve la distinción, ya no se pregunta sobre su propia naturaleza

Todos los buscadores comienzan por reflexionar sobre su naturaleza o su falta de conocimiento de la misma. Puede que nos preguntemos, "¿quién soy yo?", "¿cuál es mi propósito en la vida?", "¿qué sucederá cuando muera?", o "¿de dónde vengo?" Se piensa que una persona que se pregunta sobre su naturaleza de esa forma tiene la actitud correcta para el yoga. Se entiende que aquellos que nunca se hacen tales preguntas sino que están felices de continuar regodeándose en la ignorancia, no tienen ningún vínculo con la búsqueda de la verdad. Se cree que los estudiantes que practican solamente el *asana* yóguico y ninguna de las otras ramas del yoga, se asocian al yoga por primera vez, mientras que otros que naturalmente emprenden todas las ocho ramas, han practicado en previas encarnaciones.

Sin embargo, todas estas preguntas, cuestionamientos y búsquedas son solo una función de la mente. Si bien la búsqueda es un punto de partida esencial - un reconocimiento de la propio ignorancia - las soluciones ofrecidas solo serán modelos de la mente y nunca satisfarán realmente. Dado que la mente es siempre fluctuante, ninguno de sus modelos y ninguna de sus metáforas serán permanentes. Sin embargo, en aquel que puede distinguir entre la mente y la consciencia, las preguntas y búsquedas se detendrán.

La consciencia no busca su verdadera naturaleza porque es verdadera naturaleza. La consciencia no busca respuestas: es la respuesta. La consciencia no se pregunta sobre la muerte: dado que es increada y sin principio, no hay destrucción ni final.

तदाविविकन्निम्नं कैवल्यप्राग्भारं चित्तम् ॥२६॥
IV.26 Entonces, la mente se inclina hacia el conocimiento discriminativo y la liberación no está lejos.

"Entonces" significa cuando ha cesado ese tipo de reflexión descrita en el sutra anterior. Esto no implica que uno reprime tal reflexión. Querer saber la verdad sobre la vida es una sed sagrada, y nunca debemos suprimirla. Marca el punto de partida del yoga, y el viaje solo puede llegar a buen puerto si esta sed es fuerte. Vyasa dice que una señal de que esa sed es suficiente es que nuestro rostro se inunda de lágrimas y nuestro cabello se eriza cuando finalmente escuchamos acerca del camino a la libertad. La sed llega a su final natural cuando ha sido saciada. Solo la comprensión de que nuestra verdadera naturaleza es la consciencia inmutable y eterna, sacia esa sed.

Cuando comenzamos a discriminar entre lo eterno y lo transitorio, la noción de la consciencia se establece en la mente del practicante. Esto lleva eventualmente al conocimiento discriminativo permanente, para lo cual el intelecto tiene que hacerse puramente sáttvico. Una vez logrado esto, la libertad final no está lejos. Este paso final está más allá del logro, sino que uno automáticamente gravita hacia él.

Dado que el yogui requiere receptividad y soltar, algunas escuelas atribuyen la consecución del estado final de liberación a la gracia del Ser Supremo.

तच्छिद्रेषुप्रत्ययान्तराणिसंस्कारेभ्यः ॥२७॥
IV.27 Durante intervalos surgen otros pensamientos, dependiendo de nuestras impresiones subconscientes (*samskaras*)

El conocimiento discriminativo permanente es exactamente lo que dicen las palabras y nada más. Significa que uno es capaz de distinguir en cualquier momento entre lo eterno y lo transitorio, entre lo manchado y lo no manchable, entre lo mutable y lo que nunca cambia. No significa que nunca surgirán pensamientos conflictivos en nuestra mente, y especialmente no significa que uno nunca piensa. Esto necesita entenderse profundamente; de lo contrario uno se decepcionará al alcanzar este codiciado estado.

Un *vivekinah* (aquel que ha alcanzado el conocimiento discriminativo) experimentará, de vez en cuando, pensamientos basados en la egoidad. Sin embargo, al estar establecido en el conocimiento discriminativo, sabrá que son parte de lo transitorio, manchable y mutable. En otras palabras dichos pensamientos no pertenecen a nuestra naturaleza, y por tanto no resultarán en acciones basadas en aflicciones (*kleshas*). Tales pensamientos no pueden producir sufrimiento en el *vivekinah*, puesto que él o ella ha logrado la no identificación permanente con esos pensamientos.

Entonces, ¿por qué es que incluso en este estado todavía experimentamos pensamientos conflictivos? El conocimiento discriminativo es el máximo resultado del *samprajñata samadhi*, el *samadhi* relativo a los objetos. De este *samadhi* aprendemos todo sobre los objetos, incluyendo la mente. Finalmente aprendemos que hay un algo que no es un objeto que no es perceptible. También aprendemos la diferencia entre los objetos y el único no objeto - el sujeto (la consciencia) - por medio de la inferencia.

Lo que no obtenemos aquí es el conocimiento directo de la consciencia, el cual se gana solamente en el *samadhi* sin objeto (*asamprajñata*). El *samadhi* con objeto (*samprajñata*), el cual nos ha llevado hasta aquí, se llama *samadhi* con semilla (*sabija*). Lleva este nombre porque las semillas del *karma*, las semillas de la acción basada en aflicción, las semillas de renacimientos futuros, no han sido resecadas y destruidas. ¿Qué son esas semillas?

No son más que nuestras impresiones subconscientes (*samskaras*) y aflicciones (*kleshas*). Estas impresiones son finalmente destruidas solo a través del estado del *samadhi* sin semilla (sin objeto). Dado que el *vivekinah* aún no ha experimentado este estado (de lo contrario lo llamaríamos *jñanin* o el liberado), las impresiones subconscientes todavía son capaces de producir pensamientos conflictivos.

हानमेषांक्लेशवदुक्तम् ॥२८॥

IV.28 Las impresiones subconscientes (*samskaras*) se reducen a través del mismo proceso de las aflicciones (*kleshas*)

El segundo capítulo del *Yoga Sutra* describió el proceso por el cual se deben reducir las cinco aflicciones. Un proceso similar se usa para reducir las impresiones subconscientes (*samskaras*), las cuales producen pensamientos conflictivos. Sin embargo, recordemos que el sutra II.10 establece que el estado sutil o seminal de las aflicciones solo es destruido cuando su soporte, que es la mente, es disuelta en su fuente. No obstante, la fuente de la mente es *prakrti* - la procreatividad o naturaleza. En el momento de la liberación, la mente se desconecta y se disuelve en prakrti. A esto, el *Katha Upanishad* lo denomina más poéticamente "la absorción de la mente en el corazón."

Otro sutra importante para recordar en este contexto es el I.50, en el cual se indica que la impresión subconsciente del conocimiento (*prajña*) se usa para eliminar la impresión subconsciente de la fluctuación de la mente, la cual produce sufrimiento. En el sutra III.9 Patañjali dice que las impresiones subconscientes de fluctuación mental pueden ser vencidas por las impresiones de quietud, indicando un proceso lento de descondicionamiento.

Si bien los subcomentadores coinciden en su interpretación del sutra, están en desacuerdo con respecto a definir en qué punto exactamente este descondicionamiento tiene lugar. Vijñanabhiksu dice que el fuego de la sabiduría (*prajña*) lentamente destruirá las *samskaras*. Sin embargo, para un resultado más rápido, él sugiere el *samadhi* sin objeto. Vachaspati Mishra cree que el problema solo es una cuestión de madurez del conocimiento discriminativo. Él dice: "En cambio, en el caso de aquel en el que el pensamiento discriminativo es maduro, las impresiones subliminales (*samskaras*) han menguado y no son capaces de generar otras ideas propuestas..."[7] H. Aranya también cree que las impresiones subconscientes de sabiduría (*prajña*) son suficientes para hacer estériles a las impresiones subconscientes de la fluctuación mental.

प्रसंख्यानेऽप्यकुसीदस्यसर्वथाविवेकख्यातेःधर्ममेघस्समाधिः॥२९॥

IV.29 Si en el conocimiento discriminativo permanente (*viveka khyateh*) uno se desapega de cualquier ganancia obtenida de la meditación (*prasamkhyana*), uno entra en el samadhi que disipa la nube de características (*dharma-megha samadhi*).

Todas las formas de yoga descritas hasta ahora, incluyendo la meditación y el *samadhi*, tienen un propósito, una meta - algo a ser alcanzado o ganado. Todas las fases del *samadhi* con objeto (*samprajñata*) también están diseñadas para ganar el conocimiento y la comprensión completos pertenecientes a los objetos. Este conocimiento (*prajña*) entonces nos permite experimentar el mundo como es. Se efectúan los samyamas descritos en el tercer capítlo del *Yoga*

---

7. J. H. Woods, trad., *The Yoga System of Patañjali*, p. 340.

Sutra para producir poderes (*siddhis*). El logro final del *samadhi* con objeto (*samprajñata*) es el conocimiento discriminativo.

Como ya fue insinuado en el sutra II.27, hay un punto que llega cuando el esfuerzo, la práctica, el volverse, el desarrollarse, el crecer y el triunfar no nos llevarán más lejos sino que tendrán que ser abandonados. En este punto tenemos que soltar completamente la idea de que el yoga nos llevará a algún lugar. Tenemos que abandonar la mera idea de progreso y ganancia. Mientras queramos llegar a algún lugar, todavía estaremos subiendo escaleras - sin importar que sea la escalera corporativa o la escalera espiritual. El subir escaleras involucra ego, esfuerzo, fuerza de voluntad y mente. Requiere esfuerzo para ser algo que no somos todavía. Sin embargo, el simple deseo de ser algo significa negar nuestra verdadera naturaleza como consciencia. La consciencia es inmutable. Es el estado eterno de libertad. En este *samadhi* final y sin objeto, aparece la gran comprensión mística de que ya somos todo eso.

Las apariencias, los objetos y los fenómenos han formado en el curso de nuestras vidas una nube a nuestro alrededor que nos impide ver la luz solar del ser y el cielo azul despejado de la consciencia. La luz del ser es sin forma; no tiene características. Por otro lado, nuestra mente es atraída a cualquier cosa que tenga forma y por tanto característica. Esta función de la mente - de apartar la mirada de nuestra verdadera naturaleza y llevarla a los fenómenos con el propósito de ganancia - se llama la nube de características. Esta nube oculta al ser, y es esta nube que el *dharmamegha samadhi* disipa, permitiéndonos así residir en nuestra verdadera esencia, la consciencia. Por esta razón, se llama el *samadhi* que disipa la nube de características (*dharmamegha samadhi*).

Ha habido una considerable confusión en torno al término *dharma*, el cual forma parte del nombre sánscrito de este *samadhi*. Como sabemos del sutra III.13, Patañjali usa el término *dharma* para denotar característica o atributo. Es una de las tres formas de transformación (*parinama*) por las cuales un objeto puede pasar. Patañjali llama *dharmin* a la esencia de un objeto - el objeto-tal-cual-es. Es sorprendente encontrar que muchos traductores han considerado *dharma* como rectitud o virtud. En el *Mahabharata*, se usa *dharma* con este significado, pero no en el *Yoga Sutra*. Este malentendido es paralelo a considerar "yoga" como "unión" en el contexto del *Yoga Sutra* de Patañjali, o considerar que *adhyatma* es pertinente al ser verdadero.

Leer "nube que baña de virtud" en *dharmamegha samadhi*, como algunos autores modernos lo han hecho, tiene poco sentido. Vyasa indica en varias ocasiones que el verdadero yoga va más allá de la virtud y del vicio. De acuerdo con el sutra IV.7, algunos acumulan *karma* asociado con acciones malvadas, otros acumulan *karma* asociado con acciones virtuosas, mientras que la mayoría de nosotros acumulamos *karma* mixto. Sin embargo, el yogui no acumula ninguno. La virtud y el vicio son parte del par de opuestos que dejamos atrás en el sutra II.48. La virtud y el vicio son categorías usadas por la mente para juzgar el mundo. Si vamos más allá de la mente en este altísimo *samadhi*, ¿cómo puede llamarse la nube que baña de virtud? Esto equivale a nada menos que volver a la existencia condicionada.

Desde la vista panorámica de las alturas de la liberación no hay virtud ni vicio. El *Rishi* Ashtavakra lo expresa así: "Así como el cielo no es tocado por el humo, así el corazón de aquel que conoce la consciencia no es tocado por la virtud y el vicio."[8] Todos los seres ejecutan sus acciones desde un impulso desesperado y doloroso para alcanzar la felicidad. Muchos de los actos de odio son cometidos porque el perpetrador es incapaz de expresar amor. De acuerdo con los *Upanishads*, al final de cada era mundial (*kalpa*) todos los universos son inhalados por

---

8. *Ashtavakra Gita* IV.3.

Brahman, lo cual equivale a la aniquilación del mundo entero: se pone fin a todos los seres. Desde el punto de vista de las víctimas esto parece ser un acto nocivo; desde la vista panorámica de las alturas esto es el movimiento oscilante de un péndulo entre la existencia y la no existencia, el cual parece natural - como los latidos del corazón o el pulso del líquido cefalorraquídeo. Ciertamente esto no es ni virtuoso ni nocivo, sino neutral. Así es la consciencia. Si la consciencia fuera virtuosa tendría cualidad y contenido. Sin embargo, la definición de consciencia es observación consciente pura. Para que la observación consciente sea pura necesita ser sin contenido y sin cualidad.

Como vimos en los sutras III.13 - 14, Patañjali usa el término dharma para referirse no a la virtud sino a la característica. La nube o niebla de las características se refiere a la amalgama errónea entre el mundo y el observador. En el *samadhi* que dispersa la nube de características, esta nube es revelada y, por primera vez, reconocida como tal. En la experiencia mística el sol de la consciencia entonces disipa la niebla. La mancha de la ignorancia por medio de la cual el que ve (la consciencia) está entremezclado con el mundo de las características, los atributos, los objetos y la mente es quitada y el observador mora en sí mismo. Este es el estado del verdadero yoga.

Este *samadhi* no depende de un objeto para su surgimiento, sino que depende del sujeto, que es la consciencia. El problema con el *samadhi* con objeto es que los objetos son transitorios y, por tanto, el *samadhi* basado en ellos también lo es. Dado que este *samadhi* sin objeto está basado en la consciencia, que es eterna e inmutable, este *samadhi* también lo es. A partir del momento en que se disipa la niebla de los fenómenos, nos volvemos uno con el sol de la consciencia. Una que vez que reconocemos nuestra verdadera naturaleza como consciencia, hemos alcanzado un estado de permanencia, porque la consciencia no tiene ni principio ni fin.

ततःक्लेशकर्मनिवृत्तिः॥३०॥
IV.30 Con ese *samadhi*, cesan los modos de sufrimiento (*kleshas*) y el *karma*

Vyasa afirma que de este *samadhi* que disipa la nube de características (dharmamegha *samadhi*) llega el estado de liberación mientras todavía se está en el cuerpo. En otras palabras, el *samadhi* que disipa la nube de características es el *samadhi* sin semilla (*nirbija*) y sin objeto (asamprajñata). Solo este segundo y más elevado tipo de *samadhi* puede traer la liberación. Algunos autores han entendido erróneamente el *samadhi* que disipa la nube de características como todavía otra forma de *samadhi* con objeto.

Vyasa dice que este *samadhi* liberador finalmente destruye la ignorancia (*avidya*) y todos los modos de sufrimiento (*kleshas*) que son producidos por la ignorancia. Aún más, los karmas acumulados en el almacén (*karmashaya*), sean malvados o virtuosos, son destruidos, junto con el conocimiento incorrecto (*viparyaya*). Con la destrucción del conocimiento incorrecto, que es la causa y semilla del renacimiento, ya no es necesaria una futura encarnación condicionada - no solo eso, ni siquiera es posible.

Este *samadhi* se llama "sin semilla" porque la semilla de renacimiento futuro, ignorancia y sufrimiento es destruida. También se dice claramente que solo este *samadhi*, el más poderoso de todos los *samadhis*, puede hacer estériles a esas semillas, y no así el *samadhi* con objeto (*samprajñata*) que es más débil, tal y como, de nuevo, algunos escritores modernos declaran. Este es un punto importante para recordar. Si erróneamente proyectamos tales expectativas en el *samadhi* con objeto, no nos daremos cuenta cuando el *samadhi* con objeto nos suceda y además esperaremos demasiado de aquellos que lo han experimentado.

Solo a través del extenso *samadhi* sin objeto la mente (chitta) estará habitualmente suspendida (*nirodha*), lo cual significa que es reabsorbida en prakrti. Si el yogui necesita una mente después de este punto, la proyecta hacia afuera solo en las ocasiones apropiadas (nirmana chitta). En el intervalo en el que no necesita la mente, el yogui regresa a la infinidad del *nirodha*, que es la consciencia. Esto significa que tal yogui reside en el corazón, está en el estado natural y mora permanentemente en su verdadera naturaleza.

Por esta razón, solo las enseñanzas y declaraciones de un *nirodhin*, aquel con la mente suspendida, son vinculantes. Ejemplos de tales enseñanzas son los *Upanishads*. Los sabios upanishádicos estuvieron en el estado de *nirodha* y pudieron ver el fondo de sus corazones. Por eso, sus enseñanzas son llamadas *shruti* - aquello que es escuchado. Debido a que sus mentes estuvieron quietas, ellos fueron libres para escuchar la sabiduría sagrada de sus corazones. Aquí "corazón" aquí es una metáfora para la consciencia, y la sabiduría escuchada está contenida en el sonido sagrado del OM, que es producido por Brahman (consciencia).

De nuevo es muy importante entender la diferencia. Antes del *dharmamegha samadhi* la mente del yogui solo está unidireccionada (*ekagra*). Desde el punto de vista del principiante esto es un logro increíble, pero como maestro el *ekagrin* - aquel con mente unidireccionada - todavía no es una autoridad sagrada. Sus declaraciones son problema muy profundo y significativas, pero vienen de una mente humana y no de la profundidad del corazón. Los maestros con mentes unidireccionadas nos han dado un canon increíble de enseñanzas, llamadas *smrti*. *Smrti* significa aquello que es memorizado y es un término para tradición. Se entiende que todas las *smrti* son de origen humano en tanto que las *shruti* son consideradas de origen divino.

तदासर्वाअवरणमलापेतस्यज्ञानस्याअनन्त्यात्ज्ञेयमल्पम् ॥३१॥
IV.31 Entonces, cuando se quitan las impurezas que cubren la infinidad del conocimiento, todos los conocibles se vuelven insignificantes

"Entonces" significa cuando se alcanza el *samadhi* que disipa la nube de características. Las impurezas que cubren son la ignorancia (*avidya*) y la cognición incorrecta (*viparyaya*). Patañjali dice que cuando se eliminan esas impurezas que cubren, la infinidad del conocimiento se vuelve visible. ¿Qué es la infinidad del conocimiento (*jñanasya ananta*)?

Los *Upanishads* describen la realidad profunda (Brahman) en términos de tres palabras: verdad (*sat*), consciencia (*chit*) y éxtasis (*ananda*). Sin embargo, algunos viejos pasajes como el *Taittiriya Upanishad* II.1.1 mencionan *sat*, *chit* y *ananta* (infinito). Posteriormente, *ananta* (infinito) fue reemplazada por *ananda* (éxtasis). Los *Upanishads* con la antigua lectura son anteriores al *Yoga Sutra*. En la época de Patañjali, *ananta* todavía era usada para describir a Brahman.

Patañjali no usa el concepto de Brahman, dado que implica una única entidad más profunda que *purusha* y *prakrti* que concilia la diferencia entre estas. Él usa el término *purusha* para referirse a la consciencia de un individuo. Cuando Patañjali habla sobre la consciencia que no está limitada por los confines de un individuo, usa el término "infinito" (*ananta*). El propio Patañjali es considerado como una manifestación de la serpiente del infinito, Ananta.

La frase "infinidad del conocimiento" significa, entonces, morar en o ser uno con el océano de la consciencia infinita. En el lenguaje de hoy, que está muy influenciado por el Vedanta, diríamos ser uno con Brahman.

En ese estado, cuando se conoce el infinito de la consciencia, los conocibles se vuelven insignificantes. Los conocibles son el mundo con todos los objetos y los fenómenos - la mente, el ego, el intelecto, las *gunas* y demás. Comparado con la infinidad de la consciencia, estos conocibles o cosas a ser conocidas se vuelven tan insignificantes que Vyasa las compara con luciérnagas en el cielo. Comparado con la inmensidad del cielo, el cual es aquí el conocimiento de la consciencia infinita, todo lo que podemos conocer sobre los objetos es como simples insectos.

Ahora el yogui está morando en su verdadera naturaleza como consciencia, que es el receptáculo que sostiene el mundo y todos los seres. Comparado con la infinidad de ese receptáculo, su contenido - el mundo de los objetos - es pequeño. El yogui se encuentra ahora en un estado donde se da cuenta de que, comparado con el conocimiento de la infinidad de la consciencia, el conocimiento del mundo es como una candela sostenida contra el sol ardiente - o como libélulas ante la inmensidad del cielo.

ततःकृतार्थानंपरिणामक्रमसमाप्तिर्गुणानाम्॥३२॥

IV.32 De esta manera, cuando las gunas cumplen su propósito, la secuencia de sus transformaciones concluye

Aquí se describe otro resultado del *samadhi* que disipa la nube de características (*dharma-megha samadhi*). Inicialmente, la proximidad de la naturaleza (*prakrti*) y la consciencia (*purusha*) pone en marcha la función dual de experiencia y liberación. Puesta en acción a través de la proximidad de la consciencia, la "madre" *prakrti* proporciona mediante las *gunas* una secuencia de transformaciones aparentemente interminable. El término "transformación" (*parinama*) se usa aquí para afirmar que el mundo, aunque eterno, nunca se encuentra en un estado estable sino en flujo constante. Si en algún momento las *gunas* dejaran de actuar, el mundo no se quedaría inmóvil como una fotografía sino que se volvería inmanifiesto. En el Yoga, "inmanifiesto" no significa "inexistente", dado que nunca nada que sea existente puede volverse inexistente o irreal, y nunca nada que sea inexistente puede volverse real.

Cuando el yogui se libera a través del *samadhi* que disipa la nube de características, se cumple el propósito de las *gunas*. Como se explica en el Samkhya Karika, tras ser vista, prakrti deja de efectuar su danza. La secuencia de transformaciones de las *gunas* no es más que la danza de la naturaleza (prakrti). Prakrti deja de bailar, las *gunas* son reabsorbidas en su origen (prakrti) y el mundo se repliega del estado manifiesto al inmanifiesto, en lo que al yogui liberado respecta. Esto no cambia la realidad del mundo, la cual se mantiene existente pero inmanifiesta. Continuará estando manifiesta para los demás.

क्षणप्रतियोगीपरिणामापरान्ततनिर्ग्राह्यःक्रमः ॥३३॥
IV.33 La secuencia, que consiste de instantes, termina mediante la conclusión de la transformación

Este sutra establece que cuando las *gunas* concluyen su actividad y, por ende, cesa la transformación constante (*parinama*) de un fenómeno al siguiente, el tiempo también cesa. Esto podría ser un concepto inquietante al principio, pero se vuelve más claro y menos amenazante cuando es examinado.

Conocemos el tiempo solo a partir de los cambios en la naturaleza. Observamos que la Tierra gira alrededor de su eje y lo denominamos un día. Aparte de ese movimiento y su resultado, los cambios en la luz del día, no hay justificación para la idea del día. Horas, minutos y demás son solo subdivisiones del concepto "día". Observamos que la Tierra circula alrededor del Sol y lo llamamos un año. Miramos un determinado movimiento en la naturaleza y llamamos "tiempo" a la suma de los instantes que pasaron. Si por alguna razón la Tierra perdiera el contacto con el Sol, nuestras unidades de tiempo no tendrían sentido, y tendríamos que buscar otros cambios en la naturaleza. El tiempo es una conceptualización (*vikalpa*). Se define *vikalpa* como una palabra que no tiene un objeto correspondiente. El tiempo no tiene un objeto correspondiente en la naturaleza; simplemente es deducido por la mente humana a partir de la observación.

Se dice que nuestro universo tiene miles de millones* de años de antigüedad y se predice que durará por otros quince mil millones de años más. Antes del Big Bang, toda la materia estaba condensada en un solo punto. El tiempo es dependiente de la observación del cambio, de un punto de referencia externo y de un observador. Ninguno de ellos puede ser determinado antes del Big Bang. Esto nos lleva a la conclusión de que tampoco existía el tiempo.

Todas las cosas que tienen un principio deben tener un final. Cuando el universo cese en unos quince mil millones de años, el tiempo cesará también. Como sabemos por la relatividad de Einstein, el tiempo depende del observador. Sin ningún observador remanente al final del universo, no habrá tiempo. Sin embargo, de acuerdo con la lógica india, lo que no es real al principio o al final, tampoco es real en el medio.

Según el Yoga, el tiempo está conectado con la mutabilidad. Dado que la consciencia es inmutable, no existe el tiempo en la consciente. El tiempo es un constructo intelectual de la mente, una conceptualización. El tiempo nace de la mente; es un hijo de la mente. Una vez que la mente se disuelve en *prakrti*, el tiempo es disuelto con ella.

Entonces, ¿qué es el tiempo si no tiene una realidad verdadera como tal? Como fue explicado en el sutra anterior, las *gunas* manifiestan el mundo como estando en constante transformación. Si observamos un objeto, digamos nuestro cuerpo, vemos que él cambia constantemente. A través del flujo constante de las *gunas*, nuestro cuerpo primero parece joven, luego

---

* N. del T. El autor usa la palabra ingles *a billion* que equivale a 10^9 (1.000.000.000), esa misma cifra se denomina mil millones en español.

maduro y más tarde viejo. El cambio de joven a viejo se llama "cambio de estado" (*avastha parinama*). Cuando el cuerpo eventualmente muere y desaparece, cambia del estado manifiesto al residual. Análogamente, cuando nace, cambia del estado potencial al manifiesto. Este tipo de cambio se llama "cambio de manifestación" (*lakshana parinama*). Esto significa que el tiempo es un concepto mental que describe el cambio de manifestación.

También podemos verlo desde otro punto de vista. El cuerpo en realidad no desaparece, solo su forma. Todas las partículas elementales que formaban el cuerpo continuarán existiendo, aunque conformando diferentes componentes. Este tipo de cambio se llama "cambio de característica" (*dharma parinama*). Subyacentes a esas tres formas de cambio están las "secuencias" (*krama*). El cambio de joven a viejo no ocurre de golpe; solo tras observar una determinada *krama* es que lo llamamos cambio. Se llama un instante (*kshana*) a la unidad más pequeña durante la cual cualquier cambio es todavía observable. Un instante es perceptible solo si un cambio ha ocurrido, incluso si solo fuera nuestra respiración o el tictac de un reloj. Si ningún cambio es perceptible, no notaremos que un instante ha pasado y que una secuencia está ocurriendo. Si estuviéramos aislados en una situación donde no pudiéramos observar las secuencias, no podríamos decir que el tiempo habría transcurrido.

Por tanto, el tiempo se abstrae del cambio. Si no podemos observar cualquiera de los tres tipos de cambio y su secuencia, no deduciremos el paso del tiempo. La conceptualización del tiempo cesará cuando las *gunas* cesen su trabajo. La secuencia y el instante cesarán cuando el cambio (*parinama*) cese. *Parinama* cesa cuando las *gunas* cesan su trabajo. Las *gunas* dejan de trabajar cuando se cumple su propósito. Su propósito se cumple cuando se experimenta el *dharmamegha samadhi* y el que ve reside en su propia forma (consciencia).

पुरुषार्थशून्यानांगुणानांप्रतिप्रसवःकैवल्यंस्वरूपप्रतिष्ठावाचितिशक्तिरितिा३४॥

IV.34 La liberación tiene lugar cuando las gunas regresan a su fuente (*prakrti*) tras haber perdido su propósito. La liberación es la consciencia pura establecida en su propia naturaleza.

El propósito de las *gunas* es manifestar el mundo, un proceso que provee de experiencia para purusha. De la experiencia viene el cautiverio, que es la unión ilusoria entre el que ve y lo visto. Del cautiverio, a través del suministro de placer y dolor, viene eventualmente la realización de la existencia de la consciencia (*purusha*) como nuestra verdadera naturaleza.

A estas alturas nos damos cuenta de que el intelecto, que es la más alta manifestación de las *gunas*, nunca estuvo mezclado con la consciencia, la cual siempre fue libre e intocable. Esta realización se llama *kaivalya*, la independencia de la consciencia.

Ahora el yogui liberado está establecido en su verdadera esencia como consciencia, la cual es el ser-en-sí-mismo. Es un estado permanente de libertad y éxtasis supracognitivo ilimitados. Supracognitivo significa que hemos ido más allá de la necesidad de los fenómenos, la manifestación y el mundo. Estos son los que antes limitaron nuestro éxtasis y nuestra libertad.

Ahora somos libres para reconocer que nunca hemos renacido, nunca hemos estado limitados por la ignorancia y nunca hemos sido una entidad egoica aislada. Dado que la consciencia en la cual ahora residimos es eterna e inmutable, existió todo este tiempo como un estado de libertad ilimitada que no reconocimos en nuestro engaño.

Las *gunas*, después de cumplir su propósito, son reabsorbidas en su fuente, que es la naturaleza (*prakrti*). Esto significa que, con respecto al yogui liberado, el mundo se ha transformado al estado residual. Esto no significa que es inexistente, puesto que todavía está manifiesto para servir a otros.

Aquí termina el camino del Yoga. El yogui liberado, residiendo permanentemente en la consciencia, se mantiene encarnado hasta que el cuerpo llega a su final natural. Entonces el yogui se vuelve uno con el éxtasis eterno, sin cuerpo y supracognitivo.

¿Queda algo por hacer?

La escuela del yoga guarda silencio con respecto a un estado aún más elevado que ese, que es el estado de identidad (como *Shankara* lo considera) o de identidad-diferencia (como Ramanuja lo considera) con el Ser Supremo. Esto no significa que el Yoga y la escuela sobre la cual está basado, el Samkhya, son ignorantes de ese estado.

Los "fundadores" de ambas escuelas, Bhagavan Patañjali y *Rishi* Kapila, son considerados como manifestaciones del mismísimo Ser Supremo. No obstante, su objetivo fue idear un camino hacia la liberación que no se apoyara en el conocimiento del Ser Supremo (en el caso del yoga) o en la entrega a Este (en el caso del Samkhya).

El yogui puede, tan pronto la mente se libere de la cognición incorrecta, ir a estudiar el Vedanta en vez de proseguir el camino del Yoga.

Alternativamente, el yogui puede, después de alcanzar la realización de su propia consciencia, ir y conocer a aquel que nunca fue ignorante.

Aquel que es el primero y más importante de todos los maestros.

Aquel que ha sido conocido por varios nombres, como el Brahman, el Dao, el Señor y la Madre, y que, después de que todos los nombres quedanrelegados, aún sigue ahí como el incomprensible, luminoso, vibrante, silencioso, vasto vacío en nuestros corazones.

GLOSARIO

ACHARYA Maestro, aquel que ha estudiado los textos, ha practicado los métodos, ha logrado los resultados y es capaz de comunicarlos.

ADVAITA VEDANTA Filosofía upanishádica que postula el monismo sin reservas, fundada por Acharya Gaudapada y desarrollada por Acharya Shankara, que sostiene que el ser individual (*atman*) y la realidad profunda (Brahman) son idénticos.

AFLICCIONES Las cinco formas de sufrimiento (*kleshas*).

AHAMKARA Egoidad, el yo hacedor, aquel que se adueña de la percepción, no debe confundirse con el ego freudiano.

AKASHA Espacio, éter.

ANAHATA CHAKRA Chakra del corazón, un centro de energía sutil.

ANAHATA NADA El sonido sin golpe, el sonido del loto del corazón, un objeto de meditación.

ANANDA Éxtasis, gozo.

ANANTA Infinito, un nombre de la serpiente del infinito.

ASAMPRAJÑATA Samadhi sin objeto, *samadhi* supracognitivo.

ASANA Postura.

ASHTADYAYI Tratado antiguo sobre la gramática del sánscrito, escrito por Panini.

ASMITA Literalmente el yo soy. 1. Egoísmo, considerar al observador y la observación como uno solo, una de las cinco formas del sufrimiento. 2. Una forma del *samadhi* con objeto que surge cuando el yo soy puro es presenciado.

ATMAN El verdadero ser, la consciencia. Término usado por el Vedanta en vez de *purusha*.

AVATARA Manifestación divina.

AVIDYA Ignorancia.

AYURVEDA Medicina ancestral de la India, uno de los cuatro *Vedas* subsidiarios (*Upvedas*).

BANDHA Sello, bloqueo energético.

BHAGAVAD GITA Canción del Señor, la más influyente de todas las *shastras*. El Ser Supremo en la forma del Señor Krishna amalgama las enseñanzas del Samkhya, Yoga y Vedanta.

BHAGAVATA PURANA También llamado *Shrimad Bhagavatam*, un Purana que trata acerca de la devoción al Ser Supremo en la forma del Señor Vishnu. Todos los *avataras* de Vishnu son descritos, incluyendo Krishna.

BHAKTI Yoga del amor, la práctica de devoción al Ser Supremo.

BHOGA Consumación, experiencia, cautiverio.

BRAHMA SUTRA Principal tratado del Vedanta, escrito por el *Rishi* Vyasa.

BRAHMAN Consciencia infinita, realidad profunda, la realidad que no puede reducirse a una capa más profunda.

BRAHMARANDHRA Puerta de Brahman, extremo superior del *sushumna*.

BUDDHI Intelecto, la sede de la inteligencia.

CAUTIVERIO Identificación errónea con lo transitorio, estar atado a los fenómenos.

CHAKRA Centro de energía sutil.

CHARAKA SAMHITA Tratado sobre el *Ayurveda*. Se dice que el autor, Charaka, es una encarnación de Patañjali.

COGNICIÓN Esfuerzo de la mente para identificar e interpretar los datos suministrados por los sentidos.

CONSCIENCIA Aquello que es consciente, el observador, la observación consciente.

CORAZÓN En sánscrito, *hrdaya*, se refiere al centro de todos los fenómenos, que según el Vedanta es la consciencia. Si el término se usa en una instrucción anatómica, se refiere al centro de la caja torácica.

DARSHANA Visión, sistema de filosofía. Los *darshanas* se dividen en ortodoxos y heterodoxos, dependiendo de si aceptan o rechazan la autoridad de los *Vedas*. Los *darshanas* ortodoxos son el Samkhya (investigación racional), el Yoga (ciencia de la mente), el Mimamsa (ciencia de la acción), el Nyaya (lógica), el Vaiseshika (categorización) y el Vedanta (análisis de los *Upanishads*). Idealmente estos darshanas no compiten entre ellos sino que resuelven problemas diferentes. El maestro de yoga T. Krishnamacharya tuvo títulos en todos los seis sistemas. Los *darshanas* heterodoxos son el Jaina (Jainismo), el Baudha (Budismo) y el Charvaka (materialismo). Un caso especial es el Tantra, el cual no es considerado ni ortodoxo ni heterodoxo. Shankara fue probablemente el último ser humano en tener maestría en todos los diez sistemas de filosofía.

DHARANA Concentración.

DHARMA 1. Característica, atributo. 2. Rectitud, virtud.

DHARMIN El objeto-tal-cual-es, la tal-cualidad de un objeto, la esencia de un objeto.

DHYANA Meditación.

DRISHTI Punto focal.

EKAGRA CHITTA Mente unidireccionada, la mente apta para practicar el yoga más elevado.

ENTROPÍA Cantidad de desorden en un sistema.

GUNAS Rajas, tamas y *sattva*, las cualidades o hebras de prakrti que forman, a través de sus varios entrelazados, todos los fenómenos.

HATHA YOGA Escuela tántrica del yoga que se fundó aproximadamente en el 1100 d. C. por el maestro Ghoraknath. Literalmente el yoga de sol/luna, el énfasis está en equilibrar los canales de energía solar y lunar en el cuerpo. El Hatha Yoga desvió el foco desde el misticismo y la filosofía de los tipos de yoga upanishádicos más antiguos hacia el uso del cuerpo como una herramienta.

HATHA YOGA PRADIPIKA Un tratado tántrico escrito por Svatmarama.

IDA Canal de energía lunar.

INTELECTO Sede de la inteligencia.

ISHTADEVATA Deidad de meditación, proyección personal que le permite a uno establecer una relación devocional con el Ser Supremo.

ISHVARA El Ser Supremo, Brahman con forma.

ITIHASA Escrituras que tratan sobre lo que alguna vez fue la historia: el *Mahabharata*, el *Ramayana* y el *Yoga Vashishta*.

JIVA Ser fenoménico, imagen de uno mismo que se forma a través del contacto con los fenómenos, no es el verdadero ser.

JÑANA Conocimiento, aquí el conocimiento del ser.

JÑANIN Conocedor, aquí el conocedor del ser.

KAIVALYA Libertad, independencia; la meta del yoga.

KALI YUGA Era actual, era de la oscuridad; comenzó en el 3102 a. C. con la muerte del Señor Krishna; pensada para durar por otros 400.000 años.

KAPHA Uno de los tres humores ayurvédicos, a veces traducido como flema.

KARMA Acción.

KARMA, LEY DEL Ley de causa y efecto.

KARMASHAYA Depósito donde se almacenan los efectos de nuestras acciones.

KLESHA Modo de sufrimiento. Los modos son la ignorancia, el egoísmo, el deseo, el odio y el miedo a la muerte.

KRAMA Secuencia de momentos, sucesión de momentos.

KRISHNA, SEÑOR Una forma del Ser Supremo, avatara del Señor Vishnu, maestro en el Bhagavad Gita.

KSHANA Instante, momento, la unidad de tiempo más pequeña.

KSHIPTA CHITTA Mente agitada, no apta para hacer yoga.

KUMBHAKA Retención de la respiración.

KUNDALINI 1. El obstáculo que cierra la boca de *sushumna*. 2 A veces usado para referirse al ascenso de *shakti* en el *sushumna*.

LIBERACIÓN Reconocer la verdadera naturaleza propia como la consciencia eterna e inmutable.

MAHABHARATA La mayor obra de literatura creada por el hombre, *dharma shastra* (escritura que trata sobre la acción correcta), escrito por el *Rishi* Vyasa, contiene el *Bhagavad Gita*.

MAHABHUTA Elemento denso, es decir, éter, aire, fuego, agua y tierra.

MANDALA Dibujo circular, geometría sagrada, un objeto de meditación.

MANDUKYA KARIKA Comentario sobre el *Mandukya Upanishad*, escrito por el Acharya Gaudapada, el cual constituye el comienzo de la escuela filosófica del Advaita Vedanta. Gaudapada arguye que los tres estados de vigilia, sueño con sueños y sueño profundo no tienen realidad propia y dependen del cuarto estado (*turiya*), la consciencia.

MOKSHA Liberación del cautiverio.

MOKSHA SHASTRA Escritura que trata sobre la liberación.

MUDHA CHITTA Mente encaprichada con el estupor materialista, no apta para hacer yoga.

MUDRA Sello, usualmente una combinación de *asana*, *pranayama* y *bandha*.

MULA BANDHA Bloqueo de la raíz.

NADI Literalmente río, canal de energía.

NIRGUNA BRAHMAN Brahman sin forma, realidad profunda, consciencia infinita.

NIRODHA CHITTA Mente suspendida, el estado natural, la meta del yoga.

OBJETO Todo lo que no es el sujeto (la consciencia); incluye el ego, la inteligencia y el universo.

OBJETO DE MEDITACIÓN Cualquier objeto de cualidad sáttvica, como un mantra, el símbolo OM, un yantra o mandala (geometría sagrada), una flor de loto, la respiración, la deidad de meditación personal, el vacío, la luz o el sonido en el corazón, la inteligencia, los elementos sutiles.

PARAVAIRAGYA Entrega suprema, soltar totalmente, desapego supremo.

PARINAMA Transformación, cambio.

PINGALA Canal de energía solar.

PITTA Uno de los tres humores ayurvédicos, a veces traducido como bilis.

PRAJÑA Completo conocimiento de los fenómenos producidos por prakrti.

PRAKRTI Procreadora, procreatividad, naturaleza, la matriz o el útero que produce todo el universo sutil y denso, excepto la consciencia.

PRANA Fuerza vital o aliento interno; a veces se refiere a la respiración anatómica o externa.

PRANAYAMA Extensión de la respiración, ejercicios de respiración para armonizar el flujo de la fuerza vital.

PRATYAHARA Independencia con respecto a los estímulos sensoriales.

PURANAS Literalmente antiguos. Textos sagrados que se relacionan con el misticismo y la filosofía, en la forma de alegorías e historias, para el hombre común.

PURUSHA Consciencia pura, que es eterna e inmutable; término usado por el Samkhya y el Yoga en vez de *atman*.

RAJAS Frenesí, energía, dinámica; una de las *gunas* de prakrti.

RAMAYANA Literalmente el camino de Rama. Una epopeya (*itihasa*) antigua que describe la vida de Rama, un *avatara* del Señor Vishnu.

RISHI Vidente védico, sabio liberado, aquel que a través de la suspensión de la mente puede ver el fondo de su corazón.

SAGUNA BRAHMAN El Ser Supremo, Brahman, con forma.

SAMADHI Absorción.

SAMADHI COGNITIVO *Samadhi* cuyo surgimiento depende de la cognición de un objeto; *samadhi* con objeto.

SAMADHI CON OBJETO *Samadhi* que depende de un objeto para su surgimiento.

SAMADHI SIN OBJETO *Samadhi* que no depende de un objeto para su surgimiento y, por tanto, que puede revelar al sujeto, la consciencia.

SAMADHI SUPRACOGNITIVO *Samadhi* más allá de la cognición del objeto, *samadhi* sin objeto, *samadhi* que revela al sujeto, la consciencia.

SAMAPATTI Identidad de la mente con un objeto; estado de la mente durante el *samadhi* con objeto.

SAMKHYA El sistema de filosofía más antiguo, fundado por el *Rishi* Kapila.

SAMKHYA KARIKA Tratado escrito por *Ishvara*krishna que describe el sistema de filosofía del Samkhya. El *Karika* es de gran importancia puesto que es el más antiguo texto remanente que describe el Samkhya sobre el cual el Yoga está basado. Uno necesita tener presente, sin embargo, que este texto es más reciente que el *Yoga Sutra* y no es representativo de las formas más antiguas y más originales del Samkhya.

SAMPRAJÑATA *Samadhi* con objeto, *samadhi* cognitivo.

SAMSARA Existencia condicionada, el círculo interminable de renacimientos.

SAMSKARA Impresión subconsciente.

SAMYAMA Aplicación combinada de *dharana*, *dhyana* y *samadhi* con objeto.

SATTVA Luz, sabiduría, inteligencia; una de las *gunas* de *prakrti*.

SHAKTI 1. Madre Diosa, consorte de Shiva, personificación de *prakrti*. 2. Energía, fuerza vital, *prana*.

SHASTRA Escritura sagrada, camino a la verdad.

SHATKRIYA Literalmente las seis acciones, un set de acciones de purificación usadas en el Hatha Yoga para restablecer el equilibrio entre los tres humores (*doshas*) del cuerpo.

SHIVA, SEÑOR Un nombre del Ser Supremo, consciencia pura, Brahman con forma.

SHIVAÍSTA Un adorador de Shiva.

SHRUTI Los *Vedas* y los *Upanishads*, escrituras reveladas de origen divino, las cuales son vistas o escuchadas por un *rishi*.

SHUNYATA Vacuidad, vacío.

SHUNYAVADINO Adepto a la escuela de pensamiento del Shunyavada Budista, la cual sostiene que la naturaleza inherente a todos los fenómenos es la vacuidad (*shunyata*).

SIDDHA Ser perfeccionado.

SIDDHIS Perfecciones, poderes sobrenaturales.

SMRTI 1. Tradición sagrada, escrituras concebidas por la mente humana para explicar los shruti revelados. 2. Memoria o recuerdo, una de las cinco fluctuaciones de la mente.

SUBCOMENTARIO Un comentario que explica más a fondo un comentario ya existente acerca de un tratado original. Dado que los maestros de la India respectaban mucho a aquellos que pensaron antes de ellos, a menudo compilaban textos que agregaban otra capa de explicación e interpretación, en vez de comenzar su propia escuela de pensamiento.

SUSHUMNA Canal central de energía, la metáfora del Hatha Yoga para el corazón.

SUTIL Algo real pero no perceptible a los sentidos. Se puede percibir directamente en el *samadhi* con objeto. La palabra aparece en muchas expresiones como cuerpo sutil, elemento sutil, anatomía sutil.

SVADHYAYA Estudio de textos sagrados.

TAMAS Pesadez, inercia, masa; una de las *gunas* de *prakrti*.

TANMATRA Elemento sutil, potencial infratómico, la partícula más pequeña de la materia.

TANTRA 1. Sistema que se enfoca en la ejecución precisa de acciones más que en la especulación mística. 2. Tratado en el cual se describe este sistema.

UJJAYI PRANAYAMA Extensión victoriosa de la fuerza vital.

UPANISHADS Antiguas escrituras a partir de las cuales se desarrollaron todos los sistemas de filosofía de la India. Los *Upanishads* son concebidos por el corazón (*shruti*).

UPVEDA Veda secundario, del cual existen cuatro: el *Ayurveda* (medicina), el *Arthaveda* (economía), el *Dhanurveda* (ciencia militar) y el *Gandharvaveda* (música).

VAISHNAVA Un adorador de Vishnu.

VASANA Condicionamiento, una acumulación de impresiones subconscientes.

VATA Uno de los tres humores ayurvédicos, a veces traducido como viento.

VEDANTA Literalmente el final del Veda. El análisis del contenido de los *Upanishads*, siendo el principal tratado el *Brahma Sutra*. Varias escuelas desarrolladas (Advaita Vedanta, Visishtadvaita Vedanta, Dvaita Vedanta).

VEDAS Los textos sagrados más antiguos de la humanidad. Vyasa dividió el único *Veda* en cuatro, los *Rig*, *Yajur*, *Sama* y *Atharva Vedas*, todos los cuales se subdividen en *Samhita* (himnos), *Brahmana* (ritualidad), *Aranyaka* (adoración) y *Upanishad* (misticismo). Hay cuatro *Vedas* secundarios (*Upvedas*), los cuales son *Ayurveda* (medicina), *Arthaveda* (economía), *Dhanurveda* (ciencia militar) y *Gandharvaveda* (música). El *Veda* tiene seis ramas (*Vedangas*), las cuales son *Vyakarana* (gramática del sánscrito), *Jyotisha* (astrología), *Nirukta* (etimología), *Shiksha* (fonética), *Chandas* (métrica poética) y *Kalpa* (ritual, deber). Los primeros himnos del *Rig Veda* exceden los 8.000 años de antigüedad. De acuerdo con la tradición los *Vedas* son eternos y son vistos por los *rishis* al comienzo de cada era del mundo.

VIDYA Conocimiento correcto, opuesto a la ignorancia (*avidya*).

VIKALPA Conceptualización, una palabra sin un objeto al cual se refiera.

VIKSHIPTA CHITTA Mente confusa, la mente apta para comenzar la práctica del yoga.

VINYASA Movimiento secuencial que entrelaza las posturas para formar un flujo continuo. Crea una meditación en movimiento que revela que todas las formas son impermanentes y por esta razón no se mantienen.

VIPARYAYA Cognición errónea, error, identificación errónea del objeto percibido.

VISHNU, SEÑOR Un nombre del Ser Supremo; Brahman con forma.

VISISHTADVAITA VEDANTA Filosofía upanishádica que propone el monismo con reservas, desarrollada por el Acharya Ramanuja. Sostiene que el ser individual (*atman*) y la realidad profunda (Brahman) son idénticos pero diferentes.

VIVEKA KHYATEH Conocimiento discriminativo, conocimiento de la diferencia entre el observador y lo observado.

VIVEKINAH Un conocedor de la diferencia, aquel que ha ganado el conocimiento discriminativo.

VRTTI Literalmente remolinos, fluctuaciones, modificaciones (de la mente).

YANTRA Dibujo sagrado que es eventualmente visualizado; objeto de meditación usado en la escuela del Tantra.

YOGA VASHISHTA Antiguo tratado en el cual las enseñanzas no dualísticas del *Rishi* Vasishta se presentan en 30.000 aforismos.

BIOGRAFÍAS
DE LOS MAESTROS Y *RISHIS* MENCIONADOS EN EL TEXTO

ARANYA, SWAMI HARIHARANANDA Abad fallecido del Kapila Math en Bihar; autor de un subcomentario sobre el *Yoga Sutra*.

ASHTAVAKRA, *RISHI* "El ocho veces torcido", el compilador del *Ashtavakra Gita*. Cuando Ashtavakra todavía estaba en el útero de su madre, una vez escuchó por casualidad a su padre brahmán recitar los *Vedas* incorrectamente, tras lo cual clamó desde dentro del cuerpo de su madre y lo reprendió. Entonces su padre enfurecido maldijo a Ashtavakra a nacer torcido en ocho partes, y efectivamente así nació. Tras ser llamado a la corte del rey para participar en un debate de eruditos, su padre fue derrotado por un famoso *pandit* del rey y fue arrojado a una mazmorra. Cuando Ashtavakra tuvo tan solo doce años de edad fue y derrotó al gran *pandit* en un debate e hizo que liberaran a su padre. Su padre revocó la maldición y le pidió que se bañara en un río santo, lo cual hizo que su cuerpo se enderezara otra vez.

GAUDAPADA, ACHARYA Maestro que desarrolló el Advaida Vedanta como una filosofía sistemática; autor del *Mandukya Karika* y del comentario sobre el *Samkhya Karika*.

ISHVARA KRISHNA Autor del más antiguo texto que todavía se conserva sobre el Samkhya, el *Samkhya Karika*.

KAPILA, *RISHI* Fundador del Samkhya, la primera filosofía sistemática, considerado en el *Bhagavad Gita* y en el *Bhagavata Purana* como una manifestación del Ser Supremo.

KRISHNAMACHARYA, SHRI T. Maestro del Shri Krishna Pattabhi Jois, estudiante de Ramamohan Brahmachary.

MAHARSHI, RAMANA Sabio liberado, maestro moderno del Advaita Vedanta.

PANCHASIKHA, *RISHI* Antiguo maestro del Samkhya que desarrolló más a fondo las enseñanzas del *Rishi* Kapila, autor del tratado perdido sobre el Samkhya.

PANINI Antiguo gramático sánscrito, autor del *Ashtadyayi*.

PATAÑJALI Autor del *Yoga Sutra*, el *Gran Comentario* sobre la gramática de Panini y el *Charaka Samhita*, un texto sobre el *Ayurveda*. Se cree que es una manifestación de la serpiente del infinito.

PATTABHI JOIS, SHRI KRISHNA Maestro moderno del Ashtanga Yoga, estudiante de Shri T. Krishnamachary.

RAMANUJA, ACHARYA Autor de un comentario sobre el *Brahma Sutra* además de otros textos; desarrolló el Visishtadvaita Vedanta; enseñó la identidad-indiferencia (beda abeda) entre el ser individual (*atman*) y la consciencia infinita (*Brahman*); defensor del Bhakti Yoga.

SHANKARA, ACHARYA Principal protagonista del Advaita Vedanta; místico, filósofo, yogui; a menudo se considera de origen divino; autor de comentarios sobre los *Upanishads*, el *Bhagavad Gita* y el *Brahma Sutra*. Probablemente el mayor influyente de todos los maestros.

VACHASPATI MISHRA Académico del siglo X que obtuvo fama por escribir comentarios sobre todos los seis sistemas ortodoxos de la filosofía de la India; autor del *Tattva-Vaisharadi* (subcomentario sobre el *Yoga Sutra*).

VASISHTA, *RISHI* Autor de partes del Veda y del *Yoga Vashishta*, sacerdote de la corte del Rey Dasharatha, el padre del Señor Rama en la epopeya *Ramayana*.

VIJÑANABHIKSHU Maestro de yoga y filósofo del siglo XV, autor del *Yogavarttika*, un subcomentario sobre el *Yoga Sutra*.

VISHVAMITRA, *RISHI* Vidente que vio el *Gayatri*, el mantra más sagrado de todos. Vishvamitra nunca dudó en soportar duras condiciones sobre sí mismo, ejecutando las más severas y largas austeridades de todos los *rishis*. Nunca pudo decir no a un oprimido si se acercaba por ayuda; esto le valió su nombre, que significa "amigo del mundo".

VYASA, *RISHI* Divisor del Veda, autor del *Mahabharata*, el *Brahma Sutra*, el *Comentario sobre el Yoga Sutra* y los *Puranas*; nacido como Krishna Dvaipayana.

YAJÑAVALKYA, *RISHI* El más prominente de los *rishis* upanishádicos, formuló la doctrina central de los *Upanishads*: que todas las apariencias no son más que Brahman.

BIBLIOGRAFÍA

Adams, G. C., Jr., traductor y comentador, *Badarayana's Brahma Sutras*, Motilal Banarsidass, Delhi, 1993.

Agehananda Bharati, Sw., *The Light at the Center*, Ross-Erickson, Santa Bárbara, 1976.

Agehananda Bharati, Sw.,The *Ochre Robe*, 2a rev. ed., Ross-Erickson, Santa Bárbara, 1980.

Agehananda Bharati, Sw.,*The Tantric Tradition*, Anchor Books, Nueva York, 1970.

Aranya, Sw. H., *Yoga Philosphy of Patañjali with Bhasvati*, 4a ed. ampliada, Universidad de Kolkata, Kolkata, 2000.

Ashokananda, Sw., traductor y comentador, *Avadhuta Gita of Dattatreya*, Sri Ramakrishna Math, Madrás.

Ashtavakra Gita, 8a ed., Sri Ramanasramam, Tiruvannamalai, 2001.

Baba, B., traductor y comentador, *Yogasutra of Patañjali*, Motilal Banarsidass, Delhi, 1976.

Bachhofer, J., *Milarepa Meister der Verrueckten Weisheit*, Windpferd.

Bader, J., *Meditation in Sankara's Vedanta*, Aditya Prakashan, Nueva Delhi, 1990.

Balantyne, J. R., traductor y comentador, *Yoga Sutra of Patañjali*, Book Faith India, Delhi, 2000.

Banerjea, A. K., *Philosophy of Gorakhnath*, 1a ed. india, Motilal Banarsidass, Delhi, 1983.

Bernard, T., *Heaven Lies Within Us*, Charles Scribner's Sons,Nueva York, 1939.

Bernard, T., *Hindu Philosophy*, Jaico Publishing House, Bombay, 1989.

Bhatt, G. P. (ed.), *The Skanda Purana*, parte 1, trad. G. V. Tagare, Motilal Banarsidass, Delhi, 1992.

Bhattacharya, V., editor y traductor, *The Agamasastra of Gaudapada*, Motilal Banarsidass, Delhi, 1943.

Bose, A. C., *The Call of the Vedas*, Bharatiya Vidya Bhavan, Bombay, 1999.

Bouanchaud, B., *The Essence of Yoga*, Rudra Press, Portland, Oregon, 1997.

Briggs, G. W., *Goraknath and the Kanphata Yogis*, 1a ed. india, Motilal Banarsidass, Delhi, 1938.

Calasso, R., Ka - *Stories of the Minds and Gods of India*, Vintage Books, Nueva York, 1999.

Chandra Vasu, R. B. S., traductor, *The Gheranda Samhita*, Sri Satguru Publications, Delhi, 1986.

Chandra Vasu, R. B. S., traductor, *The Siva Samhita*, Sri Satguru Publications, Delhi, 1984.

Chang, G. C. C., traductor, *Teachings and Practice of Tibetan Tantra*, Dover Publications, Mineola, Nueva York, 2004.

Chapple, C., traductor, *The Yoga Sutras of Patañjali*, Sri Satguru Publications, Delhi, 1990.

Cole, C. A., *Asparsa Yoga - A Study of Gaudapada's Mandukya Karika*, Motilal Banarsidass, Delhi, 1982.

Dahlke, P., traductor, *Buddha - Die Lehre des Erhabenen*, Wilhelm Goldmann Verlag, Múnich, 1920.

Dasgupta, S., *A History of Indian Philosophy*, 1a ed. india, 5 vols., Motilal Banarsidass, Delhi, 1975.

Dasgupta, S., *Yoga as Philosophy and Religion*, Motilal Banarsidass, Delhi, 1973.

Desikachar, T. K. V., *The Heart of Yoga,* Inner Traditions, Rochester, Vermont, 1995.

Desikachar, T. K. V., traductor, *Yoga Taravali*, Krishnamacharya Yoga Mandiram, Chennai, 2003.

Deussen, P., *The Philosophy of the Upanishads*, traducido por A. S. Geden, Motilal Banarsidass, Delhi, 1997.

Deussen, P., editor, *Sixty Upanishads of the Veda*, traducido por V. M. Bedekar & G. B. Palsule, 2 vols., Motilal Banarsidass, Delhi, 1997.

Deutsch, E., *Advaita Vedanta - A Philosophical Reconstruction*, University of Hawaii Press, Honolulú, 1973.

Digambarji, Sw., editor y comentador, *Vasishta Samhita*, Kaivalyadhama, Lonavla, 1984.

Doniger O'Flaherty, W., *Siva - The Erotic Ascetic*, Oxford University Press, Londres & Nueva York, 1973.

Douglas, N., *Tantra Yoga*, Munshiram Manoharlal, Nueva Delhi, 1971.

Dvivedi, M. N., traductor y comentador, *The Yoga Sutra of Patañjali*, Sri Satguru Publications, Delhi, 1890.

Egenes, T., *Introduction to Sanskrit*, parte 1, 3a ed. rev., Motilal Banarsidass, Delhi, 2003.

Egenes, T., *Introduction to Sanskrit*, parte 2, Motilal Banarsidass, Delhi, 2000.

Eliade, M., *Yoga - Immortality and Freedom*, 2a ed., Princeton University Press, Princeton, Nueva Jersey, 1969.

Evans-Wentz, W. Y., editor, *The Tibetan Book of the Dead*, Oxford University Press, Londres, 1960.

Evans-Wentz, W. Y., editor, *Tibetan Yoga and Secret Doctrines*, Oxford University Press, Oxford, 1958.

Evans-Wentz, W. Y., editor, *Tibet's Great Yogi Milarepa*, 2a ed., Munshiram Manoharlal, Delhi, 2000.

Feuerstein, G., *The Shambhala Encyclopedia of Yoga*, Shambhala, Boston, 1997.

Feuerstein, G., *The Yoga Tradition*, Hohm Press, Prescott, Arizona, 2001.

Feuerstein, G., traductor y comentador, *The Yoga-Sutra of Patañjali*, Inner Traditions, Rochester, Vermont, 1989.

Frawley, D., *From the River of Heaven*, 1a ed. india, Motilal Banarsidass, Delhi, 1992.

Frawley, D., Gods, *Sages and Kings*, 1a ed. india, Motilal Banarsidass, Delhi, 1993.

Frawley, D., *Tantric Yoga and the Wisdom Goddesses*, 1a ed. india, Motilal Banarsidass, Delhi, 1996.

Frawley, D., *Wisdom of the Ancient Seers*, Motilal, Banarsidass, Delhi, 1994.

Frawley, D., *The Yoga of Herbs*, 1a ed. india, Motilal Banarsidass, Delhi, 1994.

Freeman, R., *The Yoga Matrix* (casetes de sonido), Sounds True, Boulder, Colorado, 2001.

Freeman, R., *Yoga with Richard Freeman* (video y manual), Delphi Productions, Boulder, Colorado, 1993.

Friend, J., *Anusara Yoga - Teacher Training Manual*, Anusara Press, Primavera 1999.

Gambhirananda, Sw., *Bhagavad Gita with Commentary of Sankaracarya*, Advaita Ashrama, Calcula, 1997.

Gambhirananda, Sw., traductor, *Brahma Sutra Bhasya of Sri Sankaracarya*, Advaita Ashrama, Kolkata, 1965.

Gambhirananda, Sw., traductor, *Eight Upanishads*, Advaita Ashrama, Kolkata, 1996.

Ganganatha, J., traductor, *Yoga-Sara-Sangraha of Vijñana - Bhiksu*, ed. rev., Parimal Publications, Delhi, 1995.

Ganguli, K. M., traductor, *The Mahabharata*, 12 vols., Munshiram Manoharlal, Nueva Delhi, 1998.

Gharote, M. L., traductor, *Brhadyajñavalkyasmrti*, Kaivalyadhama, Lonavla, 1982.

Godman, D., editor, *Be As You Are - The Teachings of Ramana Maharshi*, Penguin Books India, Nueva Delhi, 1985.

Gopal, L., *Retrieving Samkhya History*, D. K. Printworld (P) Ltd., Nueva Delhi, 2000.

Gosh, S., traductor, editor y comentador, *The Original Yoga*, 2a ed. rev., Munshiram Manoharlal, Nueva Delhi, 1999.

Govinda, L. A., *Der Weg der weissen Wolken*, Scherz Verlag, Bern, 1975.

Guenther, H.v., traductor, *Juwelenschmuck der geistigen Befreiung*, Eugen Diederichs Verlag, Múnich, 1989.

Guenther, H.v., traductor y comentador, *The Life and Teaching of Naropa*, Shambala, Boston, 1995.

Gupta, A. S., *The Evolution of the Samkhya School of Thought*, 2a ed. rev., Munshiram Manoharlal, Nueva Delhi, 1986.

Gupta, S. R., traductor y comentador, *The Word Speaks to the Faustian Man*, vol. 2, A Translation and Interpretation of the Prasthanatrayi, Motilal Banarsidass, Delhi, 1995.

Gurdjieff, G. I., *Beelzebub's Erzaehlungen fuer seinen Enkel*, Sphinx Verlag, Basilea, 1981.

Gurdjieff, G. I., *Begnungen mit bemerkenswerten Menschen*, Aurum Verlag, Friburgo, 1978.

Gurdjieff, G. I., *Das Leben ist nur dann wirklich wenn ich bin*, Sphinx Verlag, Basilea, 1987.

Hamill, S. & Seaton, J. P., traductores y editores, *The Essential Chuang Tzu*, Shambala, Boston, 1998.

Isayeva, N., *From Early Vedanta to Kashmir Shaivism*, 1a ed. india, Sri Satguru Publications, Delhi, 1997.

Iyengar, B. K. S., *Light on Pranayama*, Harper Colins Publishers India, Nueva Delhi, 1993.

Iyengar, B. K. S., *Light on the Yoga Sutras of Patañjali*, HarperCollins Publishers India, Nueva Delhi, 1993.

Iyengar, B. K. S., *Light on Yoga*, 2a ed., Allen & Unwin, Londres, 1976.

Iyengar, B. K. S., *The Tree of Yoga*, HarperCollins Publishers India, Nueva Delhi, 1995.

Jacobsen, A. J., *Prakrti in Samkhya-Yoga*, 1a ed. india, Motilal Banarsidass, Delhi, 2002.

Jagadananda, Sw., traductor, *Upadesa Sahasri of Sri Sankaracarya*, Sri Ramakrishna, Math, Madrás.

Jagadananda, Sw., traductor, *Vakyavrtti of Sri Sankaracarya*, Sri Ramakrishna, Math, Madrás.

Kale, M. R., *A Higher Sanskrit Grammar*, Motilal Banarsidass, Delhi, 1972.

Kalu Rinpoche, *The Gem Ornament*, Snow Lion, Ithaca, Nueva York, 1986.

Kanshi, R., *Integral Non-Dualism*, Motilal Banarsidass, Delhi, 1995.

Krishnamurti, J., *The Awakening of Intelligence*, HarperCollins, San Francisco, 1987.

Krishnamurti, J., *The First and Last Freedom*, HarperCollins, San Francisco, 1975.

Krishnamurti, J., *Krishmaurti's Journal*, 2a ed. rev., Krishnamurti Foundation Trust India, Chennai, 2003.

Krishnamurti, J., *Krishnamurti to Himself*, HarperCollins, San Francisco, 1993.

Kumar, S., traductor y anotador, *Samkhyasara of Vijñanabhiksu*, Eastern Book Linkers, Delhi, 1988.

Kunjunni Raja, K., editor, *Hatha Yoga Pradipika of Swatmarama*, The Adyar Library and Research Centre, Madrás, 1972.

Kuvalayananda, Sw., *Asanas*, Kaivlayadhama, Lonavla, 1933.

Kuvalayananda, Sw., *Pranayama*, 7a ed., Kaivlayadhama, Lonavla, 1983.

Lad, V., Ayurveda, *The Science of Self-Healing*, 1a ed. india, Motilal Banarsidass, Delhi, 1994.

Larson, G. J., *Classical Samkhya*, 2a ed. rev., Motilal Banarsidass, Delhi, 1979.

Larson, G. J. & Bhattacharya, R. S., *Encyclopedia of Indian Philosophies*, vol. 4, Samkhya, 1a ed. india, Motilal Banarsidass, Delhi.

Leggett, T., *Realization of the Supreme Self*, New Age Books, Nueva Delhi, 2002.

Leggett, T., traductor, *Sankara on the Yoga Sutras*, 1a ed. india, Motilal Banarsidass, Delhi, 1992.

Lester, R. C., *Ramanuja on the Yoga*, Adyar Library and Research Centre, Madrás, 1976.

Lorenzen, D. N., *Kabir Legends and Ananta Das's Kabir Parachai,* 1a ed. india, Sri Satguru Publications, Delhi, 1992.

Lorenzen, D. N., *The Kapalikas and Kalamukhas*, 2a ed. rev., Motilal Banarsidass, Delhi, 1991.

Madgula, I. S., *The Acarya*, 2a ed. rev., Motilal Banarsidass, Delhi, 2001.

Madhavananda, Sw., traductor, *The Brhadaranyaka Upanisad*, Advaita Ashrama, Kolkata, 1997.

Madhavananda, Sw., traductor y comentador, *Minor Upanisads*, Advaita Ashrama, Kolkata, 1996.

Madhavananda, Sw., traductor y anotador, *Vedanta Paribhasa*, Advaita Ashrama, Kolkata, 1997.

Mahadevan, T. M. P., *The Hymns of Sankara*, Motilal Banarsidass, Delhi, 1980.

Mani, V., *Puranic Encyclopedia*, 1a ed. en inglés, Motilal Banarsidass, Delhi, 1975.

Mascaro, J. traductor, *The Upanishads,* Penguin Books, Nueva Delhi, 1994.

Mitchiner, J. E., *Tradition of the Seven Rsis*, Motilal Banarsidass, Delhi, 2000.

Mohan, A. G., traductor, *Yoga Yajñavalkya*, Ganesh & Co., Madrás.

Monier-Williams, M., A Sanskrit English Dictionary, Motilal Banarsidass, Delhi, 2002.

Mueller, M., editor, *The Sacred Books of the East*, vol. 38, Vedanta Sutras, trad. G. Thibault, Motilal Banarsidass, Delhi, 1962.

Muktananda, Sw., *Der Weg und sein Ziel,* Deutsche Erstausgabe, Droemersche Verlagsanstalt, Múnich, 1987.

Muktibodhananda, Sw., traductor y comentador, *Hatha Yoga Pradipika*, 2a ed., Yoga Publications Trust, Munger, 1993.

Nalanda Translation Committee, *The Life of Marpa the Translator,* Shambala, Boston, 1982.

Natarajan, A. R., *Ramana Maharshi - The Living Guru*, Ramana Maharshi Centre for Learning, Bangalore, 1996.

Natarajan, A. R., *Timeless in Time - A Biography of Sri Ramana Maharshi*, 2a ed., Ramana Maharshi Centre for Learning, Bangalore, 2000.

Natarajan, N., traductor y anotador, *Tiramantiram*, Sri Ramakrishna Math, Madrás.

Nikhilananda, Sw., traductor, *The Mandukya Upanishad with Gaudapada's Karika and Sankara's Commentary*, Advaita Ashrama, Kolkata, 1987.

Nikhilananda, Sw., traductor, *Vedanta-sara of Sadananda*, Advaita Ashrama, Kolkata, 1997.

Niranjanananda, P., *Yoga Darshan*, Sri Panchdashnam Paramahamsa Alakh Bara, Deoghar, 1993.

Norbu, N., *Dream Yoga*, Snow Lion, Ithaca, Nueva York, 1992.

Pandey, K. C., editor, *Isvara Pratyabhijña Vimarsini - Doctrine of Divine Recgonition*, 3 vols., Motilal Banarsidass, Delhi, 1986.

Panoli, V., traductor y comentador, *Gita in Shankara's Own Words*, Shri Paramasivan, Madrás, 1980.

Percheron, M., *Buddha*, Rowohlt Verlag, Hamburgo, 1958.

Perry, E. D., A *Sanskrit Primer*, 4a ed., Motilal Banarsidass Delhi, 1936.

Powell, R., editor, *The Experience of Nothingness - Sri Nisargadatta Maharaj's Talks on Realizing the Infinite*, 1a ed. india, Motilal Banarsidass, Delhi, 2004.

Powell, R., editor, *The Nectar of Immortality - Sri Nisargadatta Maharaj's Discourses on the Eternal*, 1a ed. india, Motilal Banarsidass, Delhi, 2004.

Prabhavananda, Sw., *Yoga and Mysticism*, Vedanta Press, Hollywood, 1969.

Prabhavananda, Sw., traductor, *Bhagavad Gita*, Vedanta Press, Hollywood, 1987

Prabhavananda, Sw., traductor, *The Upanishads*, Vedanta Press, Hollywood, 1983.

Prabhavananda, Sw., traductor y comentador, *Patañjali Yoga Sutra*, Sri Ramakrishna Math, Madrás.

Prakashanand Saraswati, Sw., *The True History and the Religion of India,* 1a ed. india, Motilal Banarsidass, Delhi, 2001.

Prasada, R., traductor, *Patañjali's Yoga Sutras*, Munshiram Manoharlal, Nueva Delhi, 2003.

Pungaliya, G. K., *Yoga Sastra*, Yoga and Allied Research Institute, Pune, 1998.

Radhakrishnan, S., *Indian Philosophy*, ed. india, 2 vols., Oxford University Press, Nueva Delhi, 1940.

Radhakrishnan, S., editor, *The Principal Upanisads*, HarperCollins Publishers India, Nueva Delhi, 1994.

Radhakrishnan, S., traductor y comentador, *The Bhagavad Gita*, HarperCollins Publishers India, Nueva Delhi, 2002.

Rajneesh, O., *The Book of the Secrets*, 2a ed., Rajneesh Foundation International, Antelope, Oregón, 1982.

Rajneesh, O., *Tantra: The Supreme Understanding*, The Rebel Publishing House, Portland, Oregón, 1997.

Ram Das, *Miracle of Love*, Munshiram Manoharlal, Nueva Delhi, 1999.

Rama, Sw., *Path of Fire and Light*, vol. 1, The Himalayan Institute Press, Honesdale, Pensilvania, 1988.

Rama, Sw., traductor y comentador, *The Mystical Poetry of Kabir*, The Himalayan International Institute of Yoga, Honesdale, Pensilvania, 1990.

Ramachandra Rao, S. K., *Yoga and Tantra in India and Tibet*, Kalpatharu Research Academy, Bangalore, 1999.

Ramakrishnananda, Sw., *Life of Sri Ramanuja*, Sri Ramakrishna Math, Madrás.

Ramanasramam, S., *Sri Ramana Gita*, 8a ed., Sri Ramanasram, Tiruvannamalai, 1998.

Reich, W., *Die Massenpsychologie des Faschismus*, Kiepenheuer & Witsch, Colonia, 1971.

Rukmani, T. S., traductor, *Yogavarttika of Vijñanabhiksu*, 4 vols., Munshiram Manoharlal, Nueva Delhi, 1998-2001.

Sangharakshita, *The Thousand-Petalled Lotus: The Indian Journey of an English Buddhist*, Sutton Pub. Ltd., 1988.

Sharma, A., *Advaita Vedanta*, Motilal Banarsidass, Delhi, 1993.

Sharma, C., *The Advaita Tradition in Indian Philosophy*, Motilal Banarsidass, Delhi, 1996.

Sharma, V. S., *Essentials of Ayurveda*, 2a ed., Motilal Banarsidass, Delhi, 1998.

Shastri, J. L., editor, *The Kurma Purana*, trad. G. V. Tagare, 2 vols., Motilal Banarsidass, Delhi, 1981.

Shastri, J. L., editor, *The Linga Purana*, 2 vols., Motilal Banarsidass, Delhi, 1973.

Shastri, J. L., editor, *The Narada Purana*, trad. G. V. Tagare, 5 vols., Motilal Banarsidass, Delhi, 1980.

Shastri, J. L., editor, *The Siva Purana*, 4 vols., Motilal Banarsidass, Delhi, 1970.

Shrikrishna, *Essence of Pranayama*, 2a ed., Kaivalyadhama, Lonavla, 1996.

Silburn, L., *Kundalini Energy of the Depths*, State University of New York Press, Albany, 1988.

Singh, J., traductor y anotador, *Para Trisika Vivarana of Abhinavagupta*, Motilal Banarsidass, Delhi, 1988.

Singh, J., traductor y anotador, *Siva Sutras - The Yoga of Supreme Identity*, Motilal Banarsidass, Delhi, 1979.

Singh, J., traductor y anotador, *Spanda Karikas - The Divine Creative Pulsation*, Motilal Banarsidass, Delhi, 1980.

Singh, J., traductor y anotador, *Vijñanabhairava*, Motilal Banarsidass, Delhi, 1979.

Sinh, P., traductor, *The Hatha Yoga Pradipika*, Sri Satguru Publications, Delhi, 1915.

Sinha, N., *The Samkhya Philosophy*, Munshiram Manoharlal, Nueva Delhi, 2003.

Sivananda Radha, Sw., *Kundalini Yoga*, 1a ed. india, Motilal Banarsidass, Delhi, 1992.

Sparham, G., *Dzog Chen Meditation*, Sri Satguru Publications, Delhi, 1994.

Sri Yukteswar, Sw., *Die Heilige Wissenschaft*, Otto Wilhelm Barth Verlag, Múnich, 1991.

Stoler Miller, B., traductor, *Yoga Discipline of Freedom*, Bantam Books, Nueva York, 1998.

Subramaniam, K., traductor, *Mahabharata*, Bharatiya Vidya Bhavan, Bombay, 1999.

Subramaniam, K., traductor, *Srimad Bhagavatam*, 7a ed., Bharatiya Vidya Bhavan, Bombay, 1997.

Subramaniam, V. K., traductor, *Saundaryalahari of Sankaracarya*, Motilal Banarsidass, Delhi, 1977.

Sullivan, B. M., *Seer of the Fifth Veda*, 1a ed. india, Motilal Banarsidass, Delhi, 1999.

Swahananda, Sw., traductor, *Chadogya Upanisad*, Sri Ramakrishna Math, Madrás, 1956.

Taimni, I. K., traductor y comentador, The Science of Yoga, The Theosophical Publishing House, Adyar, 1961.

Tapasyananda, Sw., traductor, *Prasnottara-ratna-malika of Sri Sankaracarya*, Sri Ramakrishna Math, Madrás.

Tapasyananda, Sw., traductor, *Sankara-Dig-Vijaya*, Sri Ramakrishna Math, Chennai.

Tapasyananda, Sw., traductor, *Sivanandalahari of Sri Sankaracarya*, Sri Ramakrishna Math, Madrás.

Tapasyananda, Sw., traductor y anotador, *Srimad Bhagavad Gita*, Sri Ramakrishna Math, Madrás.

Thie, J. F., *Touch for Health*, ed. rev., DeVorss & Co., Marina del Rey, California, 1979.

Thurman, R., traductor, *The Tibetan Book of the Dead*, HarperCollins Publishers India, Nueva Delhi, 1998.

Tola, F. & Dragonetti, C., traductores, *The Yogasutras of Patañjali*, Motilal Banarsidass, Delhi, 1987.

Torwesten, H., *Ramakrishna - Schauspieler Gottes*, Fischer Taschenbuch Verlag, Frakfurt, 1981.

Tsogyal, Y., *The Lotus Born - The Life Story of Padmasambhava*, trad. E. Pema Kunsang, Shambala, Boston, 1993.

Turiyananda, Sw., traductor, *Vivekacudamani of Sri Sankaracarya*, Sri Ramakrishna Math, Madrás.

Tyagisananda, Sw., traductor y anotador, *Narada Bhakti Sutras*, Sri Ramakrishna Math, Madrás.

Van Lysbeth, A., *Die grosse Kraft des Atems*, O. W. Barth Verlag, Múnich, 1991.

Veda Bharati, Sw., *Meditation and the Art of Dying*, The Himalayan Institute Press, Honesdale, Pensilvania, 1979.

Veda Bharati, Sw., traductor y comentador, *Yoga Sutras of Patañjali*, vol. 2, Motilal Banarsidass, Delhi, 2001.

Venkatesananda, Sw., traductor, *The Supreme Yoga [Yoga Vashishta]*, 2 vols. The Divine Life Society, Shivanandanagar, 1995.

Venkatesananda, Sw., traductor y comentador, *The Yoga Sutras of Patañjali*, The Divine Life Society, Shivanandanagar, 1998.

Verma, V., *Ayurveda - der Weg des gesunden Lebens*, Taschenbuchausgabe, Heyne Verlag, Múnich, 1995.

Vimalananda, Sw., traductor y anotador, *Mahanarayanopanisad*, Sri Ramakrishna Math, Madrás.

Vimuktananda, Sw., traductor, *Aparokshanubhuti of Sri Sankaracharya*, Advaita Ashrama, Kolkata, 1938.

Vireswarananda, Sw., traductor, *Brahma Sutras According to Sri Sankara*, Advaita Ashrama, Kolkata, 1936.

Vireswarananda, Sw., traductor, *Srimad Bhagavad Gita*, Sri Ramakrishna Math, Madrás.

Virupakshananda, Sw., traductor, *Samkhya Karika of Isvara Krsna*, Sri Ramakrishna Math, Madrás.

Wasson, R. G., *Soma: Divine Mushroom of Immortality*, Harcourt Brace Jovanovich, 1970.

Whicher, I., *The Integrity of the Yoga Darsana*, 1a ed. india, D. K. Printworld, Nueva Delhi, 2000.

White, D. G., *The Alchemical Body*, The University of Chicago Press, Chicago, 1996.

Woodroffe, J., *Sakti and Sakta*, 10a ed., Ganesh & Co., Madrás, 1994.

Woods, J. H., traductor, *The Yoga System of Patañjali*, Motilal Banarsidass, Delhi, 1914.

Wu, J. C. H., traductor, *Tao Teh Ching*, Shambala, Boston, 1990.

Yoga Journal, San Francisco, November/December 1995.

ÍNDICE

abhinivesha. Ver miedo a la muerte
abhyasa. Ver práctica
aburrimiento 63, 107, 118-119, 139
actitud lunar 26-27
actitud solar 26-27
adhyatma 66, 217
adicción a las drogas 79-80
Adishesha 130
aflicciones. Ver *kleshas*
Agastya, Rishi 163
ahamkara 225. Ver también ego
ahimsa. Ver no violencia
Ajña chakra 6, 110
Anahata chakra 6, 225
ananta 3, 130-131, 219-220, 225
Angulimala 120
antahkarana 12-13, 94
apana 61, 176
aparigraha 123-124
Aparokshanubhuti 28, 53, 130
Aranya, Sw. Hariharananda 5-6, 10, 29, 53, 115, 135, 167, 167, 231
asamprajñata samadhi. Ver *samadhi* sin objeto
asana 128 y ss., 225
Ashtavakra, Rishi 217, 231
asmita 78, 191-193, 225
atman 15, 100, 225
austeridad. Ver tapas
aversión 74, 80-81
avidya. Ver ignorancia
ayuno 53, 137
bandhas 64, 135
Bhagavad Gita 4, 9, 13, 22, 29, 39-40, 43, 72, 94, 103, 115, 118, 127, 247, 225
Bhagavata Purana 40, 225
Bhakti Yoga 39, 40, 45, 225
Bhishma 112-113, 122
bhoga. Ver experiencia
Brahma Sutra 4-5, 8, 10, 22, 40, 66, 72, 141, 147, 171, 225
Brahmachary, Ramamohan 106, 176, 231
brahmacharya. Ver restricción sexual
Brahman 27, 44, 46, 88, 98, 101, 141, 220, 225
brahmarandhra 166, 176, 226
Brhad Aranyaka Upanishad 47, 67, 113
Buda, Gautama 47, 74, 90, 120, 123-124, 160, 169, 170
buddhi. Ver intelecto
cabeza de familia 113
cautiverio 31, 226
Chandogya Upanishad 111, 171
chitta. Ver mente
Chuang Tzu 25
Comentario sobre el *Brahma Sutra* 5, 28, 48, 68, 147, 195
complacencia 47-48
concentración. Ver *dharana*
conceptualización 23-24, 26, 61-62, 230

condicionamiento 85-86, 102, 160, 162, 195 y ss., 230
conocimiento discriminativo 38, 70, 104-105, 106-108, 187, 214-215, 231
consciencia 15-16, 95 y ss., 172-173, 207-208, 222-223, 228
convicción 37
corazón 171
creencia 41, 203
cuerpo 181
darshana. Ver sistemas de filosofía
Dasgupta, S. 13, 16, 56
datación del *Yoga Sutra* 211-212
deidades 107, 127, 141
desapego 26-27, 30-31
desapego supremo 31, 70, 184, 228
deseo 93-94
deseos, satisfacción de los 30
devoción 39-40
dharana 141
dharma 152-153, 200-201, 217, 226
dharmamegha samadhi 70, 216-218
dhyana. Ver meditación
doctrina *satkaryavada* 200
dolor 87 y ss.
drishti 64, 139, 226
dualismo 9, 202
duda 47
dvadashanta 135-136
dvesha. Ver aversión
ego 13, 15, 33, 170, 182, 192
egomanía 109
ekagra chitta 1-2, 5-6, 10-11, 199-200, 226
emociones 91
enfermedad 46
espontaneidad 107
esquizofrenia 109
estado de sueño 203
estado trascendental. Ver *turiya*
estados temporales 201-202
estimulación 71, 82, 125-126
ética 87-89, 110, 117, 200
experiencia 31, 68, 172, 225
experiencia directa 143
éxtasis 222-223
falsos puntos de vista 48
Feuerstein, G. 13, 72, 124
Garuda 164
Gaudapada 4, 25, 43, 169, 231
Gheranda, Rishi 110, 129
Gheranda Samhita 5
gunas 10-11, 31, 91, 204, 220 y ss., 226
Hanuman, Señor 122
Hatha Yoga Pradipika 5, 54, 133, 135-136, 226
hipnotismo 110
ida 26-27, 47, 226
idealismo 202-203
identidad. Ver *samapatti*
ignorancia 101 y ss., 225
impresión subconsciente. Ver también *samskara*

infinidad. Ver también *ananta* 3, 130-131, 219-220, 225
instinto 82
intelecto 14, 15, 42, 43, 66, 70, 78, 97, 145, 226
intelecto, conversión de la mente en 43, 69, 152
inteligencia 14-15, 226
involución 6-7, 15, 65, 96, 182
ira 118-119
ishtadevata 127, 227
Ishvara. Ver Ser Supremo
ishvara pranidhana 72-73, 117, 145
japa 139
jiva 172, 227
kaivalya 70, 103, 108, 184, 222, 227
kanda 168
Kapila, Rishi 2, 6, 13, 40, 42, 223, 231
karma 85 y ss., 92-93, 160, 162-163, 194 y ss., 227
karmashaya 85, 196, 227
Kashyappa, Rishi 166
Katha Upanishad 44, 216
kleshas 73 y ss., 225
Krishna, Señor 83, 112, 118-119, 160, 163, 174, 203, 227
Krishnamacharya, T. 106, 128, 133, 137, 226, 231
Krishnamurti, J. 18, 165
Kriya Yoga 71 y ss.
kshipta chitta 10-11, 49, 199, 207, 227
kumbhaka 133 y ss.
kundalini 164, 227
Lao Tzu 88
libertad. Ver *kaivalya*
libertad con respecto a la mente 107
libertad con respecto al hacer 106
Lilly, Dr. J. 82
líquido cefalorraquídeo 218
lógica 96
Mahabharata 112, 161, 163, 212, 227
Maitri Upanishad 44, 171
manas 13, 43, 58, 138
Mandana Mishra 175
Mandukya Karika 25, 55, 227
Mandukya Upanishad 19, 24-25, 44, 227
Manipura chakra 6
mantra 189
materialismo 5, 48, 93
matra 135-136
medicina, cuatro partes de la 93
meditación 142, 226
meditación en Ashtanga Vinyasa Yoga 97
meditación en la infinidad 130-131
memoria, recuerdo. Ver *smrti*
mente 10, 12, 57-61, 141, 171, 197, 206-207, 212-213, 213-214
mente agitada. Ver *kshipta chitta*
mente distraída. Ver *vikshipta chitta*
mente encaprichada. Ver *mudha chitta*
mente, extremos de la 26-27
mente suspendida. Ver *nirodha chitta*
mente unidireccionada. Ver *ekagra chitta*

metáfora de la pantalla 102 y ss.
metáfora de las tres partículas elementales 204
metáfora del elefante 143
metáfora del espejo 101
metáfora del río 186
metáfora del sol y de la flor 95
miedo a la muerte 74-75, 77, 81-82
Milarepa 87
Mohan, A. G. 133
monismo 9, 202
mudha chitta 5-6, 10-11, 49, 199, 207, 228
mudras 135
Muladhara chakra 6-7, 135, 136
Mundaka Upanishad 44, 114, 172
Nagarjuna 212
Naropa 106-107
Naropa, Seis Yogas de 106, 176, 177, 178
nihilismo 202-203
nirodha 14-15
nirodha chitta 1-2, 5-6, 10-11, 198-199, 228
nirvichara samapatti. Ver *samapatti* suprarreflexivo
nirvitarka samapatti. Ver *samapatti* supradeliberativo
niyamas. Ver observancias
no violencia 110-111, 114-115, 119, 119-121
objeto-tal-cual-es 154, 202, 226
objetos 10, 32-33, 65, 228
objetos de meditación 56, 97, 228
objetos, densos y sutiles 64
observación consciente 15-16, 98, 208-209
observado, lo visto 95, 98
observador, el que ve 95, 97
observancias 116-117
obstáculos 46-48
ocho ramas 110
OM 24-25, 44-45
Panchasikha, *Rishi* 97, 232
Panini 3, 9, 232
parinama. Ver transformación
Patañjali 2-3, 168, 169, 171, 192, 212, 223, 232
patrón de onda cerebral 142
Pattabhi Jois, K. 40, 50, 113, 139, 232
percepción correcta 20-22
percepción incorrecta 22-23, 230
pereza 47
phowa 176
pingala 26-27, 47, 228
postura. Ver *asana*
práctica 26-27, 27-28, 28-29
práctica del *asana* solamente 214
prajña 38, 67, 70, 144-145
prakrti 10, 64, 228
prana 49, 52-53, 133-134, 176, 228
pranama. Ver percepción correcta
pranayama 52-53, 133 y ss., 228
prasamkhyana 84
pratyahara 139-140, 228
propiocepción 130

psicoterapia 90
purusha. Ver consciencia
raga. Ver deseo
rajas 10, 56, 94, 228
Ramana Maharshi 83, 232
Ramanuja, Acharya 128, 223, 232
Reich, W. 123
regresión infinita 210-211
respiración. Ver *prana*
restricción sexual 113-114, 122
restricciones 110 y ss.
Rig Veda 1, 67, 230
rigidez 46-47
Sahasrara chakra 6
samadhi 10-12, 14-15, 228
samadhi cognitivo. Ver *samadhi* con objeto
samadhi con objeto 14-15, 32-33, 38, 229
samadhi con semilla 66, 146-148, 215
samadhi sin objeto 14-15, 34 y ss., 69-70, 140, 218, 225, 229
samadhi sin semilla 146-147, 215, 218-219
samadhi supracognitivo. Ver *samadhi* sin objeto
samana 176, 177
samapatti 57 y ss., 229
samapatti deliberativo 61-62
samapatti reflexivo 64
samapatti supradeliberativo 62-63
samapatti suprarreflexivo 64
Samkhya 2, 40, 42, 43, 98-100, 229
Samkhya Karika 13, 35, 43, 229
samprajñata samadhi. Ver *samadhi* con objeto
samsara 199, 229
samskara 85-86, 196 y ss., 216, 229
samyama 144, 229
sattva 10, 56, 94, 229
satya. Ver veracidad
savichara samapatti. Ver *samapatti* reflexivo
savitarka samapatti. Ver *samapatti* deliberativo
Señor. Ver Ser Supremo
Ser Supremo 39 y ss., 71-73, 117, 128, 223, 227
Shakti 98-99, 229
Shanka Mudra 134
Shankara, Acharya 4-5, 51-52, 146, 232
Shankaracharya. Ver Shankara, Acharya
Shiva Samhita 5
Shiva, Señor 2-3, 98-99, 229
Shivaísmo 99
Shivaísmo de Cachemira 99
shraddha. Ver convicción
shruti 72, 219, 229
shunyata 77, 100, 142, 229
shunyavadinos 202-203, 209, 211
siddhas 3, 169, 192, 229
siddhis 159, 189-190, 193-194, 229
sistemas de filosofía 98-100, 202-204, 226
smrti 19, 25-26, 62-63, 72, 219, 229
soledad. Ver *kaivalya*
sueños 55-56

sufrimiento 87-89
sushumna 27, 57, 129, 166, 169, 230
Svadhisthana chakra 6
svadhyaya 72, 117, 127
Taittiriya Upanishad 130, 219
tamas 10, 56, 94, 230
tanque de aislamiento 82
tantras 5, 230
Tao Te Ching 88
tapas 71-72, 116, 118, 121, 126-127, 189-190
tiempo 185 186, 201-202, 221-222
Tilopa 106-107, 144
trance cataléptico 140
transformación 148 y ss., 228
transformación de la mente 148 y ss.
transformación de los objetos 152-153
Tummo 176, 177
turiya 19, 25, 227
Upanishads 2, 12, 22, 40, 44, 54, 72, 217-218, 219, 230
Vachaspati Mishra 5, 10, 51, 55, 83, 128, 159, 164, 166, 232
vasana. Ver condicionamiento
Vasishta, Rishi 92, 113, 160, 168, 232
Vedanta 10, 94, 223, 230
Vedas 1, 72, 230
veracidad 110-114
Vijñana Bhairava 55, 178
Vijñanabhikshu 5, 10, 16, 147, 168, 169, 232
vijñanavadinos 202, 205
vikshipta chitta 2, 5-6, 10-11, 49, 199-200, 207, 230
vinyasa 72, 137, 139, 141, 230
viparyaya. Ver percepción incorrecta
virtud 194-195
Vishnu, Señor 3, 130-131, 231
Vishuddha chakra 6
Vivarana 5, 51-52
viveka khyateh. Ver conocimiento discriminativo
Vivekachudamani 155
vrtti 18-19, 231
Vyasa, *Rishi* 3-4, 9, 161, 163, 169, 192, 212, 232
Yajñavalkya, *Rishi* 113, 133, 232
yamas. Ver restriciones
yo soy. Ver asmita
yoga-acharya 21-22
Yoga Bhasya 4, 9
Yoga Taravali 51, 54
Yoga Vashishta 92, 107, 131, 146, 231
Yoga Yajñavalkya 133
Yudishthira 112-113, 161, 163

SOBRE EL AUTOR

Gregor Maehle comenzó sus prácticas de yoga hace 40 años. A mediados de la década de 1980 inició sus viajes anuales a la India, donde estudió con varios maestros yóguicos y tántricos, *sadhus* indios tradicionales y ascetas, incluyendo B. K. S. Iyengar. Permaneció catorce meses en Mysore, y en 1997 fue autorizado para enseñar Ashtanga Yoga por K. Pattabhi Jois. Desde entonces, se ha dedicado a investigar el alineamiento anatómico de las posturas y las ramas superiores del yoga. Obtuvo su conocimiento anatómico a través de un título de profesional de la salud. También ha estudiado historia, filosofía y religión comparativa en varias universidades.

La serie de libros de Gregor, aclamada internacionalmente, ha vendido más de 85.000 copias en todo el mundo y se ha traducido a ocho idiomas extranjeros. Su obra actual consiste en los siguientes títulos: *Ashtanga Yoga: Practice and Philosophy*; *Ashtanga Yoga: The Intermediate Series*; *Pranayama: The Breath of Yoga*; *Yoga Meditation: Through Mantra, Chakras and Kundalini to Spiritual Freedom* y *Samadhi The Great Freedom*. Otros volúmenes están en progreso.

Gregor enseña hoy una interpretación anatómicamente sofisticada del *Vinyasa* Yoga tradicional, integrado con la práctica de las ramas superiores siguiendo el espíritu de Patañjali y T. Krishnamacharya. Sus enseñanzas combinan su extravagante sentido del humor, sus múltiples experiencias personales y su vasto y profundo conocimiento de las Escrituras, las Filosofías de la India y las Técnicas de Yoga para que sean aplicables, relevantes y fácilmente accesibles a todos los estudiantes. Ofrece talleres, retiros y formación de profesores por todo el mundo.

www.ingramcontent.com/pod-product-compliance
Lightning Source LLC
Chambersburg PA
CBHW021146160426
43194CB00007B/709